國家“雙一流”擬建設學科“南京大學中國語言文學藝術”資助項目

江蘇高校優勢學科建設工程“南京大學中國語言文學”資助項目

江蘇省2011協同創新中心“中國文學與東亞文明”資助項目

域外漢籍研究集刊

第二十七輯　金程宇 編

中華書局
北京 2024

圖書在版編目(CIP)數據

域外漢籍研究集刊. 第27輯/金程宇編. —北京:中華書局,2024.6
ISBN 978-7-101-15052-0

Ⅰ.域… Ⅱ.金… Ⅲ.漢學-研究-國外-叢刊
Ⅳ.K207.8-55

中國國家版本館CIP數據核字(2024)第100465號

書　　名　域外漢籍研究集刊　第二十七輯
編　　者　金程宇
責任編輯　吳愛蘭
封面設計　劉　麗
責任印製　管　斌
出版發行　中華書局
(北京市豐臺區太平橋西里38號　100073)
http://www.zhbc.com.cn
E-mail:zhbc@zhbc.com.cn
印　　刷　三河市宏盛印務有限公司
版　　次　2024年6月第1版
2024年6月第1次印刷
規　　格　開本/710×1000毫米　1/16
印張25½　插頁2　字數404千字
國際書號　ISBN 978-7-101-15052-0
定　　價　128.00元

目　次

日本漢籍研究

朝鮮—韓國漢籍研究

域外古逸漢籍研究

域外漢學譯叢

漢籍交流研究

日本漢籍研究

從類聚和名到參酌四庫

——中國古典小説目録在日本的發展

周健强

日本是收藏中國古典小説的重鎮，自民國時期以來，董康、孫楷第、傅芸子、王古魯等先後赴日訪書，《遊仙窟》《清平山堂話本》《無聲戲》《照世杯》等國内久已不聞的小説，憑藉内閣文庫、蓬左文庫、尊經閣、佐伯文庫等機構的庋藏才重新進入學術視野。傳統上，小説被視爲旁門之學，公私目録對白話小説罕有著録，直到近代，隨著文學觀念的變遷，它才成爲嚴肅的學術話題。與之相似，古典小説在日本也有其接受歷程，但國内學者往往將日藏小説視爲流落異域的中土典籍、重構傳統文學景觀的構成元素，較少留意其在日本的收藏、著録與閲讀，即便查閲内閣文庫、尊經閣、静嘉堂的漢籍目録，也多重在調查小説版本以補國内收藏之不足，江户時期皇室、幕府、文人、書肆的藏書目録很少進入小説研究者視野，其編纂體例與分類方式更是鮮有問津。其實，舶來漢籍只有進入日本的知識體系與文獻敘録中，才能成爲可加利用的資源。自平安時期以來，中國小説屢見於公私目録，著録形態與時俱進，部類歸屬迭經變遷，其中體現出的文獻意識與文學觀念頗堪考索。

一　傳奇小説在公私目録中的地位變遷

日本現存漢籍外典目録始於藤原佐世奉敕所撰《日本國見在書目録》，約在寬平三年(891)前後編成。平安初期嵯峨天皇建冷然院收儲典籍、用心文事,日本貞觀十七年(875)冷然院起火,秘閣藏書大多化爲灰爐,敕命藤原佐世調查現存圖書,撰寫該目録。其分類與典籍順序同於《隋書·經籍志》,依經史子集分爲四十家,部分重複的典籍連書後夾注均略無差異①。第卅二小説家著録典籍十部②,其中《笑林》《燕丹子》《世説》《小説》亦見於《隋書·經籍志》且卷數相同,藤原佐世編纂該目録時很可能將《隋書·經籍志》置於案頭以備查考,目録第十一正史家便著録有《隋書》八十五卷。其時白話小説未興,唐傳奇雖已興起但尚未大量傳入日本,而筆記小説中的《神仙傳》《搜神記》《冥報記》《續齊諧記》等志怪類歸入第二十雜傳家,《穆天子傳》歸入第十五起居注家,帶有軼事色彩的《漢武帝故事》《西京雜記》歸入第十六舊事家,同於《隋書·經籍志》。當時尚無統攝性的文言小説概念,《四庫全書總目》中列入"子部·小説家"的典籍尚且分散在子史各家。

(一)四庫未收傳奇的著録方式:納入舊類與新設子目

《日本國見在書目録》著録《遊仙窟》一卷,收在第卅九别集家,編者顯然没有意識到《遊仙窟》的文體特徵。自江户後期始,幕府與藩校藏書目録時以《四庫全書總目》爲據,而後者並未收録《遊仙窟》《長恨歌》之類唐代傳奇,甚至《剪燈新話》《虞初新志》《聊齋誌異》等帶有傳奇色彩的文言小説也不予著録,漢籍收藏較少的文庫可以將《剪燈新話》等籠統歸入"子部·小説家"而不予特殊標注,但廣儲傳奇的文庫便需在目録上另做安排,或者將其歸入現有類目,或者新設子目,與《四庫全書總目》相比體例均有所增益。

籠統歸入"子部·小説家"者,如天保七年(1836)校訂抄録的尾張藩《御文庫御書籍目録》③。該藩本爲"御三家"之一,幕府將軍德川家康去世前將駿河文庫藏書分贈尾張、紀伊、水户三家,即所謂"駿河御讓本",天保年間重修目録時,首列"駿河御讓御書物目録",漢籍部分便以經史子集順序著録而未設子目,《剪燈新話》《效顰集》與《列國志傳》《全漢志傳》《兩漢傳志》《三國志傳通俗演義》等白話小説同列子部④。另外,安政丁巳

①狩野直喜《日本國見在書目録に就いて》,《支那學文藪》,みすず書房,1973年,頁89。

②孫猛《日本國見在書目録詳考》,上海古籍出版社,2015年,頁15—16。

③影印收入《尾張德川家藏書目録》第5卷,ゆまに書房,1999年。

④影印收入《尾張德川家藏書目録》第5卷,頁102—104。

(1857)抄録的幕府官學《昌平黌藏書目録》採用類似編纂方式並加變通①,正文前的目録中詳列四部子目,其中子部著録"小説類附傳奇二百三十一種二千令八本"②,但小説類正文却未注明何爲傳奇,而是將《遊仙窟》《剪燈新話》《聊齋誌異》等文言傳奇與《西厢記》《東周列國志》《三國志演義》《金瓶梅》等白話小説與戲曲混録在"小説類"下③。

將傳奇小説歸入現存子目者,往往是置於"子部・小説家・異聞"中,如幕府紅葉山文庫的《元治增補御書籍目録》④,據福井保所述,該目録自元治元年(1864)起奉命編纂,歷經兩年於慶應二年(1866)完成⑤,它便將《虞初新志》《剪燈新話》並列"小説類異聞之屬"⑥。由於明前傳奇小説篇幅較短,往往收録在《太平廣記》《百川學海》《説郛》《五朝小説》等類書或叢書中,少以單篇行世,而《四庫全書總目》子部中原有類書子目,即便不新設子目也可將有限的典籍籠統著録,因此《四庫全書總目》中傳奇的缺失並未造成太大影響。到了近代,將傳奇歸入"小説家・異聞"者也不罕見,長澤規矩也參與編纂的《静嘉堂文庫漢籍分類目録》便在子部"小説家類・異聞"下收録《宣室志》《劍俠傳》《剪燈新話句解》《剪燈餘話》《聊齋誌異》等傳奇小説,甚至將原屬類書的《太平廣記》也收録於此⑦。1934年尊經閣文庫編纂完成《漢籍分類目録》,分類標準雖大體依照《四庫全書總目》,却有較大調整,此中詳情且容後叙,其中子部設有"宋元明清百家類"子目,第一細目爲"儒雜小説釋道諸家之屬",收録《剪燈新話句解》⑧。

(二)森槐南與作爲子部别傳類的傳奇

總體而言,近代漢籍目録發展的趨勢本是學問獨立、門類細分,這既涉及學術轉型,也與圖書館的公共意識與專業化相關。近代早期少數論及唐

①影印收入《德川幕府藏書目》第10卷,ゆまに書房,1985年。
②《德川幕府藏書目》第10卷,頁9。
③《德川幕府藏書目》第10卷,頁55—59。
④影印收入《德川幕府藏書目》第1—7卷,ゆまに書房,1999年。
⑤福井保《紅葉山文庫:江户幕府の參考圖書館》,鄉學舍,1980年,頁94。
⑥影印收入《德川幕府藏書目》第10卷,頁255、257。
⑦《静嘉堂文庫漢籍分類目録》,静嘉堂文庫,1930年,頁595—598。
⑧《尊經閣文庫漢籍分類目録》,石黑文吉,1934年,頁321。

代小説的日本學者，往往受《四庫全書總目》影響，對傳奇小説的篇目選擇與部類歸屬大多沿襲四庫館臣，並因師承傳授與講義、論著的出版而相沿成例。1899年森槐南就任東京大學文科大學講師，最早在國立大學講授元曲與漢唐小説，此後以小説戲曲研究卓然成家的鹽谷温稱其爲"中國戲曲小説的啓蒙者"。神田喜一郎編有《森槐南遺稿：中國詩學概説》，在序言中稱其"昔日爲東京帝國大學文科大學講師，門人森川竹磎將授課所用手稿匯而成編"，並提到除此之外尚有《漢唐小説史》《作詩法講話》等數種，可能均爲森槐南授課講義。

《漢唐小説史》全十三回，體例與大學課程相符，評述《山海經》以迄《南柯記》的文言小説，論及故事梗概與目録源流的演變。其中談到唐代小説，稱"其最著名者，别爲三種：一曰别傳，二曰雜事，三曰異聞。别傳以一人一事而成一部，雜事與異聞連綴諸多事實，其文亦零碎。而雜事虚實參半，多與史傳相發明。異聞屬仙鬼怪異之類，並及詩話瑣語之屬。雖同爲小説，其題自異"①，"雜事""異聞""瑣語"均爲《四庫全書總目》小説家類子目，"别傳"是森槐南自擬。此後分類列舉小説篇目時又有微調，分爲"别傳"四十種、"雜事"二十三種、"異聞瑣語"二十四種。

所謂"雜事"二十三種，其中十八種見於《四庫全書總目》，且順序近乎全同。而"異聞與瑣語"之所以歸并爲一，很可能因爲《四庫全書總目》小説類恰將"異聞"與"瑣語"存目書合并爲一卷，加上森槐南自擬的"别傳"，正與《四庫全書總目》小説類原本的子目數量相同。新擬的"别傳"，收録小説四十種，除《四庫全書總目》以存目收入小説類雜事的《海山記》《迷樓記》《開河記》《大業拾遺記》外，其他均爲《四庫全書總目》未曾收録的唐代傳奇，雖然仍有勉力與《四庫全書總目》對應的痕跡，但《霍小玉傳》《李娃傳》《柳毅傳》等傳奇小説可以孤篇單行、獨立成目，而非籠統歸入類書或叢書，已是一大進步。《漢唐小説史》並非漢籍目録，而是課堂講義，其分類意識雖然牽合《四庫全書總目》而有所發揮，但將傳奇列入"别傳"而與《朝野僉載》《開元天寶遺事》《明皇雜録》等"雜事"、《集異記》《杜陽雜編》《酉陽雜俎》等"異聞瑣語"並列，已經爲小説目録的編纂提供了啓示，只是真正付諸

①森川鍵校譯《森槐南先生手稿漢唐小説史》，早稻田大學圖書館藏（出版信息不詳），頁77—78。

實踐仍需斟酌名目、假以時日。

(三)鹽谷温、長澤規矩也與子部小説四分法的成立

親炙於森槐南的鹽谷温在其享譽學界的《中國文學概論》中談到唐代小説時,稱《四庫全書總目》小説類的雜事、異聞、瑣語三者區分不著,而森槐南别傳、異聞瑣語、雜事的分類方式亦有不足,認爲"第三類不足稱其爲小説,第二類稍具小説材質,唐代小説精華蓋存於第一類别傳",並將森槐南所謂"别傳"易名爲"傳奇小説",參以《唐人説薈》,將其分爲别傳(與森槐南所用同詞異義)、劍俠、艷情、神怪四類①。《中國文學概論講話》所述唐代小説只有傳奇,而《開元天寶遺事》《酉陽雜俎》等帶有漢魏遺風的文言筆記因缺乏小説特徵而棄而不論,唐以後甚至連傳奇小説都未涉及,僅在唐代小説末尾羅列《剪燈新話》《聊齋誌異》《虞初新志》等數種書名而已。自森槐南到鹽谷温,唐代傳奇的"小説"身份逐漸確立,並日益取代筆記體成爲文言小説的代表,這種觀念在小説目録上的實踐,便由鹽谷温的弟子長澤規矩也最終完成。

長澤規矩也多次參與古籍目録的編纂,前述《静嘉堂文庫漢籍分類目録》的執筆者中便有其身影。該目録對傳奇的著録,隱約可見牽合《四庫全書總目》舊例之處。1939 年長澤規矩也曾在其主持的《書志學》雜誌上發表《漢籍分類答問》,以《四庫全書總目》爲基礎略加變换,詳細列出了經史子三部的細目,其中將子部小説家删去,並在子部雜家類原有的雜學、雜考、雜説、雜品、雜纂基礎上,增加雜事、異聞瑣語兩類,稱"小説家類與戲曲小説易混,故如前所述删而去之,隸屬於雜家"②,實則保留了《四庫全書總目》子部小説家原有的雜事、異聞、瑣語三類,將後二者合并爲一更是體現出森槐南的影響。該目録未附集部,但《静嘉堂文庫漢籍分類目録》已在集部增設戲曲・小説類,將戲曲與白話小説著録其下。該目録似乎是將唐傳奇置於"子部雜家類雜事"中,而筆記小説按照慣例分屬"雜事"與"異聞瑣語",白話小説列於"集部小説類",如此一來"小説"子目便只出現一次,避免了"子部小説"與"集部小説"共用一名的尷尬。可惜長澤規矩也未有機緣將這種設想付諸實踐,筆者尚未在日本現存漢籍目録中發現如此分類的

---

①鹽谷温《支那文學概論講話》,大日本雄辯會,1919 年,頁 393—394。

②長澤規矩也《漢籍分類答問》,《長澤規矩也著作集》第 7 卷,汲古書院,1987 年,頁 480。

案例。

長澤規矩也較爲得意的是大東急記念文庫與内閣文庫目録的編纂，前者不以收藏漢文小説見長，後者更有代表性，《内閣文庫漢籍分類目録》凡例稱"本目的編修校正在法政大學長澤教授指導下，由本文庫福井保主營其事"①。目録以《四庫全書總目》爲基礎，多處略施改動。其中集部增設"戲曲小説類"，將戲曲與通俗小説納入其中。同時子部小説家類下設四個子目，分别是雜事、異聞、瑣語、傳奇小説，前三種著録的典籍略同於《四庫全書總目》，而傳奇小説收録四庫未載的《遊仙窟》《剪燈新話》《剪燈餘話》《情史類略》等二十餘部作品②。它既保留了《四庫全書總目》小説類原有的格局，便於研究者比照檢索，又將傳奇小説以獨立子目納入漢籍目録，不再爲避"子部小説"與"集部小説"的重複而擅改舊名。這種處理方式兼顧傳統目録的延續性與部類歸屬的合理性，將小説史意識適當融入其中，確實更爲周全，文言小説在目録上的位置也基本確定下來，子部小説四分法也逐漸成爲漢籍目録比較通行的分類方式。

二　白話小説在公私目録中的地位變遷：近代以前

(一)從尾張的番序到禁裏的事類：江户初期書目中的歷史演義分類

在筆者有限的視野中，日本最早著録白話小説的藏書目録是寛永年間(1624—1645)尾張藩《御書籍目録》。江户時期延續時間較長的公私文庫，隨著時間推移收藏日富，整理藏書時往往以後來的目録取代此前所編，尾張藩却在整個江户時期不同年代編纂了三十餘種目録，是書籍史與目録史研究難得的資料。尾張首代藩主義直爲德川家康第九子，一生致力於收藏和漢典籍，因好學而深受其父推重，德川家康去世後將生前的駿府藏書分賜御三家時，尾張藩所得善本最夥③。

寛永年間《御書籍目録》首列駿河御讓本，末書"元和三丁巳年正月七

①《内閣文庫漢籍分類目録》，内閣文庫，1953年，頁5。

②《内閣文庫漢籍分類目録》，頁289—291。

③參見川瀨一馬《駿河御讓本の研究》，《日本書誌學之研究》，大日本雄辯會講談社，1943年，頁614—619。

日請取了”,即該部分是元和三年(1617)筆録。目録按排架順序著録第一至四十四番,每番藏書内容相近,但番與番之間並無明顯章法,和漢典籍混雜。其中第三十七番著録“《兩漢傳志》三册、《全漢志傳》二册、《三國志傳》六册、同十册”,同番另收録《前漢書評林》《十八史略》與《十九史略》①;第三十八番著録“《列國志》八册”,同番另收録《大明律》《大明一統賦》《史斷抄》《三史文類》《方輿勝覽》等②。從同番配置來看,編者似乎只是根據書籍内容粗略放置,没有四部分類的明顯意識。

寬永《御書籍目録》在駿河御讓本之後,從第四十五番開始著録尾張藩自置典籍,第六十七番之後不再按番次著録,繼而出現“某年買本”條目,即按購藏時間著録,其中“酉年買本”收録“《警世通言》十二册唐本”③,酉年即寬永十年(1633)。因是賬簿式的購書清單,並未按内容分類,難以追溯《警世通言》在編者眼中的文類歸屬。由於尾張藩現存不同時期的藏書目録,上述白話小説亦見於此後編纂的目録,但只是延續舊例,並無新增,筆者不再論及。總而言之,尾張藩在江户初期較早收藏白話小説,只是其藏書目録以配架順序或購藏時間編纂,白話小説混雜在其他和漢典籍中。

僅次於尾張藩,較早收藏白話小説的是天皇禁裏。大東急記念文庫藏有《禁裏御藏書目録》傳抄本,有落款“右官本萬治四年(1661)正月十五日禁中炎上之時燒亡”④,當在此前後編成。目録分上下兩册,編纂方式殊異,上册前半部分按“櫓子”“箱”“長櫃”或“棚”著録,後半部分著録細目,如“事類第一”“史漢第一”等。下册更爲怪異,前半部分爲“春御櫓子目録”“夏御櫓子目録”“秋御櫓子目録”“冬御櫓子目録”“戀御櫓子目録”等奇怪子目,後半部分略注細目,如“詩文抄之覺”“詩文付史漢事項”“日本詩集”等。其中上册後半部分“事類第二”著録有《列國傳》《皇明英列傳》兩部歷史演義⑤,同一子目另有《列仙傳》《古今列女傳》《唐才子傳》《古注蒙求》《千字文》等,如此混雜的配置,編者很可能没有四部分類意識。《禁裏御藏

①《尾張德川家藏書目録》第1卷,ゆまに書房,1999年,頁95—96。

②《尾張德川家藏書目録》第1卷,頁97—98。

③《尾張德川家藏書目録》第1卷,頁217。

④《大東急記念文庫善本叢刊　近世篇　書目集1》,大東急記念文庫,1977年,頁190。

⑤《大東急記念文庫善本叢刊　近世篇　書目集1》,頁35。

書目録》混録和漢典籍，編纂方式雜糅排架式目録與分類目録，而“事類”“史漢”“詩文”“韻書”等名目並不規範，很可能是根據個人閱讀習慣隨意處置，筆者未曾見到其他公私目録採用類似方式。

(二)從故事、軍書到小説：江户中期書肆待售目録中的白話小説分類

此後的書目中最早著録白話小説者爲水户藩校彰考館所藏《唐本目録》，封面有“唐本屋田中清兵衛　元禄元年十一月”標記，元禄元年即公元1688年。大庭脩將其整理後全文公開①，他認爲這份《唐本目録》可能是水户藩在唐本屋的購書目録。田中清兵衛爲正德(1711—1716)到天明(1781—1789)年間江户“唐本屋”，即經營漢籍的書肆，同時作爲“御書物所”向幕府、大名出售典籍，出版“武鑒”(武士家譜)②。該目録爲江户前期較爲罕見的分類目録，並非如尾張藩寬永《御書籍目録》《禁裏御藏書目録》那般按番、櫓子、箱等收納順序編纂，而是將所有典籍分爲四書類、易類、書經類、禮記類、春秋類、儒書類、故事類、軍書類、易曆雜類、佛書類等十九類，其中“故事類”著録《拍案驚奇》《濟顛全傳》《八洞天》《玉嬌梨》《五才子書水滸傳》等③，“軍書類”著録《梁武帝傳》《英雄譜》《三國志傳》《三國志演義》《續三國志演義》④，“易曆雜類”著録《明鏡公案》《龍圖公案》《西遊記》《雲合奇蹤》等。《唐本目録》並未嚴格採用四部分類，但前五類均爲“經部”子目，除將“五經總義類”擴展爲“五經六經類”、將“四書類”置於最前外，其他子目順序與諸史經籍志或藝文志相同。目録未設置史部，史部漢籍大都置於“儒書類”。

著録白話小説的“故事類”始見於《新唐書・藝文志》，此後《遂初堂書目》《文獻通考・經籍考》《宋史・藝文志》均予以沿用，但江户前期書目中的“故事類”似乎是獨立發展而來，與中國書目並無直接聯繫。此前寬文十年(1670)書肆刊行的分類待售書目《增補書籍目録》便在“儒書”下設立“故事”子目，統括以故事爲主、具有彙編性質的和漢典籍，如《書言故事》《開元

①大庭脩《元禄元年版の唐本目録》，載《史泉》第35—36期，1967年，頁151—167。

②井上和雄編《慶長以來書賈集覧：書籍商名鑑》，高尾書店，1970年，頁58。

③大庭脩《元禄元年版の唐本目録》，頁162。

④大庭脩《元禄元年版の唐本目録》，頁162—163。

天寶遺事》《語園》《蒙求》等①,同時將帶有一定故事性質、暫時不易歸入其他子目的典籍也收入其中,如今日視爲文言小説的《開元天寶遺事》《剪燈新話》《五雜俎》《輟耕録》等。此後書肆刊行的分類待售目録大都延續了這種分類,如延寶三年(1675)刊行的《古今書籍題林》、元禄五年(1692)刊行的《廣益書籍目録》、元禄十二年(1699)刊行的《新版增補書籍目録》、享保十四年(1729)刊行的《新撰書籍目録》、寶曆四年(1754)刊行的《新撰書籍目録》、明和九年(1772)刊行的《大增書籍目録》等。同時,"故事類"地位也越來越穩固,延寶三年的《古今書籍題林》已將其獨立成大類,而非隸屬於"儒書"的子類。"故事類"在典籍分類中至關重要,它在一定程度上扮演了中轉站功能,將新增書籍中無法歸入現有類目者暫時歸入此類,待到同類和漢典籍數量增加到一定程度,形成規模,便散入其他子目,或根據内容重新設立子目。而暫時歸入其中的漢籍,往往是今日所謂"小説",尤其是文言小説。

"軍書類"與"易曆雜類"著録白話小説中的特殊類型,前者與歷史征戰相關,後者則涉及一定的陰陽術數,二者均按照内容而非文體分類,前者尤爲普遍。由於《平家物語》《太平記》之類歷史征戰故事久已風行,上自將軍大名、下至平民商賈,讀者甚衆,且早已以"軍書"目之,而《英烈傳》《列國志》之類歷史演義與之相似,將此類和漢典籍(尤其是中國歷史演義日譯本)歸入"軍書"的做法貫穿整個江户時期。江户後期甚至出現多種專門的"軍書"目録,而且往往多次增補重印,僅長澤規矩也、阿部隆一所編《日本書目大成》便收録有明和七年(1770)刊行的《和漢軍書要覽》、享和年間刊《享和再版增補改正和漢軍談紀略考》、天保十二年(1841)刊《增補和漢軍談紀略考大成》等。由於《平家物語》之類征戰故事發達,"軍書"意識牢固確立,直到江户末期,歷史演義仍經常按内容列入"軍書",或依日譯歸入"通俗書"(即日譯書),目録編纂者很少意識到其"小説"身份。

儘管如此,中國歷史演義從"軍書"向"小説"的演化趨勢也可見於江户時期,尤其是前述書肆刊行的分類待售目録。這些目録每種均設有"軍書"子目,但元禄之前尚無歷史演義日譯本,漢文原著的閲讀風尚並未普及,"軍書"中收録的漢籍往往是《武經七書》《中興偉略》《大明軍記》之類,直到

①斯道文庫編《江户時代書林出版書籍目録集成》第1册,井上書房,1962年,頁81—82。

享保十年(1725)刊行《明清軍談國姓爺忠義傳》之後,通俗歷史演義的刊譯陷入低谷,白話小説翻譯有三十餘年的空白期,直到寶曆七年(1757)《通俗忠義水滸傳》的出版,白話小説翻譯才重入正軌,不過已轉向世情、神魔等題材。就在最後一部通俗歷史演義出版後,享保十四年的《新撰書籍目録》新設"通俗書"子目,幾乎將已出版的通俗歷史演義盡皆收録其中,包括四年前剛剛刊行的《國姓爺忠義傳》①。

寶曆四年(1754)的《新撰書籍目録》已棄"通俗書"而新設"小説",並將《太平記演義》《忠義水滸傳》《小説精言》《小説奇言》《小説粹言》收録其中②,明和九年(1772)刊行的《大增書籍目録》依然保留"小説"子目而取消"通俗書",收録範圍也進一步擴大,除《通俗水滸傳》《通俗醉菩提全傳》《通俗隋煬帝外史》等白話小説日文譯本以及《小説粹言》之類重編和刻白話小説外,還將白話小説原本如《忠義水滸傳》《肉蒲團》《連城璧》收録其中③。在筆者有限的視野中,這是江户時期書籍目録最接近今日"白話小説"概念的案例,也是將章回、話本等不同種類通俗小説同歸一類,綴以"小説"之名的最早嘗試。

(三)從伊吕波到四部分類存部:江户後期文人與官庫書目中的白話小説分類

自寶曆年間以後,現存公私藏書目録日增,諸藩普遍設立藩校,其藏書也往往具有一定規模,但筆者所見藩校藏書目録中很少出現白話小説,且著録方式駁雜,或以書架配置、入藏先後、來源,或以六十四卦逐次編目,另有不少以典籍首字假名的伊吕波順序著録。以前述尾張藩爲例,已知三十餘種藏書目録除情况不明者外,直到天明二年(1782)的《御文庫御藏書目録》才開始出現經史子集四部分類,但未固定爲成例,此後編纂的目録仍夾雜收集者、書架、書庫等分類方式,直到最後一部元治元年(1864)《御書物目録》仍採用書架分類④。

私人藏書規模有限,爲便檢索,多按書函或書名發音的伊吕波順序著

①斯道文庫編《江户時代書林出版書籍目録集成》第3册,井上書房,1962年,頁124—125。
②斯道文庫編《江户時代書林出版書籍目録集成》第3册,頁160。
③斯道文庫編《江户時代書林出版書籍目録集成》第3册,頁200。
④《尾張德川家藏書目録》第1卷,頁13—19。

録，罕有使用四部分類者。且私人藏書多無白話小説，偶見著録也僅有數部，難以獨立成體。以筆者所見收有白話小説的數種藏書目録爲例，天明狂歌的代表人物大田南畝(1749—1823)生前藏書頗豐，曾委托國學者山崎美成代爲編纂藏書目録，書成即爲《南畝文庫藏書目》，其中漢籍主要見於第四册。該册按“以吕波仁保”等書函順序著録，白話小説爲“宇函”下的“《水滸傳》廿四本”、“於函”下的“《肉蒲團》小説凡二十四回一本”①。

江户後期讀本大家曲亭馬琴嗜讀小説，可能是整個江户時期白話小説插架最多的私人藏家。其《曲亭藏書目録》按書名發音的伊吕波順序著録，類似音序辭典，用到某部典籍時檢索甚爲方便，其中“つ部”收録《通俗水滸傳》、“こ部”收録《紅樓夢》、“せ部”收录《照世杯》《石點頭》、“す部”收録《隋史遺文》《醉菩提》等②。

江户末期三河國渥美郡神官羽田野敬雄廣搜和漢典籍，集合衆力設置羽田文庫，擁書萬卷並向公衆開放借閲，現存明治九年(1876)羽田野敬雄自筆《羽田文庫藏書目録》，分爲春夏秋冬四卷，前三卷收録日本典籍，最後的冬卷收録漢籍類、梵典類與洋書類，漢籍部分未再分類，著録順序大致是先經史後子集，而細處並未參照《四庫全書總目》，其中收録《肉蒲團》一部③。

自江户初期白話小説始見於書目著録以來，公私藏書機構始終未探索到白話小説在四部分類中的合適位置，直到最後一部重要的藏書目録出現，即慶應二年(1866)完成的紅葉山文庫《元治增補御書籍目録》。紅葉山文庫堪稱江户時期規模最大、藏書最富的官家書庫，該目録亦可謂江户時期藏書目録集大成之作。其凡例中稱：

> 凡書目，諸史經籍志之外，或爲官府之用，或爲私藏之記。古今編目者不勝枚舉，部門分類大同小異，互有出入。今重訂寶庫書目，體例

①《大田南畝全集》第 19 卷，岩波書店，1989 年，頁 429—430。

②服部仁編《馬琴研究資料集成》第 5 卷《自撰自集雜稿ほか》，クレス出版，2007 年，頁 146—158。

③藤井隆編《近世三河・尾張文化人藏書目録》第 2 卷，ゆまに書房，2005 年，頁 175。

多據乾隆《四庫全書總目》，至其子目，則參考諸目而有增删。①

《元治增補御書籍目録》編纂之謹嚴、子目之完備、配置之合理，在江户時期實爲僅見。該目録子目極似《四庫全書總目》，但由於後者不録白話小説，而紅葉山文庫收藏頗豐，不得不在子目上做出調整。不同於以往將白話小説納入"事類""録""故事""軍書""易曆雜類""通俗類"或籠統的"子部""小説"等做法，該目録既遵照《四庫全書總目》而又有所創新，不再試圖將白話小説强行納入既有子目，而是在體系完備的《四庫全書總目》之外另設新目以收納這一新文體。凡例中稱"演義雜劇之類，及韓人著撰、滿文之類，於四部之外，設附存部以載之"②。白話小説見於目録"附存部"，又細分爲"演義""雜説"(目末著爲"雜記")兩類，各收録典籍三十一部，除白話小説外亦雜有文言小説。

"演義"類收録《封神演義》《拍案驚奇》《西遊記》《醋葫蘆》《全像金瓶梅》《國色天香》等，"雜説"類收録《艷異編》《開卷一笑集》《全像西遊記》《花陣綺言》《緑窗女史》《情史類略》《醒世恒言》《喻世明言》等。這種分類未見於此前目録，而近似目前漢籍目録的編纂方式，實已具有相當的現代性。儘管如此，"演義"與"雜説"的典籍著録仍有一定缺陷。姑且不論夾雜其中的文言小説《艷異編》《情史類略》、文白兼收的《國色天香》以及非小説的《開卷一笑》《緑窗女史》之類，大體而言，"演義"事關歷史而"雜説"偏於世情，"演義"多爲長篇而"雜説"近似短制，與孫楷第《中國通俗小説書目》區分講史、煙粉、靈怪、説公案、諷喻，大塚秀高《增補中國通俗小説書目》並列小説短篇、小説長篇、講史略有相似之處。但"演義"中《醋葫蘆》《全像金瓶梅》煙粉情多而風雲氣少，《西遊記》隸屬於"演義"，而《全像西遊記》却著録在"雜説"。同屬"三言二拍"，但《拍案驚奇》見於"演義"，而《醒世恒言》《喻世明言》却列在"雜説"。雖然總體而言已大大推進了白話小説目録的發展，但仍不免粗疏。

①《德川幕府藏書目》第3卷，頁13。

②《德川幕府藏書目》第1卷，頁17。

三　長澤規矩也與近代白話小説目録的確立

近代各種公私圖書館陸續出現,1872 年文部省博物局下設書籍館,接管舊大學(由江户時期昌平黌、藩書調所與醫學校合并而成)等藏書,數量頗爲可觀,並向全民開放,按典籍珍異程度收費①。同時,東京大學、京都大學、東北大學、早稻田大學等學校附屬的圖書館也相繼完備,各圖書館陸續編纂藏書目録。不同圖書館的藏書目録分類各異,短時間内並未出現共同遵循的規範,白話小説的著録也各具特色。近代具有與江户時期不同的社會背景,日本以明治爲界、中國以民國爲界,典籍形態與知識體系發生了明顯變化,從雕版到活字,由線裝至洋裝,從物語和歌、經史子集到文史哲法政經。除了和漢之别另有古今、東西之分,同爲日本小説,曲亭馬琴與夏目漱石、江户後期刊刻的《八犬傳》與明治後期出版的《我是貓》幾乎不可同日而語、同架而列。如果説江户時期與四部分類競争的主要是伊吕波與函架分類,那麽近代以後則是十進法之類西洋分類方式與四部分類並立。由於近代公私文庫藏書目録較多,爲避繁雜,筆者僅選擇有代表性的公共圖書館、大學圖書館與私家文庫,以示白話小説在目録學上的地位變遷。

(一)子部小説與文學類小説:近代早期公私文庫著録的白話小説

國會圖書館是日本唯一法定納本圖書館,和漢典籍收藏頗富,其前身爲明治時期的東京圖書館。1883 年刊行的《東京圖書館和漢書分類目録》是近代較早且比較完備的藏書目録,編纂之初便意識到和漢典籍邊界之模糊,凡例中指出:

> 古來區别和漢,並無一定之規,或依文體、或據事跡,甚爲混亂錯雜。今斷然以撰者别之,不問文體事跡。撰者若爲本邦人則視爲和書,係漢人即定爲漢籍。②

這種區分難免粗疏草率,如此一來"和書"中頗多純漢文著作,而山井鼎《七

---

①竹林雄彦《近世日本文庫史》,蘭書房,1952 年,頁 114—115。

②《東京圖書館和漢書分類目録》,東京圖書館,1883 年,頁 1。

經孟子考文》本已收入《四庫全書總目》經部五經總義類，該目録却置於"和書"的"儒書"子目。以漢文撰寫的著作往往運思之初便已納入四部體系，追步經史子集而不涉和歌物語，以作者國籍而非内容與著述形態分類，雖一目了然，却也頗有不適。該目録的漢籍分爲經書、正史、雜史、傳記等二十類，雖未設四部，但子目基本都來自四部分類(另合并《四庫全書總目》數條子目爲諸子、詩賦，亦可視之爲模仿《漢書·藝文志》)，順序大體相同而有個别調整，最後兩類爲"小説"與"雜書"。"小説"兼收文言白話，其中白話小説有《演義三國志》《精繪圖像梁武帝西來演義》《通俗演義禪真逸史》等十六部①，如此分類實則已退回到籠統涵蓋文言白話的子部小説概念，略同於前述天保七年(1836)尾張藩《御文庫御書籍目録》與安政丁巳(1857)《昌平黌藏書目録》，與紅葉山文庫《元治增補御書籍目録》相比已等而下之。

國立圖書館編纂白話小説目録或許失於保守，在一定程度上回溯江户，而近代新出現的大學得開化之先，首效西方分科治學，其圖書館操此舊業時則可能偏於西化激進。近代日本最早的大學爲東京大學，其圖書館也因藏書豐富而著稱。1891年首先刊行《帝國大學圖書館和漢書目録　假名别》，依圖書首字發音的伊吕波順序編纂，兩年後刊行的《帝國大學圖書館和漢書分類目録》，是該館最早的分類目録。該目録在近代早期頗有代表性，採用的是雜糅和漢與西洋的分類方式，將所有典籍不分和漢統一分爲宗教、哲學、經書、子類、博言學、文學、史傳、地理、數學、理學等二十大類，每類設若干子目，子目再進一步細分。典籍的配置以内容爲據，絶大多數不分和漢。"第六文學"大類的"一一小説"子目，進一步細分爲"イ國文小説"與"ロ漢文小説　附神仙記、異聞、瑣語"，後者雜録文言與白話小説，其中白話小説有《南宋志傳》《今古奇觀》《五虎平西前傳》《演義三國志》《説岳全傳》《水滸傳》六部②。這種分類雖呼應著近代的知識體系與學科劃分，但不分和漢、古今，將典籍齊置雜處，並不利於文獻檢索與學術研究。圖書分類既受到近代學術的影響，又有其獨立性，亦步亦趨地追隨現有學科體

①《東京圖書館和漢書分類目録》，東京圖書館，1883年，頁409—410。

②《帝國大學圖書館和漢書分類目録》，帝國大學圖書館，1893年，頁202—203。

系未必合適，長澤規矩也强調“圖書分類不同於學問分類”①，確實有其合理性。

近代私家文庫中收藏白話小説最多的是尊經閣與静嘉堂。尊經閣文庫繼承了江户時期少有的領國大名、加賀藩主前田家藏書，至今仍以漢籍收藏之富享譽學界。1934 年刊行的《尊經閣文庫漢籍分類目録》，分經部、史部、子部、集部、雜部，略仿《四庫全書總目》而有較大增删。其子部與《四庫全書總目》出入尤大，分周秦諸子類、漢唐百家類、釋道二經類、七書類、宋元明清百家類五個子目，最後一種進一步細分爲：一儒雜小説釋道諸家之屬、二合編合刻類收載諸種、三分抄分選節本、四平話演義之屬等十六種，分類標準逸出常軌，令人頗難索解。白話小説著録在“四平話演義之屬”，計有《新編五代史平話》《精鎸合刻三國水滸全傳》《古今小説》《無聲戲小説》等十四種②。該目録分類方式自成一體，既採用四部分類，將小説歸於子部，又打破子部原有格局，放棄儒家、法家、雜家、小説家等子目，而以周秦諸子、漢唐百家、宋元明清百家等朝代分類，近守成而有破格，似開新却沿舊例，只可謂特立獨行、後無來者。

(二)從静嘉堂到内閣文庫：白話小説目録的完備

與尊經閣相比，静嘉堂文庫前後兩種漢籍目録均更切近《四庫全書總目》。自從 1907 年購入歸安陸氏藏書後，静嘉堂便請漢學家河田羆編纂珍本書目，於 1917 年刊行《静嘉堂秘籍志》，實則主要是《皕宋樓宋元書目》與《十萬卷樓書目》的纂集整理③，並未著録白話小説。1930 年再次刊行《静嘉堂文庫漢籍分類目録》，長澤規矩也亦參與其中。該目録非常接近《四庫全書總目》，凡例中雖稱“大體基於《四庫全書總目》，亦多少施以取捨”④，實則改動很少，主要增設《四庫全書總目》未收的叢書部，集部新增尺牘類與戲曲小説類，白話小説便著録在集部小説類，計有《新刊宣和遺事》《第一才子書三國志》《西遊真詮》《今古奇觀》等五十部，其中包括岡本保孝《讀水滸傳》、瀧澤解《半閑窗談》等日文撰寫的小説批評以及《通俗醒世恒言》《通

①長澤規矩也《東急目と内閣目との國書分類の差》，《長澤規矩也著作集》第 4 卷，頁 148。
②《尊經閣文庫漢籍分類目録》，頁 404—405。
③河田羆撰，杜澤遜等點校《静嘉堂秘籍志》整理説明，上海古籍出版社，2014 年，頁 5。
④《静嘉堂文庫漢籍分類目録》凡例，無頁碼。

俗西湖佳話》等江户時期的日文譯本①。該目録未對白話小説作進一步細分,但已是當時堪稱典範的漢籍目録。

參與編撰《静嘉堂文庫漢籍分類目録》時長澤規矩也年紀尚輕,不能自作主張,他自稱"素人",仰賴前輩飯田良平指導②。但到編纂内閣文庫目録時便可主導其事,在很大程度上貫徹己意。二者分類方式均與《四庫全書總目》頗爲相似,而《内閣文庫漢籍分類目録》更加細緻完善。以白話小説爲例,《静嘉堂文庫漢籍分類目録》將其置於新設的集部小説類未予細分,而《内閣文庫漢籍分類目録》在集部新設"通俗小説"類,並進一步細分爲講史、短篇小説、公案小説、煙粉小説、靈怪小説、豪俠小説、諷刺小説、小説叢刻、翻譯小説九類,與孫楷第《中國通俗小説書目》初版的分類方式頗爲相似。孫楷第書目 1932 年出版,第二年長澤規矩也便在其主持的《書志學》"新刊批評"欄加以引介,盛贊"小説書目如此完全者,尚無先例"③。當時除孫楷第書目外,筆者尚未發現比長澤規矩也參與編纂的《静嘉堂漢籍分類目録》更爲完備的目録,《内閣文庫漢籍分類目録》很可能是模仿孫著,但一爲知見目録、一爲藏書目録,體例有異導致著述形態不同,實則各有所長。

長澤規矩也對小説目録學的貢獻,不僅是分類子目的增進,更是著録形態的完善。《内閣文庫漢籍分類目録》不僅著録書名、作者、卷數、回數,而且區分冠稱、詳注版本,書名著者統一規範,標明册數、函數、配架、舊藏者。他還專門著有《圖解古書目録法》一書,結合圖録,對和漢典籍書名、著者、刊年、卷册等的識别與著録方式一一詳解。序言中坦稱"圖書整理爲特殊技能,素人看似輕易,雖則絶非如此。古書整理實難,我已體驗此道五十年,對記録方式仍有迷惑之處"④。書中講到許多技術細節,如談到書名,指出以卷頭爲准,次取目録首、再次取卷末或序文首,外題與題簽不可靠,冠稱小字雙行不記入索引;再如談到著者,指出需以本名録入,通行别號者在本名後以圓括號注出别號,著者載有多人時取捨次序爲中右、中左、右

①《静嘉堂文庫漢籍分類目録》,頁 874—878。

②長澤規矩也《古籍目録の體裁について》,《長澤規矩也著作集》第 4 卷,頁 192。

③長澤規矩也《新刊批評・中國通俗小説書目》,載《書志學》第 1 卷第 3 號,1933 年,頁 83。

④長澤規矩也《圖解古書目録法》序,汲古書院,1974 年,無頁碼。

外、左外等。針對版本識别中最爲困難的刊年識别問題，他亦結合實例詳解同版與異版、初印與後印、翻刻與修版、剜改與補刻之判别方式，雖然内容平實，但多有常人難知的通人之談，小説研究者若明其理，便可減少疏失。在長澤規矩也的努力下，圖書目録的編纂有了清晰可循的規範，成爲可以傳授的專門之學；書目也不只是按圖索驥的導引，更是學術探索的工具，即便未見原書，僅憑書目著録，也能成爲小説研究的重要參考。以江户時期頗爲盛行的《三國志演義》與“三言二拍”爲例：

1.寬永年間尾張藩《御書籍目録》著録爲：三國志傳　六册；警世通言　十二册　唐本①；

2.1866年《元治增補御書籍目録》著録爲：三國志演義　十二卷　十二册；醒世恒言　四十卷　十六册②；

3.1934年《尊經閣文庫漢籍分類目録》著録爲：精鎸合刻三國水滸全傳　二十卷　明雄飛　明版　一二册；古今小説　四十卷　明馮夢龍　明版　二六册③；

4.1956年《内閣文庫漢籍分類目録》著録爲：新刊校正古本大字音釋(按：雙行小字)三國志通俗演義　十二卷　題明羅本　明萬曆一九刊(周曰校)　楓　一二册　附一函　八號；喻世明言　(重刻增補古今小説)二四卷　[明馮夢龍]編　可一居士評　明刊　楓　六册　附五函　六號④。

江户時期所有藏書目録均未著録著者、刊者、刊年，且只有《元治增補御書籍目録》著録卷數，對版本研究幾乎無法提供有效信息。到了近代，藏書目録雖逐漸出現著者、刊年、函册、配架等記載，但尊經閣只簡單著録“明版”二字，未曾詳細查考版本。同時《古今小説》並未記載作者爲馮夢龍，這種著録只是作者的推想，雖有事實根據，仍應注明並非原書所載，以免誤導讀者。與此前的著録方式相比，《内閣文庫漢籍分類目録》最爲完備，各種標記意義如下：

1.雙行小字“新刊校正古本大字音釋”表示冠稱，不採爲索引詞，書名

---

①《尾張德川家藏書目録》第1卷，頁96、217。

②《德川幕府藏書目》第2卷，頁383、392。

③《尊經閣文庫漢籍分類目録》，頁405。

④《内閣文庫漢籍分類目録》，頁436、438。

索引僅用"三國志通俗演義",以省略冗餘信息。

2."題明羅本"指著者可能另有其人或存在争議。

3.圓括號内的"周曰校"表示該名未出現在牌記中,只是從序言、目録、卷首或版心等處採録,是原書其他位置明確著録的信息,而非編目者推測。

4."楓"字表明該書爲原楓山文庫所藏。

5.圓括號内的"重刻增補古今小説"表明封面、目録等處題名不同於卷首。

6.方括號内的"明馮夢龍"表明原書未載著者,或著録不明,此處著者是據其他信息推斷得來。

相較之下,《内閣文庫漢籍分類目録》已提供相當多的版本信息,即便無緣前往文庫調查原書,也可據此目録從事相應的研究。長澤規矩也通過各種努力,使藏書目録從賬簿轉化爲工具書,甚至在一定程度上可以脱離文庫,具有獨立自主的學術價值,這是江户時期乃至此前書目很難具備的功能。

餘 論

近代日本較早關注目録之學的文獻學者田中敬,曾在《和漢圖書目録法》中按編纂方式將目録分爲著者名目録、分類目録、主題目録、書名目録和辭書體目録五種,相較之下尤爲推重分類目録,認爲辨章學術、考鏡源流是目録發展的自然趨勢①。然而棚架箱函等編纂方式屢見於公私文庫,雖然精擅學術、博覽群籍的藏書家所在多有,但日本長期以來未有某種分類方式成爲主流,與中國目録學從七略到四部的穩步推進形成對比。自平安時期直到近代,不同時期的公私藏書,其漢籍目録編纂的依據始終在書名(按首字發音的伊吕波順序)、藏所(櫃、擔、合等)與分類(經史子集、十進法等)之間徘徊,直到江户後期《四庫全書總目》傳入日本並被幕府官庫所採納,經史子集四部分類才逐漸成爲目録編纂的大勢所趨,這也導致白話小説在目録上始終徘徊在各種隨意偶出的子目中,很難納入知識體系、形成文體共識。

之所以如此,筆者認爲固然與目録學著作較少傳入日本有關,同時江户之前舶來漢籍頗爲珍異,公私所藏往往以抄本爲主,便於流通的刻本並

①田中敬《和漢圖書目録法》,日本圖書館協會,1939年。

不多見，藏書難成規模。直到江户初期，時值明末清初，中國版刻大盛，刻本日漸普及，但日本文人搜求仍頗不易。由於漢籍有限，藏書目録若求全責備，很多部類可能空有其名，相比之下按典籍首字假名順序編目更便檢索，直到江户中後期中日書籍貿易日益頻繁，清代刻本大量東傳，日本的漢籍收藏才具備可觀之量。文政九年（1826），清朝得泰號商船因風浪漂流至駿河灣，船主在筆談中稱"我邦典籍雖富，邇年以來裝至長崎已十之七八"①，雖是禮貌之辭，也説明清代商人對舶載典籍日漸增多的直感。

目録分類之所以混亂駁雜，筆者認爲更重要的原因還在於漢籍邊界的模糊性。明治時代之前日本文化人大都接受過良好的漢學教育，通曉漢詩漢文，整個江户時代不少文人儒士都有以漢文書寫的詩文論著，因之公私文庫普遍藏有和漢兩類典籍，漢籍很難與所謂"和書"明確區分，於是純粹在中國語境中發展出的四部分類法難以應用在"和書"上。加之平安後期以降日本文人主要以日式發音輔以訓讀來閲讀舶來典籍、傳授中國學問，以"外語"書寫的漢籍均可用日文朗讀，於是和漢書籍可用同一套伊呂波順序著録，類同索引，比四部分類更便於搜檢。長澤規矩也在《古書目録編輯裏話》一文中曾詳細列出編目中遇到的十九類漢籍，如爲漢籍添加句讀、在漢籍本文中以漢文加注、日本人抄録的漢籍選粹、與漢籍相關的漢文體批評論考、日本人的漢詩文、日本人所撰詩文體的戲文等②。其中究竟何者爲漢籍、何者爲和書，抑或何者爲准漢籍、何者爲准和書，不同編目者很可能給出不同的解答，這是中國語境下絶不會陷入的困境。這種混亂導致和漢圖書分類的雜糅，編目時因陋就簡。或將漢籍納入和書分類，或將和書納入漢籍分類，"事類""軍書""故事"等兼收和漢典籍的子目便是這種努力的典型體現，而白話小説著録其下，與籠統的子部小説家類相比進一步模糊了文體特徵。直到近代，漢學從普遍修養退而成爲衆學之一，和漢兩種典籍形態和知識體系的區别日益明顯，漢籍目録才真正獨立，白話小説在目録上的位置也逐漸確定下來。

（作者單位：北京外國語大學中國語言文學學院）

---

①田中謙二、松浦章編《文政九年遠州漂着得泰船資料》，關西大學出版部，1986年，頁243。

②長澤規矩也《古書目録編輯裏話》，《長澤規矩也著作集》第4卷，頁281—283。

中日願文的淵源與發展

——以平安朝願文爲中心[*]

文豔蓉　劉葉延

願文原始作於中國六朝時期，却没能成爲我國文學發展中的獨立文體，直到敦煌文獻中願文被大量發現，後被輯爲《敦煌願文集》，引起學界的關注。而在隔海相望的日本，願文却演變成平安朝漢文學的一種重要文體，兼具實用性與文學性。王曉平先生曾有《東亞願文考》《敦煌願文與中日願文的文體研究》《晉唐願文與日本奈良時代的佛教文學》等文，從宏、微觀角度探討了中日願文的關係及平安願文的特點，持論頗確。然仍覺尚有不盡之處，故在其研究基礎上探討中日願文的淵源及平安朝願文對中國願文的突破與發展，以求教於方家。

一　中日願文的淵源

中國願文，包括呪願文、發願文，其産生源於佛教的流傳。關於願文的概念，丁福保《佛學大辭典》云："爲法事時述施主願意之表白文也。"①黄徵《敦煌願文集》將其溯源爲劉勰《文心雕龍》中的祝盟文，認爲其兼包俗事法

＊ 本文爲國家社科基金項目"唐詩在日本平安時代的傳播與受容研究"(17BZW091)階段性成果之一。

①丁福保《佛學大辭典》，上海書店出版社，2015年，頁2865。

事,“表達祈福禳災及兼表頌贊的各種文章都是願文”①。王曉平《東亞願文考》亦持同樣觀點②。

日本書道博物館藏抄本《譬喻經題記願文》:“甘露元年三月十七日於酒泉城内齋叢中寫訖。此月上旬,漢人及雜類被誅向二百人。願蒙解脱,生生信敬三寶,無有退轉。”③黄徵《敦煌願文集》引之并注稱池田温據常盤大定説定爲前秦甘露元年(359),此應爲最早記録的中國願文。齊梁間僧祐(445—518)《出三藏記集》雜録卷一二載:“《爲亡人設福呪願文》第二十一出《僧祇律》、《生子設福呪願文》第二十二出《僧祇律》、《作新舍呪願文》第二十三出《僧祇律》、《遠行設福呪願文》第二十四出《僧祇律》、《取婦設福呪願文》第二十五出《僧祇律》、《菩薩發願》第二十六出《菩薩本業經》、《無常呪願》第二十七出《中本起經》。”④《僧祇律》《菩薩本業經》皆爲印度傳來佛教戒律書,據此可知印度佛教經文中即有呪願文。《出三藏記集》卷一二又載“《發願疏》一卷”。張慕華《論佛教呪願文及其流變》詳細探索了呪願文的淵源與發展,認爲“佛教呪願文從最初作爲維繫僧俗供養關係、宣揚佛法的佛事儀文,轉變爲以慶酬祈禳爲主要功用的實用禮儀文書”⑤,頗有見識。此時呪願文、發願文適用場合頗爲廣泛,亡人、生子、作舍、遠行、取婦等俗世生活皆可作之。

齊梁間佛教極爲盛行,有不少文人創作願文,如《出三藏記集》卷一二記載“《宋明皇帝初造龍華誓願文》第一,周顒作”,比較著名的還有王僧孺(465—522)《禮佛唱導發願文》、梁武帝(464—549)《東都發願文》(敦煌出土佚文)等。李秀花《論齊梁皇族蕭氏願文》曾專門探討此時期作品,認爲其“内容幾乎完全來自佛經,採用頗具佛經特色的套子式行文”⑥。此外,唐釋道宣(596—667)編《廣弘明集》又載王褒(約513—576)《周經藏願文》、沈約(441—513)《千僧會願文》、蕭綱(503—551)《四月八日度人出家願

①黄徵、吴偉校注《敦煌願文集》,岳麓書社,1995年,前言頁1—2。

②王曉平《東亞願文考》,載《敦煌研究》2002年第5期。

③陳國燦、劉安志主編《吐魯番文書總目(日本收藏卷)》,武漢大學出版社,2005年,頁494。

④釋僧祐撰,蘇晉仁、蕭煉子點校《出三藏記集》,中華書局,1995年,頁481。

⑤張慕華《論佛教呪願文及其流變》,載《中國文化研究》2011年第2期。

⑥李秀花《論齊梁皇族蕭氏願文》,載《甘肅聯合大學學報(社會科學版)》2008年第3期。

文》、北齊魏收(506—572)《北齊三部一切經願文》、盧思道(535—586)《遼陽山寺願文》、隋煬帝(569—618)《寶臺經藏願文》等著名文人之作。道宣《大唐内典録》卷一〇還載陳南嶽大明寺沙門釋慧思所撰《弘誓願文》。存目者還有《輿地碑記目》卷二載《梁孝敬寺刹下銘并發願文》等。可見,齊梁隋間,願文受到當時文人青睐,但其創作多爲宣揚佛教教義、皈依佛教,或爲帝王貴胄、國祚綿長等發願祈福而作,篇幅較長。

入唐後,願文也曾有一定程度的發展。日本天平三年(732)《聖武天皇宸翰雜集》載唐釋靈實《七月十五日願文》,知此時願文集已傳入日本。《大唐内典録》卷五下載録"《百願文》一卷"①,《新唐書》卷五九亦載此書,並有小字注"玄惲,本名道世"②,道世爲《法苑珠林》的編撰者,其時尚有願文專集流傳。永超《東域傳燈目録》寬治八年(1094)永超自校證獻青蓮院(於時生年八十一):"《發願文》一卷(小注:以上皆同《内典録》,云云)。"則此《發願文》或即前所引"百願文",似乎永超所載更確。又同書載:"《内典博要》三十卷(小注:梁代唐孝教撰)、《則天大聖皇后集》十卷(小注:枚數少,故或合卷也,披見是多願文集也)。"③知武則天曾有願文集傳入日本,此集中土不見流傳,惟有單篇願文記載,見趙明誠《金石録》卷四載:"第七百三十六,《唐天后發願文》。王知敬正書。永淳二年九月。"④《寶刻類編》卷二:"《武后發願文》,永淳二年九月立,洛。"⑤《墨池編》卷六亦載。鄭炳林《敦煌碑銘贊輯釋》指出目前敦煌文獻編號伯2385第四部分爲伯4621號的殘文,應爲武則天爲其父所寫的發願文⑥,則此蓋爲其罕見存世之作。

其他金石記載願文尚有《寶刻叢編》卷六據《集古録目》載:"《唐僧道源發願文》,唐前恒、冀等州觀察判官王洽撰,試金吾□□曹叅軍王承規集王羲之書並篆額。道源,恒州開元寺僧也,常發願禮大佛名及誦藏經,成德軍

①釋道宣《大唐内典録》,《高麗大藏經》第57册,綫裝書局,2004年,頁35。

②歐陽修、宋祁《新唐書》,中華書局,1975年,頁1527。

③釋永超《大正新修大藏經》第55册《東域傳燈目録》,新文豐出版公司,1998年,頁1162—1165。

④趙明誠著,金文明校證《金石録校證》卷四,中華書局,2019年,頁73。

⑤無名氏《叢書集成初編》第1514册《寶刻類編》卷二,商務印書館,1936年,頁36。

⑥鄭炳林《敦煌碑銘贊輯釋·敦煌碑銘贊及其有關問題》,甘肅教育出版社,1992年,頁8。

步軍使王士良等爲立此碑。貞元十四年正月刻。"①《寶刻類編》卷四亦載。另有《全唐文》收録李世民《宏福寺施齋願文》、玄奘《造石浮圖發願文》、玄覺《發願文》、錢俶《新建佛國寶幢願文》等諸篇。又據《南宋館閣續録》卷三載:"南唐李後主書《誦經回向詞》一、《發願文》一。"②宋王象之撰《輿地碑記目》卷一載:"後唐清泰中吴中丞所書發願文,在常山縣西三十里福田院。"③然宋代編大型類書《文苑英華》裏分諸多文體,並没有願文。

宋代以後,較少文人創作願文,却有最負盛名的黄庭堅書其自作願文傳世。據《豫章先生傳》載:"公奉佛最謹,過泗州僧伽塔,遂作《發願文》,痛戒酒色與肉食,但朝粥午飯,如浮屠法。時元豐七年三月也。"④《山谷外集詩注》史容注《送吕知常赴太和丞》"我去太和亦期矣":"山谷在太和三年至元豐七年移監德州德平鎮。是年三月,過泗州僧伽塔,有《發願文》。"⑤此爲黄庭堅奉佛之宣言,爲後世所關注,其書跡爲《清河書畫舫》《鐵網珊瑚》《式古堂書畫彙考》等著録,流傳至今。還有與願文相關之文,如周必大《文忠集》卷一六有《跋山谷發願文》。晁補之《鷄肋集》卷一九詩《書周開祖子抱一發願文後》載:"欲愛生諸穢,俱盛一革囊。應從持犯入,當發紫金光。"⑥宋釋惠洪(1071—1128)《石門文字禪》卷二七《跋江表民願文》。南宋陳淵《默堂集》卷二二有《書了齋筆供養發願文》。明梅鼎祚(1549—1615)編《釋文紀》所收願文皆爲齊梁隋之作。

然而,在中國千年來流傳下來的文學作品中,願文並没有作爲一種獨立文體被編入各種總集、選集中。從以上梳理來看,在魏晉南北朝時期,曾有文人集中創作,至唐初也流傳一部分願文,且有道世、武則天等人結集專書。但最終因其文學性較弱而未能成爲傳世的獨立文體。歷代雖然偶有

①陳思《叢書集成新編》第51册《寶刻叢編》卷六,新文豐出版公司,1986年,頁493。
②陳騤《南宋館閣録·續録》卷三,中華書局,1998年,頁177。
③王象之《輿地碑記目》卷一,商務印書館,1939年,頁20。
④黄庭堅《黄庭堅全集》附録一,中華書局,2021年,頁2165—2166。
⑤黄庭堅《文淵閣四庫全書·集部》第1114册《山谷外集詩注》卷一四,臺灣商務印書館,1986年,頁442。
⑥晁補之《文淵閣四庫全書·集部》第1118册《鷄肋集》卷一九,臺灣商務印書館,1986年,頁534—535。

文人創作,收録傳世作品集者却頗爲少見。直到敦煌文獻出土後,諸多願文才被黄徵、吴偉集爲一體而成《敦煌願文集》,收入大量民間各種帶有發願的實用文、儀式文。因此,願文在我國,實際主要是在民間流傳與世俗生活密切相關的一種文體。

日本願文却有所不同,和大多漢文文體一樣,它也源於中國,並且和佛教的傳入密切相關。根據學者研究,最早的日本願文爲《日本書紀》欽明天皇六年九月條載,百濟王贈佛像製作記事而作的造佛願文。朱鳥元年(686)書寫的《金剛場陀羅尼經》識語有僧寶林願文(《寧樂遺文》中卷)①。又據前引《聖武天皇宸翰雜集》知天平三年武則天願文集傳入日本。此時願文在日本平安初期文人中流傳開來,平安朝最早的作品爲《平安遺文》載録《故石田女王一切經等施入願文》(《本朝文集》卷一三收),作於延曆十七年(798)八月廿六日。延曆二十三年(804),空海入唐,延曆二十五年(806)歸日,之後創作不少願文。内容頗爲豐富,大多代他人作。王曉平《空海願文研究序説》秉承《敦煌願文集》的分類,將"願文""齋願文""達嚫""達嚫文""表白""表白文"等皆計入,共 41 首②。空海作爲影響平安朝文學的重要先驅,對願文文體的獨立有重要的引領作用。願文漸漸成爲平安文人喜愛的一種正式文體,並在日本平安貴族生活中承擔著重要作用。清少納言《枕草子》載:"文是《文集》,《文選》,博士的申文。"③别本其後面有"新賦、《史記》、《五帝本紀》、願文、表"④,與其他重要文體相列,知其在平安時代文體中的地位。《源氏物語》曾三次提到願文,知其在貴族生活中實不可缺。平安時期所編的文章總集《本朝文粹》《本朝續文粹》,也都將願文列爲與賦、詔、對册、表、奏狀等相並列的獨立文體。

隨著時代的發展,日本本土文字也開始滲透進入願文寫作。山本真吾根據《鎌倉遺文》統計,鎌倉時代願文有 938 篇,有不少平假名和片假名書寫的願文。前者 80 篇,後者 30 篇。漢文體願文還是佔據絶大多數,共 837

---

①上川通夫《勸進帳・起請文・願文》,載《愛知県立大學日本文化学部論集》2022 年第 13 期。

②王曉平《空海願文研究序説》,載《敦煌研究》2011 年第 4 期。

③清少納言著,周作人譯《枕草子》,中國對外翻譯出版公司,2001 年,頁 301。

④清少納言著,周作人譯《枕草子》,中國對外翻譯出版公司,2001 年,頁 322。

篇，包括帶有少部分假名的篇章①。中川真弓曾對最早出現的假名願文藤原定家《石清水八幡宮權别當田中宗清願文》進行深入研究，探討相關願文的情況②。由此可見，願文源於中土，並在日本漸漸形成自己的獨特發展，從而成爲漢文學中的重要文體。

二 日本平安朝願文的類别選擇

中國民間流傳的願文應用十分廣泛，目前《敦煌願文集》整理出來的類别非常多。而載録願文類别更全的應爲敦煌出土文獻中的《齋琬文》一卷。關於此卷，由於存世作品殘缺，廬山面目難以全窺，學界頗有争議，總體認可其爲齋文儀文。法國學者梅弘理《根據 P. 2547 號寫本對〈齋琬文〉的復原和斷代》認爲："此文很可能是於 770 年左右寫成的。"③目前整理復原面世的正文僅第一類嘆佛德四篇及第二類《慶皇猷》中鼎祚遐隆、嘉祥薦祉兩篇。從内容來看，第一類主要贊嘆佛法莊嚴懿德，第二類兩篇篇尾皆有"惟願"等語，明顯爲願文。此卷作者自序云："輒以課兹螺累，偶木成□，狂簡斐然，裁成《嘆佛文》一部。爰自和宣聖德，終乎庇祐群靈。於中魚俗魚真、半文半質，□耳目之所曆，竊形跡之所經。應有所祈者，並此詳載。總有八十餘條，撮一十等類。所删舊例，猷替前規。分上、中、下目，用傳末葉。其所類號勒之於左。"④明確指出此卷内容爲"和宣聖德""庇祐群靈"，人生經歷中"應有所祈者"皆詳載於此，故筆者以爲此卷應爲願文文範。其具體分類爲：

一、嘆佛德　王宫誕質、踰城出家、轉妙法輪、示歸寂滅

①山本真吾《假名書き願文の表記と文體——『鎌倉遺文』所收願文を中心に》，載《日本文學》第 63 期，2014 年。

②中川真弓《定家の願文——「石清水八幡宮權別當田中宗清願文案」と「八幡名物」古筆切をめぐって》，載《中世文學》第 63 期，2018 年。

③梅弘理、耿昇《根據 P. 2547 號寫本對〈齋琬文〉的復原和斷代》，載《敦煌研究》1990 年第 2 期。

④黄徵、吴偉校注《敦煌願文集》，岳麓書社，1995 年，頁 66。

二、慶皇猷　鼎祚遐隆、嘉祥薦祉、四夷奉命、五穀豐登
三、序臨官　刺史、長史、司馬、六曹、縣令、縣丞、主簿、縣尉、折衝
四、隅受職　文武
五、酬慶願　僧尼、道士、女官
六、報行道　役使、東、西、南、北、征討、東西、南北
七、悼亡靈　僧尼、法師、律師、禪師、俗人、考妣、男、婦、女
八、述功德　造繡像、織成、鐫石、彩畫、雕檀、金銅、造幡、造經、造堂
九、賽祈讚　祈雨、賽雨、賽雪、滿月、生日、散學、闕字、藏鈎、散講、三長、平安、邑義、脱難、患差、受戒、賽入宅
十、祐諸畜　放生、贖生、馬死、牛死、駝死、驢死、羊死、犬死、猪死①。

以上諸類與敦煌出土願文大多可以相互印證，但比出土文種類更爲豐富，這也較符合常理。從此十類七十二條可見當時民間祈願願文的普遍性，幾乎涉及社會各階層世俗生活的方方面面。

而日本傳世願文却並非如此。與中國古代願文的民間創作主體不同，日本平安時代願文創作主體爲皇室貴胄。創作目的也有所不同，一方面爲滿足平安貴族階層佛教禮儀的程式，另一方面則爲馳騁文采，這注定他們在汲取願文營養時有著不一樣的自主選擇，並且將這一文體逐漸分化開來。平安朝願文與呪願文、發願文成爲各自獨立的文體，有著明顯的區分。後藤昭雄《菅原是善の願文と王勃の文章》考證説《日本三代實録》中稱願文是四六駢儷體，呪願文是四字長篇②。天曆九年(955)，大江維時作《村上天皇奉爲太皇太后供養宸筆法華經願文》(《本朝文集》卷三六)爲四六文，同時所作《同呪願文》則爲整齊的四字句，這兩種文體因此區分開來。《本朝文粹》《本朝續文粹》等集選録的呪願文皆爲四字句，内容與願文無甚差别，如菅原道真《踐祚一修仁王會呪願文》、《臨時仁王會呪願文》(共四篇，分别爲寬平五年、七年、九年、昌泰元年所作)、大江朝綱《臨時仁王會呪願文》、大江以言《净妙寺塔供養呪願文》、藤原敦基《仁王百講呪願文》、藤原敦光《圓勝寺供養呪願文》。反觀敦煌出土的呪願文，如《呪願新郎》《呪

①黄徵、吴偉校注《敦煌願文集》，岳麓書社，1995年，頁67。
②後藤昭雄《菅原是善の願文と王勃の文章》，載《成城國文學》第34期，2018年。

願新婦》《呪願新女婿》《呪願新郎文》①等近二十篇皆以四字居多,間雜四六文,另有少數五、七言文,内容主要爲新婚夫婦祝福的婚禮唱頌文②。而發願文則是直接發願的文體,《本朝文粹》卷十三獨設發願文類,僅載前中書王《發願文》二條,以"伏願"開頭,以"敬以發願""伏以發願。敬白"③結尾。

山本真吾《平安時代の願文に於ける冒頭・末尾の表現形式の変遷について》將整個日本平安時代分爲初期、中期、後期和院政期,搜集願文計215篇。後藤昭雄《『言泉集』所引の平安中期願文資料》又據《言泉集》補遺出殘篇17篇,皆爲追善願文④。這些作品是我們研究平安朝願文的主要文獻基礎。它們大多保存在《性靈集》《菅家文草》《江都督納言願文集》等别集以及《本朝文粹》《本朝續文粹》《本朝文集》等總集中。《本朝文粹》列願文爲一獨立文體,並將其分爲以下幾類:神祠修善、供養塔寺、雜修善、追善等作品34篇。《本朝續文粹》則分修善、追善,共計23篇。

綜合諸作,我們將平安朝願文的内容主要分爲以下四個類别:一、佛教頌贊禮儀類,包括圍繞禮佛所進行的供養、法會、講經、燃燈、建造、施捨等。這是整個平安朝願文的主體類型,佔據總數的一半多。如空海《爲知識華嚴會願文一首》《奉爲四恩造二部大曼荼羅並十護像願文一首》《於東大寺供養三寶願文一首》《和命婦於法華寺奉入千燈料願文一首》、菅原道真《爲大藏大丞藤原清瀨,家地施入雲林院願文》《爲右大臣(藤原基經),依故太政大臣遺教,以水田施入興福寺願文》、慶滋保胤《賽菅丞相廟願文》、藤原惟成《供養書寫山講堂願文》、大江匡衡《爲盲僧真救供養率都婆願文》《供養同寺塔願文》、藤原有國《奉造寫供經佛堂經王願文》、藤原廣業《法成寺金堂供養願文》、後朱雀天皇《欲起三井寺戒壇願文》、橘孝親《北野廟供養佛經願文》、藤原明衡《清水寺新造堂願文》、三善道統《爲空也上人供養金字大般若經願文》等等。其中"供養文",丁福保《佛學大辭典》云:"依觀佛三昧海經十(念十方佛品)所記奉獻香華時之發願文而作者。於法會之式

①黄徵、吴偉校注《敦煌願文集》,岳麓書社,1995年,頁396—405。

②劉清玄、劉再聰《敦煌呪願文芻議》,載《社科縱横》2008年第4期。

③藤原明衡《本朝文粹》,吉川弘文館,1965年,頁319—320。

④後藤昭雄《『言泉集』所引の平安中期願文資料》,載《成城文藝》第252、253期,2020年。

爲供養文諷詠之。"①即專門記述爲寺院、法會等施入財物的發願文，數量頗多。二、追善類，涵蓋爲死者發願、修功德、祈福以及在爲死者各種忌日舉辦的齋會上宣讀的願文，如空海《田小貳爲孝子設齋願文一首》《弘仁太上爲故中務卿伊與親王修功德願文一首》、菅原道真《爲彈正尹親王先妣紀氏修功德願文》《爲某人亡考周忌法會願文》《爲藤大夫先妣周忌追福願文》《爲清和女御源氏外祖母多治氏七七日追福願文》、菅原淳茂《醍醐天皇奉爲母后胤子祈冥福御願文》、大江朝綱《爲重明親王家室四十九日願文》《爲左大臣息女女御四十九日願文》、大江匡房《母堂爲先老修善願文》《爲亡息隆兼朝臣四十九日願文》、源俊明《大皇太后宫爲藤原師實修冥福願文》等等，另有《言泉集》所載17篇追善殘文。三、世俗賀贊修德類，包括賀生辰、修善以及爲生者修功德的發願文，如菅原道真《爲刑部福主卌賀願文》《爲温明殿女御奉賀尚侍殿下六十算修功德願文》《爲南中納言奉賀右丞相(藤原基經)四十年法會願文》《木工允平遂良爲先考修功德，兼賀慈母六十齡願文》《奉中宫令旨爲第一公主賀卌齡願文》、菅原文時《爲謙德公報恩修善願文》、菅原定義《爲藤原賴通於白河院賀大僧正明尊九十算願文》、大江匡房《堀河左大臣七十賀願文》、藤原顯業《賀藤原忠實七十算願文》等等。四、祈福禳災類，如空海《於太極紫宸兩殿請百僧雩願文一首》《播州和判官攘災願文一首》等。

從以上各類别在平安時期的消長來説，初期(792—900)以追善類居多，幾乎佔據全部願文的半壁江山，其次爲禮儀類和賀贊修德類願文。平安中期(901—1000)則禮儀類與追善類平分秋色。此時，佛教和世俗禮儀類願文數量及佔比迅速攀升，開始超越追善類而成爲主要願文類型，到平安後期(1001—1086)仍然佔據主要地位，院政期(1087—1191)更是以壓倒性態勢佔據總數的四分之三。祈福禳災類、賀贊修德類以及綜合類是平安朝五類願文中的少數，且衹在平安時代初期短暫出現，從中期開始，祈福禳災類和綜合類基本消失。可見，隨著時間的流變，平安時代願文由多功能、多類型逐漸發展爲專爲佛教頌贊禮儀、追善活動而用的實用性文體。而大多數以追善爲主題的願文都與佛教相關禮儀(法會、齋筵、講經、奉經等)的形式掛鈎(以平安時代初期爲多)，例如菅原道真《先妣伴氏周忌法會願文》

① 丁福保《佛學大辭典》，上海書店出版社，2015年，頁1359。

就是以佛教禮儀爲形式，以祭祀追善爲内容——在周忌法會上宣講的願文。也即是説，表面上看初期以追善類願文爲主體，但若將上述同時具有禮儀、祈福禳災和追善性質的願文和以佛教禮儀爲形式的追善類願文一並歸入禮儀類，那可以説願文這種文體傳入日本，其最初爲禮佛的價值取向並未發生根本性變化。

與敦煌願文相比，平安願文的内容相對還是狹窄許多，大概是因爲與中土風土人情、政治制度的不同，其序臨官、受職類，報行道、祐諸畜及大多數賽祈贊内容都没有。其發願主體也爲皇親、各級高官及家人。畢竟漢文對於日人來説，屬於外國文字，主要爲上層社會所使用，自然不能象中國民間那樣普及。

三　日本平安朝願文的程式化發展

關於平安願文與敦煌願文之别，王曉平先生《敦煌願文與中日願文的文體研究》曾從來源、創作主體、形式特點、傳存、類型、典故語彙等方面有精彩總結①。但没有注意到平安願文對中國願文程式化的繼承與發展。中國願文之所以没有成爲傳世的獨立文體，主要原因在於其屬佛教儀式的固定一環，寫作模式千篇一律，缺乏文學性。這一點從諸多敦煌出土願文中也可證明。除前引《齋琬文》爲願文範文之外，敦煌文獻編號斯 5639、5640 卷所抄總計三十六條願文，編號斯 5637 所抄十八條，亦爲範文文本。《敦煌願文集》收集的單篇作品也多爲範文，很多願文有不同的抄本亦基於此，如《患文》2 本、《難月文》4 本、《俗丈夫患文》2 本、《開經文》5 本、《轉經文》4 本，《四門轉經文》有 3 本、《散經文》4 本、《印佛文》兩篇皆有 2 本、《行城文》2 本、《結壇散食回向發願文》2 本、《天王文》6 本、《邑文》2 本、《入宅文》3 本等等，不勝枚舉，足見願文程式化傾向。

現存敦煌願文寫作模式基本上是：敷衍佛教教義贊頌佛德——發願人及發願原因——發願内容，且多以第三人稱叙事。如敦煌文獻編號斯 343 與伯 2255 同本《願文》載：

①王曉平《東亞文學經典的對話與重讀》，復旦大學出版社，2011 年，頁 292—293。

入十方界、拔一切苦、放月愛光、施甘露藥者,其惟我釋氏能人焉!卓彼真慈,無緣普濟,利樂之道,夫何以加?然今陳雅志、捨所珍、竪(樹)良緣、祈妙福者,其誰施之?則有某大德之謂矣。僧云:道器清秀,神儀爽然;精心示逾(諭),逸志高上。尼女云:行浄明珠,戒含秋月;温柔作德,松竹堅心。俗人云:乃深信因果,非乃今生;慕道情懇,誠惟曩劫。捨施意者,頃自攝卷(養)乖方,忽瘿(嬰)疢疾;屢投藥石,未沭(沐)瘳除。所恐露命難留,風燈易滅。謹將衣物,投仗三尊;俙(希)佇法財,冀情六府。今者良願既備,勝福成(咸)享,盡用莊嚴。患律師即體:惟願塵沙垢或,承念誦而消除;無量勝因,應如願而霧集。即使十方[善]事,垂悲願而護持;三世如來,賜醍醐之妙藥。身病心病,念念云佉(祛),福根惠(慧)根,運運增長。爲(唯)願諸親眷屬,恒保休宜;法界有情,用賴斯慶。①

首句至“夫何以加”爲第一部分,“則有某大德之謂矣”至“盡用莊嚴”爲第二部分,僧云、尼云、俗人云意爲根據發願人選擇不同表達内容,發願原因爲患疾久不愈,此文應屬於患文。最後部分爲發願内容。

平安朝願文的程式化却與之各有異同。正文基本無異,多以“伏惟”引出願文主體部分,緊接著説明寫經、造像、建臺、奉燈等各種所作,再以“仰願”引出發願内容,或祈冥福,或用套語“一切衆生”“平等利益”“每各所求,皆令得道”。平安朝願文開場有兩種方式,一是佛法贊嘆式。以“夫以”“傳聞”等接贊嘆内容,多述佛法無邊,常照三千世界,這與中國願文模式基本相同。《廣弘明集》載王僧孺《禮佛唱導發願文》、簡文帝《千佛願文》即與此同。二是自我介紹式。多以佛家“弟子”自稱,以“稽首和南”“歸命稽首”“敬白”等開頭語爲常用。後種模式在敦煌願文中基本未發現,但仔細追根溯源,其依然源於東土。唐僧道宣《廣弘明集》載梁武帝蕭衍《斷酒肉文》等篇皆以“弟子蕭衍(又)敬白”開篇,魏收《北齊三部一切經願文》、王褒《周經藏願文》、隋煬帝《寶臺經藏願文》、沈約《千僧會願文》、蕭綱《四月八日度人出家願文》等,亦以“弟子某某”開篇。而《大日本古文書》編年文書第七卷《経師手実帳》載天平十一年(739)七月十二日“又受《廣弘明集》一帙十卷寫

①黄徵、吴偉校注《敦煌願文集》,岳麓書社,1995年,頁3。

二卷用紙五十七枚第八卷用紙一第三卷用紙廿破一第九卷寫始卷用紙六枚。合用紙九十枚,受紙合百廿枚"①,同卷有相關經師抄録《廣弘明集》載録多條,知其傳入日本極早,且當時流行頗廣。藤原佐世(847—898)《日本國見在書目録》亦有載録。又前引《聖武天皇宸翰雜集》所存唐代僧人靈實《爲人妻妊娠願文》亦如此:"弟子某頓首稽首:大權十力,悲心有鑒於丹誠;種覺三明,慈念無遺於赤子。妻某氏懷生有托,今見妊娠。慮不安寧,情深惶灼。謹捨前件,貼嘗功德。庶憑福善,保祐妊娠。所冀庭玉可期,弄璋無滯。然後光輝灼灼,遠映韋氏之珠;逸態昂昂,宛若龐家之駿。一味甘雨,普洽群萌;三界慈雲,傍蔭含育。並得蓮臺之樂,同遊歡喜之園。"②靈實願文目前只存留此篇與《七月十五日文》,後者程式與敦煌願文相同。從此可以推測此二種願文程式其時應該在中土共存。

這點還可從空海願文作品中得到印證。空海至唐留學二年餘,對唐代詩文有充分的了解,其漢詩文創作也代表了當時平安漢詩文的前沿。觀其標明爲願文的18篇作品即有8篇以"弟子"爲口吻撰文,10篇爲第三人稱叙事。其願文模式的第一人稱化應對平安願文創作有著重要的引領作用。至菅原道真,這種比例再一次增大,其願文共存36篇,有26篇爲"(女)弟子某某,敬白"等開頭。《江都督願文集》也基本以此式爲主。然這兩種開場的表達方式發展互有消長。山本真吾《平安時代の願文に於ける冒頭・末尾の表現形式の変遷について》對平安願文開頭與結尾有非常細緻的比對。據其統計,此二類開場白篇數大致如下(注:有些開篇無贊嘆佛法語,爲其類簡化式,下表亦歸入其數):

開篇方式	平安初期	平安中期	平安後期	院政期	總數
佛法贊嘆式	25	14	9	24	72
弟子敬白式	31	17	13	18	79

①東京大學史料編纂所《大日本古文書》卷七,東京帝國大學,1907年,頁327—328。

②王曉平《日本正倉院藏〈聖武天皇宸翰雜集〉釋録》,載《國際中國文學研究叢刊》第三集,2015年。

兩種體式雖大致平分秋色，但恰恰是“弟子敬白”式這種第一人稱的叙事模式避免了敦煌願文中千篇一律的程式化，使得平安願文出現了可以馳騁文采與拓寬内容的空間。對此，日本鐮倉時代中期良季編纂的《王澤不渴鈔》細緻總結了追善類願文的十番内容和格式的創作範式，在此概括如下：一番，四種之次第：1. 世間無常通用儀也；2. 孝行儀；3. 佛法贊嘆；4. 悲嘆哀傷。二番，聖靈平生存生之様。三番，病中之様。四番，逝去之様。五番，悲嘆事。六番，日數事。七番，修善佛經事。八番，時節景氣事。九番，昔因緣事。十番，回向句事有惣别①。這十番之述可以看作此類願文寫作的十個要素，但各要素或取或舍悉聽作者之便。追善類作爲願文中最具感情色彩和文學性的一類，在寫作模式上基本不出良季所述，但又因實際情况的不同而篇篇個性獨具。第二、三、四番除了可介紹死者生平、病時狀貌、逝去之樣外，不少願文還直接引用死者生前訓誡，或添叙其生前思想志趣。如菅原道真《爲兩源相公（湛、昇）先考大臣（源融）周忌法會願文》引亡者生前遺言：“所天尋常言曰：‘栖霞觀者，嵯峨聖靈，久留睿賞。假使暫爲風月優遊之家，唯願終作香華供養之地。’”②又其作《木工允平遂良爲先考修功德兼賀慈母六十齡願文》陳述父親逝後三四年窮冬臘月廿日，於南郊外禪居寺供養佛像，寫到父親不好殺生的細節，爲其祈福，又提及與同胞兩姐爲母親六十大壽書妙法蓮華經修善發願，前因後果娓娓道來，頗具個性化。《爲藤大夫先妣周忌追福願文》則將自己因爲外吏而未能盡孝的兩難境地及母親逝世後的自責表現得非常真切：“弟子，去四年春，出爲外吏。閨門内顧，老母在堂。欲負載而共行，煙浪非和顔之道。將拜辭以獨去，風枝是入髓之寒。然而忠孝不兼，君親惟異。三四年别，詎無再會之期。數百里程，將有頻通之使。遂割情愛，遠赴勤王。嗟虖，去年春末，家書忽至，淚讀俱下。伏承嘗藥，即乘海路，晝夜兼行，及近京城，逆聞傾逝。暗交刀火，不覺滅性之傷身。空叫簾帷，不知悲腸之結病。”③這類表達就使得平安願文

①良季《王澤不渴抄》卷下，浄善，1624 年。

②菅原道真撰，川口久雄校注《日本古典文學大系》第 72《菅家文草・菅家後草》，岩波書店，1966 年，頁 612。

③菅原道真撰，川口久雄校注《日本古典文學大系》第 72《菅家文草・菅家後草》，岩波書店，1966 年，頁 605。

的文學性、個性化大大增加，而與敦煌願文的千篇一律區分開來。這種對亡者生前相關言行事跡等的追述，頗如中國墓誌的内容，由於日本平安時代罕見墓誌這種文體，這使得願文出於現實的需要進而發展出記載亡者生前言行的内容，這種演變頗值得注意。

此外，平安願文的結尾也出現程式化的語言，這在敦煌願文中比較罕見。從各時期來看，平安初期大多無程式化結尾，僅有個别以"謹疏""敬白"爲結尾。到平安中期以後，基本每篇皆有"敬白"或"某某敬白"等結尾語，院政期出現極個别"稽首和南"，尾頭有固定語已經成爲願文必備體，這應該是平安願文進一步和化的結果。程式化與敦煌願文的不同，也體現出日本平安文人的自主選擇。此種用法，以"敬白"爲我國佛文結尾者並不算多，有《廣弘明集》卷二四載周釋曇積《諫周太祖沙汰僧表》、卷二五釋道宣《白朝宰群公沙門不應拜俗啓》、唐釋彦悰《集沙門不應拜俗等事》卷六《普光寺沙門玄範質議拜狀一首》等。"稽首和南"大多放在我國文首，以之爲文尾者極少，有梁王筠《與東陽盛法師書》《與雲僧正書》、晉王洽《與林法師書》，亦分别收録於《廣弘明集》卷二四、二八。由此可知，平安願文此類尾頭極可能是其時文人自主受容《廣弘明集》的結果。

綜上所述，平安朝願文雖源於中國願文，但諸多方面與敦煌願文存在差異。從内容上來説，其適應平安皇族貴族政治、宗教與生活，爲佛教各類禮儀中的重要組成部分，故選擇中國願文中贊佛禮佛及追善等相關内容。創作程式化方面，平安朝願文極可能受到《廣弘明集》的影響，在繼承南朝隋唐文人願文的基礎上有所創新，其開篇與結尾有更加明確的固定語。其以"弟子"類第一人稱叙事的願文往往能真切地表達願主及作者的生活與感情經歷，是其中文學性最强的作品，值得我們關注。

（作者單位：中國礦業大學人文與藝術學院）

朝鮮—韓國漢籍研究

朝鮮史家俞棨《麗史提綱》之編纂、史源與史論*

張璐瑶

高麗末期,《資治通鑒》及《資治通鑒綱目》東傳朝鮮,隨著朱子學在朝鮮王朝的興盛,綱目體史書的編撰也愈發被重視起來①。朝鮮王朝後期,黨派林立,各黨借史書編撰表達政治訴求,《麗史提綱》是朝鮮王朝前期仿綱目體例編修最具代表性的本國古史著作,也是黨派鬥争的産物。中韓學術界均對此書有所關注,中國學者對此書的研究多見於對朝鮮時代編修史書的整理和史料引用中。韓國學者對俞棨的生平與學人交遊研究、《麗史提綱》的史學史價值等均有專題研究,將其視爲朝鮮王朝後期史學史的重要

* 本文爲國家社科基金重大項目"韓國漢文史部文獻編年與專題研究"(21&ZD242)的階段性成果。

①學術界研究《資治通鑒》《資治通鑒綱目》對朝鮮影響的相關論著主要有:權重達《〈資治通鑒〉對中韓學術的影響》,臺灣政治大學中國文學研究所 1979 年博士論文;金一焕《〈資治通鑑〉和〈資治通鑑綱目〉對朝鮮初期歷史學的影響——以世宗朝爲中心》,載《弘益史學》第 5 輯,1993 年;楊雨蕾《〈資治通鑒〉在朝鮮王朝的傳播及其影響》,載《中華文史論叢》2001 年第 4 期;楊雨蕾《〈資治通鑒綱目〉在朝鮮半島的傳播》,載《世界歷史》2002 年第 3 期;孫衛國《朝鮮世宗朝之歷史教育——以〈資治通鑒〉與〈資治通鑒綱目〉爲中心》,載《安徽史學》2018 年第 2 期;周海寧《中國文化對朝鮮綱目體史學之影響》,《中國文化對高麗、朝鮮時代史學之影響研究——以史學體例和史學思想爲中心》,上海師範大學 2013 年博士論文,等。

組成部分,但對其受中國影響的内容所談不多①。本文擬分析《麗史提綱》的編纂、史源、史論等,進而討論俞棨對《資治通鑒綱目》的接受與改造,以期更深入地認識中國史學對朝鮮王朝史書編纂和政治活動的影響。

一　俞棨的生平與《麗史提綱》的編撰

俞棨(1607—1664),字武仲,號市南,慶尚道杞溪縣人。其家族杞溪俞氏起自新羅,本爲普通家族,但因數代文科及第者輩出,門第大振,成爲顯族。俞棨父母早喪,少而早慧,在學業上十分勤奮。16至17世紀朝鮮社會中士林派勢力逐漸壯大,與之相伴,朝鮮儒學進一步發展,性理學發展到高峰。受學風、地緣、政治黨派等因素影響,朝鮮王朝學人以"雙壁"李滉和李珥爲基礎,形成了兩個主要的士林集團:李滉及其門人多在嶺南地區活動,被稱爲"嶺南學派";李珥及其門人多在京畿道、忠清道附近活動,被稱爲"畿湖學派"。俞棨青年時期投入"畿湖學派"金長生門下,學習朱子禮學、性理學,與宋時烈、尹宣舉、李惟泰、宋浚吉等人成爲同門。金氏門下的學習生涯,使俞棨不僅打下了朱子學的堅實基礎,更塑造了以畿湖學人爲中心的交際網絡,爲他帶來了相交一生的友人,長期的相聚論道深刻塑造了他的史學思想。俞棨受學期間表現優異,24歲中進士,27歲乙科及第,入承文院,幾經升遷,成爲侍講院説書,承擔世子教育職責。天聰十年(仁祖十四年,1636),皇太極稱帝,要求朝鮮王朝"進汗尊號"以示擁戴,令朝鮮王朝駐盛京使臣羅德憲、李廓在登基典禮上行跪拜禮,均遭拒絶②。皇太極遂以毁壞盟約之由歷數朝鮮六大罪狀,發兵入朝,史稱"丙子之役"。仁祖倉皇逃往南漢山,被迫派崔鳴吉等前往清營議和,俞棨一介文臣,手無寸兵,但多次上疏反對議和。最終仁祖與昭顯世子出城投降,俞棨請從,稱:"臣子於出城之日,既欠一死,此後分義。唯當陪儲君,跋涉艱險,以力盡之

---

①池斗焕《市南俞棨的生涯和思想》,載《學術報刊》第25輯,2003年;韓永愚《17世紀中葉西人的歷史叙述——俞棨的〈麗史提綱〉》,《朝鮮後期史學史研究》,一志社,1989年;金慶洙《〈麗史提綱〉的史學史考察》,載《韓國史學史學報》第1輯,2000年。

②《滿文老檔》太宗皇帝第11函,崇德元年二月初二日,中華書局,1990年,頁1372—1376。

日，爲身死之地，乃其職耳。"①但仁祖不許，俞棨只得送世子於昌陵山下就離開。次日，仁祖在漢江東岸三田渡築壇盟誓，與清訂立《南漢山城條約》，結爲父子之邦。昭顯世子被迫爲質，前往盛京。此後朝鮮王朝斷絶跟明朝的宗藩關係，正式成爲清朝的藩屬國。戰後，金鎏與洪瑞鳳等人上疏請治斥和派"浮薄誤國"之罪，稱俞棨"特一妄人，似當從輕論斷"，仁祖批復曰："並削職，俞棨定配。"②俞棨被削職流放至林川郡。

"丙子之役"斷了俞棨的仕途，讓其在31歲的年紀就被迫離開朝堂，從此進入隱居生活。"公到配以後，絶意世事，唯以經籍自娱"③。此後他再無心仕途，專心於經籍學問，爲諸生講習禮儀、史籍。朝鮮王朝無論官方還是私家皆向來重視修史，離開政治中心歸隱後，撰史著書成爲文人的普遍選擇，是他們表達歷史意識、關懷現實政治的一種方式，既爲君主提供政事鑒戒，也爲後世留下歷史教訓。俞棨亦不例外，正如宋時烈所言："蓋嘗聞大綱既舉而鑒戒著矣，俞公此書，殆庶幾焉。昔司馬公編進《資治通鑒》，揆其名義，蓋欲資世治而通爲後鑒也。俞公用心之勤，未必不出於此。"④受"丙子之役"的影響，俞棨困於社會現實和自己的政治理念之間的背離，借著史表達對現實的鑒戒，期望能通過過去的歷史尋找解决現實問題的對策。

隨著對史籍越來越熟悉，他發現以往記載高麗史事的史書多有不足之處，朝鮮王朝初期官修紀傳體史書《高麗史》將史事分開記載，《世家》中只記載史事綱領，具體的史實内容則分散於《列傳》《志》之中，不便查閱。同樣在編年體通史《東國通鑒》中，高麗朝史事記載亦不够系統。另外私家修

①尹宣舉《有明朝鮮嘉善大夫吏曹參判兼同知義禁府春秋館事藝文館提學成均館大司成市南俞公行狀》，俞棨《市南集附録》卷一，韓國民族文化推進會編刊《影印標點韓國文集叢刊》第117册，1993年，頁369—370。

②《朝鮮仁祖實録》卷三四，仁祖十五年二月十九日乙丑，國史編纂委員會，1963年，頁676。

③尹宣舉《有明朝鮮嘉善大夫吏曹參判兼同知義禁府春秋館事藝文館提學成均館大司成市南俞公行狀》，俞棨《市南集附録》卷一，韓國民族文化推進會編刊《影印標點韓國文集叢刊》第117册，1993年，頁364。

④宋時烈《宋子大全》卷一三七《麗史提綱序》，韓國民族文化推進會編刊《影印標點韓國文集叢刊》第116册，1993年，頁531—532。

史如吴澐《東史纂要》等,雖文字省簡,但體例不完善,多有疏漏。俞棨遂萌發重編高麗史的想法,在流放地林川的三年間(1637—1640),他以高麗朝斷代,依照朱子《資治通鑒綱目》體例整理本國史籍,"表年著統,大書提要,而又分注以備事"①,採用立綱提要、分目備事的形式編成《麗史提綱》二十三卷,記載了高麗王朝從太祖即位(918)到辛昌(1389)間的33朝史事,包括政治經濟活動、人物事跡、軍事外交、職官沿革、州縣名號等内容,比較全面地反映了高麗朝的歷史面貌②。

二 《麗史提綱》史源與史論分析

史書編撰過程中所參考的文獻是解釋編者的學術系統和思想的根據,《麗史提綱》書首《纂輯諸書》中列出俞棨編撰過程中參考的15種史書,從内容上看可劃分爲史書、文集、稗説文學、地理志、戰史五類,現將其整理成表,再分析梳理。

表一 《麗史提綱》纂輯諸書簡要介紹表

分類	書名	作者	成書年代	内容簡介
史書	《高麗史》	鄭麟趾等	1451年	紀傳體高麗斷代史,記事上起高麗太祖三年(918),下至恭讓王三年(1391),該書内容詳細豐富,是研究高麗史之系統史料書。全書共一百三十九卷。

①宋時烈《宋子大全》卷一三七《麗史提綱序》,韓國民族文化推進會編刊《影印標點韓國文集叢刊》第116册,1993年,頁531。

②俞棨《麗史提綱》,韓國學中央研究院藏書閣藏二十三卷二十三册本。現存《麗史提綱》有兩個版本,初版本收藏在國立中央圖書館,爲木刻版二十三卷十二册;修訂本收藏在韓國學中央研究院藏書閣,爲二十三卷二十三册,番號K2—78。本文所參考的即爲此版本。1916年4月,日本帝國主義統治時期的青柳綱太郎將該書更名爲《高麗史提綱》,並在朝鮮史研究會出版發行三册,附《恭讓王記》和宋時烈的《别録》。1973年,亞細亞文化社再刊《麗史提綱》,1997年12月,世宗大王紀念事業會上該書又被翻譯成《國譯麗史提綱》四卷。

續表

分類	書名	作者	成書年代	内容簡介
史書	《東國通鑒》	徐居正、鄭孝恒等	1485 年	徐居正、鄭孝恒等學者奉朝鮮王朝成宗之命編撰的漢文編年體史書。全書共五十六卷,記載了自新羅始祖赫居世至高麗恭愍王的一千四百餘年歷史,是朝鮮半島歷史上第一部官修通史。
	《東國史略》	權近	1409 年之前	麗末鮮初權近所著編年體通史,記載了檀君、箕子時代到朝鮮王朝太祖六年(1397)的歷史,全書六卷。
	《東史纂要》	吴澐	1606 年	朝鮮王朝吴澐私修史書,依據徐居正《三國史節要》和《東國通鑒》二書撮要删節而作,共八卷四册。
文集	《益齋亂稿》	李齊賢	1367 年之前	高麗李齊賢詩文集,多有出使元朝的記載,是研究高麗與元朝關係的重要參考資料。
	《牧隱集》	李穡	1396 年之前	高麗李穡詩集三十五卷和文集二十卷。李穡仕於元朝和高麗兩國,其作品記録當時政治、社會、人物等諸多内容,兼具文學和史學價值。
	《錦南集》	崔溥	1504 年之前	高麗崔溥的文集,記録海上漂流至中國後一路北上回國的經歷,涉及中國明朝弘治初年政治、軍事、經濟、文化、交通以及市井風情等方面的情況。
稗説文學	《破閑集》	李仁老	1220 年之前成書,1260 年刊行	高麗李仁老所作詩話集,收録各階層詩作、詩評、書評、畫評、人物評論及逸聞掌故。
	《補閑集》	崔滋	1254 年	高麗崔滋對《破閑集》的補充和續寫。
	《櫟翁稗説》	李齊賢	1367 年之前	高麗李齊賢所作詩話集,收録了在歷史書籍中罕見的異聞、奇事、人物、經論、詩文、書畫等,共四卷。
	《慵齋叢話》	成俔	1504 年之前	朝鮮王朝成俔的隨筆文集,由有關文談、詩話、書話的故事和人物評論、史話、實談等編輯而成。

續表

分類	書名	作者	成書年代	内容簡介
稗説文學	《青坡劇談》	李陸	1498 年之前	朝鮮王朝李陸所作詩文評論。
	《筆苑雜記》	徐居正	1488 年	朝鮮王朝徐居正搜集野史逸話、閑談而成的隨筆文學。
地理志	《新增東國輿地胜覽》	李荇等	1530 年	李荇等以徐居正《東國輿地勝覽》爲底本,進一步進行增補修訂編成《新增東國輿地勝覽》,對朝鮮王朝全國 330 個地區的地理作了闡述,共五十五卷。
戰史	《東國兵鑒》	不詳	1455 年	朝鮮王朝文宗時期所編,記載了衛氏朝鮮至高麗末的朝鮮半島戰史。

俞棨記載史事主要參考的史書是《高麗史》《東國通鑒》《東國史略》《東史纂要》四部。俞棨編纂《麗史提綱》的動機在於將官修史書《高麗史》《東國通鑒》記載繁瑣之處進行簡要化處理,達到重新整理高麗史事的目的,使之便於閲讀,故《麗史提綱》底本當爲《高麗史》和《東國通鑒》。《麗史提綱》吸收《高麗史》中重點記録的歷史事件爲"綱","目"的内容則參考《東國通鑒》的記載進行補充,並有選擇地删去相對不重要的官名、事跡記載,文字精煉。《麗史提綱》中亦有《高麗史》中不記,而其他史書中有記載的人物、戰争等内容,如收録文宗元年(1451)《高麗史》修訂時被删除的權踶的祖先權幸的傳記。《東國史略》和《東史纂要》是官修史書之外的補充材料。《東國史略》重視對外關係、大臣任命、孝義之事、制度沿革、内亂等關係國家興衰的史事記載,與俞棨史事選取原則多有重合,故也成爲俞棨史料補充的重要來源。俞棨對《東史纂要》的參考多爲引用吴澐史論,對人物事跡進行褒貶評價。

引用在武臣執政時期參與過現實政治的李齊賢、李穡、崔溥等人的文集,通過三人史論中對高麗中期以後武臣執政和受元干涉後高麗風俗墮落的批評,將自己所處的時代狀況與李齊賢所處的高麗末期類比,以期通過李齊賢等人的歷史觀來鑒戒當世,關注民生穩定、養才用才、信賞必罰、振興教育、强調風俗教化等,體現出俞棨憂國憂民的家國情懷。稗説文學是高麗時期産生的雜文文體形式,内容包括歷史掌故、名人逸話、里巷傳聞、風土習俗、文物制度、人情世態、詩文評論等。俞棨對此類作品的參考集中在對人物事跡的評論上，借以豐富史論内容，體現出其對高麗文化環境的關注。

俞棨在地理上參考《新增東國輿地勝覽》，該書不僅僅是一部地理志書，而且涉及朝鮮時代政治、經濟、歷史、行政、軍事、社會、民族、藝術、人物等，幾乎涵蓋了地方社會各個方面，可稱爲李氏朝鮮時代前期地理志的集大成之作①。《新增東國輿地勝覽》所記載的内容和收録的地圖極爲豐富，俞棨在《麗史提綱》所有出現地名的地方均參照此書進行考證，注出"今名"。對地理的考證體現出俞棨對於今古之間聯係的重視。有關戰争的内容，俞棨不滿足於《高麗史》及《東國通鑒》中的記載，而是參考《東國兵鑒》給出更詳細的記載。"丙子之役"戰争過程中，俞棨所主張的"斥和"態度未得到支持，編史時便尤爲重視外敵和戰争相關記載，從高麗歷史中尋找自强自救的證據。他改變以往朝鮮史書編纂中從中方立場闡述的傳統，從高麗立場出發分析元朝與高麗之間的戰争，體現了對異族入侵的强烈警戒意識，也充分反映了反對侵略的自强要求。

從史書編撰過程中所參考的史書可以看出，俞棨在史書編撰時有重視人物事跡評論、注意保存歷史原貌和關注軍事史的特點。俞棨收録各類史料豐富論述，但如果只從引用書目來看，很難認爲俞棨資料搜集很廣泛。一方面出於客觀原因，歷經"丁卯之役""丙子之役"兩次戰亂後，許多文獻都處於流散狀態，流放林川的俞棨受到畿湖地區書籍保存和刊行狀况的局限，搜集資料很不容易。另一方面從主觀原因來看，俞棨以"删繁就簡"爲編撰的基本原則，也就不需要大量引用、保留史料。

同時，俞棨重視史論，多徵引諸家史論，並發表他本人的評論，"史論反映了撰寫歷史的人對事件的評價和歷史見識"②。依《麗史提綱·凡例》所載："凡諸書中先儒及史家評論，間取而芟截之，當時史官則稱史臣。後日撰史時諸臣則稱史氏。若其人姓名可考者，則皆書某氏某。凡附愚見處，則以按字别之，而圈其上。"③由此可知，俞棨所收史論可分爲三類：一是高

①金烈圭《作爲民俗志的〈輿地勝覽〉》，載《震檀學報》第46、47合輯，1979年。

②瞿林東《中國史學的理論遺産：從過去到現在和未來的傳承》，北京師範大學出版社，2017年，頁42。

③俞棨《麗史提綱》凡例，頁11。

麗王朝史官的史事評論，標記爲“史臣”或“史家”；二是後代編撰史書者對前人史事的評論，標記爲“史氏”，有姓名者，明確記録其姓名；三是俞棨本人的史論，皆以“按”字别之，小字雙行書於文末。

《麗史提綱》全書共計有243篇史論，其中，俞棨本人史論有92篇，占五分之二；收録他人史論19人共151篇，占五分之三。在收録他人史論時，俞棨所收崔溥史論最多，或來自於《錦南集》，或轉引自《東國通鑒》中崔溥所作史論，故而分佈廣、引用多。李齊賢次之，來自於《益齋亂稿》，集中在高麗王朝前半期。吴澐再次之，收録其在《東史纂要》中的部分史論。史論爲俞棨收録的19位學者活動時間不同、黨派不同、學術旨趣亦各不相同，唯一的共同點就是對儒家文化的認同，皆用“春秋精神”的褒貶來評論人物的是非得失，以對君主和臣僚行爲的評價爲主。如吴澐在《恭愍王紀》中稱：“臨危撥亂注意乎將，而功蓋一時，旋見忌疑，小人乘時輒售界域，不曰擁兵謀反，則必曰軍心盡歸，必手毁長城，兔死狗烹而國隨以亡。前車既覆，今古一轍。”①此論是吴澐借高麗戰事表達加强軍事、信任將才的願望。俞棨還收録了以儒家政治觀點來評論朝臣進諫、制度建立、禮制争論等方面的史論。所收録史論表現俞棨對儒家文化的認同，與俞棨積極吸收儒家文化的態度是一致的。

對他人史論的選擇體現出俞棨對儒家文化的認同，而俞棨作的史論更清晰地反映了他的編史觀念。俞棨所作92條史論基本可分爲三類。

第一，主張學習儒家及儒家文化，重視正統論。俞棨以儒家標準要求評價高麗君主。在記録朝鮮半島後三國中後百濟的建立者甄萱被其子放逐金山寺時，他强調君主德治的重要性：

> 太祖十八年春三月，百濟甄神劍囚其君萱於金山佛寺，殺其弟金剛自立爲王。按甄萱起自嘯聚，能廣土拓境，奮有百濟之舊部，噬三韓餘四十年，其財力之富、甲兵之强，足以雄麗、羅而先鳴矣。然其建震張貪、斬殺生靈，曾草菅之不如己，足以覆國絶世矣。加以父子之間，愛憎不均，繼嗣未定，其卒喪身於賊子者，非怪也宜也。所謂盗賊群居

①俞棨《麗史提綱》卷二〇，恭愍王十一年二月，頁924—925。

無終日之計者，非萱之謂歟。①

他指出甄萱雖然兵强馬壯，但仍不免由於統治殘暴而亡國身死，君主若無長遠的眼光，屠殺生靈、草菅人命，早晚會遭到反噬。又如俞棨認爲獻宗禪位肅宗並非和平過渡，"獻肅授受之際，東史只載其雍容揖遜之美略，不及凌逼脅製之狀，然以愚所見多有可疑處。蓋獻雖幼沖亦年過髫齔，既是當立之主，名位已定，安有一朝將大寶輕以與人之理，肅宗地逼望尊，既誅資義締結王邵之徒，使一國威權盡歸於己，則獻宗雖不欲禪，固不可得也"②。俞棨指出獻宗禪位於肅宗，並非出自本心，而是被逼無奈，肅宗得位不正。"非肅宗篡奪，而何獻宗翌年即薨，此尤可疑處也，不然恭殤之謚、獻廟之號，豈待睿宗之時乎，益齋史斷固有不敢盡言處，而言外之意亦可勢推此正話旨處也"③。對肅宗即位正當性的質疑體現出俞棨受朱子正統論影響，重視君主即位正當性。在對内政治上，他還强調君主納諫的重要性，反對毅宗廢除諫臣上言的行爲：

孔子論人君一言喪邦之道曰："唯其言而莫予違，不幾於一言而喪邦乎？"自古人君未有不從諫而安，拒諫而危，從諫而治，拒諫而亂，從諫而興，拒諫而亡，一一禮合符契，然後益知聖人之言不我欺也。毅宗面戒群工，使勿諫諍，而當時諸臣皆唯唯而退，未聞有以夫子之言進戒而明諫者。以驕主而御諸臣，幾何？不論胥以亡也，噫！襲明死矣，存中進矣，正直日疏，小人日親。處士蓄怨，唉噬衣冠，然後身當南幸之日，始乃悔不用文克謙之言，亦何所及哉！④

俞棨從孔子"一言喪邦"的論述裏引申出諫言的合理性，進而反對毅宗要求群臣停止納諫的行爲，同樣駁斥群臣對此舉聽之任之。他還引用《道德經》中"襲明"的概念進一步强調君主要善於用人，毅宗在武臣政變中被迫南

①俞棨《麗史提綱》卷一，太祖十八年春三月，頁 49。

②俞棨《麗史提綱》卷六，獻宗元年十月，頁 248。

③俞棨《麗史提綱》卷六，獻宗元年十月，頁 248。

④俞棨《麗史提綱》卷九，毅宗五年四月，頁 381—382。

行,正是因爲未能聽取諫臣文克謙的諫言。

在臣下人物事跡的記述中,同樣體現出傳統儒家懲惡勸善的春秋筆法。俞棨主要參考《高麗史》的列傳部分和《東國通鑒》,對人物事跡進行補充,並引用《宋史》的記載列於文後以作對比。他對人物的評論多出於道德褒貶,以"春秋精神"對各種人物的事跡進行評論,贊揚遵循儒教節義、學問出衆的臣子,批判行爲僭越的武臣爲亂臣賊子。如認爲仁宗對李資謙的處罰過輕:"仁宗四年十二月,李資謙死於貶所。按高麗刑綱不肅,亂逆如資謙而止於流竄,得保首領,以後亂臣賊子將何所懲懼哉! 此所以麗祖之中喪不振,而庚癸以後,禍亂接踵而起者也。"①

第二,對高麗朝的崇佛政策强烈排斥。俞棨認爲高麗前期對佛教的推崇是對政治的破壞,否定太祖在都城内建造寺廟的行爲,稱"高麗刱十寺於都内。按麗祖立國屬耳,規模製作固多,未遑而十寺之刱,乃在立廟定社之前,何其先後之倒置也。是麗祖非但不能革羅季佞佛之弊化,蓋亦效尤而甚者也。其後世子孫之崇奉信惑有不足深責,此麗氏之所以每欲變夷而終不能免於夷也"②。他重視民生大過佛教,認爲文宗將昌慶院田柴移歸興王寺的行爲是不體恤民情的做法。從根本上否定佛報善果,"梁武之致亂,不見佛報,而或者反以文宗之久享升平,爲崇信佛法之報,此甚惑也。文宗特值麗運之方靡,未有如侯景跋扈者耳,梁武不幸而文宗特幸爾"③。文宗朝的太平與信奉佛教毫無關係,將高麗文宗時的歷史情況跟梁武帝時期相比,僅僅是没有動亂發生的幸運而已。俞棨所持斥佛態度,貫徹了自高麗末期以來性理學家對佛教教理和佛教行爲進行批評的態度,反對佛教崇尚儒學符合朝鮮王朝"斥佛崇儒"的學術風氣。

第三,在軍事上主張自强,以求富國强兵。如在對大國的態度上,俞棨强調要自强:

> 肅宗五年九月遣使如遼。按契丹之待高麗肅肅乎,猶有交鄰之道,王等許納一金鐘,雖失使臣禮,亦不至大吝,而尚加峻刑,其交鄰防

①俞棨《麗史提綱》卷七,仁宗四年十二月,頁 329。

②俞棨《麗史提綱》卷一,太祖十七年正月,頁 24。

③俞棨《麗史提綱》卷五,文宗十二年七月,頁 208。

關之嚴，若是其截然何哉。蓋高麗之事契丹也，有若徐熙、姜邯贊諸人出奇製勝，先破其兵，後許交聘，故敵不敢加侮，而後世蒙其利。藤夫季筑臣事蒙古，則在我無自强之勢，而唯以稽首屈膝，姑息圖免。故蒙古之待我，亦若侍妾奴隸，然每一使之來，需索萬端，舉國騷然，蓋亦自取之也。然則後之不幸，而遇强鄰勁敵者，可不自治而自强也哉。①

俞棨記載高麗將領徐熙、姜邯贊等人的作戰，旨在説明一味示弱於事無補，只有能證明自身實力獲得軍事勝利後，才能在外交上不受輕侮。並借高麗後期被元朝征服的歷史，説明一旦喪失主權，就只能"稽首屈膝"，失去自主權力。他總結高麗所受到遼和元不同的對待方式，正是因爲自身面對兩國的態度强弱不同。作爲積極的北伐論者，俞棨在因主戰而被流放的處境下，主張富國强兵，面對因爲軍事力量羸弱不得不對清俯首稱臣的王廷，極力主張加强軍事力量，要求洗刷朝鮮王朝向清朝屈服的恥辱，表達對清朝的敵視和本國自强的願望。

但俞棨在外交上仍奉行事大交鄰的原則。肅宗九年(1683)，林幹攻打女真失敗，俞棨指出女真未攻邊而林幹主動發動戰争，使得民衆受難，實爲罪不容誅。他由此評論道："自古國家升平無事，邊帥貪功，啓釁夷狄，以致中國多事者，比比有之，故宋璟不賞邊功，其慮遠矣。以此觀之，則設令幹等戰勝，其功固難掩其罪矣。其僨軍辱國而止於罷免，亦獨何哉!"②這段評論表現出俞棨雖然强調自强，但面對自身的弱勢，仍主張和平外交重於戰功，不應在和平時期做出魯莽的軍事行爲，破壞與對方國家的關係。

總的來説，《麗史提綱》的史論從朱子正統論和綱目春秋筆法出發，强調君主的德治和臣下的節義，批評對佛教的崇尚，體現對儒家綱常天理的認同，主張自强自主的軍事政策和事大交鄰的外交政策。俞棨重視事大交鄰符合朝鮮王朝一貫以來的外交態度；選擇性的記載宗教史事體現了對佛教的排斥，符合朝鮮王朝斥佛崇儒的風潮。如金慶洙所説："重視國政沿革是以政治史和制度史爲中心，理解歷史的態度；重視人物的出處等活動，是

①俞棨《麗史提綱》卷六，肅宗五年九月，頁255。

②俞棨《麗史提綱》卷六，肅宗九年二月，頁262。

基於人類主體自覺意識而産生的歷史進步認識。"①這種編纂方式反映了俞棨在親歷戰爭後,想要利用包括孔子"春秋精神"和朱熹"綱目思想"在内的儒家思想來重建朝鮮王朝統治秩序的政治理想,這也是朝鮮王朝中後期士林文人的一致目標。

三 《麗史提綱》的評價

朝鮮半島的古史編撰起步較晚,三國時代才有古史的簡略記載。高麗王朝史學迅速發展,設立了明確的史官和修史制度,金富軾編《三國史記》時,模仿《史記》,使用紀傳體編寫史書,是爲朝鮮半島的古史編纂體裁的一次劃時代性的變化。爲君主提供鑒戒是自司馬光《資治通鑒》以來,通鑒類史書的一貫追求,借前代史事以"資治"後世。朱熹在其基礎上編撰《資治通鑒綱目》,更强調義理的重要性,現實意義更被强化。13 世紀末,隨著朱子學的東傳,《資治通鑒》與《資治通鑒綱目》也傳入朝鮮半島,朝鮮學者開始重視史書的資治功能和春秋褒貶的史學精神,"以理述史,以史證理"的綱目體史書成爲朝鮮王朝中後期史書編撰的主流,帶來了朝鮮半島的古史編纂史書體裁的又一次變化。或爲仿《綱目》重修宋史、明史以表達"尊周思明"之義;或爲以綱目體編修本國古史,借朱子體例理清本國古史。

俞棨也遵循這樣的原則編纂《麗史提綱》,意在借高麗歷史給現實提供鑒戒,重建因戰爭而陷入混亂的社會秩序。因而他選用了朱子綱目體例,以理入史,以史證理,在對史事進行重新編排的過程中將"春秋精神"寓於史事的評論之中。在史學層面,綱目體以尊王攘夷的"春秋精神"和正統論、名分論爲基礎的筆法,在朝鮮王朝面對清朝冲擊時,正有助于重新審視歷史。俞棨以這樣的歷史意識爲基礎,"將 17 世紀的國家危機當作歷史課題,期望借高麗朝歷史中尋找克服朝鮮王朝社會存在問題的方案,糾正既得權階層的安逸和無責任,打破蔓延的陋習,謀求富國强兵和民生穩定,同時恢復在暴亂時期遭蹂躪的韓國人的自豪感"②。俞棨對綱目體的模仿不僅在改變體例的層面意義重大,而且"在史論中體現的道德上的歷史評價

①金慶洙《〈麗史提綱〉的史學史考察》,頁 96。

②金慶洙《〈麗史提綱〉的史學史考察》,頁 110。

對朝鮮王朝後期和近代歷史書的編撰産生了很大的影響"①。此後,朝鮮王朝史書皆重視春秋筆法,重視史論,以史爲鑒的編史風氣盛行。

《麗史提綱》作爲朝鮮王朝綱目體的早期嘗試之作,爲朝鮮王朝中期以後綱目體史書編纂提供了先例。林象德指出前人所撰史書往往亦以意變置,記事真僞難辨,俞棨《麗史提綱》以朱子綱目爲體例,"雖於大義有見,然見聞既寡,事實難詳,遷就補綴,終於苟而已",故"搜訪採摭,續成信史,使春秋綱目之法,不墜於斯世"②。爲此他選用《東國通鑒》的編年,以《三國史記》《高麗史》《麗史提綱》等諸家史筆爲綱,史事選取、褒貶評論皆以綱目爲準,編成《東史會綱》。安鼎福編纂的《東史綱目》的目的之一亦是出於對《麗史提綱》的不滿。他認爲《麗史提綱》雖用綱目體例,但所記時間範圍過短,"只論麗史而立綱,亦多失謹嚴"③。遂擴大記載時間範圍,編撰完成綱目體通史《東史綱目》。安鼎福因批評《麗史提綱》而進行史書創作,這也反面説明其受到俞棨史書影響頗深。《宋元華東史合編綱目》亦深受《麗史提綱》影響。李恒老認爲商輅所作《續資治通鑒綱目》"處胡元以正統,與大宋無别,是不識正統法義,而大失綱目主意也",故要求繼承宋時烈遺志,"更定史例,貶削僞統"④。宋時烈作爲整理和刊出《麗史提綱》的人,繼承宋時烈的史學思想實際上就是繼承《麗史提綱》的史學思想。編撰之初,李恒老就去書柳重教,"列録凡例,一從紫陽《綱目》及丘瓊山《續綱目》及《麗史提綱》書法"⑤,强調在書法上以《麗史提綱》爲參照。柳重教亦回復"目下見存如《續綱目》《麗史提綱》者,皆提綱絜目,條例已八九分成了,今姑合此兩

①朴仁鎬《〈麗史提綱・恭讓王紀〉》的增删和政治含義》,載《韓國史學學報》第 7 輯,2003 年,頁 5。

②林象德《老村集》卷四《書東史會綱后》,韓國民族文化推進會編刊《影印標點韓國文集叢刊》第 206 册,1998 年,頁 82。

③安鼎福《順菴集》卷一〇《上星湖先生書・甲戌》,韓國民族文化推進會編刊《影印標點韓國文集叢刊》第 229 册,1999 年,頁 544。

④柳重教《省齋集》卷八《上重庵先生・己丑八月十八日》,韓國民族文化推進會編刊《影印標點韓國文集叢刊》第 323 册,2004 年,頁 180。

⑤李恒老《華西集》卷一一《與柳稺程・壬子十二月七日》,韓國民族文化推進會編刊《影印標點韓國文集叢刊》第 304 册,2003 年,頁 289。

部，就加筆削"①。並强調在高麗史部分以俞棨《麗史提綱》内容爲主。故而《宋元華東史合編綱目》的高麗史部分直接以《麗史提綱》爲底本，受其影響不可謂不深。

在學習朱子綱目體之外，《麗史提綱》中還表現出强烈的本體自主意識。最爲突出的是紀年的寫法，不再將中國年號寫在最前面，而是先寫高麗國王在位年，"本國雖歲奉中國正朔，而此書乃本國私紀，故以本國紀年而分注中國年號於其下"②。俞棨强調"私紀"，採用朝鮮半島的王朝年號紀年。高麗時代將高麗國王在位年寫在最前面，下寫中國年號，如後梁、契丹、後唐等。甲子干支標記在最上行，便於觀覽、考訂，並以《宋史》爲基準訂正。涉及三國時代則並書三國國王在位年，記録次序爲新羅、百濟、高句麗，"此書雖起自麗祖之即位，而當時新羅、百濟尚存，故麗祖統合以前，則用綱目無統例，列書三國於甲子下。但麗、濟皆本於羅，故略用君臣之例"③。這種紀年方式在當時的朝鮮王朝並不常見，明清交替之際，朝鮮王朝士人多出於對清朝的反抗，以明朝年號記載歷史，以表達對明朝的懷念。俞棨選擇首書本國國王在位年，將中國年號放在其後，足可體現他對於本民族自主的强烈願望。

但《麗史提綱》同樣有其很大的局限性。由於對義理的過分强調和簡化史事的書寫要求，使得篇幅較小，記載不全面。雖然便於觀覽，但也因過於簡略，遺漏了許多歷史事實。如林象德在《東史會綱》凡例中稱："俞氏提綱之書，取法於朱子綱目，事辭詳略，頗適厥中，而恨其提頭無始，體段不完。"④他認爲《麗史提綱》在簡化事件記述上詳略得當，但對事件的論説無頭無尾，頗爲遺憾。故繼承俞棨以綱目體作史的遺志，在編撰時進一步完善綱目體體例。安鼎福亦認爲《麗史提綱》記載過程中多有"因襲謬誤，以訛傳訛"之處，故"有刊正之意"⑤。此書還在刊刻過程中一度牽涉黨争，兩次引起朝堂争論。

---

①柳重教《省齋集》卷三《上華西先生・癸丑正月》，頁 57。

②俞棨《麗史提綱》凡例，頁 9。

③俞棨《麗史提綱》凡例，頁 9。

④林象德《老村集》卷三《東史會綱序》，頁 60。

⑤安鼎福《順菴集》卷一八《東史綱目序》，頁 163。

四 《麗史提綱》的刊刻與影響

俞棨過世後,《麗史提綱》傳入宋時烈手中。顯宗八年(1667)元月,宋時烈重新整理此書,爲之作序並在本書正文後增加了《別録》四條,抄朱子語録進行評述,分别加在文宗三十二年(1078)、肅宗四年(1099)、睿宗十六年(1121)和《恭讓王記》後。肅宗七年(1681)二月,宋時烈向肅宗推薦此書,稱:"國史記,《通鑒》則汗漫,《史略》則草略。故參判俞棨所纂輯《麗史提綱》,一依朱子綱目,詳略適宜,甚便觀覽。當時欲爲投進而未果,若賜宣索以備乙覽,則其爲鑒戒,比古史尤切矣。"①肅宗批復:"《詩》云殷鑒不遠,在夏后之世。即今鑒戒,其不在麗朝乎?自政院覓入。"②三月,領議政金壽恒亦爲之進言,並請刊行:"此書一遵《綱目》,規模最精,詳略適中,其在監戒之方,尤爲切實。宜令嶺南,刊出廣布。"③得到肅宗批准,該書遂得以刊行。初版本應爲二十三卷十二册,宋時烈序言中所言"十二卷"應爲"十二册"之誤。全書包括序文、凡例、目録、纂輯諸書和太祖至恭讓王二十三卷,内含有宋時烈所增加的四條别録。此書隨後在朝野得以産生更大的影響力,一度成爲朝鮮王朝國王經筵進講的讀本。

英祖二十五年(1749)五月十三日,英祖在筵臣進講時對《恭讓王記》記述頗有疑慮,一是《別録》第四條寫有:"高麗歷五十餘主,爲權臣所纂而易姓。"④宋時烈稱此語源自《朱子語録》,暗指太祖李成桂"權臣簒權"之嫌疑。實際此語應爲宋時烈的誤録,並非出自朱熹。英祖也認爲:"朱子宋人,何以前知高麗之亡耶?此乃華人稱高句麗曰高麗,而誤録於此。"⑤二爲《恭讓王記》中記載從朱子"春秋精神"的道德觀點出發,贊揚了麗鮮交替時期堅守節義的鄭夢周等人,也就相對貶低了投向李成桂的朝鮮王朝開國功臣。基於上述兩點,英祖下令删掉《恭讓王記》及《別録》部分。此外,英

①宋時烈《宋子大全附録》卷八《年譜七》,頁 362。

②《朝鮮肅宗實録》卷一一"肅宗七年二月十一日乙未",頁 516。

③《朝鮮肅宗實録》卷一一"肅宗七年三月十一日甲子",頁 521。

④《朝鮮英祖實録》卷六九"英祖二十五年五月十三日庚申",頁 341。

⑤《朝鮮英祖實録》卷六九"英祖二十五年五月十三日庚申",頁 341。

祖還修改了《麗史提綱》序文中對高麗過於否定的論斷,將"夷狄禽獸"四字改爲"倫綱不正"。十九日,英祖又要求至恭讓而止講《麗史》,下令:"前刊之本,不可刮去,其藏史庫已印者,收聚洗草,此不過正史體,不必諱也,不必禁也。私室所在,許令更印,以廣其傳。"①出於對"春秋筆法"的尊重,英祖雖命删去恭讓王以下内容,仍要求保留原版藏於太白山史庫,並將改訂版重刊。此後流傳的修訂本便删去了《麗史提綱》卷二三的《恭讓王記》部分。

正祖年間,又發生争論。正祖即位年(1776)八月,嶺南儒生李應元上疏指出宋時烈《别録》中稱"權臣簒位"是對太祖李成桂的污蔑。朱熹早在太祖李成桂開國前一百九十二年業已身故,其所言"權臣簒位",是指責高麗毅宗時期的權臣鄭仲夫、李義方,與恭讓王遜位於太祖李成桂無關。"時烈所引朱子語爲《别録》者凡四條,而三條則皆考年類,附於朱子之前,獨以此條不書於朱子,所指斥仲夫、義方之亂,而必擊之二百年下聖祖開國之際者,豈無所用心耶?"②李瑮上疏爲宋時烈辯解,稱此條無年類可附,不得不録於文末,並無污蔑太祖李成桂之意,僅僅是誤録了朱熹的評論,"而彼凶逆輩,乃於常情所不到之表,摘出不干事不成説之語,要售其憯毒立謀"③。對於這次争論,朴仁鎬指出,英祖時期爲了加强軍隊主權,對宋時烈爲首的老論派較爲包容,故而輕易放過了《恭讓王記》的記載。而正祖即位後,少論派李應元和老論派李瑮的互相辯駁,是借宋時烈的誤録,類比思悼世子李愃的死,兩派皆在借此問題加强自己的立場,《恭讓王記》的記載也就因之成爲了複雜的政治事件④。

總之,伴隨著朱子性理學在朝鮮王朝深入傳播,朝鮮王朝對朱子史學思想的進一步接受,以模仿朱熹《資治通鑒綱目》體例的形式體現出來。《麗史提綱》作爲朝鮮王朝綱目體的早期嘗試之作,一方面爲朝鮮王朝中期以後綱目體史書編纂提供了先例。對於朝鮮王朝整體的史書編撰情况而言,《麗史提綱》具有承上啓下的作用,向上繼承了《東國通鑒》、權近《東國

①《朝鮮英祖實録》卷六九"英祖二十五年五月十九日丙寅",頁342。

②《朝鮮正祖實録》卷二"正祖即位年八月六日乙巳",頁610。

③《朝鮮正祖實録》卷二"正祖即位年八月二十二日辛酉",頁616。

④朴仁鎬《〈麗史提綱·恭讓王紀〉的增删和政治含義》,頁21。

史略》等學習《朱子》體例，用春秋義理精神褒貶史事的記載方式；向下開啓了綱目體史書創作的熱潮，《東史會綱》《東史綱目》《宋元華東史合編綱目》等綱目體史書，都對《麗史提綱》有所借鑒，或繼承發揚，或批評改善，均深受其影響。另一方面，《麗史提綱》在刊刻和流傳過程中一度成爲朝鮮政堂黨争的符號，圍繞著《恭讓王記》和宋時烈所增加的附録中關於麗朝易代之際的記載，在英祖、正祖時期兩次產生争論。朝堂争論使得該書脱離了單純的文本意義，充分證明當學術分歧演化爲政治争論後，學術的意義就被降到最低，淪爲黨派間争奪話語權的工具。但隨著時間的流逝，黨争的成敗勝負都成爲過眼雲煙，只有學術價值才能持續地對後世學術的發展產生影響。

（作者單位：南開大學歷史學院）

朝鮮文獻《亂中雜録》的史料價值及其歷史書寫觀

——以壬辰戰争的記述爲中心*

王　臻　鄭怡鵬

《亂中雜録》(난중잡록)是朝鮮王朝宣祖(1568—1608 年在位)時期義兵將領趙慶男撰寫的手記,趙慶男(1570—1641),字善述,號山西,朝鮮王朝宣祖時期的一名義兵將領,後又生活於光海君(1609—1623 年在位)、仁祖(1623—1649 年在位)朝,親身經歷了日本入侵朝鮮王朝的"倭亂"(壬辰戰争,1592—1598)和後金(清)兩次軍事進攻朝鮮的"胡亂"(丁卯之役和丙子之役,1627 和 1636 年),其撰寫的編年體文獻《亂中雜録》起自朝鮮宣祖十五年(明萬曆十年,1582),終於朝鮮仁祖十六年(明崇禎十一年,1638)。作爲中國之外的域外文獻,該文獻内容中既反映出朝鮮王朝自身的發展歷史,其中又有很多關於壬辰戰争前後朝鮮、明朝、日本之間政治、軍事、外交等關係的内容,是研究 16 世紀末期明清鼎革時期東亞國家關係發展史的珍貴史料①。

* 本文爲國家社科基金重大項目"韓國漢文史部文獻編年與專題研究"(21&ZD242)及全球海外韓國學孵化型項目"創新中國天津地區韓國學研究與教育平臺"(AKS－2022－INC－2230003)的階段性成果。

① 此處所言文獻,是指朝鮮王朝趙慶男《亂中雜録》,韓國民族文化推動會《大東野乘》第 4、5 輯(朝鮮古書刊行會影印本,1910 年)。而並非李舜臣《李忠武公全書》卷一四,附録 60 紀實(下)中的"亂中雜録"(韓國民族文化推進會編刊《影印標點韓國文集叢刊》,景仁文化社,1990 年),二者並非同一版本,内容也有區别。

作爲一本私人著述的戰場紀實作品，該文獻中作者通過耳聞目睹所作的諸多翔實記載，更具真實可信性，而且是有些正史所未曾載録的，是正史資料的重要補充，補證了其他史料之缺，有助於澄清一些相關問題的認識，體現出其價值性。同時應該承認，囿於資料搜集來源的不對稱性及個人視野、認識判斷等各種主觀因素，該文獻也有其局限性，筆者經過對一些正史資料及其他私人著述中描述壬辰戰争歷史的對比辨析，發現《亂中雜録》在幾個相關問題上與其他文獻有不同的記録，其中不乏不一致乃至失誤之處。

《亂中雜録》是記載朝鮮王朝時期對日、明、後金(清)交往的重要文獻，韓國學者對此極爲重視，寫作有一些論文，從不同角度看待該文獻，其中的評述觀點既有可借鑒之處，也有一些缺失之處①。而作爲研究抗倭援朝戰争具有重要史學價值的文獻史料，儘管中國學者在寫作相關論文時有所引用，但目前未見對該文獻進行評述的專題性文章，爲此筆者進行一番探討。需要説明的是，本文並非是針對《亂中雜録》文獻的版本探究、史書體例分析等，而是結合此文獻所記録的史實，與其他史書相對照，力求厘清一些與壬辰戰争相關的歷史問題，盡可能還原實際的歷史。在此基礎上，意在说明該文獻叙事比較客觀，具有史料價值性；同時指出作者編修文獻敢於客觀直面歷史，體現出作者可貴的唯實歷史書寫觀。

①韓國學界有關《亂中雜録》的文章，較早的是上個世紀 80 年代조병희的兩篇文章，一是《조경남장군임진난중일기 지방문화재 107 호 난중잡록 고증》(1984)，從地方文化的角度分析《亂中雜録》的價值；二是《조경남의 난중잡록 원본고》(1984，필사본)，探究《亂中雜録》的版本情況。90 年代，조원래的《난중잡록으로 본 임진왜란중의 사회상》(《우송 조동걸선생정년기념논총》，1997)，從《亂中雜録》看壬辰倭亂中的社會現象。進入本世紀，장영희的《난중잡록의 일고찰》(《温知論叢》7 권，1 호，2001，온지학회간)，對《亂中雜録》的編纂情況予以簡單介紹；而정구복的《亂中雜録의 사학사적고찰》(《韓國史學史學報》第 23 輯，2011)，對趙慶男的生平以及《亂中雜録》的成書過程、資料利用、史學史意義等進行了考察。可以看出，韓國學者主要是從作者的生平、文獻的編纂以及史學史的角度看待《亂中雜録》，應該説對於完整瞭解該文獻很有幫助。但這些學者針對該文獻歷史事實的考證及對作者歷史書寫觀的探討鮮有提及，而這正是本文行文的方向。

一 《亂中雜録》有關記述是官修正史資料等的重要補證

研究朝鮮王朝歷史的官方編纂文獻有很多,像《朝鮮王朝實録》(記録太祖建國開始至王朝滅亡史事,1392—1910)、《備邊司謄録》(記録光海君朝至高宗朝史事,1617—1892)、《承政院日記》(記録仁祖朝至高宗朝史事,1623—1910)、《同文匯考》(記録仁祖朝至高宗朝史事,1636—1881)、《通文館志》(記録仁祖朝至高宗朝史事,1636—1888)、《日省録》(記録英祖朝至高宗朝史事,1760—1910)等等,這些史料是瞭解朝鮮王朝五百年發展歷史的基本資料;同時,一些私人著述是官方正史資料的有益補充。比如,僅有關壬辰戰争的歷史,申炅的《再造藩邦志》,以及大型文獻《影印標點韓國文集叢刊》所收録的諸多文人文集中李舜臣的《宣廟中興志》、申欽的《象村稿》、黄景源的《江漢集》等,都有這方面的大量記載。而趙慶男在宣祖國王統治年間撰寫的《亂中雜録》,同樣是一部非常重要的私人文獻,其中關於壬辰戰争内容的記述,"有很多是《李朝實録》(即《朝鮮王朝實録》)及當時同類著作中不見記載、或雖有記載却頗爲簡略的,有的資料甚至可以用來糾正《李朝實録》中的舛誤"①。

例如,《亂中雜録》中有關壬辰戰争之前朝鮮與日本的外交文書之争,晋州之役中明軍的參戰情况,鳴梁海戰的戰鬥過程,露梁海戰中給明、朝聯軍傳遞軍事情報之人,戰後日本將領小西行長的逃脱方向,這些内容在其他文獻中或語焉不詳或無相關記載,而《亂中雜録》對此却有較爲具體的説明,可以彌補其他史料之不足。在此分述如下:

其一,關於壬辰戰前豐臣秀吉致朝鮮國王信函内容的争執問題。16世紀末,日本關白豐臣秀吉爲達到與朝鮮正常通交的目的,多次以發兵侵略相威脅,要求朝鮮派出官方正式使臣——通信使。宣祖以通信使多年停派"殆百有餘年,今難開端"②爲由予以拒絶。爲迫使朝鮮派出通信使,宣祖二十二年(1589)六月,豐臣秀吉派遣景轍玄蘇、宗義智等二十五人來到朝

①潘喆等《清入關前史料選輯》第3輯,中國人民大學出版社,1991年,頁258。

②李廷馣《四留齋集》卷八"行年日記",《影印標點韓國文集叢刊》第51輯,1990年,頁327。

鮮,以發兵侵略相威脅,由此造成朝鮮“舉朝惶怖”①,宣祖感受到了壓力,爲避免激怒日本人、消弭邊患,同時也是認識到朝鮮發展對日關係的重要性,“日本實我鄰國,其王初立,與我國新結歡好,兩國交際之間,處事接待之際,所關非輕”②,於是宣祖二十三年(1590)春二月,宣祖以黄允吉爲通信正使,金誠一爲副使,許筬、車天輅擔任書狀官,出使日本③。翌年三月,當朝鮮通信使團歸國時,豐臣秀吉讓使臣帶回一封致宣祖國王的信函。在信中,豐臣秀吉以倨傲、囂張的語氣,不但表明日本侵略明朝的野心,而且在涉及對朝鮮的問題時,使用了諸多不敬乃至威脅之語。

根據《朝鮮王朝實録》的記載,朝鮮使臣對書信中的一些詞語頗爲不悦。體現爲:第一點,豐臣秀吉在書信的開頭爲“日本國關白,奉書朝鮮國王閣下”,正使黄允吉認爲,此前日本方面稱呼朝鮮國王爲“殿下”,如今却稱之爲“閣下”,稱呼上的變化,這體現出日本欲淡化朝鮮國王地位的意圖,因爲“閣下”是泛指對人的敬稱,而“殿下”是特指對國王、王子等的尊稱,兩個稱呼的對象有區别,而日本如此稱呼法,反映出日本對朝鮮國王的不尊重。第二點,豐臣秀吉在表達了自己要稱雄於三國之雄心壯志後,要求朝鮮“方物如目録領納”,“方物”一般是指地方給中央或屬國給上國進貢的土特産,豐臣秀吉對朝鮮提出“方物”要求,體現出日本不以對等態度看待兩國關係。第三點,豐臣秀吉稱日本要攻入大明國,但聲稱“貴國(朝鮮)先驅入朝”,即要求朝鮮充當日本攻擊明朝的先鋒,“使我國爲先驅也”④,這是作爲明朝臣子的朝鮮所不能接受的。黄允吉等通信使對此信函持堅决反對態度,明確要求日本修改信函中的不當言辭。在朝鮮官員的堅持下,負

①趙憲《重峰先生文集》卷七“請絶倭使三疏”,《影印標點韓國文集叢刊》第 54 輯,1990 年,頁 290。

②《朝鮮宣祖實録》卷二四“宣祖二十三年正月庚申”,韓國國史編纂委員會《朝鮮王朝實録》第 21 册,1953—1961 年影印本,頁 472。

③《國朝寶鑒》卷三〇“庚寅宣祖二十三年三月”條,首爾大學奎章閣韓國學研究院影印本,頁 10。

④朱爾旦對此處的“入朝”標注爲:“指豐臣秀吉認爲朝鮮派遣使者來日本朝見。”(朱爾旦《萬曆朝鮮戰争全史》,民主與建設出版社,2020 年,頁 13)本文對此的理解與之不同,認爲“先驅入朝”就是“要求朝鮮充當日本攻擊明朝的先鋒”之意。

責接待的日本官員景轍玄蘇代表豐臣秀吉對"閣下"稱呼及"方物"詞語做了改動,"改書殿下、禮幣(饋贈的禮物)等字",但對第三點却堅決不同意改正,玄蘇解釋説"先驅入朝"是讓朝鮮入朝大明之意,並無不妥,"托言此是入朝大明之意,而不肯改"。副使金誠一再三致書,堅請修改,甚至於以死相威脅,但日本方面不予理會,無奈之下,"誠一争不能得遂還"①。

《亂中雜録》的記載,除了與上述内容一致的以外,還有一個重要的補充,那就是:朝鮮使臣將日本關白"奉書"朝鮮國王中的"奉"字,成功地要求日方改爲"拜"字,"易奉爲拜"②。這兩個字的用法有一定的區别。"奉"字是用於自己的舉動涉及對方時,"恭敬地用手捧著"的意思,儘管也是敬詞,但以前日本人前來,使用的是"拜"字,例如:"日本使來……拜疏……"③而"拜"字指的是表示敬意的禮節,較之"奉"字,"拜"的恭敬程度要更深,敬意要强於"奉"字。

在當時的東亞世界中,明朝與朝鮮屬於傳統的封貢關係,長期以來,朝鮮是明朝封貢體系中的重要成員,而日本是被明朝排除在體系之外的。受明朝"大中華"思想的影響,朝鮮自稱爲"小中華"④,它也想建立自己體系内的"小中華體系",因而試圖列日本爲其成員之一,"建立和擴大自己的華夷秩序圈";同樣,游離於"大中華體系"之外的日本,也想建立屬於自己的一個封貢體系,它企圖拉朝鮮加入其中,"將對方(朝鮮)納入自己的華夷秩序圈"⑤,因而,朝鮮和日本都注重本國在對方國家中所處的地位。日本

①《朝鮮宣祖修正實録》卷二五"宣祖二十四年三月丁酉",《朝鮮王朝實録》第 25 册,頁 601。

②趙慶男《亂中雜録》卷一"朝鮮宣祖二十三年"條。韓國古典綜合資料庫:https://db.itkc.or.kr(朝鮮宣祖二十五年即 1592 年以前的《亂中雜録》内容見本網站,訪問時間:2022 年 7 月 16 日)。《亂中雜録》是趙慶男根據自己在壬辰戰争期間的所見所聞寫出的,收録資料來源廣泛,内容豐富,有些記載是官方所修文獻《朝鮮王朝實録》等未注意到的,因而更具資料的原始性。

③《朝鮮宣祖修正實録》卷二〇"宣祖二十年十二月乙卯",《朝鮮王朝實録》第 25 册,頁 573。

④《朝鮮成宗實録》卷二〇"成宗三年七月乙巳",《朝鮮王朝實録》第 8 册,頁 670。

⑤劉永連、解祥偉《華夷秩序擴大化背景下朝鮮、日本之間的認識偏差——以庚寅朝鮮通信日本爲例》,載《世界歷史》2015 年第 2 期,頁 65。

關白致函朝鮮國王中的"奉""拜"之争，實質上是涉及兩國政治外交利益的問題。而朝鮮争取"易奉爲拜"，一字之改，可以反映出朝鮮在此次争端中佔據了主動。由此而言，《亂中雜録》的此條補充記載，具有重要的政治意義。

其二，有關晋州之役中明軍的參戰情況。晋州之役是朝鮮宣祖二十六年(明萬曆二十一年，1593)六月，日軍攻打慶尚南道重鎮晋州的一次戰役。當時，在加藤清正與黑田長政的率領下，日軍大舉進犯晋州，"來犯晋州，四散焚蕩"①，晋州倡議使金千鎰、慶尚道右兵使崔慶會等朝鮮將領戰死，城中士兵、百姓慘遭屠戮，晋州官員急忙將求救文書報到朝鮮京城。

朝鮮遭到日軍的沉重打擊而慘敗，那麽正在朝鮮的明軍是否起到援助作用？歷來看法不一。《朝鮮宣祖實録》並無明軍援救的記載，而《朝鮮宣祖修正實録》對此有補叙：明朝將領劉綎、吴惟忠、駱尚志等接到提督李如松命令後，起初懾於日軍的强大攻勢，並未即刻派兵救援，"大不敢進"；後來，明軍三路出動，起到了震懾倭軍的作用，正如朝鮮守城將士回應日軍之語，"天兵三十萬，今方進擊，爾等當殲盡矣"②。關於明軍是否出兵以及"三十萬"這個數字，一度令人懷疑。而同時期的一些私人著述史料，對此記載也不多見，只有時任朝鮮王朝吏曹正郎弘文應教的李好閔在其文集中指出，吴惟忠等明軍阻遏了圍攻晋州的日軍聲勢，即"賊攻陷晋州，慶尚右道郡縣，望風瓦解，無敢有拒之者。其時，大人自鳳溪晨夜星馳，以孤軍鎮守於高靈，草溪之境，遮遏凶鋒，右道之保全，則亦大人之賜也"③。

《亂中雜録》不僅對晋州之役有記載，而且對過程記述也較具體：一是記載明朝提督李如松傳令晋州周邊屯駐的明將，"劉總兵綎與吴游擊惟忠在大丘，駱參將尚志、宋游擊大斌在南原"④領兵救援朝鮮軍隊震懾日軍；

①《朝鮮宣祖實録》卷四〇"宣祖二十六年七月甲子"，《朝鮮王朝實録》第22册，頁32。

②《朝鮮宣祖修正實録》卷二七"宣祖二十六年六月甲申"，《朝鮮王朝實録》第25册，頁640。

③李好閔《五峰集》卷一三"吴游府惟忠前揭帖"，《影印標點韓國文集叢刊》第59册，1990年，頁521。

④趙慶男《亂中雜録》卷二"宣祖二十六年六月□日"，《大東野乘》第4輯，卷二六，頁609—610。

二是標記明軍出兵的數量，即“賊以書投城中曰，大國之兵，亦且投降，爾國敢爲抗拒乎？城中以書答之曰，我國死而已，况天兵三十萬，今方追擊，汝等，盡剿無遺”①，這就佐證了明朝大量出兵援助的事實，也爲正史《朝鮮王朝實録》作了很好的旁證。

當然，客觀地説，“三十萬”這個數字應該有誇大的成分，因爲當時的明朝援軍並未有如此多的人員數量，更不可能在這麽一場戰役裏派出如此數量的人員，此應當是朝鮮軍隊爲了威嚇日軍虚張聲勢。在戰争對峙中，爲震懾對方，誇大本方力量的例子較爲常見。

其三，關於鳴梁之戰過程的記載。鳴梁之戰是朝鮮宣祖三十年（明萬曆二十五年，1597）九月，朝鮮水軍統制使李舜臣率領軍隊與日軍在今韓國鳴梁海峽進行的一場海戰。在這場戰鬥中，朝鮮水軍以少勝多，以弱勝强，取得了一次較大的海上勝利。但這樣的一場戰役，正史《朝鮮王朝實録》却記載過簡，可能是當時未重視此次海戰，宣祖國王以爲這只是一場小的勝利，即“統制使李舜臣捕捉些少賊，是乃渠職分内事也。非有大功伐”，故未加大筆墨宣傳。但是明朝經理楊鎬認識到此戰的盛况，誇獎統兵將領李舜臣曰：“李舜臣，好漢子也。收拾戰船於散亡之餘，能立大功於摧敗之後，極可嘉獎。”②楊鎬之所以如此盛贊李舜臣，是因爲李舜臣當年八月剛剛被重新啓用，僅用了一個月就重振朝鮮水軍，取得如此勝利。

相對於官修正史並未重視鳴梁海戰，《亂中雜録》却對其過程有詳細描述，且指出李舜臣的戰績，謂：

> 二十三日……賊酋來島守領兵船數百艘，先向西海，至珍島碧波亭下。時統制使李舜臣留鎮鳴梁，避亂舟子百餘隻，在後聲援。舜臣聞賊至，令諸將曰，賊衆我寡，不可輕敵，臨機策應，如此如此。賊見我軍孤弱，意謂吞噬，交競先登，四面圍掩。我軍無心戀戰，佯入垓心。賊喜我軍畏怯，肉搏亂戰。忽然將船螺角交吹，旗麾齊颭，鞀鼓聲中。火發賊艘，延爇諸船，煙焰漲天。射矢投石，槍槊交貫。死者如麻，燒

①趙慶男《亂中雜録》卷二“宣祖二十六年六月二十六日”，《大東野乘》第4輯，卷二六，頁613。

②《朝鮮宣祖實録》卷九三“宣祖三十年十月丁丑”，《朝鮮王朝實録》第23册，頁319。

溺死者，亦不知其數。先斬來島守，懸首檣頭。將士奮勇，追奔逐北。斬殺數百餘級，逃脱者僅十餘隻。我船尚皆無恙。其賊回巢論兵，必稱鳴梁之戰。①

這則材料反映出如下幾個細節問題：第一，明確標記此次海戰的日期爲"九月二十三日"，説明這是一場值得銘記的戰役；第二，將此次戰役明確稱之爲"鳴梁之戰"，强調了這場戰争的重要性；第三，戰役交戰過程描述詳細，尤其是有關戰績問題，"延爇諸船，煙焰漲天……死者如麻，燒溺死者，亦不知其數"，這與時任將領李舜臣的《李忠武公全書》中"宣廟中興志"所記基本一致，"延爇諸船，赤焰漲海，賊兵燒溺死者，不知其數"②，由此彰顯出《亂中雜録》如實記述歷史的價值。

其四，有關露梁海戰中情報問題。露梁海戰是日本侵略朝鮮戰争的最後一次戰役，宣祖三十一年(1598)十一月十九日，爆發於朝鮮半島露梁津海峽以西、光陽灣以東的露梁海域③，正是此次海戰的結束，促使這場長達七年的地區性戰争的終結。作爲這樣一場大規模的海戰，戰前的準備工作非常重要，比如情報的收集，對於瞭解對方、知彼知己就顯得很有必要。而檢閲《朝鮮宣祖實録》中露梁海戰之前的文獻，對於誰來報信並無相關記載。即使李舜臣的《李忠武公全書》也僅記載：慶尚右水使李純信"截露梁水路"④，却未説明傳遞情報情况。

但《亂中雜録》有明確記載："先是，泗川賊酋義弘、南海副酋平調信等，因行長、義智徵援，以軍老弱及被虜男女，載船先發，自領數百艘，乘夜潮赴援。舟師伏兵將慶尚右水使李純信走船來報。"即李純信事先派人乘船報

①趙慶男《亂中雜録》卷三"宣祖三十年九月二十三日"，《大東野乘》第 5 輯，卷二七(續)，頁 81。

②李舜臣《李忠武公全書》卷一三，附録 50，紀實(上)"宣廟中興志"，《影印標點韓國文集叢刊》第 55 輯，1990 年，頁 394。

③司今《中朝抗倭戰争中的露梁海戰》，載《安徽師大學報》1982 年第 4 期，頁 77。

④李舜臣《李忠武公全書》卷一三，附録 50，紀實(上)"宣廟中興志"，《影印標點韓國文集叢刊》第 55 輯，頁 396。

告消息，於是纔有了隨後的“陳璘與李舜臣，率諸船爲左右協”①，做好應敵準備，直至取得戰役的最後勝利。對問題交代前因後果，可以使人們對事情發展的結果更加信服。

其五，關於露梁海戰後日軍將領小西行長逃跑的地點問題。正如上文所言，露梁海戰是促使壬辰戰争終結的一次重要戰役，明、朝聯軍戰勝了日本水軍，那麽作爲戰敗方日軍將領之一的小西行長結局如何，是被殲滅還是逃脱，逃跑的地點如何，這是涉及此次海戰功績的評價問題，還關乎其逃向的地點是否有重整旗鼓進行反攻的可能。對此問題，《朝鮮王朝實録》記載較籠統，“行長亦望見倭船大敗，自外洋遁去”②。李舜臣的《李忠武公全書》也僅指出逃脱路線“行長乘其間，潛出貓島西梁”，但並未指出逃向哪裏，只是説“向外洋而遁”③。

《亂中雜録》也指出小西行長從貓島西梁撤兵，“方酣戰之時，行長等撤兵潛出貓島西梁”；而對於小西行長的逃跑地點則有明確指向，即“向平山，堡名南海地也洋而走”④。《亂中雜録》的這一記載，有助於人們更好地理解此次海戰結束之後明軍將領陳璘徹底肅清日軍殘餘這一事實，“總兵官陳璘破倭於乙山，朝鮮平”⑤。

總之，通過以上數例可以看出，《亂中雜録》作爲趙慶男依據自身耳聞目睹編修的文獻，具有極高的史料價值，體現在：一則可以補證《朝鮮王朝實録》等記載缺失或過簡的内容，比如朝鮮與日本書信往來中的禮節問題、露梁海戰日軍撤退路線問題；二則可以進一步佐證正史資料及其他私人著

①趙慶男《亂中雜録》卷三“宣祖三十一年十一月十九日”，《大東野乘》第 5 輯，卷二七(續)，頁 131。

②《朝鮮宣祖實録》卷一〇六“宣祖三十一年十月戊申”，《朝鮮王朝實録》第 23 册，頁 536。

③李舜臣《李忠武公全書》卷一三，附録 50，紀實(上)“宣廟中興志”，《影印標點韓國文集叢刊》第 55 輯，頁 397。

④趙慶男《亂中雜録》卷三“宣祖三十一年十一月十九日”，《大東野乘》第 5 輯，卷二七(續)，頁 132。

⑤張廷玉等《明史》卷二一，本紀第二十一，神宗本紀二，萬曆二十六年十二月，中華書局，2000 年，頁 186。此處的“乙山”，當爲《亂中雜録》中所記的“平山”，中朝文獻的稱呼有異。

述中的史實，如晉州之戰中明軍的助兵問題等。

二　《亂中雜録》與其他史書記載的出入之處

《亂中雜録》作爲私人著述，受資料來源的不對稱性及個人視野、認識判斷等各種因素的影響，不可避免地有其局限性，其中也不乏一些與其他史書不一致乃至錯誤之處。

其一，關於明朝宋應昌李如松率軍來援朝鮮的人員數量不準確。壬辰戰争發生後，應朝鮮王廷的請求，明朝經略宋應昌與提督李如松奉命前去援朝抗倭，那麽當時明朝援軍數量有多少？《亂中雜録》如是記載："帝以兵部侍郎、正三品宋應昌爲經略，軍門提督、同知從一品李如松爲提督軍務，統率南北官兵四萬余名，來救本國（朝鮮）。"①提到是"四萬餘名"。其他一些朝鮮私人著述中也有類似數字，如《象村稿》記爲："衆四萬三千，餘繼出者八千人。"②《江漢集》則爲："兵部侍郎宋應昌爲經略軍門，提督同知李如松爲提督軍務，統率南北精兵四萬餘人來援之。"③

但根據當事人明朝經略宋應昌在其《經略復國要編》的記載，當時奉命率軍入朝的提督李如松所率人員數量爲"三萬八千五百三十七員"④。通常而言，支援方會誇大數字，體現出支援的力度大，但作爲當事人，宋應昌把數位準確到了每一個人。由此，這個數字應該是可信的，援軍數量應是"近四萬"，而非所謂的"四萬餘"。

其二，關於豐臣秀吉的降表真僞問題。朝鮮宣祖二十六年（1593）十二月，負責對日和談的明朝游擊沈惟敬從日本得到一份豐臣秀吉的投降書。在這份降表中，豐臣秀吉非常謙恭，首先對明帝歌功頌德，接著對自己興兵

①趙慶男《亂中雜録》卷一"宣祖二十五年十一月"條，《大東野乘》第4輯，卷二六，頁553。

②申欽《象村稿》卷三八"天朝先後出兵來援志"，《影印標點韓國文集叢刊》第72輯，1991年，頁258。

③黄景源《江漢集》卷二六，跋尾《出使敕》，《影印標點韓國文集叢刊》第225輯，1999年，頁12。

④宋應昌《經略復國要編》卷六"益乞增兵益餉進取王京疏"，華文書局，1968年，頁501。

朝鮮的行爲表示認罪,"誠惶誠恐,頓首頓首,謹上言稱謝",希望能够得到明帝的册封,"伏望陛下,廓日月照臨之光,弘天地覆載之量,寵照舊例,特賜册封藩王名號",以使日本"世作藩籬之臣,永獻海邦之貢"。對於這份降表,當時的朝鮮君臣均懷疑其真實性,宣祖認爲是朝鮮人僞造的,"此書,如我國人文法",承政院官員也認爲絶非日本人所寫,"此文法體制,明非倭奴所爲,我國(朝鮮)與天朝(明朝)人所爲"①。

而《亂中雜録》中,却將豐臣秀吉的降表作爲信史録進其手記中,所謂:

> 豐臣行長輸誠向和……今差一將小西飛彈守,陳布赤心,冀得天朝龍章銀錫,以爲日本鎮國寵榮。伏望廓日月照微之光,洪天地覆載之量,比照舊例,特賜藩王名號。臣吉感知遇之洪休,若高深之大造。增重鼎品,共作藩籬之臣。②

對於《亂中雜録》的這個記載,我們認爲是不正確的,原因有兩點:第一,作者標明的時間爲"宣祖二十六年五月",此時間有誤,因爲該年五月沈惟敬離開釜山去日本,六月才與豐臣秀吉會面,豐氏提出了苛刻的議和條件"倭要七件事"③。七月,沈惟敬帶著此表回明朝,經略宋應昌十分不滿,於是十二月,沈惟敬又弄到一份日本降表,這就是上文《朝鮮宣祖實録》中所記載的那份,因此,不可能在"五月"就會有這麽一份降表。第二,結合豐臣秀吉此前親自擬定的七項條件表,以及他侵略朝鮮乃至明朝的野心,"先征高麗(朝鮮),盡移日本之民於麗地耕種,以爲敵唐(明)之基"④,所以説豐臣秀吉不可能在短期内發生態度大轉變而出示如此一份對明朝卑躬屈膝的降表。

其三,關於稷山之戰的記載,《亂中雜録》中細節上有一些錯誤。稷山

---

①《朝鮮宣祖實録》卷四八"宣祖二十七年二月庚申"條,《朝鮮王朝實録》第 22 册,頁 221。

②趙慶男《亂中雜録》卷一"宣祖二十六年五月"條,《大東野乘》第 4 輯,卷二六,頁 599。

③申炅《再造藩邦志》卷三"朝鮮宣祖二十九年十二月"條,韓國慶尚道榮川郡刊本(首爾大學奎章閣收藏,藏書號 4494)第 3 册,頁 89。

④趙慶男《亂中雜録》卷一"宣祖二十四年十一月"條,韓國古典綜合資料庫:https://db.itkc.or.kr,訪問時間:2022 年 7 月 16 日。

之戰，是朝鮮宣祖三十年（1597）九月，在忠清道稷山十五里之地與日軍進行的一次戰役。對於此次戰役，《亂中雜録》與其他史料的記載跟其他書籍有不同之處，甚至是錯誤的。

第一，記載的戰役時間不準確。此次戰役的時間是一天還是兩天？《亂中雜録》中描述明朝副總兵解生等大敗賊兵於稷山金烏坪，是爲期兩天的戰役："初五日黎明……萬旗齊颱，鐵馬雲騰，槍刃奮飛，馳突亂斫，賊屍遍野。一日六合，賊勢披靡"，"翌日（初六日）平明，天兵應炮突起，鐵鞭之下，賊不措手，合戰未幾，賊兵敗遁"①。但《朝鮮王朝實録》記載是發生在九月七日，"本月初七日，凶賊先鋒，自天安上來，解（生）副總、楊（登山）參將、頗（貴）游擊、牛（伯英）游擊四將，抄領精鋭者二千名、將官十五員，逆戰於稷山十五里許，斬首三十一級，死傷者不可勝數"②。《再造藩邦志》也記載爲："初七日，解生等四將遇賊於天安稷山之間。"③參閲比對當時的作戰規模（精鋭者二千名、將官十五員）等實際情況，這應該是一天的戰役。

第二，分兵三路的説法不確切。《亂中雜録》稱稷山之戰時，明軍分爲左右兩翼與中央，一共三隊，"副總兵解生，參將楊登山，游擊擺賽、頗貴等兵數萬，迎賊於湖西之境。解生等到金烏坪、巡審用武之便，分兵三協"④。但《朝鮮王朝實録》中記爲："抄領精鋭者二千名、將官十五員。"⑤《再造藩邦志》如此記録："挑選各營精壯二千，驍將十五人。"⑥既然正史及其他私人著述兩種史料皆記爲"二千人"，則説明作爲個人手記的《亂中雜録》中"數萬"的説法是不可信的。實際上，"分兵三協"的説法也不成立，兩千人的軍隊還被分成三路去作戰，這是不現實的，因爲分散兵力作戰這是戰時

①趙慶男《亂中雜録》卷三"宣祖三十年九月初六日"，《大東野乘》第 5 輯，卷二七（續），頁 73。

②《朝鮮宣祖實録》卷九二"宣祖三十年九月丙申"，《朝鮮王朝實録》第 23 册，頁 291。

③申炅《再造藩邦志》卷四"朝鮮宣祖三十年九月"條，榮州本，第 4 册，頁 9。

④趙慶男《亂中雜録》卷三"宣祖三十年九月初六日"，《大東野乘》第 5 輯，卷二七（續），頁 73。

⑤《朝鮮宣祖實録》卷九二"宣祖三十年九月丙申"，《朝鮮王朝實録》第 23 册，頁 291。

⑥申炅《再造藩邦志》卷四"朝鮮宣祖三十年九月"條，榮州本，第 4 册，頁 9。

的大忌，只有集結有限的兵力才能戰勝敵人。

第三，記載的作戰將領名單也不正確。《亂中雜録》記載："（提督麻貴）先送副總兵解生、參將楊登山、游擊擺賽、頗貴等……"①其中，"游擊擺賽"是否在初期的參戰將領名單中？《朝鮮宣祖修正實録》記述："使解生、牛伯英、楊登山、頗貴領之，迎擊於稷山……又遣游擊擺賽，將二千騎繼之，與四將合勢追擊。"②《再造藩邦志》記爲："使解生、牛伯英、楊登山、頗貴領之遣於天安，又遣擺賽將二千騎爲繼援。賽疾馳遇賊於振威稷山之間，與四將合勢擊破之。"③可以看出，最初的明朝派出將領中，並無擺賽此人，他是後來作爲援軍將領而參與到戰鬥中去的。

其四，有關明朝議和派代表人物兵部尚書石星、沈惟敬被處分時間的記載有誤。壬辰戰爭期間，隨著明軍援朝戰爭進程的不順，兵部尚書石星授意游擊將軍沈惟敬與日軍和談，但由於沈惟敬在議和過程中弄虚作假，致使議和失敗，從而招致明神宗的懲處。《亂中雜録》謂："宣祖三十年（1597）十月，天朝聞南原之敗，以秀吉負朝廷大恩，戕殺官兵，荼毒朝鮮，皇帝赫然震怒，避正殿減膳撤樂，將兵部尚書石星下獄，沈惟敬拿問。"④但《朝鮮宣祖實録》記載的是"宣祖三十年二月"，明朝將封貢議和失敗的"兵部尚書石星下獄，拿沈惟敬以去"⑤。我們認爲，"二月"處分石星等是可信的，通常情況下，應該是先處分，後再派兵，因爲根據《明實録》記載，三月，明朝以兵部尚書邢玠爲總督，右僉都御史楊鎬"經理朝鮮軍務"⑥，朝鮮王朝時期的其他文獻還詳細記載了十月明朝出兵的情況：以總兵麻貴爲提

---

①趙慶男《亂中雜録》卷三"宣祖三十年九月初六日"，《大東野乘》第5輯，卷二七（續），頁73。

②《朝鮮宣祖修正實録》卷三一"宣祖三十年九月己丑"，《朝鮮王朝實録》第25册，頁663。

③申炅《再造藩邦志》卷四"朝鮮宣祖三十年九月"條，榮州本，第4册，頁9。

④趙慶男《亂中雜録》卷三"宣祖三十年十月二十八日"，《大東野乘》第5輯，卷二七（續），頁89。

⑤《朝鮮宣祖修正實録》卷三一"宣祖三十年二月壬戌"，《朝鮮王朝實録》第25册，頁661。

⑥歷代官修《明神宗實録》卷三〇八"萬曆二十五年三月乙巳"，臺北"中研院"歷史語言研究所，1962年校印本，第58册，頁5762。

督,統領宣大兵一千,與副總兵楊元統領遼東兵三千,副總兵吴惟忠統領南兵四千,游擊牛伯英統領密雲兵二千,游擊陳愚衷統領延綏兵二千,"陸續過江"①,所以《亂中雜録》記載石星和沈惟敬在"十月"被治罪是錯誤的。

其五,關於露梁海戰中李舜臣負傷問題。露梁海戰中,朝鮮三道水軍統制使李舜臣不幸被敵艦炮彈擊中。圍繞李舜臣犧牲前後的經過,《亂中雜録》如是記載:

> 舜臣中丸不省人事,急命將佐,以防牌支身體,使之秘不發喪。時其子薈在船,從父分付,鳴鼓揮旗。②

這其中,有兩處矛盾:其一,既然李舜臣"不省人事",即處於昏迷狀態,則何來"急命將佐""使之"等安排?其二,説其子李薈代替李舜臣繼續指揮戰鬥,但根據李舜臣的《李忠武公全書》記載,是其兄之子李莞遵從李舜臣的遺願,秘不發喪,繼續以李舜臣的號令督戰,"依公言立船上,麾旗督戰如公"③。《朝鮮王朝實録》也記爲:"舜臣兄子莞秘其死,以舜臣令,督戰益急,軍中不知也。"④故代替李舜臣指揮的應爲其兄之子而非其子。

由上述可知,通過比對一些細節問題,可以發現《亂中雜録》有的記載是錯誤的,這一是由於有些事情並非作者皆親自目見,免不了道聽塗説,受其誤導,以致出現以訛傳訛現象,這方面如明朝出兵數字,籠統記爲"四萬餘人";二是個人視野畢竟有局限性,有些事情單純依靠想象,不免判斷失

①申欽《象村稿》卷三八"天朝先後出兵來援志",《影印標點韓國文集叢刊》第72輯,頁260。

②趙慶男《亂中雜録》卷三"宣祖三十一年十一月十九日",《大東野乘》第5輯,卷二七(續),頁131。

③李舜臣《李忠武公全書》卷一〇,附録2"(金堉)神道碑",《影印標點韓國文集叢刊》第55輯,頁345。

④《朝鮮宣祖實録》卷三二"宣祖三十一年十一月壬午",《朝鮮王朝實録》第25册,頁671。

誤，此如稷山之戰的三路作戰情況，認爲有"數萬人"，故分多路作戰；三是有可能也出現筆誤等記載失誤之處，如稷山之戰中游擊擺賽的出兵時間問題，將其率先出戰還是作爲增援混爲一談。

總之，《亂中雜録》既有其史料價值，也存在著一些失誤乃至錯誤，這是一些歷史典籍中共有的問題："記載的史事與歷史現實之間經常存在著程度不同的背離，由此出現僞事。"①對此，我們在利用類似文獻史料時要加以甄别，通過多種古書版本及相關的文獻資料相互印證，加强對歷史現象的比較研究。

三 《亂中雜録》所體現的唯實歷史書寫觀

儘管《亂中雜録》有一些失誤之處，但總體感覺寫史還是比較客觀的，反映出作者唯實客觀的歷史書寫觀。所謂歷史書寫，即是對過去發生的事情進行梳理和界定，在此過程中，作者是否秉筆直書、客觀反映史實，此體現出作者的道德規範和學術操守，因而作者要寫"真實"的歷史，所謂："歷史書寫一定要人們'相信'它是歷史編纂陳述才行。"②趙慶男在撰寫《亂中雜録》一書時，即堅持了真實書寫歷史的撰史風格。表現在：

其一，直面歷史史實。例如，對火燒龍山倉事件敢於否認，體現出"直書歷史"的可貴之處。

龍山倉，據《萬機要覽》記載，"江倉庫，京畿及兩湖大同創行時，次次建置，在龍山。庫二十二門，京畿五門，湖南八門，湖西九門"③。龍山倉是朝鮮王朝全國賦税的倉儲之處，隨著壬辰戰爭的爆發，日軍佔據龍山倉，作爲其軍糧的重要保障地，並派重兵據守，當時龍山倉庫存的糧食達到數十萬石，所謂："龍山倉者，在王京城北，朝鮮二百年租賦之所入，盡積於此，行長

①龐卓恒等《史學概論》，高等教育出版社，2006 年，頁 264。

②蜜雪兒・德・塞爾托著，倪復生譯《歷史書寫》，中國人民大學出版社，2012 年，頁 46。

③徐榮輔等《萬機要覽》"財用篇六・諸倉・宣惠廳各倉庫"，韓國古典綜合資料庫 http://db.itkc.or.kr，訪問時間：2022 年 7 月 20 日。

率衆就食焉。"①

龍山倉在壬辰戰争中的命運如何？中國史料均記載"(龍山倉)被明軍燒毁"。如,《明神宗實録》記載:"(明軍)射燒龍山倉糧,以空積儲。"②《明史》謂:"(明將)查大受率死士從間焚之,倭遂乏食。"③《萬曆三大征考》記爲:"(明軍)死士從間道縱火焚蕩略盡,倭乏食。"④《兩朝平攘録》記有:"(宋)應昌乃密遣查大受、李如梅、戚金等率死士夜往焚之。"⑤《經略復國要編》如是記載:"李提督遣將士帶取明火等箭燒之。"⑥可以看出,中國方面的史料中,不管是記爲經略宋應昌派出死士還是提督李如松派遣將領,皆説明明軍將士燒毁了龍山倉。

而根據《亂中雜録》的記載,當明朝游擊沈惟敬在宣祖二十六年(明萬曆二十一年,1593)二月份前往龍山倉與日軍將領商討議和之事時,日將承諾他們不會帶走庫存剩餘的二萬石糧食"與行長約和,賊許留京城米糧二萬石"⑦。也就是説,作爲議和的一個條件,日軍答應將二萬石餘糧留給明軍,而此時李如松再派軍隊前去燒毁龍山倉,這就不太合乎常理,畫蛇添足了。

並且,其他的朝鮮史料也支持了《亂中雜録》的這一史實記述。時任領議政柳成龍的一手史料《懲毖録》,在其宣祖二十六年二月的記録中,並未見到跟龍山倉相關的記載;在其《文集》中,有癸巳(宣祖二十六年)十月"上

①《經略復國要編》卷七"報王、趙、張三相公書",頁550。對於宋應昌依據親身經歷寫就的《經略復國要編》,彼時朝鮮右議政李德馨認爲有失實之處"書諸簡册,將欲誤天下也"(《朝鮮宣祖實録》卷一〇一,宣祖三十一年六月丙子,《朝鮮王朝實録》第23册,頁452);當代學者孫衛國稱此書"對於相關事實有故意曲解和篡改"(《萬曆援朝戰争初期明經略宋應昌之東征及其對東征歷史的書寫》,《史學月刊》2016年第2期),結合本條記載來看,《經略復國要編》一書的内容確有值得商榷之處。

②《明神宗實録》卷二六四"萬曆二十一年九月壬戌",第57册,頁4912。

③張廷玉《明史》卷二三八,列傳一百二十六"李如松傳",中華書局,2000年,頁4137。

④茅瑞徵《萬曆三大征考》,《壬辰之役史料彙輯》(下),頁216。

⑤諸葛元聲《兩朝平攘録》,北京大學朝鮮文化研究所等主編《壬辰之役史料彙輯》(下),全國圖書館文獻縮微文獻複製中心1990年影印本,頁57。

⑥宋應昌《經略復國要編》卷八"報王趙張三相公書",頁550。

⑦趙慶男《亂中雜録》卷二"宣祖二十六年二月十六日",《大東野乘》第4輯,卷二六,頁594。

駕幸龍山倉，出倉穀，散給坊民”①的記載，是説宣祖到龍山倉將糧食分發給當地百姓，如果糧倉在二月份被燒毁了，則何來十月份的糧食派發？申炅的《再造藩邦志》記載：日軍大將宇喜多秀家允諾“將京城龍山遺米二萬石，付（明將）沈思賢”②。而據《朝鮮宣祖實録》記載，小西行長領兵從王京撤出後，在致沈惟敬的書信中表示：“從麾下之言，引兵退王京，遺二十餘萬糧物，不燒滅之。”③至於宋應昌所謂“使查大受，焚龍山倉，倭賊無糧餉，宵遁”的説法，時任朝鮮右議政李德馨則駁斥爲謊言，指責明軍將領的欺騙性，即“當時城中粒米狼戾，何得云無糧餉乎？此則欺天矣”④。作爲發生在朝鮮龍山倉的事件，我們還是應相信當事國朝鮮方面的史料，“蓋因朝鮮的史料，利害切身，見聞真確”⑤。

“古今史料，往往有僞托而出者，蓋爲别具用心，以求達成某種目的”⑥，由《亂中雜録》等史料來看，所謂的明軍“火燒龍山倉”就有可能是宋應昌、李如松爲冒領軍功蓄意編造出來的一個事件。當然，日方留給明軍的餘糧數量，《亂中雜録》中記爲“二萬石”，《朝鮮王朝實録》中記爲“二十餘萬”，這涉及到底哪一個數字準確的問題，但明軍並未放火燒毁龍山倉，“火燒龍山倉一事並不存在”⑦，這個結論應該是可以肯定的。

---

①柳成龍《西厓先生文集》卷一六“雜著・訓練都監”，《影印標點韓國文集叢刊》第52輯，1990年，頁325。

②申炅《再造藩邦志》卷三二“朝鮮宣祖二十六年四月”條，榮州本，第2册，頁72。

③《朝鮮宣祖實録》卷四五“宣祖二十六年閏十一月甲申”，《朝鮮王朝實録》第22册，頁139。

④《朝鮮宣祖實録》卷一〇一“宣祖三十一年六月丙子”，《朝鮮王朝實録》第23册，頁452。

⑤李光濤《朝鮮“壬辰倭禍”與李如松之東征》，臺北“中研院”《歷史語言研究所集刊》第22輯，1950年，頁282。

⑥王爾敏《史學方法》，廣西師範大學出版社，2005年，頁128。

⑦朱爾旦《萬曆朝鮮戰争全史》，頁239。關於“火燒龍山倉”一事是否存在，大多數學者依據中國古文獻史料的記載，認爲此事確實發生過；朱爾旦是爲數不多的否認該事件的學者，他在專著中運用各種史料尤其是日本史料質疑這一事件的真實性。筆者認同朱爾旦的説法，在此主要是通過比對分析韓國相關古文獻史料，進一步佐證這一事件的不存在性。由於此事發生在朝鮮，正如前述李光濤先生所言“蓋因朝鮮的史料，利害切身，見聞真確”，故採用朝鮮古史料的記載來看待這一事件。

其二,對明朝與朝鮮聯軍的作用評價比較公正,未失歷史公允。

以往的朝鮮文獻中,有很多誇大朝鮮軍隊作用的描述,例如,關於露梁海戰的作戰過程,《朝鮮宣祖實録》中有一處時任朝鮮左議政李德馨匯報情況的記載:"李舜臣言於陳璘曰'賊之援兵,數日内當到,我當先往邀擊'。陳將不許,李舜臣不聽,决意邀擊,吹角行船,陳將不得已隨後。唐船則體小,且在後尾,只示聲勢而已。"①意思是説朝鮮將領李舜臣堅决主張趁敵軍立足未穩對其進行突襲,而明軍將領陳璘却畏手畏脚不敢進攻,"不得已隨後",並且提到明軍船隻體量小作用微,僅是跟在朝鮮水軍後面起到協助作用"只示聲勢"。總而言之,是在説明明朝將領作戰的消極性以及明軍作用的從屬性。還有的朝鮮私人著述中,不承認明朝援軍的作用,認爲戰争取勝的關鍵,在於擁有李舜臣這樣的民族英雄,所謂:"我國之得免於鯨吞,大抵皆李忠武(李舜臣)之力。"②

與之相反,縱覽《亂中雜録》的内容,其既未片面强調朝鮮軍隊的主導作用,也未否定明軍抗擊倭寇的貢獻,這一點,在對平壤之戰、蔚山之戰以及露梁海戰等的記載中,皆可以體現出來,例如,在介紹露梁之戰中明朝與朝鮮聯合作戰的過程時,如是描述:"陳璘、李舜臣大敗賊兵於露梁……兩軍突發,左右掩擊,矢石交下,柴火亂投。"③没有刻意强調朝鮮將領以及軍隊的突出作用,相反却是把明軍將領置於前面,這反映出作者並未以民族主義史學觀去看待問題,而是追求歷史的真實性,"追求真實乃是歷史學最爲根本的職業操守,捨此則歷史學没有存在的合法性"④。

其三,《亂中雜録》對朝鮮大臣的行爲記述客觀,不避權貴,體現出作者"秉筆直書"的歷史情懷。

一般而言,私人著述大多帶有一定的主觀色彩,尤其是涉及一些當權者的利益時,往往會有一些掩蓋事實甚至美化人物的描述,但《亂中雜録》

---

①《朝鮮宣祖實録》卷一〇九"宣祖三十二年二月壬子",《朝鮮王朝實録》第23册,頁567。

②尹愭《無名子集文稿》第10册,《論壬辰事》,《影印標點韓國文集叢刊》第256輯,2000年,頁418。

③趙慶男《亂中雜録》卷三"宣祖三十一年十一月十九日",《大東野乘》第5輯,卷二七(續),頁131。

④李隆國《史學概論》,北京大學出版社,2009年,頁269。

中，對當時的領議政柳成龍也不避嫌，痛斥其議和行爲，有如此一段記載："此實成龍之所作俑也。倭賊之不共戴一天，嬰兒所同知。而成龍身爲大臣，首唱和議，當胡澤出來之時，力主羈縻之説，遂與沈惟敬相爲表裏。"①朝鮮宣祖及部分大臣對於明朝與日本議和十分痛恨，《亂中雜録》的這段文字則是將柳成龍同明朝的議和官員沈惟敬相提並論，指責柳成龍的議和之舉。"公正是治史的指針"②，我們姑且不論柳成龍主張議和是否可取，但就作者敢於對當時的掌權者予以"直書"，就説明其行文的正直不阿。

綜上所述，作爲一本作者依據自身經歷編修的紀實性作品，《亂中雜録》較之某些朝鮮王朝官方編纂文獻，在一些内容的記述上更具資料的原始性、真實性；而作爲私人著述，囿於視野、信息等的局限性，不可能没有缺陷與疏漏，但其並無原則性的錯誤，且基本的史實描述正確，成爲正史資料的重要補證和佐證，並且難能可貴的是，作者史學觀較爲公正，敢於直言、直筆，能够客觀真實地反映歷史面貌，這是值得肯定的。

（作者單位：天津師范大學歷史文化學院暨歐洲文明研究院）

①趙慶男《亂中雜録》卷三"宣祖三十一年十二月二十二日"，《大東野乘》第5輯，卷二七（續），頁135。

②李劍鳴《歷史學家的修養和技藝》，上海三聯書店，2007年，頁120。

域外古逸漢籍研究

日藏金澤本《春秋經傳集解》卷旁校記新探*

郭　帥

日本宫内廳書陵部藏《春秋經傳集解》抄卷爲金澤文庫舊藏（下簡稱金澤本），由日本學者抄寫於13世紀後半期，存三十卷全帙，彌足珍貴。日本學者齋藤慎一郎説："在中國，今日通行的古籍文本基本上都經過宋代以後的校定，也經過木版印刷流傳。在此過程中，唐代以前流傳的文本或散佚，或經改動。與此不同，日本傳存的漢籍古抄本，或爲唐抄本，或以唐抄本爲祖本輾轉傳抄，其文本往往保留唐代以前的面貌。"①學界也認爲，金澤本保留了唐代以前的《左傳》文本面貌，不失爲驚人秘籍②。實際上，金澤本普遍存在據宋刊本校改的情况，已經是融合了宋刊本的日本抄卷，而卷旁校記則是辨識卷子原本的鎖鑰，惜鮮有學者關注。清末楊守敬旅日期間曾

* 本文得到中國博士後科學基金項目"經注本《春秋經傳集解》版本譜系研究"（2021M702006）資助。

①齋藤慎一郎撰，喬秀岩、葉純芳譯《師顧堂影印金澤文庫本〈春秋經傳集解〉解題》，載《版本目録學研究》2020年第12輯，頁98。

②如日本學者島田翰云："舊鈔卷子本《春秋經傳集解》者，何也？六朝之遺經，而王段吉備氏之所賫，音博士清原氏世世相傳，以授於北條氏者也。"參見島田翰撰，杜澤遜、班龍門、王曉娟點校《古文舊書考》，上海古籍出版社，2017年，頁56。清末楊守敬亦云："其中異同之迹，真令人驚心動魄。多與陸氏《釋文》所稱一本合，真六朝舊籍也。"參見楊守敬《日本訪書志》，遼寧教育出版社，2003年，頁8。

借金澤本影抄,但流傳未廣①。民國間,傅增湘借得楊氏抄本校勘過日本安政三年(1856)仙臺書鋪刊《春秋經傳集解》,其跋云:"佳處至不可勝紀,當别爲札記以傳之,惜原本尚有校語不及詳録。"②傅增湘已經留意到金澤本卷旁校記,但因時間倉促,未作深入考察。由於金澤本長期庋藏日本皇家書庫,一般學者難以寓目,而竹添光鴻的《左氏會箋》(下簡稱《會箋》)雖以金澤本爲底本,但不録卷旁校記。故百年以來,學者未能對金澤本卷旁校記展開深入研究,因而相關的校勘利用也只能流於表面。本文對金澤本校記的形成、校勘所用宋刊本的版本情況、校記的學術價值等問題展開探討,以期全面、準確地利用金澤本的文獻價值。

一　金澤本校記之形成與凡例

中國典籍東傳日本,對日本古代的文化產生了深遠影響。平安時代,漢籍主要在日本的上層社會流傳,學問被少數貴族壟斷,如日本的清原氏、中原氏即以明經道爲業。金澤本就是清原氏家族流傳下來的抄卷。據齋藤慎一郎考察,當時日本傳授經典的方式是師徒之間一對一的對讀講解,具體有三個步驟:抄寫、準備、傳授。在準備階段需要進行"校合"工作,即將抄好的書本與老師的書本等進行對校③。早期清原家校勘利用的校本主要是家傳的古本、副本等卷子本,記作"或古本乍某""或本乍某""一本乍某"等("乍"是"作"字簡寫)。10世紀末,宋刊本開始傳入日本。學者又將宋刊本與家傳卷子本進行對校,記作"扌无""扌ナ""扌乍某"等("扌"是"摺"字簡寫,摺本指刊本;"ナ"是"有"字簡寫)。經典在傳授過程中常常伴隨有校勘工作,金澤本卷旁校記就是在這種學術背景之下產生的。

①據筆者所查,楊氏影抄金澤本現存三部,均藏臺灣。臺灣故宫博物院藏兩部,善本書號:故觀000410—000439、故觀000458—000487;臺灣圖書館藏一部,善本書號:00592。

②傅增湘撰,王菡整理《藏園群書校勘跋識録》,中華書局,2012年,頁15。傅增湘所校日本安政三年仙台書鋪刊《春秋經傳集解》,現藏中國國家圖書館,善本書號:00012。

③參見齋藤慎一郎撰,喬秀岩、葉純芳譯《師顧堂影印金澤文庫本〈春秋經傳集解〉解題》,頁101—102。

金澤本卷旁校記细密,保留了大量卷子本、宋刊本異文,這是清原家數代學者累積的校勘成果,并非出自一時、一人之手。如金澤本卷一二抄録的題記云:弘長二年(1262)夷則朔日以摺本、古本手身書寫了(12—58)①;金澤本卷三〇抄録的題記云:保延六年(1140)二月七日亥剋向殘燈合摺本了(30—63)。在抄寫卷子時,傳抄者會將底本已有的校記一起抄録,後人再進行校勘就容易出現重出校記情況。如金澤本僖二年《傳》注"桑田,虢地也,在弘農縣東北也","農"字下旁注"陝扌十",卷地脚又注"或本有陝字,扌十"(5—8),這説明此處至少經過兩次校勘。

日本岩崎文庫藏《春秋經傳集解》殘卷(僅存卷一〇,下簡稱岩崎本)是清原賴業在保延五年(1139)學習《左傳》時所用的課本,與金澤本應該存在間接傳抄關係②。比勘發現,岩崎本所附校記與金澤本大體一致,説明金澤本卷旁校記主要是抄自家傳卷子本,後代學者又進行了補校工作。如卷子本與刊本最明顯的差異是杜注句末多有"也"字煞尾,岩崎本基本不出校,而金澤本則幾乎全部出校。有些校語僅見於金澤本,當爲後代學者補校。如金澤本宣二年《傳》注"善其爲法受屈者","屈"旁注"惡扌乍"(10—13),即刊本"屈"作"惡",岩崎本無此校語(19)③。再如,金澤本宣十一年《傳》注"謀監主","主"下旁注"正扌乍"(10—34),即刊本"主"作"正",岩崎本無此校語(53)。岩崎本與金澤本據刊本校改之處既有相同,又存差異,反映出不同校勘者處理異文的差别態度。對比兩本校改的不同之處,可以更加清晰地認識卷子本的校勘凡例,舉例如下:

1. 岩崎本宣三年《傳》"昔夏之方有德","德"下朱筆小字書"也"字,旁注"扌十"(23)。金澤本作"昔夏之方有德也","也"旁注"扌十"(10—15)。

---

①本文所引金澤本爲日本宫内廳書陵部網站公布的圖像,網址:https://db2.sido.keio.ac.jp/kanseki/T_bib_frame.php? id=006680。括號内標注引文位置:"—"前表卷軸數,"—"後表該軸圖片順序,下皆仿此。

②參見拙文《日本岩崎文庫藏〈春秋經傳集解〉鈔卷研究》,《歷史文獻研究》2021年第46輯,頁71—82。

③本文參校的岩崎本爲日本古典保存會1932年影印本,日本國立國會圖書館網站公布有該書圖像,網址:http://dl.ndl.go.jp/info:ndljp/pid/3438603。括號内數字爲日本國立國會圖書館網站公布的該書圖片順序,下皆仿此。

按:金澤本據刊本增“也”字。

2.岩崎本宣九年《傳》注“自是晋楚交共伐鄭”,“交”下旁朱筆注“兵扌无”(47)。金澤本作“自是晋楚交兵共伐鄭”,“兵”旁注“扌无”(10—30)。

按:岩崎本據刊本删“兵”字。

3.岩崎本宣十一年《傳》“晋楚不務德而以兵争”,“以”旁注“扌无”(52)。金澤本作“晋楚不務德而兵争”,“而”旁注“以扌无”(10—34)。

按:金澤本據刊本删“以”字。

4.岩崎本宣八年《經》注“雖死,以尸行事”,“行”旁注“將扌”(41)。金澤本作“雖死,以尸將事”,“將”右旁注“扌乍”,左旁注“行”(10—26)。

按:金澤本據刊本改“行”作“將”。

5.岩崎本宣十一年《經》注“乃復封陳”,“封”右旁朱筆注“扌”,左旁朱筆注“討”(51)。金澤本作“乃復討陳”,“討”旁注“封扌”(10—33)。

按:岩崎本據刊本改“討”作“封”。

由上可知,岩崎本與金澤本都存在據刊本校改卷子本的情况,二者已經是融合了宋刊本的日本抄卷,其校改的基本凡例可歸納爲:

若據刊本增某字,則將刊本之字寫入卷子正文,在該字旁注“扌𠂇”,即刊本有此字,據刊本補。

若據刊本删某字,則將該字從卷子正文删去,在卷旁相應位置注“某扌无”,即刊本無某字,據刊本删。

若據刊本改某字,則將卷子本之字改從刊本,在刊本之字的一旁注“扌”“扌乍”,即刊本作此字,同時在另一旁注“某”“某本”“某本乍”,即卷子原本作某字。

日本學者高橋智在介紹《孟子》古注本在日本的流傳過程時説:“宋版在輸入日本以後,被清原家和寺院兩派所吸收,通過宋版和古鈔本互相融合,最終過渡到了慶長活字本。”①《左傳》并没有像《孟子》一樣在日本衍生出介於古抄本與宋刊本之間的刻本,而是直接被宋刊本及其覆刻本取代②。可

①高橋智著,楊洋譯《日本室町時代古鈔本〈論語集解〉研究》,北京大學出版社,2013年,頁3。

②如日本南北朝刊《春秋經傳集解》是據南宋興國軍學本翻刻,此後日本刊印的《春秋經傳集解》大多以該本爲祖本。

以説,金澤本是日傳《左傳》文本由卷子本向刊本過渡的一種文本形態,是域外漢籍流變中的特有現象,卷旁校記則是探討這些問題的鈐鍵。

二 金澤本校記引宋刊本蠡測

金澤本雖屬抄卷本系統,但已普遍存在據宋刊本增、删、改等校勘情况。金澤本校勘利用的卷子本已無從可考,所用刊本尚可探尋。從岩崎本到金澤本,經歷的時間大致與我國南宋时期吻合,因此金澤本校勘所用的刊本當爲宋刻本。那麽,校勘者究竟利用了哪些宋刊本?版本質量、校刊水平如何?這些問題關乎金澤本校記的文獻價值。

前已言及,金澤本所附校記是清原氏家族數代學者累積的成果,因此卷旁校記也應該保留了多部宋刊本異文。實際情況也是如此,有的校勘者甚至同時參校了多種刊本。如金澤本文四年《傳》注"謂諸侯有四夷之功","謂"字旁注"扌或无"(8—21)。意即有的刊本無"謂"字,可見該校者參考的刊本不止一種。今存宋刻《左傳》版本相對較多,本文選擇比勘的版本有:中國國家圖書館藏宋慶元六年(1200)紹興府刻八行本《春秋左傳正義》(下簡稱八行本)、日本足利學校藏宋劉叔剛刻十行本《春秋左傳正義》(下簡稱十行本)、日本静嘉堂文庫藏宋刻遞修本《春秋經傳集解》(下簡稱静嘉本)、日本宫内廳書陵部藏宋興國軍學刻《春秋經傳集解》(下簡稱興國本)、中國國家圖書館及臺灣故宫博物院藏宋撫州公使庫刻《春秋經傳集解》(下簡稱撫州本,該本缺卷以宋江陰郡刻遞修本配補,下簡稱江陰本)、《四部叢刊》影印上海圖書館藏宋刻《春秋經傳集解》(下簡稱四部本)、中國國家圖書館藏宋龍山書院刻《纂圖互注春秋經傳集解》(下簡稱龍山本),以上版本涵蓋經注本、經注附釋文本、注疏合刻本、纂圖互注本等多種文本形式,皆爲現存重要的宋刻版本。

從比勘的結果來看,金澤本校記與本文選擇比勘的宋刻本之間互有參差。這是因爲金澤本校勘利用的刊本不止一種,且歷經多次傳抄,可能存在訛誤、脱漏等情况,因此用其中任何一種刊本與金澤本校記比勘,一定存在不合之處。儘管如此,我們還是可以通過一些特别的校記來探討其版本關係。

(一)龍山本

金澤本校記所引刊本異文與龍山本相合之處最多。以金澤本卷二三爲例，可供探討的校記有 16 條，其中單獨與龍山本相合者達 9 條之多，且未見單獨與其他校本相合者。我們將獨與龍山本相合的校記製成表一，如下所示：

表 一

序號	金澤本	金澤本校記	龍山本	其他参校本
1	昭十三年《傳》注：吴人告舟于淮汭(23—12)。	"告"左旁注"扌乍"，右旁注"舍本乍"，據刊本改	作"告"	作"舍"
2	昭十四年《傳》：三數叔虞之惡(23—35)。	"虞"左旁注"扌乍"，右旁注"魚本乍"，據刊本改	作"虞"	作"魚"
3	昭十五年《傳》注：天子壽之母也(23—37)。	"天"左旁注"扌乍"，右旁注"太本"，據刊本改	作"天"	作"大"
4	昭十五年《傳》注：文王伐之，得其路鼓以蒐(23—40)。	"路鼓"左旁注"扌乍"，右旁注"鼓路本乍"，據刊本改	作"路鼓"	作"鼓路"
5	昭十六年《傳》注：如不我思，亦豈無它人(23—50)。	"它"左旁注"扌乍"，右旁注"他本"，據刊本改	作"它"	作"他"
6	昭十七年《傳》注：夏扈切玄(23—57)。	"切"左旁注"扌乍"，右旁注"竊本乍"，據刊本改	作"切"	作"竊"
7	昭十七年《傳》：扈民無淫者也(23—57)。	"民"旁注"氏扌乍"	作"氏"	作"民"
8	昭十七年《傳》注：火在周之五月(23—60)。	"在"左旁注"扌乍"，右旁注"見本乍"，據刊本改	作"在"	作"見"
9	昭十七年《傳》注：傳師吴光有謀(23—61)。	"師"左旁注"扌乍"，右旁注"言"，據刊本改	作"師"	作"言"

從表一列舉的校例來看，有些異文爲明顯訛誤，如例 1"舍"訛作"告"、例 3"大"訛作"天"、例 9"言"訛作"師"等，卷子原本不誤，校勘者却據刊本誤改。類似的錯訛情况在其他卷内常見，且個别校記很能説明版本關係問題。如金澤本襄二十三年《傳》注"齊侯自道伐晋之功，藏孫聞之"，"聞之"下旁注"已上四字本无扌ナ"(17—18)，即"藏孫聞之"四字乃據刊本增補，

卷子原本無。龍山本作“齊侯自道伐晋之功。藏孫聞之見,賢遍反”。檢國圖藏宋元遞修本《經典釋文》知,“藏孫聞之見,賢遍反”乃《釋文》原文①。龍山本所附《釋文》一般用墨圍標識出字,但此句漏標,導致金澤本的校勘者誤將“藏孫聞之”四字視作杜注增入卷子本。再如,金澤本昭四年《傳》“西陸朝覿而出之”,卷天頭注“朝,如字,注同。扌乍‘覿’”(21—8)。龍山本“朝”正作“覿”,與金澤本校記合。按,“覿”字明顯是涉“覿”字衍生的訛字,目前僅見於龍山本。大量校記表明,金澤本的校勘者曾用龍山本作過校勘,且存在據龍山本校改卷子本的情況。由於龍山本并非善本,加之校勘者的學術能力一般,故多有誤改。

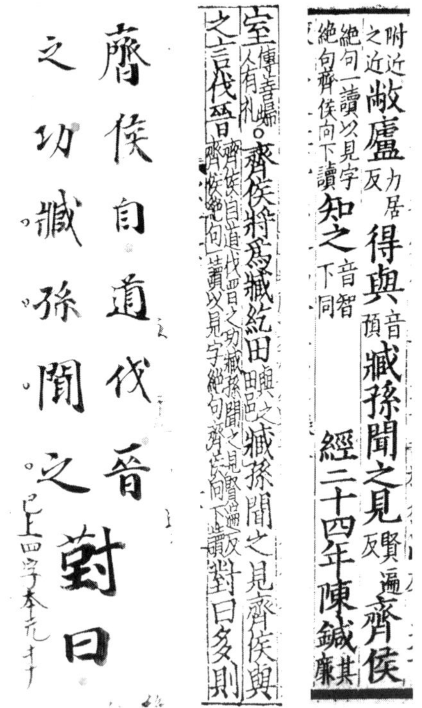

左圖爲金澤本,中圖爲龍山本,右圖爲《經典釋文》

① 參見陸德明《經典釋文》卷一八《春秋左氏音義之四》,上海古籍出版社,2013年,頁1037。

(二)撫州本、八行本

金澤本校記與撫州本、八行本也存在密切關係。這兩個版本均爲南宋早期的官刻本,版刻質量較高,異文相對較少,故可供探討的校記不如龍山本豐富。我們將可以説明版本關係的校記製成表二,如下所示:

表 二

序號	金澤本	金澤本校記	撫州本	八行本	其他校本	比勘結果
1	閔二年《傳》注:狐突,伯行,重耳外祖父也(4—14)。	"狐"旁注"狄扌乍"	作"狐"	作"狄"	均作"狐"	與八行本合
2	文二年《經》注:納徵始有"玄纁束帛"(8—10)。	卷地脚注"熏扌"	作"熏"	作"纁"	均作"纁"	與撫州本合
3	文四年《經》注:滅例在文十五年(8—18)。	"文"旁注"扌无"	無"文"字	無"文"字	均有"文"字	與撫州本、八行本合
4	文八年《傳》注:有可以安社稷、利国家者,專之可也(8—38)。	"也"旁注"扌无"	無"也"字	有"也"字	四部本、興國本無"也"字,十行本、龍山本有"也"字,静嘉本缺	與撫州本、四部本、興國本合
5	宣三年《傳》注:雒水出上洛冢嶺山(10—15)。	"洛"旁注"格扌乍"	作"格"	作"雒"	十行本、龍山本作"雒",四部本、興國本、静嘉本作"洛"	與撫州本合
6	宣十一年《傳》注:慮事,既慮計功也(10—34)。	"既"旁注"無"	作"無"	作"無"	四部本作"無",十行本、龍山本、興國本、静嘉本作"謀"	與撫州本、八行本、四部本合

續表

序號	金澤本	金澤本校記	撫州本	八行本	其他校本	比勘結果
7	成二年《傳》注：屬，適也（12—13）。	"也"旁注"扌无"	無"也"字	無"也"字	四部本無"也"字，十行本、龍山本、興國本、静嘉本有"也"字	與撫州本、八行本、四部本合
8	成三年《傳》注：覆，伏兵也（12—27）。	"也"旁注"扌无"	無"也"字	無"也"字	均有"也"字	與撫州本、八行本合
9	哀九年《傳》注：西北至末口入淮（29—44）。	"末"右旁注"未扌乍"，左旁注"宋或本"，據刊本改	缺	作"末"	四部本作"末"，十行本、龍山本、興國本、静嘉本作"宋"	與八行本、四部本合

在表二列舉的校例中，例 1 獨與八行本合，例 2、例 5 獨與撫州本合。尤其是例 5，撫州本"洛"作"格"爲明顯訛字，其他參校本不誤。例 1 八行本"狐"作"狄"，其他參校本均作"狐"。據此推測，金澤本的校勘者可能利用過撫州本、八行本，亦或是與二者關係相近的版本。撫州本是南宋撫州公使庫刻《九經》之一，在宋代就被稱爲佳刻，今僅存一部殘本，八行本與四部本也是今存孤本，均有重要版本價值。

宋刊本傳入日本後，被視作珍貴鴻寶，在未被翻刻之前，多用以校勘當時流傳的卷子本，對日常所用的抄卷産生了一定影響。金澤本卷旁校記所録刊本異文與本文選擇比勘的版本還存在一些不合之處，是知金澤本校勘所用的宋刊本絶不止本文考察的三種版本①。總體來看，金澤本卷旁校記

① 如金澤本襄二十五年《傳》："我又與蔡人奉戴厲公。""我"旁注"扌无"（17—38），即刊本無"我"字。按：本文所校諸本均有"我"字，皆與金澤本校記不合。再如金澤本哀十四年《傳》注"哀八年，宋滅曹以爲邑"，"哀"旁注"齊扌乍"（30—11），即刊本作"齊八年"。按："齊"字明顯爲"哀"字之訛，目前僅見江陰本"哀"訛作"齊"，與金澤本校記合。筆者所用的江陰本爲撫州本的配補卷，可供探討的異文有限。日本陽明文庫藏有一部相對完整的江陰本（卷一、二配日本南北朝刊本），惜未能寓目。

所引宋刊本的版本質量優劣不一，個别校勘者對刊本近乎達到迷信狀態，不僅將許多刊本的明顯訛誤校於卷旁，甚至以刊本誤字校改卷子本。這固然反映出當時學者對宋刊本的珍視，但也説明校勘者的學術水平低下。從岩崎本傳抄至金澤本歷經百餘年時間，所録刊本校記也越來越豐富，且不少卷子本異文改從宋刊本，體現出刊本逐漸取代卷子本之勢。

三 《左氏會箋》未辨金澤本校記之弊

上文已述，金澤本已經是融合了宋刊本的日本抄卷，卷旁校記是辨識卷子原本的鎖鑰。因此，在以金澤本作爲卷子本校勘時，若不留意卷旁校記，就很容易將據刊本校改之字視作卷子原本字，從而降低卷子本的校勘效力。竹添光鴻的《會箋》是以金澤本爲底本，在金澤本不易得見的年代，學界一直將《會箋》視作金澤本而用。竹添光鴻在作《會箋》時似乎也注意到金澤本存在據刊本校改的現象①，如：

1.《會箋》昭二十年《傳》“故詩曰：‘亦有和羹，既戒且平。’”竹添光鴻箋曰：“石經、宋本‘且平’作‘既平’。”②

按：金澤本作“既戒既平”，下“既”左旁注“扌乍”，右旁注“且”(24—31)。據校記知，金澤本據刊本改“且”作“既”，《會箋》作“且”，爲卷子原本字。

2.《會箋》昭二十六年《傳》“君而繼之，兹無敗矣”，竹添光鴻箋曰：“石經、宋本并‘敗’作‘敵’。”③

按：金澤本作“兹無敵矣”，“敵”左旁注“扌乍”，右旁注“敗”(25—37)。據校記知，金澤本據刊本改“敗”作“敵”，《會箋》作“敗”，爲卷子原本字。

3.《會箋》昭三十二年《傳》“王有公，諸侯有卿，皆其貳也”，竹添光鴻箋

①據學者研究，《會箋》的校勘工作全部是由他的學生島田翰擔任。不過至於是否辨别卷旁校記這件事，應該屬於二人共同關注的範疇，爲叙述方便，本文用竹添光鴻之名。參見孫赫男《〈左氏會箋〉研究》，中國書籍出版社，2020 年，頁 204。

②竹添光鴻《左氏會箋》，巴蜀書社，2008 年，頁 1956。

③竹添光鴻《左氏會箋》，頁 2041。

曰:"'其'字宋本作'有'。"①

按:金澤本作"皆有貳也","有"左旁注"扌乍",右旁注"其"(26—50)。據校記知,金澤本據刊本改"其"作"有",《會箋》作"其",爲卷子原本字。

以上三例校記表明,竹添光鴻在利用金澤本時已經關注到卷旁校記,且有意將金澤本據刊本校改之處改回卷子原本。不過就全帙而言,這種情況并不多見,且集中在《會箋》的後半部分。據此推測,竹添光鴻很可能是在作《會箋》的後期才意識到金澤本存在據刊本校改的現象。遺憾的是,竹添光鴻未重新覆覈全卷,《會箋》以校改後的刊本之字當作卷子原本字之處不勝枚舉,不僅誤出校記,還直接誤導了引用該書作爲卷子本校勘的學者,如王叔岷《左傳考校》、楊伯峻《春秋左傳注》、許建平《敦煌經部文獻合集·群經類左傳之屬》等,略舉數例如下:

4.《會箋》襄十四年《傳》"子魚曰:'射爲背師,不射爲戮,射爲禮乎。'"竹添光鴻箋曰:"三句皆用'爲'字,字勢各少變。"②

按:金澤本"射爲禮乎"之"爲"字左旁注"扌乍",右旁注"而本乍"(15—72)。據校記知,卷子原本作"射而禮乎",金澤本據刊本改作"爲",竹添光鴻未辨。

5.《會箋》襄二十三年《傳》"非鼠何如",竹添光鴻箋曰:"'何如',石經、宋本并作'如何'。"③

按:金澤本"何如"右旁注"扌乍",左旁注"如何古本乍"(17—18)。據校記知,卷子古本作"非鼠如何",刊本作"何如",竹添光鴻未辨。

6.《會箋》昭五年《傳》注"揖遜之禮也",竹添光鴻箋曰:"注'揖遜',宋本作'揖讓'。"④

按:金澤本"遜"左下旁注"扌乍",右下旁注"讓本乍"(21—26)。據校記知,卷子原本作"揖讓之禮",金澤本據刊本改作"遜",竹添光鴻未辨。

7.《會箋》昭七年《傳》"實夏爲郊,三代祀之",竹添光鴻箋曰:"石經、宋

①竹添光鴻《左氏會箋》,頁 2120。
②竹添光鴻《左氏會箋》,頁 1288。
③竹添光鴻《左氏會箋》,頁 1401。
④竹添光鴻《左氏會箋》,頁 1716。

本'夏爲郊'作'爲夏郊'。"①

按:金澤本"夏"旁注"扌乍",卷地脚注"本乍'夏郊'"(21—49)。據校記知,卷子原本作"實爲夏郊",金澤本據刊本改作"實夏爲郊",竹添光鴻未辨。

8.《會箋》昭二十五年《傳》注"五色備,謂之綉",竹添光鴻箋曰:"注'綉'字宋本作'繡'。"②

按:金澤本"綉"左旁注"扌乍",右旁注"繡"(25—22)。據校記知,卷子原本作"繡",金澤本據刊本改作"綉",竹添光鴻未辨。

9.《會箋》昭二十五年《傳》"所謂生死而骨肉也",竹添光鴻箋曰:"石經、宋本'骨肉'作'肉骨'。"③

按:金澤本"骨肉"右旁注"扌乍",左旁注"肉骨本乍"(25—31)。據校記知,卷子原本作"肉骨",金澤本據刊本改作"骨肉",竹添光鴻未辨。

10.《會箋》昭二十九年《傳》"貴何業之有",竹添光鴻箋曰:"石經、宋本并作'守'。"④

按:金澤本"有"左旁注"扌乍",右旁注"守本"(26—32)。據校記知,卷子原本作"守",金澤本據刊本改作"有",竹添光鴻未辨。

11.《會箋》昭三年《傳》"少姜有寵而死",竹添光鴻箋曰:"石經、宋本'姜'作'齊',非也。晋侯寵異之,去姓而加國名,蓋亦房中之稱,非正稱也,故叔向亦曰'少姜有辭'。"⑤

按:金澤本"姜"左旁注"扌乍",右旁注"齊本乍"(20—40)。據校記知,卷子原本作"齊",金澤本據刊本改作"姜"。王叔岷校云:"案少姜之作少齊,疑涉下'齊必繼室'而誤,陳氏强爲解説耳。舊鈔卷子本仍作少姜。"⑥竹添光鴻誤認爲卷子本作"少姜",王叔岷又因之,皆曲説臆斷。

12.《會箋》昭十九年《傳》"民有亂兵,猶憚過之",竹添光鴻箋曰:"'亂

①竹添光鴻《左氏會箋》,頁1754。

②竹添光鴻《左氏會箋》,頁2016。

③竹添光鴻《左氏會箋》,頁2030。

④竹添光鴻《左氏會箋》,頁2099。

⑤竹添光鴻《左氏會箋》,頁1656。

⑥王叔岷《左傳考校》,中華書局,2007年,頁311。

兵'石經、宋本并作'兵亂'。"①

按:金澤本"亂兵"右旁注"扌乍",左旁注"兵亂本乍"(24—14)。據校記知,卷子原本作"兵亂",金澤本據刊本改作"亂兵"。楊伯峻校云:"《石經》、宋本作'兵亂',金澤文庫本作'亂兵'。"②竹添光鴻未辨卷旁校語,致楊伯峻誤判。

13.《會箋》昭二十一年《傳》"盍及其勞且未有定也伐諸",竹添光鴻箋曰:"石經、宋本'有'字并無。"③

按:金澤本"有"旁注"扌ナ"(24—39)。據校記知,金澤本據刊本增"有"字,卷子原本無。王叔岷校云:"案舊鈔卷子本未下多有字,疑涉上文'有待其衰'而衍。"④實際上,金澤本"有"字是據刊本增補,竹添光鴻未辨卷旁校語,王叔岷又因之誤判。

14.《會箋》定四年《傳》"謂其臣曰:'誰能免吾首。'"竹添光鴻未出校記⑤。

按:金澤本"曰"旁注"扌ナ"(27—24)。據校記知,金澤本"曰"字是據刊本增補,卷子原本無。敦煌卷子本"臣"下亦無"曰"字。許建平校云:"臣,刊本下有'曰'。案金澤文庫本(據竹添光鴻《左氏會箋》,下皆同)亦有'曰'字。"⑥實際上,金澤本原本與敦煌卷子本合,皆無"曰"字,竹添光鴻未辨別卷旁校記,致許建平先生誤判。

總體來看,竹添光鴻作《會箋》基本未辨識金澤本卷旁校記,故該書以校改後的刊本之字當作卷子原本字之處俯仰可得,使許多卷子原本異文湮滅不彰。因此,學界曾以《會箋》作爲卷子本參校的論作,皆有重新校對金澤本之必要。有鑒於此,在利用金澤本、岩崎本等日本古抄卷校勘時,應該特別留意卷旁校記,避免以校改後的刊本之字當作卷子原本字,從而降低

①竹添光鴻《左氏會箋》,頁1932。

②楊伯峻《春秋左傳注》,中華書局,2009年,頁1559。

③竹添光鴻《左氏會箋》,頁1970。

④王叔岷《左傳考校》,頁429。

⑤竹添光鴻《左氏會箋》,頁2168。

⑥許建平《群經類左傳之屬》,張涌泉主編《敦煌經部文獻合集》第3册,中華書局,2008年,頁1257。

卷子本的校勘效力。

四　金澤本校記之價值

金澤本卷旁校記細密，彙録有多部宋刊本異文，其文獻價值不亞於新發現幾部宋版《左傳》。竹添光鴻的《會箋》是以金澤本爲底本，并利用唐石經及宋本作過校勘。衆所周知，宋代的經書刻本源於唐石經本，金澤本據宋刊本校改之後的文本自然與唐石經及宋刊本趨近一致，因而金澤本與宋刊本之間的異文數量相對減少。由於竹添光鴻在校勘金澤本時基本未辨别卷旁校語，故許多有價值的異文因早經校改而被湮滅了。重新核對金澤本卷旁校記，不僅能糾正《會箋》校勘之失，還可以增補前人的校勘成果。我們以阮元的《十三經注疏校勘記》（下簡稱《校勘記》）爲比勘對象，舉例如下：

1. 金澤本昭三年《傳》注“言若有事晋之志，至楚可不須告也”，“志”左旁注“扌乍”，右旁注“心本乍”（20—49）。

按：卷子原本作“心”，金澤本據刊本改作“志”。《會箋》作“志”。阮元《校勘記》未出校。

2. 金澤本昭十四年《傳》注“送子出奔”，“子”左旁注“扌”，右旁注“使本乍”（23—31）。

按：卷子原本作“使”，金澤本據刊本改作“子”。《會箋》作“使”。阮元《校勘記》未出校。

3. 金澤本僖二十三年《傳》“姜與子犯謀，醉而遣之”，“謀”旁注“扌ナ”（6—26）。

按：卷子原本無“謀”字，金澤本據刊本增。《會箋》有“謀”字。阮元《校勘記》未出校。

4. 金澤本襄八年《傳》“童子言焉，將爲戮矣”，“子”下旁注“何扌无”（14—61）①。

按：卷子原本“子”下有“何”字，金澤本據刊本删。《會箋》無“何”字。

---

①竹添光鴻《左氏會箋》，頁1194。

阮元《校勘記》云:"《石經》'子'下旁增'何'字,後人據俗刻妄加也。"①阮校可商榷,金澤本"子"下原本有"何"字,可知此處異文由來已久。

5. 金澤本襄三十一年《傳》注"退脩教而復伐之","伐"字旁注"本无扌亻",卷天頭又注"本乍復之"(19—47)。

按:卷子原本"復"下無"伐"字,金澤本據刊本增補。《會箋》有"伐"字。《左傳》僖十九年阮元《校勘記》云:"《釋文》云一本作'而復伐之','伐',衍字也。宋本無。案:襄十一年注引此文有'伐'字,《詩·皇矣》篇正義引同。李善注《文選》陳琳《爲曹洪與魏文帝書》引作'退而脩德復伐之',蓋以意增損也。"②《經典釋文·春秋左氏音義之二》僖十九年《傳》"而復之"注:"一本作'而復伐之','伐'衍字也。"③此處金澤本杜注原本與陸德明所用之本同。

6. 金澤本昭六年《傳》"火而如象之,不火何爲","如"左旁注"扌乍",右旁注"而本乍"(21—37)。

按:卷子原本作"火而象之",金澤本據刊本改"而"作"如",但未删"而"字。《會箋》作"火如象之"。阮元《校勘記》云:"《漢書·五行志》引作'火而象之',古如、而字通用。"④敦煌卷子本亦作"火而象之"。許建平校云:"而,刊本作'如'。"⑤敦煌卷子本與金澤本原本合,既可增補《敦煌經部文獻合集》校記,又可爲阮元《校勘記》提供傳世文獻依據。

7. 金澤本昭八年《傳》"怨讟并作,莫保其性","保"左旁注"扌乍",右旁注"信本乍"(22—5)。

按:卷子原本作"信",金澤本據刊本改作"保"。《會箋》作"保"。阮元《校勘記》云:"《石經》此處缺。宋本、宋殘本'保'作'信'。案:《漢書·五行志》引同,師古曰信猶保也,一説信讀爲申。"⑥"信"與"保"可互訓。《戰國

---

①阮元校刻,方向東點校《春秋左傳注疏》,《十三經注疏》第17册,中華書局,2021年,頁1382。

②阮元校刻,方向東點校《春秋左傳注疏》,《十三經注疏》第16册,頁646。

③陸德明《經典釋文》卷一六《春秋左氏音義之二》,頁921。

④阮元校刻,方向東點校《春秋左傳注疏》,《十三經注疏》第18册,頁1975。

⑤許建平《群經類左傳之屬》,張涌泉主編《敦煌經部文獻合集》第3册,頁1175。

⑥阮元校刻,方向東點校《春秋左傳注疏》,《十三經注疏》第18册,頁2020。

策·秦策二》："慈母不能信也。"漢高誘注："信猶保也。"金澤本原本作"信"，爲阮元《校勘記》增一證。

8.金澤本昭十三年《傳》注"鄁已滅，其民猶存"，"存"左旁注"扌乍"，右旁注"在"(23—24)。

按：卷子原本作"在"，金澤本據刊本改作"存"。《會箋》作"存"。阮元《校勘記》云："宋本'存'作'在'。案：在即存也。"①金澤本原本作"在"，與阮元所校宋本合，又增一證。

9.金澤本昭二十五年《傳》"魯君喪政四公矣"，"公"右旁注"扌乍"，左旁注"世本乍"(25—20)。

按：卷子原本作"世"，金澤本據刊本改作"公"。《會箋》作"公"。阮元《校勘記》未出校。

阮元《校勘記》是清代校勘《左傳》的集大成之作，至今仍有重要學術價值。但以今天的學術視野來看，它也存在明顯不足。重要原因在於，我們今天能見到的《左傳》版本遠比阮元《校勘記》所利用的版本豐富，不但可以增補許多漏校的異文，還可以對一些校勘考辨作進一步斟酌。金澤本雖經刊本校改，但通過卷旁校記基本可以窺探卷子原本面貌，加之該卷保存有諸多宋刊本及卷子本異文，其校勘價值不言自喻。然而近現代校勘《左傳》的學者多未能直接利用金澤本參校，更未見金澤本卷旁校記，這在一定程度上影響了校勘結論的準確性。當今學界要作出一部超越前人的《左傳》校勘成果，金澤本及其卷旁校記是不可忽視的校勘文獻。

五　結論

經日本古代學者傳抄的漢籍古抄本很可能用宋刊本進行過校改。從金澤本卷旁校記可知，該卷普遍存在據宋刊本增、删、改等校勘情況，已經是融合了宋刊本的日本抄卷，近現代學者多未明辨。金澤本卷旁校記是層累彙集而成的，所用宋刊本的版本質量優劣不一，其中一定有龍山本，可能有撫州本、八行本等，個别校勘者水平低下。竹添光鴻作《會箋》基本未辨識金澤本卷旁校記，以校改後的刊本之字當作卷子原本字之處不勝枚舉，

①阮元校刻，方向東點校《春秋左傳注疏》，《十三經注疏》第19册，頁2132。

不僅誤出校記，還直接誤導了引用該書作爲卷子本校勘的學者。重新覆覈金澤本卷旁校記，可窺探卷子原本面貌，可糾正《會箋》校勘之失，可增補阮元《校勘記》等校勘成果。因此，在利用日傳漢籍古抄本校勘時，應該仔細辨別卷旁校記，避免以校改後的刊本之字當作卷子原本字，從而降低卷子本的校勘效力。以此認識爲基礎，才能正確審視、發掘日傳漢籍古抄本的文獻價值。

（作者單位：黑龍江大學文學院）

日藏《括地志》殘卷校讀札記*

陳哲群

成書於唐初的《括地志》是一部全面反映其時域内州縣建制、沿革、風土的地理總志。自安史之亂後逐漸散佚殆盡，海内至今片紙無存，僅有孫星衍、王謨、王恢、賀次君諸家輯本行世。而日本宫内廳書陵部則藏有日抄本殘卷一件。《括地志》殘卷書於《管見記》卷六紙背，包括原書第一百二十三、一百二十四兩卷的部分内容，凡一百九十一行，三千二百二十餘字，主體爲兖州曲阜縣地理情況。2006年，南京大學金程宇教授據東京大學史料編纂所藏大正三年(1914)影寫本影印入《域外漢籍研究集刊》第2輯，並撰文予以介紹。經山崎誠、金程宇等學者鑒定，殘卷的抄寫時間不晚於鐮倉時代，其祖本當爲唐高宗前寫本。該殘卷由於是日人所抄，頗有訛脱衍倒之處。但抄本基本忠實於唐代寫本面貌，可據之探究原書的編寫體例，進而校正殘卷、輯本及其他傳世文獻的誤失。

一　記一般地理位置例

《括地志》殘卷在介紹曲阜縣建制沿革的一段長文後，按類羅列曲阜縣境内之山川城冢，並逐條記述其情形。其地名之排列，多有講究。如"山原"類先山脉後丘陵；"城郭"一類，即按由内而外的順序列出縣治石城、外城魯城、第三外城魯郭城及魯外郭城，次列闕里，最後則是故城、廢城；又

* 本文爲國家社科基金重大項目"日韓所藏中國古逸文獻整理與研究"(20&ZD273)的階段性成果。

"宫室"一類,則依宫、殿、觀、臺的次序編排。

在具體記述某一地名時,《括地志》首先叙其地理位置,然後徵引相關文獻記載或土人傳説,有時加以考證,最後往往介紹該地現今的狀況。其中,"地理位置"一項尤其重要。除了"城郭"的部分條目因其圈圈相套的特性,記録較簡以外,《括地志》對地理位置的描述具備嚴謹的體例,或可作爲甄别條目、校正文字的證據。

《括地志》在記録某地位置時,通常以縣治爲參照點,標明其相對縣治的方位與距離,如"防山""女陵山"二條:

> 防山,在縣治東廿五里。
> 女陵山,在縣治南廿八里。①

而與曲阜縣治距離較近者,往往在其後説明該地與魯城(即曲阜外城)的相對位置。如"闕里""南郊圓丘""泮宫"諸條:

> 闕里,在縣治西南三里,魯城中。②
> 南郊圓丘,在縣治南六里,魯城之南,沂水之南。③
> 泮宫,在縣治西南二里,魯城内,宫之南也。④
> 魯靈光殿,在縣治西南二里,魯城中。⑤
> 矍相圃,在縣治西南三里,魯城中。⑥

而泮宫中臺、魯莊公臺、故太子臺、季武子臺、東門襄仲臺、鬬鷄臺等,亦均注明其在"魯城中"。

①《東京大學史料編纂所藏〈括地志〉殘卷(影印)》,載《域外漢籍研究集刊》第2輯,中華書局,2006年,頁498。
②《東京大學史料編纂所藏〈括地志〉殘卷(影印)》,頁509。
③《東京大學史料編纂所藏〈括地志〉殘卷(影印)》,頁511。
④《東京大學史料編纂所藏〈括地志〉殘卷(影印)》,頁512。
⑤《東京大學史料編纂所藏〈括地志〉殘卷(影印)》,頁512。
⑥《東京大學史料編纂所藏〈括地志〉殘卷(影印)》,頁513。

今殘卷“山原”目下“壽丘”一條云：

> 壽丘，在縣治東北六里。闞駰《十三州志》云：“魯縣有壽丘。”皇甫謐以爲：“皇帝生於壽丘，在魯城東門之北。居軒轅之丘，於《山海經》在‘此地窮桑之際，西射之南’是也。”又云：“黄帝自窮桑登帝位，窮桑在魯北，嶧山在魯南。”曲阜縣在治魯城中。皇甫謐《帝王紀》云“皇帝自窮桑徙曲阜”是也。應劭曰：“曲阜在魯城中，委曲長七八里。”案今季子臺，及大庭氏庫，及今縣治石城，並在其上也。①

其中“曲阜縣在治魯城中”一句殊不可解。然據《括地志》條目首句記地理位置之例，可判斷該“壽丘”一條，實包括“壽丘”“曲阜”兩條文字在内，書手抄至“曲阜”一條時未另起一行，致使二條混爲一條。

觀此條所引應劭之言及案語，即知此“曲阜”並非縣名，而是類同“壽丘”，指縣境内的一處山原。證據有三：其一，參照《括地志》標明與縣治相對位置之體例，可知“曲阜縣在治魯城中”一句文字有誤倒處，“縣在治”當作“在縣治”。又據本卷“城郭”所記“縣治石城，在魯城中”，則其時縣治爲石城，而魯城爲外城，故此句當斷作“曲阜，在縣治，魯城中”。謂曲阜位於魯城之中，正與應劭語相合。“在縣治”下不言方位與距離，則恐是有脱文之故，或因今縣治石城即築於曲阜之上，故僅書“在縣治”。其二，觀此句以後内容，所引皇甫謐《帝王紀》、應劭《風俗通義》語，皆疏釋“曲阜”一地之名，而與上文“壽丘”無涉。其三，考引書之體例，前文“壽丘”條兩次徵引皇甫謐《帝王紀》，第一次作“皇甫謐以爲”，第二次省作“又云”，若“曲阜”後文字果屬於“壽丘”一條，此處復稱“皇甫謐《帝王紀》云”，不免疊床架屋，自亂體例。故“壽丘”“曲阜”兩段文字明顯分屬不同條目。

由此可知，“曲阜”作爲一獨立的條目，其原貌應作：

> 曲阜，在縣治，魯城中。皇甫謐《帝王紀》云“皇帝自窮桑徙曲阜”是也。應劭曰：“曲阜在魯城中，委曲長七八里。”案今季子臺，及大庭氏庫，及今縣治石城，並在其上也。

---

①《東京大學史料編纂所藏〈括地志〉殘卷(影印)》，頁498—499。

今本《元和郡縣圖志》卷一〇《曲阜》即將"壽丘""曲阜"分作兩條,其"曲阜"條云:

> 曲阜,在縣理魯城中,委曲長七八里。今按:季子臺及大庭氏庫及縣理城,並在其上。①

正可作爲旁證。

二 記河川地理位置例

《括地志》記述"川谷"一類時,由於河流綿延流長的特性,故而描述地理位置的方法不同於山原、建築等。其又可分爲兩種情形。一類河流源頭位於縣境之内,則標明其源頭的位置,即與縣治相對的方位和距離,之後或叙其流向。如"沂水""連泉水"二條:

> 沂水,亦名雩水,源出縣治東南八里。②
> 連泉水,源在縣治東九里平地。③

另一類河川則是從其他縣域流入,便記其流入的方位和來源。如"洙、泗二水""沙溝水""淹水":

> 洙、泗二水,東自泗水縣界流入。④
> 沙溝水,東自泗水縣界流入。⑤

①李吉甫撰,賀次君點校《元和郡縣圖志》卷一〇,中華書局,1983年,頁269。按點校本斷句有誤,當作"曲阜,在縣理,魯城中",因避高宗諱而改"治"爲"理"字。

②《東京大學史料編纂所藏〈括地志〉殘卷(影印)》,頁501。

③《東京大學史料編纂所藏〈括地志〉殘卷(影印)》,頁502。

④《東京大學史料編纂所藏〈括地志〉殘卷(影印)》,頁499。

⑤《東京大學史料編纂所藏〈括地志〉殘卷(影印)》,頁501。

淹水，東南鄒縣界流入。①

若明此例，即可據以校正《括地志》佚文。如賀次君《括地志輯校》所收佚文主要依據張守節《史記正義》輯出，其中條目多有記河川者，兹舉數例：

豐水源在雍州長安縣西南灃谷。（卷一《雍州・長安縣》）②

滈水源出雍州長安縣西北滈池。（卷一《雍州・長安縣》）③

沮水一名石川水，源出雍州富平縣，東入櫟陽縣南。（卷一《雍州・富平縣》）④

漆水源出岐州普潤縣東南岐山漆溪，東入渭。（卷一《岐州・普潤縣》）⑤

汾水源出嵐州静樂縣北百三十里管涔山，東南流入并州，即西南流入絳州，至蒲州入河。（卷二《嵐州・静樂縣》）⑥

湖水源出虢州湖城縣南三十五里夸父山，北流入河，即鼎湖也。（卷三《虢州・湖城縣》）⑦

澗水源出洛州新安縣東白石山，東北與穀水合流，經洛州郭内東流入洛。（卷三《洛州・新安縣》）⑧

參《括地志》殘卷記源頭居縣境内之河川例，可知張守節引用《括地志》之特點有二：其一，徑易"縣治"爲具體的州縣名以明確文義，且省去"治"字，此蓋避唐高宗諱之故；其二，往往省略河流源頭距離縣治的里程數目。再如卷四《甘州・張掖縣》"合黎水"一條：

---

①《東京大學史料編纂所藏〈括地志〉殘卷（影印）》，頁502。

②李泰撰，賀次君輯校《括地志輯校》卷一，中華書局，1980年，頁10。

③李泰撰，賀次君輯校《括地志輯校》卷一，頁10。

④李泰撰，賀次君輯校《括地志輯校》卷一，頁15。

⑤李泰撰，賀次君輯校《括地志輯校》卷一，頁38。

⑥李泰撰，賀次君輯校《括地志輯校》卷二，頁77。

⑦李泰撰，賀次君輯校《括地志輯校》卷三，頁111。

⑧李泰撰，賀次君輯校《括地志輯校》卷三，頁174。

> 合黎水一名羌谷水，一名鮮水，一名覆表水，今名副投河，亦名張掖河，南自吐谷渾界流入甘州張掖縣。①

據《括地志》記源頭處縣境外之河川例，亦可知句末"甘州張掖縣"五字非其原文，當屬張守節爲補足文義而添。

三　建築地理位置稱"基"例

《括地志》在記述境内建築時，時見部分條目於地理位置前多一"基"字。如"東門襄仲臺""鬬鷄臺""孔子學堂"：

> 東門襄仲臺，基在縣治東南三里，魯城中。
> 鬬鷄臺，基二所相去十五步，在縣治東南三里，魯城中。②
> 孔子學堂，基在縣治北九里，魯城之北。③

稱"基"者，參"五禰冢"條"一堂成，餘四見有石基"之語，當是其建築已因年久坍圮，僅存基址遺跡。殘卷内"宫室"一類列古臺共七處，前五處未言"基"而後二處稱"基"，大概前者於唐初尚存，其排列順序藴含先列存者、後記亡者的考慮。據此例可校正殘卷文字，如"宫室"類"兩觀"條云：

> 兩觀，其在縣治東南五十步。《春秋左氏傳》定公二年："夏五月壬辰，雉門及兩觀災。"④

文中"其"字當爲"基"字之誤。

今本《元和郡縣圖志》《太平寰宇記》亦記此地，《元和郡縣圖志》云：

①李泰撰，賀次君輯校《括地志輯校》卷四，頁226—227。
②《東京大學史料編纂所藏〈括地志〉殘卷(影印)》，頁515—516。
③《東京大學史料編纂所藏〈括地志〉殘卷(影印)》，頁516。
④《東京大學史料編纂所藏〈括地志〉殘卷(影印)》，頁513。

兩觀，在縣東南五十步。定公二年“雉門及兩觀災”，即《家語》孔子戮少正卯之處。①

《太平寰宇記》則寫作“兩觀臺”：

兩觀臺，各高一丈，在縣東五十步。《左傳》定公二年：“雉門及兩觀災。”杜注云：“闕也，孔子誅少正卯於兩觀之下。”②

按《左傳》僅稱“兩觀”，並未言臺，杜預又明釋其爲闕，可見兩觀非臺。又《括地志》殘卷“宫室”一類大致按宫、殿、觀、臺之順序，兩觀既列於“矍相圃”之前，並未厠身於諸臺之中。《太平寰宇記》稱“臺”者，當是“基”字之誤，以形近而訛。既誤書“基”爲“臺”，遂依前文連爲“兩觀臺”，其後撰者在抄録舊文時又添上“各高一丈”四字，割裂上下，遂致原義湮没無聞。

（作者單位：南京大學文學院）

①李吉甫撰，賀次君點校《元和郡縣圖志》卷一〇，頁 269。
②樂史撰，王文楚等點校《太平寰宇記》卷二一，中華書局，2007 年，頁 439。

日藏古寫本《廣弘明集》考論

——以七寺本和金剛寺本爲中心*

劉林魁　王　雪

《廣弘明集》是唐高宗朝僧人釋道宣彙編的弘法文獻總集，是研究中古歷史、宗教、文學乃至文化的重要文獻。國内保存的《廣弘明集》以12世紀以後的刊本大藏經爲主。20世紀以來隨著日本開展的古寫經相關調查研究的深入，一些深藏在日本寺廟的古寫經開始爲學界所關注。其中既有中土佚失之珍貴文本①，更有中土存世文本中早期版本的傳抄本②。據國際佛教大學院大學落合俊典教授研究團隊調查，《廣弘明集》的古寫經本明確保存在七所寺院的寫本一切經中③，此外，聖語藏和中尊寺的紺紙金字大

* 本文爲國家社科基金重大項目"日韓所藏中國古逸文獻整理與研究"(20&ZD273)、國家社科基金西部項目"《廣弘明集》整理與研究"(2022XZW032)的階段性成果。

①牧田諦亮監，落合俊典等編《七寺古逸經典研究叢書》1—6卷，大東出版社，1994—2000年。

②落合俊典撰，方廣錩譯《寫本一切經的資料價值》，載《世界宗教研究》2000年第2期；落合俊典《近年日本古寫經研究概況——以國際佛教學大學院大學"日本古寫經研究"爲中心》，沈乃文《版本目録學研究》第3輯，國家圖書館出版社，2012年，頁127—139。

③國際佛教學大學院大學日本古寫經研究所《日本現存八種一切經對照目録》(改訂本)，令和三年(2021)，頁277—278。河上麻由子在《『広弘明集』巻一七について》中指出，基於國際佛教學大學院大學網站的古寫經資料庫所公佈的資料來看，興聖寺、金剛寺、七寺、西方寺、石山寺、新寺、妙蓮寺的一切經中，保存有平安時期(794—1192)之後的《廣弘明集》寫本(《日本古寫經研究所研究紀要》第2號，2017年，頁30)。

藏經中也有《廣弘明集》寫本。這其中，七寺一切經本（簡稱“七寺本”）、金剛寺一切經本（簡稱“金剛寺本”）既有明確的抄校經典題記，又保存了相對較多的卷册，適合作爲古寫經本的研究標本。目前學界對古寫本《廣弘明集》的研究才剛剛起步①，還有很多問題亟需深入考察。本文通過日藏古寫本與漢文刊刻大藏經本（簡稱“大藏經本”）的對勘，對古寫本《廣弘明集》的學術價值做一個初步定位，以期推動中日文化交流與佛教文獻的研究。

一　日藏古寫本與唐寫本

位於名古屋愛知縣的七寺是真言宗智山派的寺院。據近代寺記記載，尾張權守大中臣朝臣安長爲了祈求女兒的冥福以及國家的安穩，發願奉納一切經。七寺一切經是承安五年（1175）至治承二年（1178）依照《貞元録》抄寫並校對而成，此後的治承四年（1180）又補寫了録外和聖教經典，抄經總計約 5500 卷，《廣弘明集》就在其中②。日本古寫經數據庫公開的七寺本《廣弘明集》共十八卷（卷一、二、三、七至一一、一八、二三、二四至二七、二九），其中卷一、一八、二七各兩種（ab），卷二三又分爲兩卷，僅存後一卷。卷子本，形態較好，有若干蟲損，但不妨礙識讀，形態較好，個別卷子有欠損（如卷一八 b 首欠）。紙本墨書（黄檗楮紙），天地朱界，行間淡墨界，每行約 17 字，每紙 24—30 行。楷書書寫，存在筆跡不同的情況，但都字跡工整，行間有脱衍、倒置等校對符號。

金剛寺是日本大阪府河内長野市的真言宗御室派寺院，是天平年間（729—749）由聖武天皇敕建。阿觀上人來到寺院（約 1165）之後，發願抄寫整部一切經。據金剛寺一切經的題記可知，抄寫時間横跨平安後期的 1079 年到鎌倉中期的 1237 年，因而並非集中抄寫，而是集結了當時已有的快尋

① 目前對古寫經本《廣弘明集》的研究，主要有日本學者河上麻由子的《『広弘明集』卷一七について》（《日本古寫經研究所研究紀要》第 2 號，2017 年，頁 29—51），以及她的《論日本古寫經中的〈廣弘明集〉——以卷二十二和卷三十爲中心》（載《域外漢籍研究集刊》2017 年第 1 期）。

②《七寺一切経目録：尾張史料》（現存目録），七寺一切經保存會，1968 年，頁 120。

發願一切經、八田寺一切經、榮印發願天野一切經，並進行補寫而成的。在第四世住持敬尊的嘉禎三年(1237)，全部抄寫完成。金剛寺本《廣弘明集》保存較全，存世二十七卷，闕卷六、八、一五等三卷。卷子本，有若干蟲損，大部分不影響識讀，保存較好，個别卷子闕損嚴重(例如卷二一的上半部分，卷二二開頭)。紙本墨書，黄檗白色楮紙，天地界，行間淡墨界，每行14—18字，每紙32行，楷書，存在筆跡不同的情况，有行間校加字，有校改符號等。

總體來看，兩種古寫本各有所長，七寺本抄録文字相對工整清晰，金剛寺本抄録則準確度較高。兩種版本都有抄校題記，據此可推測其抄校的大致情形。

(一)抄校時間

據《七寺一切經目録》可知，七寺本卷末有抄校題記共三十一條，但只有卷一〇、卷一六有明確抄校時間。此兩卷抄校題記依次爲："一校了，榮俊。/安元三年(1177)大(太)歲丁酉，六月十日午時書寫了。/教入(人)行徹。""安元三年(1177)四月廿五日書寫畢。/一校了，榮俊。"此處有抄經者姓名"行徹"，有校對者姓名"榮俊"，有校對時間"安元三年大(太)歲丁酉六月十日午時""安元三年四月廿五日"。榮俊爲七寺本校對的主要人員，他一共校對了十五卷。此外，道胤校對八卷，慶光、覺井、智舜、永俊、寬曉各校對一卷。抄經者除了行徹外，還有僧寬曉，見卷一一末①。

金剛寺本卷末抄校題記九條。相比七寺本，其内容更爲豐富：

1. 一交(校)了。/嘉禎三年(1237)〈丁酉〉二月四日。/爲過去蓮阿彌陀佛尊靈卅五日/佛事，出离生死，證大菩提。和泉國/泉郡上条丹豐中村書寫了。/河内國金剛寺一切經内一帙。/筆師澄覺。(《廣

①《七寺一切経目録:尾張史料》(現存目録)，七寺一切經保存會，1968年，頁120。據《現存目録》記載，七寺本現存《廣弘明集》共三十六卷，其中卷一有三卷，卷四、卷一三、卷一五、卷一八、卷一九、卷二三各有兩卷，卷二四、卷二六闕。卷一五爲唯一的折本，其餘均爲卷子本。

弘明集》卷三)①

2. 一交(校)了。/願以此功德,普及於一切,我等與衆生,皆共成仏(佛)道。/南無十方一切三世諸佛菩薩,心中所願,决定圓滿。(《廣弘明集》卷四)

3. 執筆泉羽府住貞政。/一交(校)了。(《廣弘明集》卷五)

4. 一交(校)了。/嘉禄三年(1227)二月十日,澄覺。(《廣弘明集》卷七)

5. 一交(校)了。(《廣弘明集》卷九)

6. 一交(校)了。/嘉禎三年〈丁酉〉二月十九日,爲播氏出離生死,/頓証菩提,所令書之也,僧親宗(?)。(《廣弘明集》卷一〇)

7. 一交(校)了/。嘉禎第三年之暦,初夏上旬比,於槙尾寺金堂/書了。雖天下第一之悪筆,爲興隆佛法,殊/致深心,如方書寫處也,字謬者後見人,可致合點歟。僧範海。(《廣弘明集》卷一八)

8. 一交(校)了。/嘉禎三年〈丁酉〉卯月廿二日,於智海寺砌書寫了。/執筆敬玄(?)。(《廣弘明集》卷二四)

9. 一交(校)了。/嘉禎參年五月一日筆寫畢。(《廣弘明集》卷二八)

抄校題記中明確著録時間者有六條,其中有五條明確爲"嘉禎三年"。卷七題記中"嘉禄三年"有些特别。此卷校對者澄覺,同時校對了第三卷。但第三卷抄校題記中,校録時間爲"嘉禎三年〈丁酉〉二月四日"。嘉禄三年比嘉禎三年早十年,豈有先校對卷七、十年後再校對卷三者?故而推測此處之"禄"爲"禎"之形訛,"嘉禄三年"當作"嘉禎三年"。

金剛寺本抄經人有上條丹豐中村、泉羽府住貞政、僧親宗、僧範海、敬玄五人,校對人存録姓名者只有金剛寺澄覺。其中除泉羽府住貞政抄寫的

①落合俊典《金剛寺一切経の総合的研究と金剛寺聖教の基礎的研究》第2分册(國際佛教學大學院大學,2007年)將"上條丹豐中村"記録爲"上條鄉丹豐中村",經確認文本,無"鄉"字。此處七條抄校題記,參考該書頁415—418,如有懷疑,於後用問號在小括號中標出。所有異體字,隨録文用小括號在異體字後標注正字。尖括號表示原寫本爲小字。

卷五外，其餘四人的四卷均抄寫於嘉禎三年，且抄寫地點並不一致，卷一八由範海抄於槙尾寺金堂，卷二四由敬玄抄於智海寺。考慮到金剛寺一切經的來源比較複雜①，且嘉禎三年爲金剛寺一切經書寫時間之下限，因此或許是爲了補充一切經之不足，委托别人在有底本的寺廟抄寫也有可能。

以上兩種日藏寫本《廣弘明集》都没有出校勘記。所謂"一交了"或"一校了"，可能並不是現代意義上的不同版本之間的對勘，而是抄本與底本之間的對勘②。這個可以從今存版本的校對痕跡、修改符號等方面得到印證。綜合以上考察，可以確定七寺本、金剛寺本《廣弘明集》的一些卷子分别爲安元三年（1177）、嘉禎三年（1237）抄本，兩種版本抄寫時間相差六十年，從平安末期到鐮倉初期。

（二）抄録底本似非大藏經版本

七寺本、金剛寺本《廣弘明集》的抄録底本爲何，抄經題記中並没有標注。但從《廣弘明集》東傳日本的線索及今存寫本之面貌，仍然可以推測一二。

東傳日本之《廣弘明集》，依據傳播之形態，可分爲單行本和入藏本兩種。《廣弘明集》爲《開元釋教録・入藏録》著録，後代之大藏經多以《開元録・入藏録》爲依據，故而《廣弘明集》可能隨整部大藏經而東傳日本。日本天平七年（735），遣唐僧玄昉以《開元釋教録》爲標準，將剛剛整理好的寫本大藏經迎請回國，此或爲寫本大藏經東傳日本之始。天平五年（733）至

---

①從抄寫動機來看也可印證這一點，卷一爲做"阿彌陀佛尊靈卅五日佛事"而抄，卷四爲修福度衆生而抄，卷一〇則"爲播氏出離生死，頓証菩提"而抄。

②這個問題比較複雜。《廣弘明集》卷一四李師政《内德論・空有篇第三》"亦有殀命胞胎，受疾嬰孩，憙怒未兢，嗜欲未開，未觸冒於寒暑，未毁悴於悲哀，壽何以而殀，疾何從而來"。"未觸冒於寒暑"，金剛寺本作"未觸寒暑"，"寒暑"之前有小字夾注"日月，校本昌於"（"於"當屬正文，抄手誤爲夾注小字），七寺本即作"未觸日月寒暑"。對照大藏經本可知，"昌"爲"冒"形訛，"日月"抄手拆寫"冐（即"冒"之異體字）"字或將"冒"字上下兩部分寫得太散而造成訛誤。故而，金剛寺本卷一四所用"校本"可能是大藏經本或者與大藏經接近的本子。但金剛寺本夾注的六個字，並非抄録文之後的校對，因爲後者常見於天頭、地脚或行間。因而，金剛寺本之"校本"二字可能是抄録底本中出現的文字，並非抄録之後校對之本子。如果以上推測正確，那麼寫本流傳過程中藏經本可能作爲參校本出現過。

天平勝寶元年(749),抄寫完成的光明皇后御願經(又稱五月一日經),便是以隋唐寫經爲底本進行抄寫的。

五代以後,隨著雕印技術的興起,中土雕造了多種大藏經。至日本安元三年(1177)之前,有以下七種:北宋太祖開寶四年(971)至太宗太平興國八年(983)雕刻《開寶藏》,北宋神宗元豐三年(1080)至徽宗政和二年(1112)雕刻《崇寧藏》,遼代興宗(1031—1055)至道宗(1055—1101)時期雕刻《契丹藏》,北宋徽宗政和二年(1112)至南宋孝宗乾道八年(1172)雕刻《毗盧藏》,南宋高宗紹興二年(1132)前後雕刻《思溪圓覺藏》,金熙宗皇統八年(1148)至世宗大定十三年(1173)雕刻《金藏》,南宋孝宗淳熙二年(1175)前後雕刻《思溪資福藏》①。以上七種大藏經中,實物印證傳入了日本的有《開寶藏》《崇寧藏》《毗盧藏》《思溪資福藏》四種大藏經。但文獻明確記載傳入時間者僅有《開寶藏》一部。

《開寶藏》是今存最早的刊本大藏經,北宋初期既已東傳日本。宋太宗雍熙元年(984),日本國僧奝然與其徒五六人浮海而至,向大宋皇帝"求印本大藏經,詔亦給之。二年(985),隨台州寧海縣商人鄭仁德船歸其國"②。宋神宗熙寧五年(1072),"日本國沙門成尋來朝"③。熙寧六年(1073)四月十三日,顯聖寺印經院准"傳法院"印新經賜與日本國成尋,内除《法苑珠林》一百卷,日本國僧稱本國已有,更不消印造。外買印造肆伯壹拾參卷册"④。這兩次迎請之大藏經均爲《開寶藏》。《開寶藏》雖僅存數卷,但覆刻此藏的《趙城金藏》《高麗藏》却保存下來。《趙城金藏》未有東傳日本之記載,今存該本《廣弘明集》有殘闕。《高麗藏》爲高麗顯宗朝(1009—1031)雕造的大藏經,今存全藏。日本應永(1394—1428)年間至天文(1532—

---

①葉恭綽《歷代藏經考略》,胡適、蔡元培、王雲五《張菊生先生七十生日紀念論文集》,商務印書館,1937 年,頁 25—42。葉恭綽之後,隨著文物發現,關於以上大藏經雕刻時間的研究越來越準確(見李富華、何梅《漢文大藏經研究》,宗教文化出版社,2003 年)。下文對諸種大藏經本《廣弘明集》的叙述,主要參照《漢文大藏經研究》。

②脱脱等《宋史》卷四九一《外國七・日本國》,中華書局,1985 年,頁 14135。

③沙門志磐《佛祖統紀》卷四五,《大正新修大藏經》第 49 册,新文豐出版公司,1983 年,頁 415 上。

④成尋著,王麗萍校點《新校參天台五台山記》卷八,上海古籍出版社,2009 年,頁 681。

1555)年間,日僧五十餘次前往高麗迎請大藏經,《高麗藏》由此全部傳入日本①。故而,參照《金藏》《高麗藏》可以大致了解傳入日本的《開寶藏》的概貌。

從時間推測,《開寶藏》似乎最有可能爲七寺本、金剛寺本《廣弘明集》抄録的底本,但從寫本的一些版本特徵來看,此種可能性比較小。因爲藏經本與寫本在題名、卷次和撰者等方面有較大差别。藏經本中,題名、卷次每卷固定出現兩次,分别在卷首和卷尾,卷首之題名、卷次位置因《廣弘明集》十篇序的出現或有差異,有些卷次或置於篇序之末。非固定出現者如下:除《統歸篇》之外其餘九篇的收文目録亦以"廣弘明集"開始,如"廣弘明集歸正篇目録"。日藏寫本之題名、卷次,在大藏經固定與非固定出現的位置外,每卷還固定增加了一次。具體而言,在每卷的篇名、次序之前著録題名,篇次、次序之後著録卷次。如:《高麗藏》本卷三,卷首題名、卷次、撰者之下,有"歸正篇第一之三";七寺本、金剛寺本卷三對應部分則爲"廣弘明集歸正篇第一之三　卷三"。這種情況,《高麗藏》本只有卷一較爲接近,作"廣弘明集歸正篇第一之一",但依然没有卷次。

撰者釋道宣的署名,大藏經本和日藏寫本也有較大差異。有關撰者姓名的文字,諸種大藏經本雖多有差異,但署名位置基本上都在卷首題名、卷次之下。日藏古寫本只有卷一固定出現了撰者署名。如:七寺本卷一a卷首有"廣弘明集序　卷一　唐麟德元年終南山釋氏",金剛寺本卷一開篇爲"廣弘明集序　唐麟德元年終南山釋氏"。此後兩種抄本的撰者署名,體制不統一,或有或無。七寺本中,卷二六首作"廣弘明集慈濟篇序　唐終南山釋氏　廿六",卷二七b卷首作"廣弘明集誡功篇序　唐終南山釋氏　廿七"。金剛寺本中,卷一八首作"廣弘明集法義篇第四　十八　唐終南山釋氏",卷二三首作"廣弘明集僧行篇第五　唐終南山釋氏　卷廿三",卷二六首作"廣弘明集慈濟篇序　廿六　唐終南山釋氏",卷二七首作"廣弘明集□□□序　唐終南山釋氏　廿□",卷二八首作"廣弘明集啓福篇序　廿八　終南□□□"。除此數卷之外,兩種古寫本諸卷均無撰者署名。

七寺本與金剛寺本在題名、卷次、撰者等三種信息的著録上,出現的體

①梶浦晋撰,楊曾文譯《日本古代的漢譯大藏經》,《世界宗教資料》1994年第1期。

制不統一，大致有兩種理由：或由於寫手隨意抄録，或由於底本不統一。後一種的可能性更大。大藏經的雕造一般有一個團隊，特别是官刻大藏經，其資金充實、雕造團隊强大，雕造版本盡可能選擇最優，佛經排列位置有序，常以千字文號標注。日藏古寫本在題名、卷次、撰者等信息著録上的混亂，似乎不會出現在大藏經本中①。傳入日本的單行本《廣弘明集》，其抄録者可能並非一人、所用底本也不一定完全統一。故而，七寺本與金剛寺本所用底本可能與雕版大藏經本有距離。

(三)抄録底本可能來自唐人寫本

唐人抄寫之《廣弘明集》，早在唐玄宗天寶(742—756)時期就已傳入日本。天平十九年(747)六月七日，正倉院寫疏所的文書中記載"《廣弘明集》三十卷。沙門釋道宣撰。小乘"，"依無本，所未寫"②，説明此時正倉院還没有《廣弘明集》的經本，所以無從抄寫。據《大日本古文書》卷一二記載，天平勝寶五年(753)五月七日類收的正倉院寫經所文書"奉寫疏集傳目録"

①西方寺一切經本(簡稱"西方寺本")可能是已知日藏古寫本《廣弘明集》中唯一一種與大藏經本結構關聯密切者。西方寺本今存十三卷，其中部分卷首有千字文號。卷一二、一三、一五、一九爲"亦"字號，卷二一、二二、二六、三〇爲"聚"字號(河上麻由子《『広弘明集』巻一七について》，《日本古寫經研究所研究紀要》第2號，2017年，頁31)。從千字文號來看，西方寺本與唐代寫本和宋代《開寶藏》本不同。《開元釋教録》卷第二〇《小乘入藏録下》："《廣弘明集》三十卷。一百七十紙。唐釋道宣撰。上一集，三十卷，分爲四袠。第一袠十卷，第二袠七卷，第三袠七卷，第四袠六卷。"(智昇撰，富世平點校，中華書局，2018年，頁1450)五代釋可洪《新集藏經音義隨函録》卷二九爲《廣弘明集》做音義注釋，按照正文音注來看，釋可洪所見《廣弘明集》與《開元釋教録》函號、卷次一致，即"典"(卷一至卷一〇)、"亦"(卷一一至卷一七)、"聚"(卷一八至卷二四)、"群"(卷二五至卷三〇)。北宋僧人釋惟白於宋徽宗崇寧三年(1104)著《大藏經綱目旨要録》，保存了《開寶藏》本《廣弘明集》的基本面貌，其千字文函號、分卷與可洪所見一致。對照以上信息可知，西方寺本可能是三函，千字文號可能依次爲典、亦、聚，每函可能十卷，此與《資福藏》本完全相同。《資福藏》於南宋靖康元年(1126)開板，約紹興八年(1138)後竣工。西方寺本卷一七抄校題記中有"弘安五年(1282)"年號。是則，西方寺本在千字文號上，可能與《資福藏》本有關聯。

②東京帝國大學《大日本古文書》卷九，大正七年(1918)，頁393。

中《廣弘明集》已被抄寫,且共"九百五十三紙"①。此後,藤原通憲(1106?—1159)《通憲入道藏書目録》著録其本似有殘闕②。《通憲入道藏書目録》與《正倉院文書》著録之《廣弘明集》,當爲唐代寫本③。這説明,唐高宗麟德元年(664)編纂成的《廣弘明集》,七十餘年之後即在日人著作中出現,且傳入日本時間,當在747至753年之間。

按照常理推測,唐人寫本和宋人刊本相比,前者可能保留了更多唐代的社會文化信息。這點恰好能在七寺本、金剛寺本中找到印證。

《廣弘明集》中收録了多篇唐代僧俗著述,其中有關涉唐代帝王皇權的語詞。對於這些語詞,覆刻《開寶藏》的《趙城金藏》本、《高麗藏》本部分保留了抬頭的做法,以之表達尊重之意。這説明,《開寶藏》雕本所用《廣弘明集》保留了一定的唐代版本特徵。七寺本與金剛寺本在大藏經本之外,使用了更多的抬頭格式。如卷一一釋道宣《上秦王論啓》:"邪言惑正,魔辯逼真,猶未足聞諸下愚,况欲上干天聽。但奕職居時要,物望所知。""上干天聽"是説傅奕上書冲犯高祖李淵,擾亂其聖聽。七寺本"下愚况上干"頂格抄寫,"况"下脱一"欲"字,之後"天聽"二字空抬,空出兩格,繼續抄録"天聽但奕職居時要物"成一足行。此卷《趙城金藏》本佚失,《高麗藏》本存世,但無此處抬頭。金剛寺本卷一二唐釋明概《决對傅奕廢佛法僧事并表》:"惟我大唐,膺期啓運,握機御曆,誕命建家。""大唐"兩字平抬。此卷《趙城金藏》佚失,《高麗藏》本無此抬頭。金剛寺本卷一四唐李師政《内德論》:"訾而謗之,無所不至。聖朝勸善,立伽藍以崇福。""聖朝"二字平抬兩格。同

---

① 東京帝國大學《大日本古文書》卷一二,大正七年(1918),頁544。《開元釋教録》卷二〇《入藏録》,著録《廣弘明集》"七百七十紙"。《開元釋教録略出》卷四,著録《廣弘明集》"一千二紙"。

②《群書類從》卷四九五《通憲入道藏書目録》,和刻板,内閣文庫藏,頁45。其中云:"《廣弘明集》上帙九卷,欠第二。中帙九卷,欠第十六。一合。第四十三櫃。"帙爲古籍的存儲單位,後以千字文號標示。大藏經本中,《資福藏》本、《磧砂藏》本均爲三帙三十卷,每帙各十卷,千字文號依次爲典、亦、聚。其中,《資福藏》本的刊刻時間與藤原通憲生活時期接臨。而《資福藏》又依據《圓覺藏》刊刻。故而,《通憲入道藏書目録》所見《廣弘明集》的分帙情况,可能與《圓覺藏》本一致。

③ 此種寫本到底是單行本還是遣唐僧玄昉迎請的大藏經本,不得而知。但是,即使爲唐代寫本大藏經本,也已經以單行本形式在傳播了。

卷同篇:"雖竭愚勤,何宣聖德。庶同病而未愈者,聞淺譬而深悟也。""聖德"二字平抬兩格。卷一四,《趙城金藏》佚失,《高麗藏》本無此兩處抬頭。古寫本保留了更多平抬和空抬的格式,説明兩種寫本更接近唐代寫本的面貌。

除了抬頭格式之外,古寫本有避諱李世民之"民"字的痕跡。古抄本之"民"字,主要有兩種寫法:"民""民"。但七寺本卷三江淹《遂古篇》的四個"民"字均寫作"巳"(見表一),卷三其他兩篇文章中的三個"民"字均寫作"民"。金剛寺本卷三的七個"民"字均作"民"。七寺本"巳"字,闕筆可能是爲了避"民"諱。

表一　七寺本江淹《遂古篇》避諱字

文句	(九)子爲民先兮	黑齒次裸民兮	又有民兮	與民羽兮
圖版		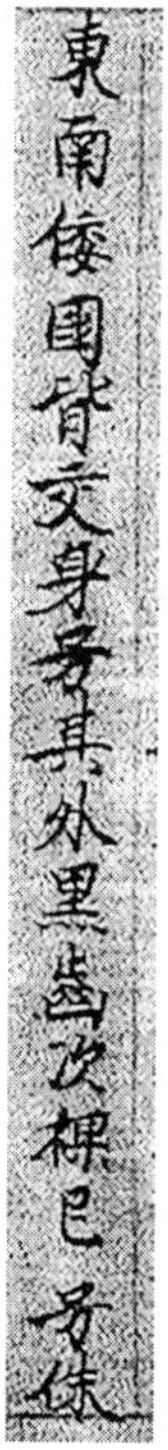		

唐代避諱之風興盛。武德九年(626)六月,李世民居春宫,總萬幾,下令:“今其官號人名,及公私文籍,有‘世’及‘民’兩字不連續者,並不須避。”①此條敕令,似乎並没有完全執行。顯慶五年(660)正月一日,高宗詔曰:“比見抄寫古典,至於朕名,或缺其點畫,或隨便改换。恐六籍雅言,會意多爽,九流通義,指事全違,誠非立書之本。自今以後,繕寫舊典文字,並宜使成,不須隨義改易。”②“缺其點畫”即闕筆以避諱,此舉始於唐代。“隨便改换”即易字避諱,此舉秦漢即有。易字避“世民”者,唐代“世改爲代,或爲系,從世之字改從云,或改從曳。民改爲人,或爲甿,從民字改從氏”③。七寺本《廣弘明集》卷三江淹《遂古篇》“巳”字,與高宗所言“缺其點畫”以避“治”字一樣,屬於闕筆避諱。由此而言,七寺本保留了唐代前期單行本的一些特點。

七寺本、金剛寺本中抬頭以顯尊崇、闕筆以避帝諱,説明兩種日藏古寫本可能與唐代東傳日本的寫本關係密切④。但是,抬頭、避諱並非七寺本、金剛寺本的普遍做法。由此推測,兩種古寫本可能以唐代寫本多次轉抄之後的抄本爲底本。反復轉抄,導致七寺本、金剛寺本文字失真現象比較嚴重,其中可能包括將一些避諱字改爲了正字。

二　日藏古寫本與《開寶藏》本

日本佛教徒轉相抄録唐人抄本的七寺本、金剛寺本《廣弘明集》,訛、奪、脱、衍等問題在某些卷次比較嚴重,有些文句甚至難以卒讀。好在大藏經本保存完備,參照之可以相對容易地判别這些文本問題。排除訛、奪、

①王溥《唐會要》卷二三《諱》,中華書局,1960年,頁452。又見吴兢撰,謝保成集校《貞觀政要集校》卷七《論禮樂第二十九》,中華書局,2009年,頁393。

②王溥《唐會要》卷二三《諱》,中華書局,1960年,頁452。

③陳垣《史諱舉例》,中華書局,2012年,頁204。

④河上麻由子研究了七寺本、興聖寺本、金剛寺本《廣弘明集》避唐代帝王名諱情況,並對具體避諱文字進行了列表統計。從其統計結果來看,寫本《廣弘明集》避李世民諱者數量最多,其中避“民”字更爲明顯,多用“氏”或“人”來避諱。見河上麻由子《『広弘明集』巻一七について》,《日本古寫經研究所研究紀要》第2號,2017年,頁43—44。

脱、衍等問題後，屬於唐代寫本系統的七寺本、金剛寺本，其版本價值有必要做進一步的探討。存世佛教文獻中，大藏經本系統完備、雕造精良、保存良好，其版本有更大的學術影響。《廣弘明集》"歸正篇"所録文獻，在唐初佛教著述中多有存録，後者可以作平行文獻來參校。下文將以《廣弘明集》前四卷爲樣本，通過寫本與《中華藏》所選擇的八種大藏經本對勘，來判定古寫本的版本價值①。

（一）《廣弘明集》卷一

此卷七寺本、金剛寺本均首尾完備，七寺本又有 a、b 兩種版本。《趙城金藏》本不存。七寺本、金剛寺本有十一處文字與《高麗藏》本相同，與六種大藏經本相異。今選擇三條討論。

> 10. 今且據其行事，决滯胥徒，喻達蒙泉，疏通性海。（卷一《廣弘明集序》）

金剛寺本"胥徒"，七寺 a 本、七寺 b 本、《高麗藏》本、《可洪音義》同，六种藏經本作"胥陵"。胥徒，本指爲民服徭役者。語本《周禮・天官・序官》："胥，十有二人。徒，百有二十人。"鄭玄注："此民給徭役者，若今衛士矣。胥，讀如諝，謂其有才知，爲什長。"②佛教文獻中，多指佛教信衆。《續高僧傳・釋法常傳》云："僉共美之，嘉嘆成俗，遂有胥徒歸湊，相續依承，四時講解，以爲恒任。"③《續高僧傳・釋惠明傳》云："若知惟心，妄境不結，返

①《中華藏》本以《趙城金藏》爲底本（《趙城金藏》本佚失或殘闕者以《高麗藏》本代替或補全），以《資福藏》《磧砂藏》《普寧藏》《永樂南藏》《徑山藏》《清藏》等版本參校，做了詳盡的校勘。下文將《中華藏》參校的此六種版本《廣弘明集》稱爲"六種大藏經本"。七寺本《廣弘明集》卷四不存，故所引例證均選擇金剛寺本。金剛寺本原文訛誤之文字用圓括號標注正字，原文脱落之文字用方括號補足。通假字、異體字、訛字，不在本文討論範圍之内。

②阮元校刻《十三經注疏・周禮注疏》卷一《天官冢宰第一》，中華書局，2009 年，頁 1376。

③道宣撰，郭紹林點校《續高僧傳》卷一五《唐京師普光寺釋法常傳六》，中華書局，2014 年，頁 519。

執前境,非心所行。如此胥徒,安可論道?"①《集古今佛道論衡》云:"今以天竺胥徒,聲華久隔,震旦張、葛,交論實繁,故商榷由來,銓衡叙列,筆削蕪濫,披圖藻鏡,揔會聚之,號曰《佛道論衡》。"②"决滯胥徒",即選擇取捨佛徒。"陵"者,形近而誤。

11. 又有魯邦孔氏,道禮樂於九州。(卷一《歸正篇序》)

金剛寺本"道禮樂",七寺 a 本、七寺 b 本、《高麗藏》本作"導禮樂",《資福藏》《磧砂藏》《普寧藏》《永樂南藏》《清藏》等本作"遵禮樂",《徑山藏》本作"尊"。"尊"同"遵"。"導""道"義同,引導、先導。此句下,《廣弘明集·歸正篇序》云:"楚國李公,開虚玄於五岳。"四句合起來,叙述中土儒道二教之興起,"導"對應"開",换成"遵""尊",似不妥。《法苑珠林》卷五五引此句,亦作"導禮樂"。

12. 將欲昇天隱形者無力可能,禁劾鬼神者呼策不應,各懷愧恧。(卷一《漢顯宗開佛化法本傳》)

金剛寺本"禁劾",七寺 a 本、七寺 b 本、《高麗藏》本同,六种藏經本作"禁效"。禁劾,監禁問罪。潘岳《馬汧督誄》:"雍州從事,忌敦勳效,極推小疵,非所以褒奬元功。宜解敦禁劾假授。"李善注曰:"言請解禁劾而假授之以官也。《説文》曰:'劾,法有罪也。'"③"禁""效"古典文獻極少作爲一個詞語連用。"效"又作"効",此處當爲"劾"之形訛。《集古今佛道論衡》卷甲《漢明帝感夢金人騰蘭入雒諸道士等請求角試事》亦作"禁效",亦訛。《續集古今佛道論衡》對應内容爲:"先時昇天者不復能昇,先時隱形者不復能隱,先時入火者不敢更入,先善禁呪者呼策不應。先有種種功能者,施用無一可驗。"④"先善禁呪者呼策不應",即《廣弘明集》"禁劾鬼神者呼策不

①道宣撰,郭紹林點校《續高僧傳》卷二一《唐江漢沙門釋惠明傳二十》,頁 812。
②道宣撰,劉林魁校注《集古今佛道論衡校注》卷甲,中華書局,2018 年,頁 8。
③蕭統編,李善注《文選》卷五七《誄下》,上海古籍出版社,1986 年,頁 2457。
④釋智昇《續集古今佛道論衡》卷甲,《大正新修大藏經》第 52 册,頁 400 下。

應”,“禁劾”即“禁咒”之意,其中並無“效”之意。

(二)《廣弘明集》卷二

此卷七寺本、金剛寺本均首尾完備。兩種寫本有三十四處文字與《趙城金藏》本、《高麗藏》本相同,與六種大藏經本相異。下文擇其八條討論。

13. 云奉持之者則生天人勝處,虧犯之者則墜鬼畜諸苦。(卷二《魏書釋老志》)

金剛寺本“天人”,七寺本、《趙城金藏》本、《高麗藏》本同,六種大藏經本作“天”。佛教有六道之説,其中天、人、阿修羅爲三善道,地獄、惡鬼、畜生爲三惡道。這裏“生天人勝處”與“墜鬼畜諸苦”對應,“天人”“鬼畜”分别代表了三善道和三惡道。此句爲道宣節録自魏收《魏書·釋老志》①,魏收原作亦爲“生天人勝處”。是則,六種大藏經本脱“人”字。

14. 初,浩與寇謙同從,苦與浩争,浩不從。(卷二《魏書釋老志》)

金剛寺本“同從”,七寺本、《趙城金藏》本、《高麗藏》本同,《資福藏》《磧砂藏》《普寧藏》《永樂南藏》《清藏》等本作“同徒”,《徑山藏》本作“之本徒”。此句爲道宣節録《魏書·釋老志》,原文爲“始謙之與浩同從車駕,苦與浩諍,浩不肯”。故而,“徒”爲“從”之形訛。

15. 帝頗悔之,然業已行,難中修復。(卷二《魏書釋老志》)

金剛寺本“業已行”,七寺本、《趙城金藏》本、《高麗藏》本同,六種大藏經本作“事已行”。從文意來看,“事”“業”均可。《魏書·釋老志》原文爲“浩既誅死,帝頗悔之。業已行,難中修復”。道宣之節録,亦當作“業”,此爲梵語羯磨之意譯。

①爲論證方便,本文將魏收《魏書》卷一一四《釋老志》稱作“《魏書·釋老志》”,將《廣弘明集》卷二道宣節録此卷之作稱爲“《魏書釋老志》”。

16. 今城(域)内安逸,百姓富昌,宜定制度,爲萬世之法。(卷二《魏書釋老志》)

金剛寺本"宜定制度",七寺本、《趙城金藏》本、《高麗藏》本同,六種大藏經本作"宜從制度"。此句如果作"從"的話,整句是説"應該服從制度並成爲萬世遵從的律法"。既然此前已經有"制度",爲什麽當前所做還要成爲"萬世之法"?這句出自《高僧傳·釋玄高傳》所録拓跋燾下群臣書,其中作"宜定"。《集古今佛道論衡》節録之,亦作"宜定"。故,古寫本爲是。

17. 如此物論,事跡難明。(卷二《魏書釋老志》)

金剛寺本"物論",七寺本、《趙城金藏》本、《高麗藏》本同,六種大藏經本作"勿論"。這兩句是崔浩譖太子之語。道宣之轉録,出自《高僧傳·釋玄高傳》。《高僧傳》作"如此物論,事跡稍形,若不誅除,必爲巨害"。《集古今佛道論衡》卷甲《元魏君臨釋李雙信致有廢興故述其由事》、《法苑珠林》卷八四《感應緣·宋沙門釋玄高》亦作"物論"。"物論",即"輿論",衆人的議論。"物論"爲通,"勿"者形近而誤。

18. 今常住寺,猶有遺蹤,欽悦修跡,情深遐邇,可於舊堂所,爲建三級佛圖。(卷二《魏書釋老志》)

金剛寺本"猶有",七寺本、《趙城金藏》本、《高麗藏》本同,六種大藏經本作"獨有"。"獨有",於語意不通。《魏書》原文作"猶有遺地"。據此而言,"獨"爲"猶"之形訛。

19. 永平中,爲世宗造石窟一,凡三所。(卷二《魏書釋老志》)

金剛寺本"石窟一,凡三所",七寺本、《趙城金藏》本、《高麗藏》本同,六種大藏經本作"石窟三所"。《魏書》原文作:"永平中,中尹劉騰奏爲世宗復造石窟一,凡爲三所。"據此可知,"復造"石窟一所,連同以前所造"凡爲三所"。是則,三所石窟並非全都雕造於永平年間。故而,"爲世宗造石窟一,凡三所”可能是道宣節略時删掉了“復”字，造成了表達漏洞。六種大藏經本直接改成“爲世宗造石窟三所”，雖從字面上做了疏通，但却背離了《魏書》本意。

20. 餘熸不滅，今猶服之。（卷二《魏書釋老志》）

金剛寺本“餘熸”，七寺本、《趙城金藏》本、《高麗藏》本、慧琳《一切經音義》（下文簡稱“慧琳音義”）、可洪《新集藏經音義隨函録》（下文簡稱“可洪音義”）同，六種大藏經本作“餘潛”。《慧琳音義》云：“餘熸。子廉反。杜注《左傳》：吴楚之間，謂火滅爲熸也。《説文》：從火朁聲朁音，接念反。”①“潛”，爲“熸”之形訛。

（三）《廣弘明集》卷三

此卷七寺本、金剛寺本俱首尾完備。兩種寫本有二十四處文字與《趙城金藏》本、《高麗藏》本同，與六種大藏經本大多有異。今擇其七條以討論。

21. 遥大之物，寧可度量？（卷三顔之推《家訓歸心篇》）

金剛寺本“遥大”，七寺本、《趙城金藏》本、《高麗藏》本同，六種大藏經本作“遥天”。“遥大”，即遥遠而廣大，此爲從距離和體積上對物體的描述。“遥天”，於義不通。此篇節録自《顔氏家訓・歸心》②，其中作“遥大”。故“遥大”爲是。“天”乃“大”之形訛。《法苑珠林》卷四《日月篇・星宿部》引此語作“遥天”，是則其字形訛時間較早。

22. 計極所周，管維所屬，若所親見，不容不同。（卷三顔之推《家訓歸心篇》）

---

①釋慧琳《一切經音義》卷九七，《大正新修大藏經》第54册，頁910上。

②爲論證方便，本文將顔之推《顔氏家訓》卷五《歸心》稱作“《顔氏家訓・歸心》”，《廣弘明集》卷三節録此文稱作“家訓歸心篇”。

金剛寺本“計極”，七寺本、《趙城金藏》本、《高麗藏》本同，六種大藏經本作“斗極”。金剛寺本之“管維”，《趙城金藏》本、七寺本、《慧琳音義》作“筦維”，六種大藏經本作“苑維”。此句以上爲：“儒家説天，自有數義。或渾或蓋，乍穹乍安。”此句實則出自《楚辭・天問》：“筦維焉繫？天極焉加。”“筦”，又作“斡”。顔師古《匡繆正俗》：“斡、管二音不殊，近代流俗，音斡烏活切，非也。”①故“苑”形近而誤。“斗極”，斗指北斗，《史記・天官書》：“北斗七星，所謂‘旋、璣、玉衡以齊七政’……斗爲帝車，運于中央，臨制四鄉。分陰陽，建四時，均五行，移節度，定諸紀，皆繫於斗。”②七寺本、金剛寺本作“計”，《法苑珠林》卷四《日月篇・星宿部》亦作“計”，即“斗”之形誤。此可明，其所據抄本訛誤極早，或非日人轉抄所致。

23. 夫有子孫，自是天地間一蒼生耳，何預身事？而乃愛護，遺以基址。（卷三顔之推《家訓歸心篇》）

金剛寺本“何預身事”，七寺本、《趙城金藏》本、《高麗藏》本同，六種大藏經本作“何以身事”。何以，有兩種義項：爲什麽、憑什麽，此爲疑問句。何預，表反問語氣。“何以”與文意不通。《顔氏家訓・歸心》作“何預”。《辯正論》卷七《信毀交報篇》引《顔氏家訓》云：“夫有子孫者，自是天地間一蒼生耳，與身竟何親乎？而乃愛護爲其勤苦。”③“與身竟何親乎”即“何預身事”的翻譯。據此可知，“何以”訛誤。

24. 又於文德殿内別藏衆書，使學士劉孝標等重加搜進，乃次（分）數術之文，更爲一部，使奉朝請祖暅撰其名録。（卷三阮孝緒《七録序》）

金剛寺本“重加搜進”，七寺本、《趙城金藏》本、《高麗藏》本、《慧琳音

---

①王利器《顔氏家訓集解》卷五《歸心》，中華書局，1993年，頁380。
②司馬遷撰，裴駰集解，司馬貞索隱，張守節正義《史記》卷二七《天官書》，中華書局，1982年，頁1291。
③釋法琳《辯正論》卷七《信毀交報篇》，《大正新修大藏經》第52册，頁541上。

義》、《可洪音義》同，六種大藏經本作"重加校進"。劉孝標撰《文德殿目録》一説，始見於《隋書·經籍志》。章宗源《隋經籍志考證》云："《梁書·劉孝標傳》不載校定四部。《隋志序》曰：'梁初，秘閣經籍，任昉躬加部集，又於文德殿列藏衆書，大凡二萬三千一百六卷，而釋氏不與焉。'又曰：'《文德殿目録》，其術數之書更爲一部，使奉朝請祖暅撰其名。故梁有《五部目録》。'"①《梁書·到沆傳》："東宫建，以爲太子洗馬。時文德殿置學士省，召高才碩學者待詔其中，使校定墳史，詔沆通籍焉。"②《隋書·經籍志》有關《文德殿書目》的記述可能來自阮孝緒《七録序》。對照《梁書》記載，《七録序》可能説劉孝標是文德殿校書活動以及《文德殿書目》成書的組織者。"搜進""校進"，於文意均可通。

25. 其外又條《七略》及《漢藝文志》《中經簿》所闕之書，并方外之經。（卷三阮孝緒《七録序》）

金剛寺本"漢藝文志"，七寺本、《趙城金藏》本、《高麗藏》本同，六種大藏經本作"二漢藝文志"。"二漢"，即西漢、東漢。然班固《漢書》有《藝文志》，范曄《後漢書》無《藝文志》。范曄修纂《後漢書》盛行於世，諸家《後漢書》相繼散亡。故，"二"可能爲衍字③。

①章宗源撰，王頌蔚批校，黄壽成點校《隋經籍志考證》卷八《史部·簿録》，中華書局，2021年，頁290。

②姚思廉《梁書》卷四九《文學上·到沆》，中華書局，1973年，頁686。

③衆家後漢書中，袁山松撰《後漢書》或許有《藝文志》。章宗源《隋經籍志考證》："愚按：沈約《宋書禮志》引山松《漢百官志》，《水經注》引山松《郡國志》，《史通·書志篇》言山松有《天文志》，《通志·校讎略》言有《藝文志》。《弘簡録》載梁《七録》内有《後漢書藝文志》若干卷，不著名山松，證以《通志》，當即袁氏之志。"（中華書局，2021年，頁14）古籍中，言"二漢《藝文志》"者並不常見，似僅六種大藏經本阮孝緒《七録序》。又，從《七録序》所引文獻時間順序來看，《七略》《漢藝文志》《中經簿》分别成書於兩漢之際、東漢、魏晋，如果"二漢《藝文志》"理解爲班固《漢書》、袁山松《後漢書》，袁山松較荀勖晚一百餘年，叙事時間順序似有錯亂。且，後世言兩《漢書》者，亦很少將班固和袁山松相提並論。故而，《七録序》所言之"二漢藝文志"者，"二"可能是衍文，"漢藝文志"可能指《漢書·藝文志》。

26. 王既先道而後佛，今則先佛而後道。蓋所宗有不同，亦由其教有淺深也。(卷三阮孝緒《七録序》)

金剛寺本"王既先道而後佛"，七寺本、《趙城金藏》本、《高麗藏》本同，六種大藏經本作"王則先道而後佛"。上句是評論王儉《七志》關於佛教與道教文獻的排列次序。佛道優劣、先後之争，南北朝時期非常激烈，由此影響了目録學著作中釋道經録排列的先後順序。王儉爲南朝齊代人，阮孝緒爲南朝梁代人，兩人對此態度完全對立。"既"如果作"則"，與下句"今則先佛而後道"，語氣關聯不密切。故"既"較妥。

27. 孝緒博極群書，無一不善，精力强記，學者所宗。(卷三阮孝緒《七録序》)

金剛寺本"博極群書"，七寺本、《趙城金藏》本、《高麗藏》本同，六種大藏經本作"甚博極群書"。"博極群書"之"極"已有"甚"之意，再加上"甚"，就成了病句。故"甚"爲衍字。

(四)《廣弘明集》卷四

此卷七寺本、《趙城金藏》本不存，金剛寺本首尾完備。古抄本有三十一處文字與《高麗藏》本相同，與六種大藏經本大多相異。下文擇其八條討論。

28. 士女擁鬧，貴賤移心，並以静徒爲勝也。(卷四北齊文宣帝《廢李老道法詔》)

金剛寺本"士女"，《高麗藏》本同，六種大藏經本作"士人"。"士人""士女"均可通。《集古今佛道論衡》卷甲、《續高僧傳·釋曇顯傳》、《法苑珠林》卷五五均作"士女"。從平行文獻來看，"士女"較妥。

29. (老僧)曰："爾來何爲？"(高洋)曰："取經函。"(卷四北齊文宣帝《廢李老道法詔》)

金剛寺本"何爲",《高麗藏》本同,六種大藏經本作"何如"。何如,意爲如何、怎麽樣,用在此處於文意不通。《集古今佛道論衡》卷甲、《集神州三寶感通録》卷下、《法苑珠林》卷三一亦作"何爲"。故,"何爲"是。

30.或有始除俗服,狀如德冠天人;纔掛僧名,意似聲高海域。傲然尊處,許爲極聖。(卷四釋彦悰《通極論》)

金剛寺本"許爲",《高麗藏》本同,六種大藏經本作"詳爲"。從文意推斷,"許爲極聖"之"許"爲自許之意。"詳"於意不通,或爲"許"之形訛。

31.先生貌若燕趙之士,髮如吴越之賓,容色似困陳蔡,衣製不關楚魯,徐行低視,細語嚬眉。瓦鉢恒持,異顔回之瓢器;錫音乍振,殊原憲之藜杖。此地未之覩,我嘗所不聞。(卷四釋彦悰《通極論》)

金剛寺本"異""殊",《高麗藏》本同。"異",六種大藏經本分别作"無異"。"殊",《資福藏》本同,《磧砂藏》《普寧藏》《永樂南藏》《徑山藏》《清藏》等版本作"何殊"。大藏經本與金剛寺本似語意完全相反。上引文句,是行樂公子質詢梵行先生之言。《通極論》"破世術諸儒不信因果,執於教跡,好生異端,此論所宗,佛理爲極"①。梵行先生,代指僧人。行樂公子,代指"世術諸儒"。行樂公子對佛教的質疑,都以中土世俗作爲參照物。"瓦鉢恒持"是説僧人手捧鉢盂,"錫音乍振"是説僧人手持錫杖。從文意推斷,"異""殊"與下文"此地未之覩,我嘗所不聞"吻合。

32.吾聞埳井之内,本無吞舟之鱗。榆枋之間,詎有垂雲之翼。(卷四釋彦悰《通極論》)

金剛寺本"榆枋",《高麗藏》本、《慧琳音義》同,六種大藏經本分别作"榆枌"。榆枋,榆樹與枋樹。榆枌,榆樹也。此句若用"榆枌",語意不通。榆枋兩句,典出《莊子·逍遥游》:"鵬之徙於南冥也,水擊三千里,摶扶摇而

①道宣撰,郭紹林點校《續高僧傳》卷二《釋彦琮傳》,中華書局,2014年,頁58。

上者九萬里……蜩與學鳩笑之曰：'我決起而飛，搶榆枋，時則不至而控於地而已矣，奚以之九萬里而南爲？'"①"埳井"兩句，即井底之蛙之意，典出《莊子·秋水》。故而，"榆枋"爲是。"枌"爲"枋"之形訛。

33. 吾師空閑樂處，不唯聚落，輕微矜納，豈獨珠瓔。是以栖形五山，游神三住。或受童土，或餐馬麥，贊净心之小施，譏雜[相之多捨]。（卷四釋彦悰《通極論》）

金剛寺本"矜納"，《高麗藏》本同，六種大藏經本作"務納"。此爲梵行先生之言，"吾師"當指釋迦牟尼。"吾師"之下數句，是基於中土佛徒視角對釋迦牟尼行跡的叙述。"輕微"，輕賤、細微之意。"輕微矜納"，表達佛教蔑棄世俗享受。如果用"務納"，整個意思就表達反了。故而，"務"爲"矜"之形訛。

34. 佛猶無恪於飢犬，寧有惜於人焉？（卷四釋彦悰《通極論》）

金剛寺本"人焉"，《高麗藏》本同，六種大藏經本分別作"餓鳥"。此處上句典出《賢愚經》卷一三《沙彌均提品第六十》，講舍利弗施捨餓狗食物。下句，如果是"餓鳥"，當指釋迦牟尼割肉貿鴿，見多部佛經。但此兩句之上爲："竊以粒重七斤，投水則煙火騰沸；飯餘一鉢，與人則群類充滿。"論議的重心是人，"寧有惜於餓鳥"一句似乎過於突兀。故，"餓鳥""人焉"均可通，但"人焉"似乎更妥當。

35. 竊見景行不虧，夭身世而嬰禍；狂勃無禮，竟天年而響（饗）福。遭隨若斯，因果何驗？（卷四釋彦悰《通極論》）

金剛寺本"遭隨"，《高麗藏》本同，六種大藏經本分別作"遭墮"。從句子結構來看，"遭隨"或"遭墮"指代報應與善惡不能對應的兩種情況。秦漢時期，中土對運命的討論非常熱烈。其時有三命之説。班固《白虎通義》有

①郭慶藩撰，王孝魚點校《莊子集釋》卷一上《逍遥游第一》，中華書局，2012年，頁4—9。

壽命、隨命、遭命三命説，云："隨命者，隨行爲命，若言怠棄三正，天用勦絶其命矣。又欲使民務仁立義，無滔天。滔天則司命舉過言，則用以弊之。遭命者，逢世殘賊，若上逢亂君，下必災變，暴至，夭絶人命，沙鹿崩于受邑是也。"①王充《論衡》有正命、隨命、遭命三命説，云："隨命者，戮力操行而吉福至，縱情施欲而凶禍到，故曰隨命。遭命者，行善得惡，非所冀望，逢遭於外而得凶禍，故曰遭命。"②從《通極論》所列舉的兩種情況來説，此處當用王充之説。故而，"墮"當爲"隨"之形訛。

從以上例證來看，日藏寫本與《趙城金藏》《高麗藏》本相同、與六種大藏經本大多相異的文字，共有三種情況：兩可、寫本正確、寫本訛誤。其中，寫本正確的情況更爲普遍。《趙城金藏》没有文獻、實物證明曾東傳日本，《高麗藏》東傳日本的時間要比七寺本、金剛寺本抄録時間晚，故而兩種日藏寫本不可能與《趙城金藏》本、《高麗藏》本産生直接關聯。但這兩種大藏經本都是《開寶藏》的覆刻本，所以兩種寫本只有可能與《開寶藏》本有某種關聯。但前文已論證《開寶藏》並非兩種寫本的底本，因而其關聯只能更早。前文考察，兩種寫本可能是唐代寫本的轉抄本，而《開寶藏》也是參照唐五代寫本大藏經雕印的。《開寶藏》的雕印底本與兩種日藏古寫本的抄録底本可能比較接近，故而兩者之間文字相近程度更高。如果以上推測正確，那麽兩種日藏寫本《廣弘明集》，在校勘上有某些方面可能要優於覆刻《開寶藏》的《趙城金藏》本、《高麗藏》本。

三　日藏古寫本的校勘價值

古寫本在校勘上的這種優越性，只有可能體現在排除掉明顯的訛、奪、衍、倒之後相較於大藏經本的異文上，即與諸種大藏經完全相異的文字。這些異文是否具有獨特的校勘價值，尚需要通過校勘實踐來印證。《廣弘明集・歸正篇》，古寫本與諸種大藏經完全相異的文字，卷一有十條，卷二有八條，卷三有十條，卷四有八條，四卷總共三十六條。這些異文，可以分

①班固撰集，陳立疏證，吴則虞點校《白虎通疏證》卷八《壽命》，中華書局，1994 年，頁 392。

②王充著，黄暉撰《論衡校釋》卷二《命義篇》，中華書局，1990 年，頁 49—50。

爲兩類。第一類，古寫本正確，藏經本訛誤。此類共三條。

36. 後謙之算七曜，惘然不了，興曰："何爲不悦？"（卷二《魏書釋老志》）

金剛寺本"何爲不悦"，七寺本作"何爲不懌"，《趙城金藏》本、《高麗藏》本、六種大藏經本均作"何爲不釋"。"釋"，文意不通。《魏書·釋老志》作"懌"，"悦""懌"義同可通，"釋"爲"懌"之形訛。

37. 或乃釋（精）誠不深，業緣未感，時儻差闌，終難獲報耳。（卷三顔之推《家訓歸心篇》）

金剛寺本"時儻差闌"，七寺本同，《趙城金藏》本、《高麗藏》本作"時儻差簡"，六種大藏經作"時儻差間"。此段話出自顔之推《顔氏家訓·歸心》，其中作"時儻差闌"。王利器《顔氏家訓集解》云："《廣弘明集》三'闌'作'閒'，誤，蓋'闌'以形近作'闲'，又由'闲'轉寫爲'閒'也。盧文弨曰：'儻，本亦作黨，古同儻。差，初牙切。闌猶晚也，謂報應或有差亘而遲晚也。'"①"閒"爲"間"之異體字。王利器所見《廣弘明集》爲六種大藏經本之一。參照上文校勘，可推知訛誤的過程爲：闌—簡—閒。古寫本不誤也。

38. 若能誠孝在心，仁惠爲本，須達、流水，不必剔落鬚髮。（卷三顔之推《家訓歸心篇》）

金剛寺本"鬚髮"，七寺本同，《趙城金藏》本、《高麗藏》本、六種大藏經作"髦髮"。此段出自顔之推《顔氏家訓·歸心》，其中作"鬚髮"。"髦髮"比"鬚髮"的外延寬，佛經中多用"剔除鬚髮"，很少用"剔除髦髮"者。王利器《顔氏家訓集解》："《廣弘明集》三'剃'作'剔'，'鬚'作'髦'。徐鯤曰：'《魏書·釋老志》：諸服其道者，則剃落鬚髮，釋累辭家，結師資，遵律度，相與和居，治心修凈，行乞以自給，謂之沙門，或曰桑門，亦聲相近，總謂之僧，皆胡

①顔之推撰，王利器撰《顔氏家訓集解》卷五《歸心》，中華書局，1993年，頁386。

言也。'器案:《四十二章經》:'除鬚髮而爲沙門。'《妙法蓮華經·序品第一》:'剃除鬚髮,而被法服。'"①"髦"當爲"鬚"之形訛。

第二類,古寫本、藏經本兩可。又可分爲三種情形。其一,古寫本有、藏經本無,兩者俱可。共十一條,今選其四條討論。

39. 遣尚書令宋庠引入長樂,以今月十五日可集白馬寺南門。(卷一《漢顯宗開佛化法本傳》)

金剛寺本之"白馬寺南門",七寺 a 本、七寺 b 本同,《高麗藏》本、六種大藏經本作"白馬寺",《集古今佛道論衡》卷甲、《法苑珠林》卷五五亦作"白馬寺"。然此篇下文有"帝御行殿在寺南門,佛舍利經像置於道西"。"寺南門"即"白馬寺南門"。故而,古寫本文意可通。

40. 衍曰:"太素有貴德之名,無言教之稱。今子説有言教,即爲妄也。"信默然無對。(卷一《漢顯宗開佛化法本傳》)

金剛寺本"信默然無對",七寺 a 本、七寺 b 本同,《高麗藏》本、六種大藏經本作"信默然"。"信",指道士褚善信。同時期文獻中,《破邪論》卷上作"褚信不答",《集古今佛道論衡》卷甲作"信便默然",《法苑珠林》卷五五作"信聞默然不對",《續集古今佛道論衡》有"信默然不答"。故而,古寫本、大藏經本均可。

41. 云奉持之者則生天人勝處,虧犯之者則墜鬼畜諸苦。(卷二魏收《魏書釋老志》)

金剛寺本"奉持之者",七寺本同,《趙城金藏》本、《高麗藏》本、六種大藏經本無"者"字。金剛寺本"虧犯之者",七寺本同,《趙城金藏》本、《高麗藏》本、六種大藏經本無"之者"二字。這段話爲道宣節録之《魏書·釋老志》,其中分别云"奉持之者""虧犯之者"。古寫本同《魏書·釋老志》。大

①顔之推撰,王利器撰《顔氏家訓集解》卷五《歸心》,中華書局,1993 年,頁 392。

藏經本亦可通。

42. 于時,帝與道俗二萬餘人,於重雲殿重閣上手書此文,發菩提心。(卷四梁武帝《捨事李老道法詔》)

金剛寺本"道俗兩萬餘人",《高麗藏》本、六種大藏經本作"道俗兩萬人"。同時期文獻中,《集古今佛道論衡》卷甲作"道俗二萬人",《法苑珠林》卷五五作"道俗二萬餘人",《辯正論》卷八作"黑白二萬人"。由此來看,古寫本與大藏經本均可通。

其二,古寫本無、藏經本有,兩者俱可。共六條,今選其兩條討論。

43. 明非堯、舜、周、孔之所及也。(卷三顔之推《家訓歸心篇》)

金剛寺本"周孔",七寺本同,《趙城金藏》本、《高麗藏》本、《普寧藏》本、《資福藏》本、《徑山藏》本、《清藏》本、《辯正論》卷六作"周孔老莊",《磧砂藏》本、《永樂南藏》本作"周孔者莊","者"當爲"老"之誤。此句出自《顔氏家訓・歸心》,其中作"周孔"。王利器云:"《廣弘明集》三、又十三,此句作'明非堯、舜、周、孔、老、莊之所及也',《辨僞録》作'非堯、舜、周、孔、老、莊所能及也'。案:下文言'歸周、孔',即承此爲説,似原本無'老、莊'二字,或由後代帝王崇道抑佛,釋氏弟子纂輯《辯正》《辨僞》二論,遂並老、莊而詆之耳。"①《廣弘明集》此篇爲道宣節録,古寫本、大藏經本或有改造,或直接録文。古寫本、藏經本均可。

44. 若然,則天子處内定小百官矣。(卷四北齊文宣皇帝《廢李老道法詔》)

金剛寺本"則天子處内定小百官矣",《高麗藏》本作"則天子處内定小,百官處外定大矣",六種大藏經本作"則天子處内定小,百官處外爲大矣"。同時代文獻中,《集古今佛道論衡》卷甲、《法苑珠林》卷五五與金剛寺本同,

①顔之推撰,王利器撰《顔氏家訓集解》卷五《歸心》,中華書局,1993 年,頁 370。

《續高僧傳・釋曇顯傳》作“則天子處内,定小庶人矣”。據此,金剛寺本與大藏經本均可通。

其三,藏經本、古寫本均有,文字有異,兩者俱可。共十五條,今選其五條討論。

45.然以時經三法,弊五滓之沉淪。識蒙邪正,銓人法之天網。(卷一《廣弘明集序》)

金剛寺本“三法”,七寺a本、七寺b本同,《高麗藏》本、六種大藏經本作“三代”。三代,即夏、商、周。三法,教法、行法、證法。《十地經論》卷三:“第二大願有三種法:一切諸佛所説法輪皆悉受持者,謂教法,修多羅等,書寫供養讀誦受持爲他演説故。攝受一切佛菩提者,所謂證法,證三種佛菩提法,攝受此證法教化轉授故。一切諸佛所教化法皆悉守護者,謂修行法,於修行時有諸障難攝護救濟故。”①下句云“弊五滓之沉淪”,五滓,即五濁、五渾,佛教認爲,住劫中人壽二萬劫以後,而有渾濁不净之法五種:劫濁、見濁、煩惱濁、衆生濁、命濁。“三代”“三法”於此均可通。

46.若以孔老二教遠方佛法,遠則遠矣。(卷一《吴主孫權論叙佛道三宗》)

金剛寺本“遠方”,七寺a本、七寺b本同,《高麗藏》本、六種大藏經本作“比方”。同時期文獻中,《集古今佛道論衡》卷甲、《法苑珠林》卷五五不同版本或作“遠方”,或作“比方”。據此,古寫本與大藏經本兩可。

47.凡其經旨,大抵言衆生之類,皆因行業而起。(卷二《魏書釋老志》)

金剛寺本“衆生”,七寺同,《趙城金藏》本、《高麗藏》本、六種大藏經本

①三藏菩提流支譯《十地經論》卷三,《大正新修大藏經》第26册,頁138下。

均作“生生”。生生，即衆生。《宋書·索虜傳》：“多殺生生……仁者之所不爲。”①《魏書·李彪傳》：“生生得所，事事惟新，巍巍乎猶造物之曲成也。”②此文爲道宣節録魏收《魏書·釋老志》，其中作“生生”。故而，有可能道宣節録時做了詞語替换，“衆生”“生生”兩可。

48. 源（原）夫四塵五瘖，剖析形有。（卷三顔之推《家訓歸心篇》）

金剛寺本“五瘖”，七寺本同，《趙城金藏》本、《高麗藏》本、六種大藏經本均作“五陰”。以上文獻爲道宣對顔之推《顔氏家訓·歸心》的節録，其中作“五瘖”。法琳《辯正論》卷六徵引《顔氏家訓》亦作“五瘖”。五陰，即五蘊，即色、受、想、行、識五法。五陰，亦可譯作“五瘖”。《可洪音義》卷二〇：“五瘖，於禁反。”③所對應文字爲失譯《三彌底部論》卷上“有人捨五陰生有處”④。故，古寫本、大藏經本兩可。

49. 魏將窮曆，洋築壇於南郊，筮遇大横，大吉，漢文之卦也。（卷四北齊文宣皇帝《廢李老道法詔》）

金剛寺本“魏將窮曆”，《高麗藏》本、六種大藏經本均作“魏曆將窮”。同時期文獻中，《集古今佛道論衡》卷甲、《法苑珠林》卷三一作“魏將曆窮”。“魏將曆窮”“魏曆將窮”，文意相同。據此，古寫本、大藏經本兩可。

綜合以上考察，剔除訛、奪、衍、倒等問題之後的古寫本《廣弘明集》，其校勘價值主要體現在三個方面：證明《趙城金藏》本、《高麗藏》本異於其他藏經本文字之不誤，補充大藏經本之外、唐代寫本可能的異文，訂正刊本大藏經本之訛誤。爲了精煉校勘記，應該更把兩種日藏古寫本的校勘問題作爲一個整體，關注他們與刊本存在的共同的文字差異。此外，還應關注古

①沈約《宋書》卷九五《索虜傳》，中華書局，1974年，頁2336。

②魏收《魏書》卷六二《李彪傳》，中華書局，1974年，頁1382。

③釋可洪《新集藏經音義隨函録》卷二〇，《高麗藏》第63册，線裝書局，2005年，頁298中。

④失譯《三彌底部論》卷上，《大正新修大藏經》第32册，頁462中。

寫經本身傳抄過程的複雜性。金剛寺本和七寺本都屬於院政時代和鎌倉初期的寫經，是奝然（938—1016）入宋帶回《開寶藏》之後所抄。它們所用底本並非刊本，而是古老的天平寫經或其傳抄本，這對間接了解唐寫本具有參考作用，因此其資料價值也是不可忽視的。但它們與《開寶藏》系統也可能並非完全没有關聯。深入研究古寫經的底本與校本以及寫本本身與刊本的關係，是目前古寫經研究面臨的一個至關重要的問題。

（作者單位：寶鷄文理學院文學與新聞傳播學院、
日本國際佛教學大學院大學）

日本内閣文庫藏明刊公文紙印本《程齋醫抄撮要》考論*

尹敏志

部分宋元明刊本用廢棄公文紙的背面刷印而成,因此被稱爲公文紙印本,又名官庫本、公牘紙本等①。黄丕烈、葉德輝等藏書家已注意到公文紙印本紙背文書,但僅將其作爲判斷古籍刷印年代、地點的證據②。至 20 世紀,日本學者杉村勇造、岩井大慧率先將公文紙印本紙背文書作爲原始史料處理③,竺沙雅章最早系統闡述漢籍公文紙印本的形成、數量與價值④。據他估算,中國與日本現存漢籍公文紙印本紙背文書不下兩萬件,大部分

---

* 本文爲國家社科基金重大項目“日韓所藏中國古逸文獻整理與研究”(20&ZD273)的階段性成果。

①瞿冕良《略論古籍善本的公文紙印、抄本》,《山東圖書館季刊》1992 年第 2 期,頁 50。

②黄丕烈《蕘圃藏書題識》卷三《幽蘭居士東京夢華録》,余鳴鴻、占旭東點校《黄丕烈藏書題跋集》,上海古籍出版社,2015 年,頁 139—140;葉德輝《書林清話》卷八《宋元明印書用公牘紙背及各項舊紙》,遼寧教育出版社,1998 年,頁 185—187;潘景鄭《著硯樓讀書記》,遼寧教育出版社,2002 年,頁 203。

③杉村勇造《元公牘零拾》,《記念論文集:服部先生古稀祝賀》,富山房,1936 年,頁 571—583;岩井大慧《宋代經濟文書斷簡零葉》,《加藤博士還曆記念東洋史集説》,富山房,1941 年,頁 133—166。

④竺沙雅章《漢籍紙背文書の研究》,《京都大學文學部研究紀要》第 14 號,1973 年,頁 1—54。

爲户口錢糧册，浙江地區最多，福建、江西等地次之①。

最近半世紀，日本藏公文紙印本紙背文書研究陷於沉寂。1982 年，福井保發現内閣文庫藏《程齋醫抄撮要》紙背保存明代户口地籍類文書，包括“福州府閩縣”“光德里”“嘉靖拾捌”等文字，惜乎未加深究②。2021 年筆者赴内閣文庫展開調查，抄出《程齋醫抄撮要》所有紙背文書。本文先考辨該書成書始末、在日本的接受史，接著爲文書斷代，據此討論明代的户籍與鄉里制度。

一　内閣文庫藏《程齋醫抄撮要》成書及遞藏

盛端明（1476—1550）《程齋醫抄撮要》五卷，明嘉靖刊本。版式半葉 10 行，行 18 字，白口，雙魚尾，上下單邊，左右雙邊，板框半葉高 18 釐米、寬 13.5 釐米。卷首嘉靖十二年（1533）盛氏《程齋醫抄撮要序》如下：

> 予纂《醫抄》一百四十卷，首以《内經素問》《脉經》諸書爲經，集歷代名醫所論著，分門爲治法諸方。餘三十年間宦轍南北，所至攜以自隨，每遇有奇方秘法，輒編入于各門，第簡帙繁多，不能抄寫。偶鄉友滕子安氏一見，喜而欲壽諸梓以傳，亦患力有弗及，遣其子太學生克誠來請，欲予撮其要者録之。予於醫書所自得者，皆非方法所傳，欲撮其要尤難也，乃以近驗者付之。亦曰《撮要》云者，因其請耳，非謂《醫抄》中所集者，其要止此也。欲知醫者，必得《醫抄》全書而詳習之，厥術始妙，此特其千百中之一二云耳。但窮鄉僻壤中得此，亦可以療疾也。滕氏刻書之功，豈可泯哉。故序之以貽得此書者，俾知所自云。時嘉靖癸巳夏四月朔，玉華山人盛端明書。

由此可知，盛氏著有《程齋醫抄》一百四十卷，是遊宦三十多年間搜集歷代醫方的合集。同鄉滕子安、滕克誠父子欲將其付梓，因全書卷帙浩繁，請求

①竺沙雅章《中國古文書學の現階段》，《書の日本史　第九卷》，平凡社，1976 年，頁 133—136。

②福井保《明版の紙背文書》，《書誌學月報》第 12 號，1982 年，後收入氏著《内閣文庫本考証》，青裳堂書店，2016 年，頁 73。

盛氏摘抄其要,先行刊刻。盛氏遂挑選藥效已得到驗證的藥方,編爲五卷,以《程齋醫抄撮要》爲名付諸梨棗。

盛端明,字希道,號程齋,廣東潮陽縣人,弘治十五年(1502)進士①,歷任翰林院檢討、浙江按察司僉事、南京尚寶司卿、南京通政使司右通政、都察院右副都御史②。嘉靖二十四年(1545),明世宗"聞都御史盛端明通曉藥石,親發玉音,詢其姓名"③。翌年盛氏升禮部尚書,3 年後致仕④,嘉靖二十九年(1550)卒,謚榮簡,《明世宗實録》云:"端明起家進士,敭歷中外,頗有才名。晚歲乃以方術致崇顯,爲士論所鄙。然内不自安,能汲汲引退,猶爲知耻云。"⑤沈德符(1578—1642)云:"世宗朝,朱隆禧與顧可學、盛端明等,俱以甲科廢罷,左道干上寵,俱致位貴顯,縉紳羞稱之。然其人亦自有間。顧最爲可恥,在京居間干謁,揚揚得意。盛則閉門煉藥,不干外事。"⑥可知盛端明雖以藥石之學騰達,時人目爲佞倖之流,但其人實不汲汲於仕進,終身精研醫學。

嘉靖以後《程齋醫抄撮要》未重刻,流傳有限,作者的故鄉潮汕地區亦未見傳本⑦。《海外回歸中醫善本古籍叢書》整理者稱,《程齋醫抄撮要》中國已佚,以内閣文庫藏吉田氏舊藏本的微縮膠卷爲底本整理⑧。遍檢明清書目,僅見以下幾處著録:(1)《萬卷堂書目》:"《程齋醫抄撮要》五卷,盛端

①雷禮《國朝列卿紀》卷八三《南京通政使司通政使或通政一員掌事年表》,《續修四庫全書》第 523 册,上海古籍出版社,2002 年,頁 496。

②《明武宗實録》卷七九、一七七,正德六年九月癸亥、十四年八月己卯,臺北"中研院"歷史語言研究所,1962 年,頁 1728、3457;《明世宗實録》卷五七、一一〇、一四七,嘉靖四年十一月壬申、九年二月甲申、十二年二月己卯,頁 1381、2610、3396。

③《明世宗實録》卷二九九,嘉靖二十四年五月乙丑,頁 5688。

④《明世宗實録》卷三一四、三四四,嘉靖二十五年八月癸巳、二十八年正月乙未,頁 5874—5875、6234。

⑤《明世宗實録》卷三六三,嘉靖二十九年七月丙午,頁 6468。

⑥沈德符《萬曆野獲編》卷二〇《佞倖建言可採》,中華書局,1959 年,頁 510。

⑦張長民《潮汕醫著叢考》,《韓山師專學報(社會科學版)》1990 年第 1 期,頁 111。

⑧盛端明撰,肖永芝點校《程齋醫抄撮要》,鄭金生主編《海外回歸中醫善本古籍叢書》第 6 册,人民衛生出版社,2003 年,頁 111。

明。"①(2)《天一閣書目》:"《程齋醫抄撮要》五卷,刊本。○明盛端明編纂并序。"②(3)《千頃堂書目》:"盛端明《程齋醫抄撮要》五卷。"③(4)萬斯同《明史》:"盛端明《程齋醫抄撮要》五卷。"④由此推測,清前期該書可能還有少量流傳,後逐漸散佚。

與本土的落寞相比,盛端明著述在日本頗受重視。江户時代漢方醫家丹波元胤(多紀元胤,1789—1827)《醫籍考》著録《程齋醫抄》一百四十卷、《程齋醫抄撮要》五卷,抄録盛端明自序以及徐春甫跋⑤。又據澀江全善(1805—1858)、森立之(1807—1885)等撰《經籍訪古志補遺》,19世紀日本尚存盛端明手澤本《新刊演山省翁活幼口議》,末有"嘉靖二十二年夏六月二十五日謄完集録,嘉靖癸卯夏四月朔華山人盛端明書"之跋⑥。

目前海内外公藏嘉靖刊本《程齋醫抄撮要》僅2部,均收儲於日本内閣文庫:

第一部,紅葉山文庫舊藏本(藏書號:子29—19)。2册,每半葉高26.8釐米,寬16釐米,白棉紙印本,若干葉紙背存賦役黄册文書殘件。無藏書印,館方登記爲紅葉山文庫舊藏本。紅葉山文庫又稱楓山文庫,慶長七年(1602)由德川家康(1543—1616)創立於江户城内的富士見,是專屬於將軍家的私人圖書館,金澤文庫舊藏等收儲於此。寬永十年(1633),紅葉山文庫設書物奉行之職進行管理,後藏書不斷增加,積累至十萬多册,包括漢籍七萬餘册。明治維新後,紅葉山文庫藏書移管於太政官,後大部分轉歸内

①朱睦㮮《萬卷堂書目》卷三《醫家》,《續修四庫全書》第919册,頁575。

②范邦甸等撰,江曦、李婧點校《天一閣書目》卷三之一《子部一・醫家類》,《天一閣書目　天一閣碑目》,上海古籍出版社,2010年,頁242。

③黄虞稷撰,瞿鳳起、潘景鄭整理《千頃堂書目》卷一四《子部・醫家類》,上海古籍出版社,1990年,頁376。

④萬斯同《明史》卷一三五《藝文志三・醫家類》,《續修四庫全書》第326册,頁428。

⑤丹波元胤著,郭秀梅、岡田研吉譯《醫籍考》卷五七《方論》,學苑出版社,2007年,頁438。丹波元胤《醫籍考》是參考朱彝尊《經義考》的體例,網羅中國歷代醫書而成。參見森潤三郎《多紀氏の事跡:及び醫學館とその事業》,《考證學論考》,青裳堂書店,1979年,頁40。

⑥澀江全善、森立之等撰,杜澤遜、班龍門點校《經籍訪古志補遺・醫部》,上海古籍出版社,2014年,頁352。

閣文庫①。

第二部,吉田氏舊藏本(藏書號:303—231)。2册,每半葉高24釐米,寬14.5釐米,竹紙印本。鈐"大學東校典籍局之印""吉氏家藏""多紀氏藏書印""醫學圖書""躋壽殿書籍記""日本政府圖書"等印,無紙背文書。"吉氏家藏"是醫師吉田意安(1558—1610)的藏書印。由其卒年反推,該書在萬曆三十八年(1610)前刷印,並已舶載至日本。多紀家是德川幕府御用的醫學世家,寬延二年(1749)多紀元孝(1695—1766)出任幕府奥醫師,明和二年(1765)元孝在江户創立躋壽殿,寬政三年(1791)改稱醫學館,此後多紀家代代世襲館長一職。明治二年(1869)醫學館改名大學東校,是爲東京大學醫學部的前身②。此書先由吉田家、多紀家遞藏,後從大學東校移至内閣文庫,殆無疑義。

對比兩部印本字跡磨滅、斷裂等處,可判斷紅葉山文庫舊藏本爲先印本,以賦役黄册用紙刷印,紙張至今堅韌潔白;吉田氏舊藏本爲後印本,用普通竹紙刷印,紙張已發黄發脆,頗多蟲蛀。由此推測,明代人用廢棄公文紙刷印《程齋醫抄撮要》,主要不是因爲紙張匱乏,也不是"節約用紙""勤儉辦一切"的經濟考慮③,更可能是公文紙質量上乘,保存時間久,即使單面用過,品質仍勝過普通竹紙。大庭脩指出,江户時代(1603—1868)通過中日貿易舶來的中國書籍運抵長崎後,先由書物改役對其進行内容審查,最精者歸諸德川幕府,其次才是各大名私人文庫④。《程齋醫抄撮要》雖可能在安土桃山時代(1573—1603)已流傳至日本,但由德川家康的地位推測,公文紙印本當屬時人眼中的上好印本。

二　紅葉山文庫舊藏《程齋醫抄撮要》紙背文書輯録

紅葉山文庫舊藏《程齋醫抄撮要》共存紙背文書14件,本節將嚴格遵照原文書格式録文,按各葉先後順序編號。因公文紙遭到剪裁,文書内容

①福井保《内閣文庫本考証》,青裳堂書店,2016年,頁356—359。

②國立國會圖書館編《國立國會圖書館藏書印譜》,青裳堂書店,1995年,頁70。

③瞿冕良《略論古籍善本的公文紙印、抄本》,頁49。

④大庭脩《江户時代における中國文化受容の研究》,同朋舍,1984年,頁85—99。

多殘缺不全,後缺部分用“▭”符號標識。個别文字僅存部分筆畫,可根據上下文填補,外加方框表示。兩行文字間距較寬,推測有缺行時,在“(　)”内加以説明。根據紙背文書的保存形態,録文方式略有不同:第一,整葉背面爲同一件文書且内容連續時,整件録文。第二,整葉 a、b 面紙背分屬兩件文書時,將 a、b 面紙背分别録文。第三,襯紙上有文書的,單獨録文。

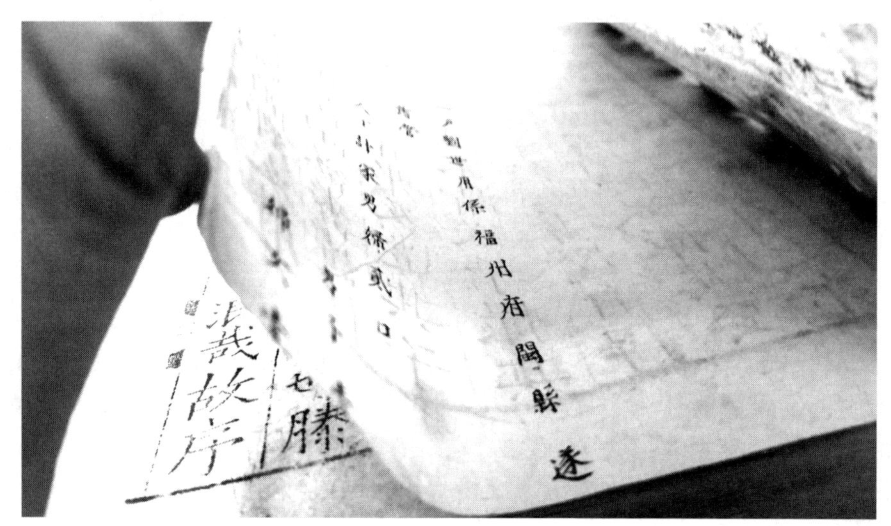

圖 1　文書一前半

(文書一:序葉一紙背)

1. 一户劉世用,係福州府閩縣遂▭

2. 　舊管:

3. 　　人丁:計家男婦貳口

4. 　　　　　　男子:壹[口]

5. 　　　　　　婦女:壹[口]

6. 　　事産:

7. 　　　官民田:叁畝陸分肆釐▭

(中缺 2 行)

8. 　　　　官田:光德里肆圖土▭

(中缺 2 行)

9. 民田：光德里肆圖土□

（文書二：序葉一a面襯紙）

1. 實在：

2. 人口：男子成丁壹口，本身年捌□

（文書三：序葉二紙背）

1. 一田嘉靖拾捌□

（中缺2行）

2. 實在：

3. 人口：男子成丁壹口，本身□

4. 事產：

5. 民田：貳拾肆畝壹分

（中缺2行）

6. 一田光德里□

（中缺2行）

7. 一田光德里□

（文書四：目録葉一紙背）

1. 一户何偉，係福州府閩縣遂勝□

2. 新收：

3. 人口：轉收肆口

4. 男子：成丁貳口

5. 婦女：貳口

6. 事產：

7. 官民田：壹頃玖拾柒畝□

8. 夏税□

9. 秋糧□

10. 官田：玖畝伍分

11. 秋糧□

12.　　　　廢寺田:叁畝壹分□

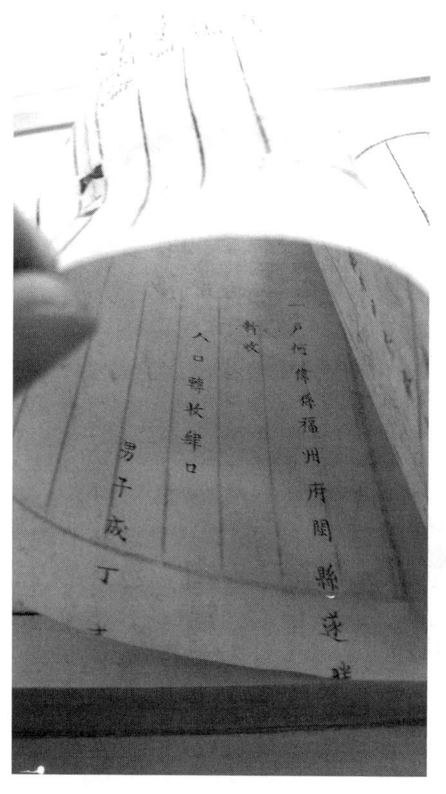

圖 2　文書四前半

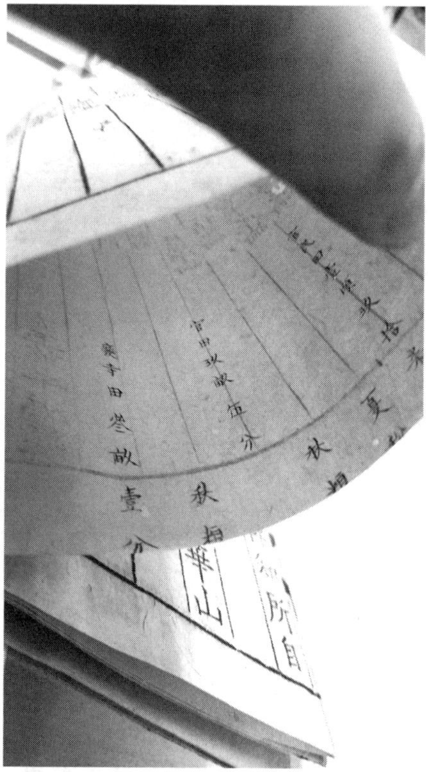

圖 3　文書四後半

(文書五:卷二葉二八紙背)

1. 一戶林瀾,係福州府閩縣遂勝□
2. 　舊管:
3. 　　人丁:計家男子壹口
4. 　　事産:
5. 　　　民田:叁拾陸畝

(中缺 2 行)

6. 　　　　　　一田光德里壹□

(中缺 2 行)

7. 一田高惠里壹□

（中缺2行）

8. 一田光德里壹□

（文書六：卷二葉二九紙背）

1. 民瓦房：壹間
2. 開除：
3. 事産：
4. 民田：貳拾捌畝柒分捌□

（中缺2行）

5. 一田光德里壹□

（中缺2行）

6. 一田光德里壹□

（中缺2行）

7. 一田光德里壹圖□

（中缺2行）

8. 新收：

（文書七：卷二葉二九襯紙）

1. 民田：肆拾玖畝壹□
2. 夏[税]□
3. 秋[糧]□
4. 一田仁豐[里]□

（中缺2行）

5. 夏税：□

（文書八：卷三葉一a面紙背）

1. 田：正米伍升肆□
2. 夏[税]□

3. 秋[糧]□

4. 一田歸善[里]□

（文書九：卷三葉一 b 面紙背）

1. 民田：貳拾肆畝壹分□

（中缺 2 行）

2. 一田嘉靖拾□

（文書十：卷三葉二 a 面紙背）

1. 民田：歸仁里壹圖□

2. 夏[税]□

3. 秋[糧]□

4. 一户林燁，係福州府閩縣遂□

5. 新收：

6. 人口：男子成丁壹口，本□

（文書十一：卷三葉二 b 面紙背）

1. 事産

2. 民田池：玖拾叁畝伍□

3. [夏]□

4. [秋]□

5. 田：嘉靖貳拾壹□

（文書十二：卷三葉三紙背）

1. 實在：

2. 人口：男子成丁壹口，本身□

3. 事産：

4. 民田：伍拾壹畝貳□

5. 夏[税]□

6. 秋糧□

7. 一田嘉靖拾□

（中缺 2 行）

8. 一田嘉靖□

（文書十三：卷五葉二〇a 面紙背）

1. 事産：

2. 官民田：叁畝陸分肆釐□

（中缺 2 行）

3. 官田：光德里肆圖土□

（文書十四：卷五葉二〇b 面紙背）

1. 一田嘉靖拾□

（中缺 2 行）

2. 實在：

3. 人口：男子成丁壹口，本身□

4. 事産

三　紙背文書考析

（一）紙背文書内容與斷代

文書一户主劉世用"係福州府閩縣遂（後缺）"，文書四户主何偉"係福州府閩縣遂勝（後缺）"，文書五户主林瀾"係福州府閩縣遂勝（後缺）"，文書十户主林爗"係福州府閩縣遂（後缺）"。據《大明一統志》，福建等處承宣布政使司領福州、泉州、興化、建寧、延平、汀州、邵武、漳州府，福州府下有閩縣、侯官縣、懷安縣、古田縣、閩清縣、長樂縣、連江縣、羅源縣、永福縣、福寧縣、福安縣、寧德縣、福清縣①。另据萬曆《福州府志》，福州府城北面爲福

①李賢等《大明一統志》卷七四《福建布政司》，三秦出版社，1990 年，頁 1145—1146。

建布政司、福州府治，東南面爲閩縣，西南面爲侯官縣，形成一布政司、一府、兩附郭縣同城的格局。閩縣下有晋安西鄉，位於福州府城東五里，其下有遂勝里①。以上 14 件紙背文書的紙張、筆跡、墨色相同，户主籍貫集中，初步判斷爲嘉靖某年福建省福州府閩縣遂勝里的賦役黄册殘件。

明代從洪武十四年(1381)開始，每隔十年大造賦役黄册一次，同時編排下一個十年的里甲：

> 是月，命天下郡縣編賦役黄册。其法以一百一十户爲里，一里之中，推丁糧多者十人爲之長，餘百户爲十甲，甲凡十人，歲役里長一人，甲首十人，管攝一里之事。城中曰坊，近城曰厢，鄉都曰里，凡十年一周。先後則各以丁糧多寡爲次，每里編爲一册，册之首總爲一圖。其里中鰥寡、孤獨、不任役者，則帶管于百一十户之外，而列于圖後，名曰畸零。册成，爲四本，一以進户部，其三則布政司、府、縣各留其一焉。②

萬曆《大明會典》有相同記載③。洪武年間首次攢造賦役黄册時，其所編里甲組織以 110 户爲 1 里，編爲 1 册，册首繪製 110 户里長及甲首的輪役順序，總爲 1 圖。换而言之，當"圖"在明代典籍中最早出現時，表示的是應役單位。

按規定，攢造賦役黄册時須造 4 本：正本 1 本，進呈户部；副本 3 本，布政司、府、縣各留其一。正本存於南京後湖的湖心島上，周邊法禁森嚴。弘治元年(1488)，山西道監察御史孫紘奏："聖祖設立收藏圖籍之所，凡天下造到黄册皆萃於此，故特設給事中、主事各一員，管理其事。湖中船隻，係内府司禮監及南京户部分掌匙鑰，一應外人不容往來。洪武年間法禁最爲嚴重，自國初至今百十餘年，人莫敢犯。"正德年間，陳季三、高景清因毁壞

---

①萬曆《福州府志》卷首府城圖、卷三《輿地三》，《原國立北平圖書館甲庫善本叢書》第 381 册，國家圖書館出版社，2013 年，頁 21、35。

②《明太祖實録》卷一三五，洪武十四年正月丙辰，頁 2143—2144。

③萬曆《大明會典》卷二〇《户部·户口二·黄册》，《續修四庫全書》第 789 册，頁 336。

後湖籍册,被梟首示衆①。由此來看,藏於南京后湖的賦役黄册正本被人攜出,用來刷印書籍的可能性非常之小。可能性更大的是,存於福建布政司、福州府或閩縣的賦役黄册副本在超過保存期限廢棄後,又被回收利用,與原本準備用來攢造賦役黄册的新紙一同刷印《程齋醫抄撮要》。

關於這批閩縣賦役黄册的攢造時間,文書三第1行可見"一田嘉靖拾捌(後缺)",文書九第2行可見"一田嘉靖拾(後缺)",文書十一第5行可見"田:嘉靖貳拾壹(後缺)",文書十二第7行可見"一田嘉靖拾(後缺)",文書十四第1行可見"一田嘉靖拾(後缺)"。上述年份,似是田産所有權發生變更的時間。嘉靖年間,攢造賦役黄册的年份依次是十一年(1532)、二十一年(1542)、三十一年(1552)與四十一年(1562),根據盛端明自序以及紙背文書所見年份,前兩個可以直接排除,這批賦役黄册的攢造上限是嘉靖三十一年。

再討論其攢造下限。萬曆以後,隨著里甲制度的崩壞,各地賦役黄册用紙質量普遍下降。萬曆十六年(1588),南京户科等衙門管理黄册給事中徐常吉題稱:"南、北直隸、湖廣等省布政司所屬州縣萬曆十等年分解到黄册紙張,俱係粉飾殼面,不用椒礬,以致生蟲蛀壞等因,該本部議行補造,經管里書問罪。以後凡遇大造黄册,不許仍用粉紙,册尾備書經管官員及里書姓名,如有蛀壞,經管官雖已遷轉,聽後湖管册科臣參究。"明神宗回復:"以後驗收各處黄册,但有紙張不堪的,即便駁回改造,經管官員查提問罪。欽此。"②可見萬曆十年(1582)及更早的年份,多地賦役黄册正本用劣質粉紙,則副本質量可想而知。前文既述,紅葉山文庫舊藏本用的是白棉紙,應該是萬曆以前的賦役黄册用紙。總之,這批賦役黄册攢造於嘉靖三十一年或四十一年的可能性最高。

(二)賦役黄册的登記格式

已發現的明代賦役黄册中,與此次在《程齋醫抄撮要》中所發現的年代

---

①趙官等《後湖志》卷五《事例二》、卷七《事例四》,《原國立北平圖書館甲庫善本叢書》第399册,第1013、1026頁。

②史繼辰《增修條例備考》户部卷二《攢造黄册不許仍用粉紙》,楊一凡、王若時編《明清珍稀食貨立法資料輯存》第5册,社會科學文獻出版社,2020年,頁435—436。原文"蛀"皆誤作"注",已徑改。

及地點最相近的,應屬上海圖書館藏《樂府詩集》紙背明正德年間福建興化府莆田縣的賦役黄册。爲討論方便,迻録其中一件(文書十五)如下:

1. 　　　　　　秋□
2. 　　　一本厢一則地壹□□
3. 　　　　　　夏□
4. 　　　　　　秋□
5. 　　　一谷清里一則地玖□
6. 　　　　　　夏□
7. 　　　　　　秋□
8. 　　　山東厢一則山壹拾畝□
9. 　　　　　　夏□
10. 　　　　　　秋□
11. 　　　　民房屋:瓦房三間
12. 一户林文華,係興化府莆田縣左厢第貳圖□
13. 　舊管:
14. 　　　人丁:計家男婦肆口。①

文書十五第12行可見"莆田縣左厢第貳圖",前引洪武十四年(1381)攢造賦役黄册令記載:"城中曰坊,近城曰厢,鄉都曰里。"文書一可見"官田:光德里肆圖土(下缺)",文書十可見"民田:歸仁里壹圖(下缺)",由此可見,經過一百多年的演變,明中期"圖"已經從洪武十四年的應役單位,演變爲"厢""坊""里"之下的地域單位。除此之外,莆田府、福州府賦役黄册的登記格式基本相同:先登記户頭,包括户主姓名、籍貫、差役等,籍貫詳記某府某縣某坊厢里某圖。再按舊管、新收、開除、實在"四柱會計法"登記人丁與

①孫繼民等《新發現古籍紙背明代黄册文獻復原與研究》,中國社會科學出版社,2021年,頁520—521。

事産，田産坐落同樣精確至某坊厢里某圖。

文書一至十四人丁部分先登記男子，後登記婦女，均以“口”計數，男子又分爲成丁、不成丁。王其榘提出，明代册籍上登録的口數“僅限於服役的男子”，《明史·太祖本紀》所記洪武二十四年(1391)5677萬口“丁”只是交納賦役的男子，加上婦女在内，明初全國實際人口在1億以上①。但王育民認爲，明代的户口統計包括女口在内②。葛劍雄也指出，《明史·太祖本紀》的“丁”在《明太祖實録》上用的却是“口”，如果將洪武二十四年5677萬的數字理解爲服役男子，那意味著在元末明初40年的戰亂中，人口年增長率超過7%，這是不可思議的③。新發現的紙背文書，可以佐證王育民、葛劍雄的觀點。文書一中，户主劉世用“人丁”計家男婦2口；文書五中，户主林瀾“人丁”計家男子1口；文書十五中，户主林文華“人丁”計家男婦4口。另一方面，文書四第3行“人口”指男子2口與婦女2口。由此來看，明代福建福州府、興化府賦役黄册中的男女總數既可稱爲“人丁”，又可稱爲“人口”，《明史·太祖本紀》的“丁”在《明太祖實録》中用“口”由來有自。

接下來考察事産項目。閩縣的賦役黄册先登記“官民田”或“民田”總數、税糧總數，再將分佈在不同區域的田産逐一進行登記，包括坐落、面積、夏税與秋糧。田産登記完畢後，再登記房屋類型與間數。森正夫指出，明代官田來源一是繼承的宋元官田，二是洪武年間收歸國有的土地，三是元末戰亂被遺棄的無主土地。官田被置於鄉村行政組織里甲之下，每畝税負遠高於民田④。文書四中，何偉的官民田共197畝，包括官田9畝，廢寺田3畝。《閩書》記載：“皇朝洪武初，籍天下田地、山林、池塘、海蕩之名數，分官、民二等……其係之官者，有職田，有學田，有廢寺，有没官田，有官租田……廢寺田者，寺額廢而田入官者也。”⑤梁方仲指出：“若朝廷賞賜各寺

---

①王其榘《明初全國人口考》，《歷史研究》1988年第1期。

②王育民《〈明初全國人口考〉質疑》，《歷史研究》1990年第3期。

③葛劍雄《明初全國户口總數並非“丁”數——與王其榘先生商榷》，《中國歷史地理論叢》1990年第4期。

④森正夫著，伍躍、張學鋒等譯《明代江南土地制度研究》，江蘇人民出版社，2014年，頁32—33、131—133。

⑤何喬遠《閩書》卷三九《賦役》，福建人民出版社，1994年，頁960—961。

觀之莊田,以及因'寺額廢而田入觀'之'廢寺田'等,則皆爲官田。"①何偉名下的官田、廢寺田並列登記,顯示其性質與科則存在區别:廣義上,廢寺田也屬於官田;狹義上,廢寺田可與官田並列,作爲一種獨立的田産類型。

綜上,明代攢造賦役黄册主要爲征發賦役,故其登記略於人丁而詳於事産,這既與元代户籍文書詳列人丁信息不同②,也與明初户帖詳於户口而略於事産迥異③。由於"圖"已從應役單位演變爲地域單位,正德至嘉靖年間,福建地區賦役黄册遵循固定格式,各户籍貫、田産坐落均精確至某坊廂里某圖。

四　閩縣賦役黄册所見明代鄉里制度

《唐六典》記載:"百户爲里,五里爲鄉……四家爲鄰,五家爲保。保有長,以相禁約。"④即唐制規定,鄉、里之下設置鄰、保。南宋時期,"里"逐漸從鄉以下的催税執行單位,演變爲新的地域單位⑤。元朝建立後,沿用金代的鄉里正—村社主首制,推行至南方時,爲適應南宋固有的鄉村控制體系,在都的範圍差充里正、主首,在村、保的層面設立社長,以催征賦税⑥。鑒於宋元時期,南北方鄉里制度已出現結構性差異,本節僅分析明代南方地區的情況。

紙背文書中,遂勝里的民户田産分散,分佈區域包括文書一、三、五、六、十三的光德里,文書五的高惠里,文書七的仁豐里,文書八的歸善里,文書十的歸仁里。明代福建最早的地方志是弘治四年(1491)序刊本《八閩通志》,據記載,閩縣在宋代分爲十二鄉、三十七里,元代減爲三十六里,"國朝

①梁方仲《〈明史・食貨志〉第一卷箋證(續三)》,《首都師範大學學報(社會科學版)》1981年第2期。

②王曉欣、鄭旭東、魏亦樂編著《元代湖州路户籍文書——元公文紙印本〈增修互注禮部韻略〉紙背公文資料》,中華書局,2021年。

③欒成顯《明代黄册研究》,中國社會科學出版社,1998年,頁24。

④李林甫等《唐六典》卷三《户部》,中華書局,1992年,頁73。

⑤包偉民《中國近古時期"里"制的演變》,《中國社會科學》2015年第1期。

⑥魯西奇《中國古代鄉里制度研究》,北京大學出版社,2021年,頁625。

又析合南里爲江左、江右二里，復併合南右里入開化里，仍三十六里，統圖凡一百二十六”，具體分佈如下（加粗字體筆者所標）：

左一坊、左二坊、左三坊：上三坊，各統圖三。南津坊：統圖四。

鳳池西鄉：在府城東南，舊名雙桂鄉，有都尉、聯棨、上仁、棠陰、崇賢五里。宋併爲崇賢里。崇賢里：統圖三。

鳳池東鄉：在府城東二十里，舊無東字，宋增之，舊又有清謹、新昌，與今三里爲五，宋元併爲三。**歸善里**：統圖二。鼓山里：統圖四。桑溪里：統圖一。

晋安東鄉：在府城東七十里，舊無東字，宋增之。合北里：統圖九，宋海曲里。嘉登里：統圖七，宋海畔里。江左里：統圖三，宋合浦南里。江右里：統圖一，宋合浦北里。

晋安西鄉：在府城東五里，舊名靈芝鄉，有清平、永樂、習賢，與今三里爲六，宋元併爲三。孝義里：統圖一。**瑞聖里**：統圖三。易俗里：統圖二。

高蓋南鄉：在府城南十五里，舊無南字，宋增之，舊又有仁德、方勝，與今三里爲五，宋元併爲三。時昇里：統圖七。**仁豐里**：統圖二。**光德里**：統圖五。

高蓋北鄉：在府城南十里，舊名烏石鄉，有周鼎、下惟、令德，與今二里爲五，宋元併爲二。嘉崇里：統圖九。**高惠里**：統圖二。

崇善東鄉：在府城南七十里，舊名希福東鄉，凡四里，元併爲三。還珠里：統圖三，舊分南北二里，元合爲一。西集里：宋陳塏爲鄉帥，土民請於縣，立棨綉坊于大義，蓋以塏世居此地也，自是遂改里爲棨綉，元復舊。方岳里：上二里，各統圖一。

崇善西鄉：在府城南七十里，舊名希福西鄉，有永慶、慕賢、待仕、清廉、靈岫五里，宋併未慶、慕賢爲三，元易待仕爲永慶。永慶里：統圖三。清廉里：統圖一。靈岫里：統圖二。

開化東鄉：在府城東九十五里，舊無東字，宋增之，舊又有受善里，與今二里爲三，宋併爲二。光俗里：統圖三。至德里：統圖四。

開化西鄉：在府城東南三十里，舊名温泉鄉，有歸化、崇信，與今三里爲五，宋併爲三。**歸仁里**、永福里：上二里，各統圖二。高詳里：統

圖一。

贇賢鄉:在府城南一百里。紹惠里:統圖一。欽仁里:統圖二。歸義里、積善里:上二里,各統圖三。

安仁鄉:在府城東十七里。官賢里:統圖三,宋爲接賢里。仁惠里、永南里:上二里,各統圖五,宋爲永盛南里。永北里:舊勝殘里,宋爲永盛北里。開化里:上二里,各統圖四,元析爲合南右及開化二里,國朝併爲一。①

由引文可知,弘治之前閩縣在元末"鄉—里"的基礎上劃分"圖",如歸善里在宋代的鳳池東鄉,仁豐里、光德里在高蓋南鄉,高惠里在高蓋北鄉,歸仁里在開化西鄉,唯獨遂勝里不見於弘治《八閩通志》。據崇禎《閩書》記載,閩縣鄉共三十六里,統圖一百二十六,包括"歸善里,圖二。宋鳳池東鄉","遂勝里,圖三。宋晋安西鄉。初名瑞聖,皇朝成組閲閩版,訝其太難,易今名","高惠里,圖二。宋高蓋北鄉","仁豐里,圖二。宋高蓋南鄉","光德里,圖五。宋高蓋南鄉","歸仁里,圖二。宋開化西鄉"②。可知紙背文書所見"遂勝里"即弘治《八閩通志》所見"瑞聖里",惟《閩書》記載永樂時期改名值得商榷,因弘治《八閩通志》仍記之爲"瑞聖里",應是弘治四年(1491)之後改名。

從元至明,明代閩縣鄉、里的數量及坐落變化不大,"鄉—里—圖"格局是在不改變宋元"鄉—里"格局的前提下,在"里"之下增設"圖",形成三級基層地域單位。這種格局在明末福建地區是較爲普遍的,據《閩書》記載,建陽、連江、安溪、浦城、南平縣同樣如此,但也有侯官縣的異例:

修仁鄉:

三都,圖三。山曰歷山、旗山。嶺曰大夫。

四都,圖四。宋海平、靈鳳、綏平三里。山曰厚山。

五都,圖二。宋遷蝗里。山曰赤塘、鳳山、華棣。

① 弘治《八閩通志》卷一五《地理·鄉都·福州府》,《四庫全書存目叢書》史部第177册,頁553。

② 何喬遠《閩書》卷一《方域志·福州府·閩縣》,頁15—18。

十都，圖三。宋永康里。山曰赤塘、鳳山、華棣。①

侯官縣或合併宋代若干“里”的區域，重新劃爲一個“都”，於其下設“圖”；或將宋代“里”的部分或全部改爲“都”，於其下設“圖”，最終形成“鄉—都—圖”的格局。另據崇禎《尤溪縣志》，當地同樣存在“鄉—都—圖”格局：“鄉與里，本非昭代之制，而猶仍之者，從俗之便耳。”②易言之，明中後期尤溪縣的“鄉”與“里”漸漸名不副實，“鄉”的範圍尚能大體維持，“里”則被“都”整合或取代。明代福建地區的鄉里組織已不可一概而論，福建以外則更爲複雜，兹舉兩例如下：

第一，嘉靖《臨江府志》記載：“制以一百一十户，設里長十名，歲役一名，每名管甲首十户，共一百名，歲役十名，總爲一圖。每一圖設老人一名，總甲一名，小甲二名。每十圖爲一都，總爲一區，其間圖、區多寡，各隨里分。”③即江西臨江府以 10“圖”爲 1“都”，“都”上又設“區”，形成“鄉—區—都—圖”格局。另據嘉靖《進賢縣志》，“在鄉五區，領都三十八”，包括歸仁區、真隱區、崇信區、崇禮區、欽風區，其中歸仁區包括：“一都：圖十二，附縣。二都：圖六，縣西南二十里……九都：圖九，縣東五十里。”④江西南昌府進賢縣同樣是“鄉—區—都—圖”格局，與臨江府的不同在於没有規定 10“圖”爲 1“都”。

第二，嘉靖《上高縣志》記載：“鄉團共六十六。義鈞上鄉：安定東團：二圖；安定西團：二圖；何陂團：七圖。義鈞下鄉：尉界團：四圖；新城團：一圖；舉子團：五圖；全安下團：四圖。感仁南上鄉：唐良團：五圖；義城上團：三圖；義城下團：五圖；全安上團：三圖……旌儒鄉：南里團：三圖；北里團：三圖。”⑤又據乾隆《沅州府志》，明正德七年(1512)芷江縣“仍析爲二十六里，

①何喬遠《閩書》卷二《方域志・福州府・侯官縣》，頁 47。

②崇禎《尤溪縣志》卷一《輿地・都圖》，《日本藏中國罕見地方志叢刊》第 30 册，書目文獻出版社，1992 年，頁 562。

③嘉靖《臨江府志》卷四《田賦志・里長》，《原國立北平圖書館甲庫善本叢書》第 360 册，頁 333。

④嘉靖《進賢縣志》卷一《疆土》，《原國立北平圖書館甲庫善本叢書》第 358 册，頁 1588。

⑤嘉靖《上高縣志》卷上《邑考》，《原國立北平圖書館甲庫善本叢書》第 359 册，頁 421。

領於鄉,鄉凡十,曰在城坊,曰盈美鄉,曰鎮江鄉,曰平便鄉,曰城東廂,曰後山鄉,曰上五團,曰中五團,曰士子鄉,曰水寬鄉,凡圖二十有六",又細分爲"上五團第一圖、上五團第四圖、中五團一圖"與"上五團第三圖、上五團第二圖、士子鄉一圖"等①。即江西瑞州府上高縣、湖南沅州芷江縣境内以若干"圖"並爲1個"團",形成"鄉—團—圖"的格局。

總之,明代鄉村基層組織淵源於唐代,在宋元鄉里制度的基礎上演變而來,南北方存在一定差異。南方各地維持宋代"鄉"的邊界大體不變,"里"逐步被"都""團"等中層組織整合或取代。這一變化在不同地區的進程各異,其基本規律是最大單位"鄉"與最小單位"圖"相同,但在兩者之間,各省、各府、各縣根據自身情况進行調整。

五　結語

《程齋醫抄撮要》中國本土失傳,日本内閣文庫的紅葉山文庫舊藏本,以嘉靖三十一年(1552)或四十一年(1562)福州府閩縣攢造賦役黄册剩餘的白棉紙刷印,其紙背與襯紙保存14件賦役黄册殘件。明代福建賦役黄册先登記户主、籍貫、差役,籍貫詳記某府某縣某坊廂里某圖;再按舊管、新收、開除、實在登記人丁與事産,田産坐落精確至某坊廂里某圖。"人丁"又稱"人口",包括男子與婦女。閩縣遂勝里民户的田産分佈在歸善里、仁豐里、光德里等處,逐一登記坐落與面積,按官田、廢寺田、民田的不同科則徵收夏税秋糧。閩縣在宋元鄉里制度的基礎上編排里甲,將"圖"置於"里"下,形成"鄉—里—圖"格局。至明中後期,南方各地"圖"從應役單位演變爲地域單位,"圖"與"鄉"之間存在不同的中間組織,形成"鄉—都—圖""鄉—區—都—圖""鄉—團—圖"等多種格局。

竺沙雅章已指出,現存漢籍公文紙印本紙背文書大部分是户口錢糧册,誠如所言,最近十幾年海内外新發現的明代公文紙印本紙背文書以賦役黄册最多。由於印刷剪裁等原因,其文字殘缺不全,認讀困難,整理研究存在一定難度。但宋代以後,鄉里制度在南北各地的演變不盡相同,官民

①乾隆《沅州府志》卷七《鄉都一》,《稀見中國地方志彙刊》第40册,中國書店,1992年,頁481。

田種類與税糧科則變動繁雜，作爲未經後人編纂的一手史料，賦役黄册即便是零篇斷簡，其史料價值也值得重視。日本藏公文紙印本紙背文書數量龐大，今後還有待進一步的發掘利用，繼續擴大域外漢籍研究的研究範圍。

（作者單位：復旦大學文史研究院）

《文苑英華》朝鮮銅活字印本考論*

李銘鋭

《文苑英華》一千卷，上承《文選》，收録宋前詩文繁多，爲"宋四大書"之一。該書最早有南宋周必大刻本，校勘頗精，價值甚高，惜今存非全帙，僅剩150卷①。除宋刻本外，元明時期還流傳著一些抄本，應該輾轉抄自宋本。《文苑英華》宋刻本雖流傳不廣、記載不多，但晚至明末當還存世若干，錢謙益就曾提及"王户部岕庵有宋刻殘本七十册"②。宋本以十卷爲一册，此本七十册即七百卷，數量不小。

明隆慶時，福建道監察御史胡維新等人據某個坊間抄本刊刻新本。胡維新在刻書序言中稱："《苑》之傳也，宋有刻也。然藏之御府，昔非掌中秘之書者不獲見，而今并逸之矣。"③這其實只是他囿於見聞而已。胡維新等人未能見到宋本，故將所見抄本作爲底本。但《文苑英華》卷帙浩繁，時人抄書大多是爲插架裝點，往往敷衍成事，因此坊間抄本的文字舛錯很多。而且這次刻書工作還進行得相當倉促，數月即成，未及詳校，又造成新的錯誤。傅增湘先生就曾用幾種抄本加以校勘，校出明刻本的大量問題，參見

* 本文爲國家社科基金重大項目"日韓所藏中國古逸文獻整理與研究"(20&ZD273)的階段性成果。

①關於《文苑英華》版本的基本情況可參李致忠《關於〈文苑英華〉》，《文獻》1997年第1期；凌朝棟《〈文苑英華〉研究》，上海古籍出版社，2005年，頁51—73。

②錢謙益著，錢曾箋注，錢仲聯標校《牧齋初學集》卷八五，上海古籍出版社，2006年，頁1874。

③李昉等編《文苑英華》，中華書局，1966年，頁4。

《文苑英華校記》一書①。

因《文苑英華》宋刻不全、明刻不佳,故其他舊本相當珍貴。在之前的研究中,學者們多對《文苑英華》的明抄本較爲關注,希望藉以校勘②。但還有一種很重要的版本前人措意較少,即朝鮮銅活字印本。據筆者有限的目見,除韓國學者偶有介紹外,鞏本棟先生曾談到《文苑英華》"朝鮮時期曾刊印,今韓國延世大學校存朝鮮丙子字殘本一册(卷二七一、二七二)",只是没有詳細介紹,也未見學界有較多關注③。另外,宇文所安(Stephen Owen)曾提及此本,稱作"1516 年的朝鮮刻本"(1516 Korean printed edition)④。其實此所言刊刻時間并不準確⑤。總之,關於活字本的刊刻始末、流傳情況、文本價值等方面,都尚有不少可補苴之處。以下試就相關問題作出更細緻的探討,諒有助於此本的進一步利用。

一 活字本《文苑英華》印行史實

從高麗到朝鮮,都相當渴求中國的各類典籍。早在《文苑英華》撰成後不久,高麗就曾求取該書,於是北宋御賜高麗《文苑英華》一部。關於此事始末,可結合相關文獻梳理時間綫如下:

1085 年(宋元豐八年、高麗宣宗二年),在得知宋神宗去世後,高麗迅速

---

①傅增湘《文苑英華校記》,北京圖書館出版社,2006 年。

②相關情況可參何水英《瞿本、周本〈文苑英華〉與宋刻本關係考論》,《聊城大學學報(社會科學版)》2022 年第 5 期。

③鞏本棟《宋人撰述流傳麗、鮮兩朝考》,《域外漢籍研究集刊》第 1 輯,中華書局,2005 年,頁 377。

④宇文所安(Stephen Owen)撰,卞東波、許曉穎譯《唐代的手抄本遺産:以文學爲例》,《古典文獻研究》第 15 輯,鳳凰出版社,2012 年,頁 254。引用時已核對原文,參 Stephen Owen, *The Manuscript Legacy of the Tang*: *The Case of Literature*. Harvard Journal of Asiatic Studies 67, no. 2, 2007. p. 314。

⑤另外,活字本是活字印本而非刻本,英文用"printed edition"無妨,中文似當譯作"朝鮮印本"較佳。

派出使團①。他們在到達汴京後於1086年初請求數種書籍,宋朝僅許可向高麗贈送《文苑英華》②。但此書卷帙浩繁,并未刊刻,故無現成副本。五年後,宋朝終於完成《文苑英華》的謄抄,將書運到高麗,故《高麗史·宣宗世家》此年十二月壬寅又有"宋賜《文苑英華》集"之載③。

北宋賜高麗的《文苑英華》作爲北宋抄本,洵爲珍貴。不過該本在朝鮮時期的書目中完全不見蹤影,今亦不傳。但朝鮮對此書仍然保持著高度興趣,朝鮮《世宗實録》在世宗十一年(明宣德四年,1429年)五月甲戌記有一條求書詔令:

> 道内有家藏《國語》《宋播芳》《資治通鑑源委》《文苑英華》《朱文公集》《周禮》《東巖證議》等書者,備悉訪問,雖未成秩,并令進之。④

至於活字本《文苑英華》的付印緣起,考朝鮮《中宗實録》卷八二於朝鮮中宗三十一年(明嘉靖十五年,1536年)十一月甲寅一條下有:

> 甲寅,聖節使宋𤣰回自王京,上引見。𤣰退政院,啓曰:"臣赴京時,凡中朝彈章疏劄覓來,事有教而未有所得,只記所聞見之事而啓之。皇帝天壽山行幸時,群臣所製扈蹕録一件、御製詩一件覓來。《文苑英華》欲貿之而問其直,則銀五十兩。更折以二十五兩,以通事等所賫雜物貿來。但印本貴而難得,傳書一帙貿來。"傳曰:"知道。"仍傳於政院曰:"《文苑英華》今若已來,入内而御覽後,下校書館開刊可也。"

---

①鄭麟趾等編《高麗史》卷一〇《宣宗世家》,見韓國高麗時代史料數據庫(http://db.history.go.kr/KOREA/),下引《高麗史》均據此。

②李燾撰,上海師範大學古籍整理研究所、華東師範大學古籍整理研究所點校《續資治通鑑長編》卷三六五"哲宗元祐元年二月"條,中華書局,2004年,頁8744。

③高麗所獲《文苑英華》是抄本抑或刻本史書未明載,但在高麗求書前北宋如有刊刻,不會耗用五年準備書籍。如果在高麗求書後專門爲之刊刻,亦不合情理。關於《文苑英華》北宋未刻,還可參李致忠《關於〈文苑英華〉》一文。這一點曾向張伯偉教授請益,謹致謝忱。

④《朝鮮王朝實録·世宗實録》卷四四,見韓國朝鮮王朝實録數據庫(http://sillok.history.go.kr/main/main.do),下引《朝鮮王朝實録》均據此。

聖節使指朝鮮派出慶賀明朝皇帝生日的使者。這次外交活動在《明實録·世宗實録》卷一九〇同年八月癸巳條中亦有記載,可與此對照。可惜宋璘本人似無筆記或詩文集等傳世,不能確知他在中國購買書籍的細節。

不過《中宗實録》第二年四月戊寅又載鄭士龍和明朝使者的一段對話:

> 臣曰:"我殿下於儒書,無不好之。頃聞中朝有書,名曰《文苑英華》云,而我國未嘗有,故重購一本而來,皆是誤字錯簡,不得印行也。"天使曰:"此書果不多有。前於雲南有一本,朝廷以銀十三兩,貿之而來。爾國若爲奏請,則可得矣。"

嘉靖十五年(1536)十月,嘉靖帝次子朱載壡出生,翌年派龔用卿、吴希孟等人作爲太子誕生詔使,出使朝鮮。此段引文即爲伴送使鄭士龍送明朝使者歸國時的對話。其中的"重購一本而來",當指宋璘去年購回的那帙《文苑英華》。

從"印本貴而難得,傳書一帙貿來""誤字錯簡,不得印行"云云,可見朝鮮所購應當是抄本而非宋刻原本。鄭士龍其意似説宋璘購回來的一帙《文苑英華》本來是想要馬上翻印——這亦與"下校書館開刊可也"相合,只是後來因爲這個抄本錯舛太多,并未按原計劃刊行。

不過朝鮮近代的《清芬室書目》著録有"《文苑英華》殘本五卷一册":

> 中宗三十一年丙申丙子字印本,宋太平興國七年李昉等編。原一千卷,今存卷二百十一至五,凡五卷……四周雙邊,有界,每半葉十二行、二十一字,匡郭長二四點四厘米,廣一七點五厘米。按中宗三十一年聖節使……(引者按:原書引《實録》文字已見上)①

《朝鮮王朝實録》中鄭士龍的話意指中宗三十一年(1536)朝鮮最終未

①李仁榮《清芬室書目》卷七,張伯偉主編《朝鮮時代書目叢刊》,中華書局,2004年,第8册,頁4814—4815。關於此書基本情況,參朴旹鈞《〈清芬室書目〉與李仁榮的版本學》,《域外漢籍研究集刊》第10輯,中華書局,2014年。

翻印《文苑英華》,但此處又有"中宗三十一年丙申丙子字印本"①,兩相矛盾。《清芬室書目》僅引用宋璘得書一事而未提及鄭士龍的對話,説明李仁榮很可能僅見到"下校書館開刊可也"這一記載,遂産生誤解。

可惜後事如何,《朝鮮王朝實録》中并無更多記載。不過今存活字本《文苑英華》并不止一帙之數。那麽,朝鮮當在此後繼續在中國求購《文苑英華》(不能確定是否最後買到了宋本),并加以翻印。

二 活字本《文苑英華》現存統計

清代以來的中國書目中并未見活字本《文苑英華》的著録,至於朝鮮時代的書目如《奎章總目》等,不少都著録有明刻本《文苑英華》,却不見朝鮮活字印本的存在。但活字本《文苑英華》今天仍尚存數種。以下據《韓國所藏中國漢籍總目》②、"韓國古籍綜合目録"數據庫(www. nl. go. kr/korcis)以及各館官網公佈的信息與圖版,試補充相關版本信息:

①高麗大學華山文庫藏本,朝鮮中宗三十二年(明嘉靖十六年,1537年)印,四周雙邊,12 行 21 字,白口内向三葉花紋魚尾,今存卷二〇一至二〇五一帙③。

②韓國中央圖書館藏本,明嘉靖十五年(1536)印,行款容字、版面特徵同上,今僅存卷三三四至三三五,共 20 葉④。

③延世大學圖書館藏本,印行時間未見著録,行款容字、版面特徵同上,今存卷二七一至二七二⑤。按此即鞏本棟先生提及的本子。

④韓國學中央研究院藏本,明正德十一年(1516)印,存卷二三一至二三四,行款容字、版面特徵同上。

⑤美國哈佛大學哈佛燕京圖書館(Harvard-Yenching Library)藏本,

---

①"丙申"指中宗三十一年(1536)干支,該年亦即宋璘出使之年。"丙子"指朝鮮當時印書所用的"丙子字"。《清芬室書目》此段引文即上文宋璘得書一節。

②全寅初主編《韓國所藏中國漢籍總目》,學古房,2005 年,第 5 册,頁 130—131。

③圖版見 http://dcollection. korea. ac. kr/srch/srchDetail/000000135395。

④圖版見 https://www. nl. go. kr/。

⑤圖版見 https://library. yonsei. ac. kr/search/detail/CAT000000199787。

封面有標籤云是中宗十四年(明正德十四年,1519 年)印出。該本行款容字、版面特徵同上,今存卷二一一至二一五,與《清芬室書目》著録本的存卷相同①。

⑤美國哥倫比亞大學圖書館(Columbia University Libraries)藏本,存卷三三一至三三三,行款容字、版面特徵同上,"韓國古籍綜合目録"認爲該本與高麗大學本係同版印本②。

以上各本版面特徵基本相同,均爲丙子字本,但著録的刊行時間有較大差異,甚至還有早至 1516 年付印的。其實,著録中的這些時間大多依據的是丙子字或者己卯字的製成時間③,剩下的則可能是對照《朝鮮王朝實録》和《清芬室書目》後確定的時間,非有其他堅實證據。

總的來看,朝鮮王朝應没有以銅活字印行全本《文苑英華》的條件,很可能是從明朝購買質量較好的殘帙,隨即再命校書館等加以翻印。由此回看宇文所安所言"1516 年的朝鮮刻本",其中的問題在於:1516 年是丙子字的製成時間,而 1537 年時鄭士龍還説《文苑英華》"我國未嘗有",可見 1516 年時《文苑英華》尚未付印。現存這些銅活字印本《文苑英華》的具體翻印時間不好確定,但很可能是在 1537 年至 1592 年(壬辰倭亂)間印製而成。

從各種記載來看,此本在當時的流傳并不廣泛。例如朝鮮文人柳希春在隆慶六年(1572)的日記中寫道:"(九月)初九日,見昨日謝恩使貿來書册《文苑英華》一百卷(引者按:似當作"一百册")……可謂大得。"④柳希春日記所言當即隆慶年間新印出的明刻本。柳氏如此企望此本,或可旁見朝鮮印本《文苑英華》在當時既未全部翻印,更未在朝鮮文人間廣泛流傳。

---

①圖版見 https://iiif. lib. harvard. edu/manifests/view/drs:9345237 $ 1i。

②圖版見 http://www. columbia. edu/cgi-bin/cul/resolve?clio7228850。

③因原有的活字缺損嚴重,1516 年朝鮮鑄造了新的一批活字,即"丙子字"。僅僅三年後,1519 年朝鮮又鑄造了一批活字,作爲丙子字的補充,即"己卯字"。

④柳希春《眉巖先生全集》卷九,民族文化推進會編《影印標點韓國文集叢刊・眉巖集》,景仁文化社,1990—2010 年,第 34 册,頁 314。

三 活字本《文苑英華》校勘價值

《文苑英華》除了宋刻本、明刻本以及朝鮮銅活字印本外，還有爲數不少的明抄本。這些抄本質量良莠不齊，以國圖所藏周叔弢舊藏明抄十三行本(下稱“周本”，善本書號 02146)爲最佳，傅增湘先生曾用以校勘。國圖還藏有鐵琴銅劍樓舊藏明抄十二行本一種(下稱“瞿本”，善本書號 06659)，錯舛相對較多，然亦存有部分宋本痕跡，可作參考①。因筆者目驗的其他數種抄本校勘價值都不大，這裏不作詳校。

因篇幅有限，以下舉《文苑英華》卷二〇一爲例，將活字本與宋刻本、周本、瞿本、明刻本對比，以證其價值。因中華書局影印《文苑英華》時有宋本之卷皆選用宋本，這裏採用國家圖書館藏明隆慶元年(1567)初刻本(善本書號 00489)作爲對照。該本有傅增湘過録校語可供參考，也是《文苑英華校記》一書的工作本。中華書局影印宋本(下稱“書局本”)用的是民國時商務印書館的版片，未必能保存宋本原貌，故另參考香港中文大學所出影印本(下稱“港中大本”)②。活字本則使用韓國高麗大學華山文庫藏本。

傅增湘先生在《文苑英華校記》(下稱“《校記》”)中已用宋本校勘過此卷，細緻入微，包括不少異體字。然明刻本、瞿本中此類現象甚多，如明刻本中的“雙”大多作“雙”、“仙”大多作“僊”等。這些問題數量巨大，也無詳校的必要性。故以下所校雖參考《校記》頗多，但僅通校宋本、周本、活字本，以説明二本異同，至於瞿本、明刻本則作爲參校。需注意的是，本節所稱優劣僅以是否保存宋本原貌爲準，不論後人的校改是否正確。校勘中以括號表示原有的小注，以“■”表示墨釘，以“□”表示空字。

1. 梁元帝《巫山高》句，宋本作“迴出荆門中”，活字本、明刻本同，周本、瞿本作“迴出荊門中”。按：周本、瞿本誤，活字本優。

2. 陵敬《巫山高》作者，宋本作“陵敬”，活字本、瞿本同，周本作“陸敬”，明刻本作“凌敬”。按：宋本原貌作“陵”，周本、明刻本當爲後改，活字本優。

---

①這兩種抄本的圖版均見於“中華古籍資源庫”，http://read.nlc.cn/thematDataSearch/toGujiIndex。

②香港中文大學中國古典書籍出版委員會編《文苑英華》，香港中文大學，1974 年。

3. 同詩句,宋本作“玄猿迴挂(一作挂迴)條”,活字本同,周本作“玄猿迴桂(一作桂迴)條”,瞿本作“玄猿迴桂(一作桂迴)條”,明刻本作“玄猿迴挂(一作挂迴)條”。按:活字本與宋本原貌最近,其餘均有改字,活字本優。

4. 盧照鄰《巫山高》句,宋本作“霑裳即此地”,周本、瞿本同,活字本作“霑裳即此地”,明刻本作“霑衣即此地”。按:諸本於義皆通,然宋本原貌作“霑裳即此地”,周本優。

5. 閻復本《巫山高》句,宋本作“■山磕匝翠屏開”,周本作“□山磕匝翠屏開”,瞿本徑作“山磕匝翠屏開”,活字本、明刻本作“巫山磕匝翠屏開”。按:宋本原有墨釘,兩種抄本俱未補字,活字本、明刻本當係據“巫山高”文意補,至於瞿本則誤漏一字,周本優。

6. 同詩中句,宋本作“此中窈窕神仙女■■盈盈仙骨飛”,活字本作“此中窈窕神仙女□□盈盈仙骨飛”,周本、明刻本作“此中窈窕神仙女仙女盈盈仙骨飛”,瞿本作“此中窈窕神仙女盈盈仙骨飛”。按:宋本原貌爲墨釘,活字本尚空字,他本已據文意補,至於瞿本則誤漏二字,活字本優。

7. 喬知之《巫山高》句,宋本作“參差𠄢隱見”,活字本、周本、瞿本、明刻本作“參差牙隱見”,但周本上後人已用筆將“牙”改作“𠄢”。按:“𠄢”爲“互”字異體,各本原均誤,周本後改正。

8. 陳陶《巫山高》句,宋本作“斑竹題詩寄江妾”,活字本同,周本、瞿本、明刻本作“班竹題詩寄江妾”。按:周本、瞿本、明刻本均誤,活字本優。

9. 梁簡文帝《江南行·其一》句,宋本作“紫荷釣鯉魚”,活字本、瞿本、明刻本同,周本作“紫荷鉤鯉魚”。按:周本誤,活字本優。

10. 同人《江南行·其三》句,宋本作“終是列(一作到)仙都”,周本、瞿本同,活字本作“終是别(一作到)仙都”,明刻本作“終是列(一作到)僊都”。按:活字本誤,明刻本稍失原貌,周本優。

11. 李叔卿《江南行》句,宋本作“烏巾白袷紫香囊”,活字本、明刻本同,周本、瞿本作“烏巾白袷紫香囊”。按:周本、瞿本誤,活字本優。

12. 盧思道《蜀國吟三首》後附句,宋本作“爲首句”,周本、瞿本、明刻本同,活字本作“爲童句”。按:活字本誤,周本優。

13. 同段中句,宋本作“按隋書樂志”,周本、瞿本、明刻本同,活字本作“探隋書樂志”。按:活字本誤,周本優。

14. 同段中句,宋本作“梁武帝自爲三曲又令沈約爲三曲”,周本、瞿本、明刻本同,活字本作“梁武帝自爲二曲又合沈約爲三曲”。按:活字本誤,周本優。

15.沈約《蜀國吟·其一》句,宋本作“往宧(一作從事)襄陽城”,活字本同,周本、瞿本、明刻本作“往官(一作從事)襄陽城”。按:宋本此處“宧”字港中大本作“官”,書局本略同,易誤認成“官”,但細看仍是“宧”。活字本作“官”,右部閉合,亦是“宧”字,他本均已誤作“官”,活字本優。

16.同詩中句,宋本作“清風朗月不用一錢買”,周本同,活字本、明刻本作“清風明月不用一錢買”,瞿本作“清風郎月不用一錢買”。按:宋本此處“朗”字,港中大本作“朗”,書局本作“朗”。“朗”字爲宋諱,缺筆應爲原貌,書局本當有描潤。此處活字本、瞿本、明刻本均誤,周本優。

17.薛道衡《豫章行》句,宋本作“莫作姮娥叛夫婿”(“姮”缺末筆避宋嫌諱),活字本、明刻本作“莫作姮娥叛夫婿”(“姮”不缺筆),周本作“莫作姮娥叛夫婿”,瞿本作“莫作妲娥叛夫婿”。按:周本、瞿本誤,活字本優。

18.劉孝勝《武陵深行》作者,宋本作“劉孝勝(劉次莊作孝驎)”,周本同,活字本作“劉孝勝(劉次莊作孝勝)”,瞿本、明刻本則全部訛脱。按:活字本誤,瞿本、明刻本訛脱。

19.同詩中句,宋本作“讙(一作櫂)歌争復(一作後)發”,活字本、瞿本同,周本作“讙(一作耀)歌争復(一作後)發”,明刻本作“讙(一作權)歌争復(一作後)發”。按:周本、明刻本誤,活字本優。

20.同詩中句,宋本作“濯足復沾纓”,周本、瞿本、明刻本同,活字本作“濯足復濯纓”。按:活字本誤,周本優。

21.爰寄生《武陵深行》句,宋本作“滔滔武陵一何深”,周本、瞿本、明刻本同,活字本作“滔滔武陵何深”。按:活字本脱一字,周本優。

22.權德輿《廣陵行》句,宋本作“燈前㸦巧笑”,周本同,活字本、瞿本、明刻本作“燈前牙巧笑”。按:“㸦”爲“互”字異體,宋本此處“㸦”字,港中大本作“于”,幾乎已成“于”字,僅下部稍有痕跡。書局本此處作“㸦”,當有描潤。此處活字本、瞿本、明刻本均誤,周本優。

另需説明的是,除這裏指出的問題外,周本中還有不少增補、改字的痕跡,其中有些可以看出字跡明顯與原抄手相同,當是抄手在抄完一句後迅速作出了修改。也有幾處修改墨跡較粗,可能是後人讀書所改。只是這一點難以定論,故暫未將此類内容納入校記。若考慮後人校正的因素,周本原來的問題當會更多。

在這一卷共 63 首詩中,有 22 處周本與活字本存在差異,大致上兩個本子平分秋色,各有優劣。周本準確度確實較高,問題較少,但也非絶對完美。傅增湘先生言此本是"影宋本",説其他明抄本都"殊不足重",略有誇張①。畢竟《文苑英華》作爲一千卷的大書,抄寫一字不誤太過困難。且這個本子是否直接自宋本抄出,現在看來也未必能够論定。

儘管活字本在刻印中也存在著一些問題,但它仍然爲我們提供了許多值得參考的綫索,一卷中就有十餘處異文有助於訂正周本。這些異文可以直接與宋本相聯繫,特别是像"往宧"這樣的細節,更能説明活字本的重要價值。卷二〇一這一部分宋本尚存,故可以用宋本證活字本。而在宋本不存的卷次中,則可以用活字本校明刻本。像哈佛燕京圖書館藏本所在的卷二一一至二一五,更是周本不存的部分。

在文字比勘外,活字本的空字現象也有助於揭示底本情況:高麗大學藏本中有一些空字,并非一般的活字擺印失誤。例如此本所録薛道衡《豫章行》、李白《東武吟》中有不少空字,呈對角綫分佈。對照宋本可以發現這些空字原本都是宋本每行的最後一字,可見活字本的底本是一個行款容字都與宋本分毫不差的善本,因最下端有些許殘損,所以體現在翻印本最後的面貌中。

結語

關於朝鮮銅活字本《文苑英華》,從現有史料來看,該本的刊刻肇始於朝鮮對《文苑英華》一書經久以來的興趣,隨朝鮮對底本的購入而一并翻印。活字本《文苑英華》流傳不算很廣,但此本現存的二十餘卷從異文對比和底本版式等多個角度來看,比較忠實於底本,屬於相當精善的本子。活字本可以與目前最好的明抄本互爲補充,遠勝其他隨意馬虎的抄本。

受限於史料,活字本的底本很難完全確定,至少有一部分應該是宋本或者是直接出自宋本的精抄本。從《朝鮮王朝實録》中的記載可以看出,朝

---

①莫友芝撰,傅增湘訂補,傅熹年整理《藏園訂補郘亭知見傳本書目》卷一六上《總集類・文苑英華》,中華書局,2009 年,頁 1517。

鮮對翻印的底本非常講究。之所以今存各本如此分散零碎,恐怕正是因爲朝鮮僅僅翻印已購得善本的部分。這一點,歷史記載和版本面貌可以互證。

朝鮮銅活字本《文苑英華》的價值體現在多方面:首先,它豐富學界對《文苑英華》版本的認知,糾正了一些過去的誤解。其次,《文苑英華》是中朝文學交流的一個見證,其刊刻不僅是朝鮮印刷技術史的一部分,也是朝鮮文學接受史的一部分。最後,活字本保存的那些異文爲校勘宋本《文苑英華》已經不存的卷次提供一個參考,有助於我們通過比勘各本接近宋本《文苑英華》原貌,更好地利用文本。

不過,關於活字本《文苑英華》還有一些問題暫時難以回答,比如朝鮮翻印的具體數量等。這還有待於將來研究的繼續深入。而活字本《文苑英華》現存各本相當分散,因此應當加以匯總影印、整理,以便進一步地探索和利用。

附記:

本文作爲"中國古代文物與文學"課程作業,獲金程宇教授賜正良多,還曾提交南京大學文學院520論文報告會,蒙黄若舜、劉馳兩位老師惠賜評議,後又承武秀成、趙庶洋二師通審全文,匡正指瑕。王博宇、李梓銘、黄晶琦等諸君亦曾相助,謹此一并致謝。

(作者單位:南京大學文學院)

《風騷軌範》所載宋人佚詩輯存*

涂　亮　金程宇

《風騷軌範》是朝鮮成宗十一年(1480)由成俔等人所編撰的朝鮮時代現存規模最大的中國詩選集,分爲前集十六卷,後集二十九卷,包含六百餘位詩人的三千餘首詩。成俔(1439—1504),字磬叔,號慵齋、浮休子、虚白堂、菊塢,昌寧(今屬韓國慶尚南道)人。天順三年(1459)進士及第,歷博士、藝文館修撰、大司成、工曹判書兼大提學等職。嘗先後隨其兄成任、韓明澮等人三度出使明朝。成俔著述甚豐,有《虚白堂詩集》十五卷、《補集》五卷、《文集》十五卷、《風雅録》上下卷、《浮休子談論》六卷、《奏議稗説》六卷、《慵齋閑話》十二卷、《錦囊行跡》四十三卷、《桑榆備覽》四十卷等等①,故後人稱之"四佳之後,虚白極大,古今衆體無不作。其所著述之富,諸公無與爲比"②。

《風騷軌範》的編纂利用了大量的王室藏書,還得到了其弘文館同僚權健(1458—1501)、安琛(1440—1515)、金訢(1448—1492)、李昌臣(1449—?)、曹偉(1454—1503)、申從濩(1456—1497)等人的大力幫助,這提升了其文獻編纂的質量。其序言稱:"登天禄閣,抽金匱萬卷書,自漢魏至於元季③,搜抉無遺,擇其可爲楷範者若干卷,分爲前後集。前集十

* 本文爲國家社科基金重大項目"日韓所藏中國古逸文獻整理與研究"(20&ZD273)的階段性成果。

①金安國《虚白堂先生文戴成公行狀》,載《虚白堂集・行狀》,《影印標點韓國文集叢刊》第 14 册,頁 544。

②申欽《晴窗軟談》,《韓國詩話全編校注》第 2 册,頁 1401—1402。

③《風騷軌範》中亦存録不少劉基、宋濂等明初人的詩作。

六卷，以體編之，欲使人知其體制；後集二十九卷，以類分之，欲使從其類而用之。"①尤可見其取材之廣，選材之嚴。不僅可以考察中國詩集的域外流傳，還可管窺朝鮮士人對詩學典範的選擇，其中更保存著大量國内現存文獻所未見的遺詩佚篇，具有非常重要的文獻價值。

《風騷軌範》初刊於成化二十年(1484)成俔江原道觀察使任上，此版本韓國成均館大學、高麗大學、首爾大學、延世大學、日本國立國會圖書館均有收藏，然完缺不一。此外還有韓國國立中央圖書館藏複寫本，日本國立公文書館藏日本文政六年(1823)昌平黌寫本等。1992 年 9 月成均館大學出版部將《風騷軌範》影印出版，其以成均館大學藏本爲底本，後集卷四等處的缺頁以高麗大學藏本補之，是可資利用的完整版本②。

因此書編刊於海外，未嘗流傳至中土，國内諸如《先秦漢魏晋南北朝詩》《全唐五代詩》《全宋詩》《全遼金詩》《全元詩》等大型總集的編纂以及重要詩人别集的整理中均未利用此書。而宋人詩作於其中選録最多，《風騷軌範》使用了當時尚可見到的宋人别集早期版本或今已不傳的總集等文獻，除可供校勘之用外，還保存了孫復、司馬光、劉敞、劉攽、沈括、葉夢得、陸游等名家的佚詩，亦有如滕希靖《雪浪石上子瞻》、謝舉廉《世上無真是》、邢居實《秋懷十首以微雲淡河漢疏雨滴梧桐爲韻》等名作，有利於填補宋代文學史中的缺環。甚至不少詩人的佚詩數量竟超過了《全宋詩》所録，這對於重新審視他們的文學地位具有重要的文獻價值。中國學者姚大勇曾在《〈風騷軌範〉簡述》(《古典文學知識》2010 年第 4 期)一文中對《風騷軌範》所收録的宋人詩作的價值有部分揭示。然其僅舉數例，未及全面考察，且錯訛較多，如姚氏以爲《全宋詩》未收韓駒《姑射神八圖》《夜與疏山清老對

①成俔《風騷軌範序》，載《風騷軌範》卷首，成均館大學校大東文化研究院，1992 年，頁 3。

②本文輯佚依據此本，但由於其所影印之底本印製不佳，爲辨識工作提升了難度。若遇漫漶不清處，儘可能依其他版本補全。此外值得一提的是，2016 年西南師範大學出版社、人民出版社共同出版《韓國成均館大學尊經閣藏漢籍珍本叢刊》，其中亦收録成均館大學所藏《風騷軌範》，此爲該書首次在國内出版，裨益學術，亦可資參考，然缺頁尚在，使用起來有所不便。

談》《題太乙真人蓮葉圖》，實則已有收録，只是標題有所不同①。同時姚氏又認爲“有的詩人甚至爲《全宋詩》所未録”，並舉“程伯淳”爲例，然“程伯淳”實爲“程顥”，“伯淳”即其字也②。此外姚氏未嘗全面裒輯佚文，甚至未將其所發現的《全宋詩》闕佚詩作一一録出。近日又見巢彦婷發表的《〈風騷軌範〉中所見陸游佚詩四首輯考——兼論域外早期選本的價值》(《中國詩歌研究》第 24 輯)③對《風騷軌範》所録陸游詩歌進行了詳細的考察，認爲其所選陸詩的文獻來源於元刊本《名公妙選陸放翁詩集》以及宋江州本《劍南詩稿》，其論甚確④。然未涉及其他詩人，無法從整體上進行把握，可見《風騷軌範》在輯佚與校勘上的重要價值仍未得到充分的認識。今全面裒輯《風騷軌範》中所録宋人佚詩，除去前人已補詩作，疑難處並加按語考釋，以求有裨於宋詩研究之一端。

一　《全宋詩》已收詩人佚詩拾遺(48 人 112 首)

1. 孫復(3 首)

京城十二衢

京城十二衢，擾擾車馬塵。中有貪名者，百端争媒身。巧辭與佞

---

①按：韓駒《姑射神八圖》，《全宋詩》作《題王内翰家李伯時畫太一姑射圖二首(其二)》。《夜與疏山清老對談》，《風騷軌範》原作《夜與疏山清老對談設菓茗供戲成長句》，《全宋詩》作《夜與疏山清公對語因設果供戲成長句》。《題太乙真人蓮葉圖》，《全宋詩》作《題王内翰家李伯時畫太一姑射圖二首(其一)》。姚氏僅就標題而論，未及深檢。

②姚大勇《〈風騷軌範〉簡述》，《古典文學知識》2010 年第 4 期，頁 132。

③巢彦婷《〈風騷軌範〉中所見陸游佚詩四首輯考——兼論域外早期選本的價值》，《中國詩歌研究》第 24 輯，社會科學文獻出版社，2023 年，頁 315—324。

④按：此外韓國學者黄渭周有《關於韓國編纂的中國詩選集的研究》(《中國詩歌研究》第 2 輯，中華書局，2003 年)，林濬哲近年來亦有多篇論文專論《風騷軌範》，但皆未涉及宋代佚詩。見《漢詩分門纂類의 전통과 조선 전기〈風騷軌範〉》(《漢文學論集》第 54 輯，2019 年)、《〈風騷軌範〉의 編纂과 體裁 특성 연구》(《韓國詩歌研究》第 48 輯，2019 年)、《〈風騷軌範〉의〈分類補注李太白詩〉수용과 재분류》(《漢文學論集》第 58 輯，2021 年)。

色，弱柔如婦人。炎炎五侯家，出入踰所親。有言無不從，有志無不伸。以至輿臺間，相視亦欣欣。我本儒者流，業文三十春。其心頗拙直，所向多艱辛。不能隨世態，祇①是任天真。富貴非吾與，歸歟事隱淪。②

（《風騷軌範》後集卷九）

黄金臺歌

燕昭爭雄忽奮起，深圖闊慮如天啓。屈身思得天下士，先向國中尊郭隗③。尊郭隗爲黄金臺，光射碣石高崔嵬。劇辛樂毅與鄒衍，果然慕義爭先來。東拉强秦西抗趙，當時霸業④何恢恢。乃知爲國事開拓，驅馳須在英雄才。燕昭既死骨已朽，金臺不見空搔首。皇天固柬絶英雄，英雄之才世長有。用之指顧生風雷，不用還如喪家狗。⑤

（《風騷軌範》後集卷一六）

赴舉别張潤李温

亭亭松柏姿，落落丈夫操。卓爾天地中，歲寒知可保。吾曹久俟時，得時思行道。豈學麋鹿群，聚首樂豐草。吾生雖不敏，頗窺聖賢奥。以俟山野材，得乘公車詔。棹臂出衡茅，摩肩逐俊髦。西望天子庭，清光滿懷抱。昔爲豹隱霧，今作魚在藻。青雲萬里途，去去期先到。⑥

（《風騷軌範》後集卷二六）

按：孫復（992—1057），字明復，晉州平陽（今山西臨汾）人。北宋經學家，“宋初三先生”之一，《宋史》卷四三二有傳。有《睢陽子集》十卷，已佚。

①“祇”，《風騷軌範》作“衹”，據文意改。

②成俔等《風騷軌範》，頁351。

③“隗”，《風騷軌範》作“塊”，據文意改。

④“業”，《風騷軌範》作“葉”，據文意改。

⑤成俔等《風騷軌範》，頁447—448。

⑥成俔等《風騷軌範》，頁583。

現所存《孫明復小集》一卷均源於清初趙國麟所獲鈔本,此本實從《宋文鑑》《宋文選》等諸書搜輯遺文編成,僅存《蠟燭》《八月十四夜》《論學》詩3首。《全宋詩》卷一七五又從《古今歲時雜詠》中輯出《中秋夜不見月》《中秋歌》《中秋月(其一)》《中秋月(其二)》《又賦十五夜月》5首,共録其詩8首。《風騷軌範》所録孫復詩作僅上述3首,且均爲佚詩。孫復曾四舉進士不中,所新得三詩,均與其科考功名有關,與其生平事跡相吻合。另《古今事文類聚》續集卷三中又見孫明復《堠子》詩,云:"直立亭亭若短峰,畫分南北與西東。從來多少迷途者,盡使平趨大道中。"①亦爲《全宋詩》失收。

2. 趙抃(1首)

越公堂

越公作隋藩,烈烈耀威武。駐馬白帝城,營堂壓巴楚。俯瞰萬里流,徘徊覽千古。鬼工後精魄,梓制衒刀斧。四阿無欒櫨,大厦唯柱礎。峥嶸露節角,庨豁轉檐廡。丹漆久磨滅,風雲日吞吐。浩浩踰鐵樞,耽耽敵金鄔。陵遲五百載,壁立不可拄。主人崇土木,威暴若虓虎。仁壽及私宫,奢淫窮藻黼。父子終亂隋,奸心假伊吕。使素懷顧命,隋民豈爲土。斯堂尚未摧,依舊藏雀鼠。誰能刻吾詩,治亂兹可取。②

(《風騷軌範》後集卷一七)

按:趙抃(1008—1084),字閲道,一作悦道,號知非子,衢州西安(今浙江衢州)人。仁宗景祐元年(1034)進士,《宋史》卷三一六有傳。有《清獻集》傳世,《全宋詩》卷三三九至卷三四三以文淵閣《四庫全書》本爲底本録其詩五卷,新輯集外詩編爲第六卷,此首失收。

3. 張俞(1首)

湘浦亭懷望寄湘陰陳著作

湘水千里流,亭皋枕幽浦。四顧原隰遥,喬林出寒塢。鬱然洞庭

①祝穆《古今事文類聚》續集卷三,清文淵閣《四庫全書》本。

②成倪等《風騷軌範》,頁456。

野，氣欲吞平楚。左右包江湖，魚龍作淵府。滄洲白沙静，雁鶩得群侣。亦有蒼梧雲，徘徊蔭天宇。悠悠亭下水，來自汨羅渚。皎若靈均心，清明照千古。黄陵多悲風，野殿無人語。帝子不從舜，沉湘豈因禹。蕭蕭沅澧寒，蘭芷自紛吐。我泛萬里舟，憂思曷能愈。時衰隱鸞鳳，世亂競豺虎。與世能推移，吾將問漁父。①

（《風騷軌範》後集卷一七）

按：張俞，字少愚，又字才叔，號白雲居士，益州郫縣（今四川成都）人。《宋史》卷四五八有傳，有《白雲集》三十卷，今已佚。《全宋詩》卷三八二據《輿地紀勝》《宋文鑑》等書録其詩29首，此首失收。張俞曾遊歷沅湘，多有賦詩，如《郴州道》《楚中作》等，與此詩所述經歷同。

4. 司馬光（2首）

放舟小溪

一水盤屈江之支，試棹小舸隨漣漪。幾灣漸入蒼竹背，數里忽聽犬與鷄。登岸自訪墟間酒，徐步果得花梢旗。釀翁傴僂出迎客，小兒驚顧争牽衣。青襦腰斧趁樵女，鐵釵縈髮連朱眉。得錢買魚向茅屋，歌呼躑躅相持携。舌語啁哳難盡曉，但愛意氣何熙熙。應隨山下草木老，豈識世上塵埃飛。客心留連爲之醉，日暄纔傍船頭歸。須臾反顧但蒼靄，恍然恐是桃源溪。②

（《風騷軌範》後集卷二）

道濟得緑毛龜相示求詩

四靈分天職，俾爲群物師。爾今介而毛，無乃侵他司。藏孫祀爰居，已取聖人譏。黄霸獻鶡雀，又爲張敞嗤。瑞圖雖有名，蓋出佞者辭。慎勿獻天子，天子不好奇。甲無尺二寸，焉能守神蓍。烹炰御賓客，不如春鱉肥。力微滑且弱，床足安足搘。公家與私室，凡百無所施。此物生江湖，窟居水土湄。置之盆缶中，殆非性所宜。徒然取夭

①成倪等《風騷軌範》，頁456。

②成倪等《風騷軌範》，頁253。

閼，不盡千歲期。不若縱其去，任意隨所之。莫入元王夢，曳尾溝中泥。①

（《風騷軌範》後集卷二一）

按：司馬光（1019—1086），字君實，號迂夫，晚號迂叟，陝州夏縣（今山西運城）人。仁宗景祐五年（1038）進士，《宋史》卷三三六有傳。《全宋詩》卷四九八至卷五一二以《四部叢刊》影宋刊《温國文正司馬公文集》爲底本，又輯得集外詩及斷句一卷，共録其詩十五卷，此2首失收。

5. 劉敞（1首）

苦　雨

朝雨不見日，暮雨不見月。天地何時分，日月亦復疾。歲晚食半菽，天寒衣無褐。民生固長勤，屏翳忍更奪。近聞灌津北，涌水九河决。亦恐折木間，滲液雲漢泄。不然何昏蟄，高下略彷彿。憂來感伯禹，憤嘆空白髮。②

（《風騷軌範》後集卷五）

按：劉敞（1019—1068），字原父，臨江新喻（今江西樟樹）人。仁宗慶曆六年（1046）進士，《宋史》卷三一九有傳。有《公是集》七十五卷，已佚，清四庫館臣據《永樂大典》輯成五十四卷。《全宋詩》卷四六三至四九〇以武英殿聚珍版《公是集》爲底本，另輯集外詩一卷，共二十八卷，此首失收。

6. 鮮于侁（1首）

大明寺塔

崑岡西海來，地勢極高爽。孤塔踊其間，迴立埃壒上。攀躋瞰牛斗，眺聽窮天壤。百谷赴海門，江流自東向。金山一拳石，佛髻出溟漲。天外辨兩潮，江南分列嶂。揚州十萬户，棋布如指掌。一葦轉漕渠，秋毫窺物象。緬思隋唐盛，都邑天下壯。五季日尋戈，斯人遂凋

①成倪等《風騷軌範》，頁507—508。

②成倪等《風騷軌範》，頁298。

喪。瑶臺無羽翼,渤澥空烟浪。不見浮丘翁,凴高獨凄愴。①

(《風騷軌範》後集卷二〇)

按:鮮于侁(1019—1087),字子駿,閬州(今四川閬中)人。《宋史》卷三四四有傳,有《文集》二十卷,《全宋詩》卷五一三據《輿地紀勝》《事文類聚》等書録其詩58首,此首失收。此詩《風騷軌範》標注作者爲蘇于侁,然蘇于侁未有其人,疑爲"鮮于侁"之誤。鮮于侁曾於元豐二年(1079)知揚州,現存詩《揚州後土祠瓊花》《揚州》等,與此詩所述經歷同,應是。

7. 劉攽(3首)

湖　頭

溪月籠沙水痕濕,溪岩挂木悲風入。盤渦如輪百丈深,老魚跳舞青螭立。比來遠客罹憂傷,縞衣獨向蒼烟泣。幽懷冥冥黄泉深,地遠天長風日急。詩書那復論平生,搔首踟躕百憂集。時哉不及鳧雁飛,田中啄粟霜前肥。②

(《風騷軌範》後集卷四)

緑波亭

東風吹開雪山北,草色烟光照溪曲。晴魚漾漾緑藻深,亭前淡淹春波緑。昔人送客臨芳渚,恨别尊前落花舞。今人到此獨無言,盡日憑欄淚如雨。青山去去水遥遥,明月相望照淮楚。③

(《風騷軌範》後集卷八)

初次劍州初見荔枝感天寶時事

花萼樓高五雲裏,漁陽笳鼓驚塵起。半夜朱輦出長安,平明虢國車如水。停驂動地馬嵬山,黄沙埋玉堆荆枳。荔枝從此不復來,至今寂寞蒼崖紫。炎南寒月水不冰,翠葉晴光抱雲壘。高岩鳥道石稜積,

①成倪等《風騷軌範》,頁496—497。

②成倪等《風騷軌範》,頁279。

③成倪等《風騷軌範》,頁334。

北走闕①中幾千里。風烟似接南海頭，採折不與戎瀘比。當時敕使獻龍闕，萬里奔騰落崖底。樓頭笑指紅塵來，玉坐薰風動羅綺。輕紅碎處水晶丸，棄擲尋常䭾桃李。想當大徧梁州時，翠袖花前落紅蕊。巧使斯人蠹人物，窮奢極侈方一死。嗚呼萬里吾何知，欲向蒼蒼問其理。②

（《風騷軌範》後集卷二三）

按：劉攽（1023—1089），字貢父，號公非，臨江新喻（今江西樟樹）人。與兄敞同舉仁宗慶曆六年（1046）進士，《宋史》卷三一九有傳。有《彭城集》六十卷，已佚，清四庫館臣據《永樂大典》輯爲四十卷。《全宋詩》卷六〇〇至卷六一六以文淵閣《四庫全書》本爲底本，另輯集外詩一卷，共録其詩十七卷，此3首失收。

8. 沈括（3首）

思歸引

秋風拍拍生水湄，洞庭無波日脚垂。青蒲挽船繫山下，驚起白鷺穿雲飛。芙蕖花紅稻花白，身向此時爲北客。安得翩翩追暮鴻，歸看湖光照天碧。③

（《風騷軌範》前集卷一三）

雙溪閣

秋光著地清如寫，拂座輕雲行玉馬。晴溪雙影上青冥，風動波光摇碧瓦。凝嵐欲開天映水，重重翠巘冰紈裹。曲垣秀拱繚層城，斗上蒼崖見雲起。春泉竹徑烟曈曨，畫橈落處江如空。晴天遠樹礙孤嶼，清囀唳管低霜鴻。人散日斜歸鳥息，葉底秋聲含暮色。半天簾幕烟雨中，海雲不動蓬山碧。④

（《風騷軌範》後集卷八）

①“闕”，《風騷軌範》作“開”，據文意改。

②成倪等《風騷軌範》，頁532。

③成倪等《風騷軌範》，頁172。

④成倪等《風騷軌範》，頁338。

漢　宫

梧桐葉生緑陰陰，長聲短聲弄春禽。曉烟入窗簾暮重，日影未透春沉沉。風吹細管無尋處，霧隔樓臺花隔霧。欄竿屈曲閣道通，漢宫十里皆相似。鳴車玲瓏下星橋，扶上雲端望赭袍。霹靂一聲宫仗過，唯見月明金殿高。①

（《風騷軌範》後集卷一六）

按：沈括（1031—1095），字存中，錢塘（今浙江杭州）人。仁宗嘉祐八年（1063）進士，《宋史》卷三三一有傳。沈括有《長興集》四十一卷，今本卷一至一二、三一、三三至四一，共二十二卷均缺，並無詩作。《全宋詩》卷六八六以胡道静輯《沈括詩詞輯存》爲底本，另從《永樂大典》《詩淵》等書中，輯得集外詩 3 首，附於卷末，共録其詩一卷，此 3 首失收。

9. 曾布(4 首)

送春曲

蟾蜍西飛簾露重，曉色東回星斗動。隴頭風高催落花，枕上朝寒斷春夢。多情不怨送春歸，雙眼愁看花絮飛。殘紅粉白不可掬，空有垂楊惹客衣。可憐年少不再得，春去春來頭易白。塵埃不肯惜朱顔，莫惜遲留一醉間。②

（《風騷軌範》前集卷一一）

北潭晚步二首

獨携緑綺琴，一弄陽春曲。我行誰與俱，蕭洒溪上竹。遠思在江湖，卑栖逐鷄鶩。世故不足論，歸釂樽中渌。

爱日破輕澌，長堤水縈曲。窮冬不見雪，誰復歌黄竹。蟠潜失鱣鮪，浮泳飽鳧鶩。何時隴麥根，摇花覆寒渌。③

（《風騷軌範》後集卷二）

①成俔等《風騷軌範》，頁 452。

②成俔等《風騷軌範》，頁 145。

③成俔等《風騷軌範》，頁 248。

江行順風作

北風吹山山色昏，日脚隨地浮雲屯。平江怒濤張千里，逆捲滄海浮桑根。蛟魚轉斗争出没，吞吐百怪相驅奔。長平急鼓促暮戰，冀北萬馬衝天門。棹夫相呼引長艦，踴躍歌嘯如篪塤。高墻軒軒雙槳束，鷁首踔踔横波噴。行人目眩兩耳駭，倏忽遠近那能論。予生役役困道路，親養不暇論朝昏。乘深履險豈所欲，遠客一歲歸無轅。朝行愁看江上日，夜夢亂逐風中幡。何時堂上問温清，濁酒尚可傾罍樽。①

（《風騷軌範》後集卷六）

按：曾布（1036—1107），字子宣，南豐（今江西南豐）人。曾鞏弟，仁宗嘉祐二年（1057）與兄同登進士第，《宋史》卷四七一入《奸臣傳》。有《曾布集》三十卷，今已佚。《全宋詩》卷七八二據《錦綉萬花谷》等書録其詩10首，此4首失收。

10. 蔡確（2首）

七夕詞

乘龍車，曳星髾，河漢濺濺鵲作橋。雲路長青琴，玉女催晚妝。鳴珠佩，垂金鐺。仙人吹簫②紫鳳舞，天酒滿盂寶幄張。千秋萬歲號佳節，夜如何其樂未央。樂未央，星斗移。人間天上共惆悵，况爾明月行遲遲。驪山宫中看乞巧，太液池邊收曝衣。乞巧無貴賤，彩樓多對珠簾浣。女兒十指如春葱，焚香再拜穿華綫。候得神光白氣飛，月中清露濕羅襪。天孫河鼓人不識，是耶非耶安得知。但當把酒對凉夜，紛紛俗説付童兒。君不見昔時柳子厚，辯論巧拙真奚爲。③

（《風騷軌範》前集卷一三）

秋風引

秋風何處來，聲與啼鳥接。冷拂明月輪，亂剪青梧葉。飄螢入幽

---

①成倪等《風騷軌範》，頁311。

②"簫"，《風騷軌範》作"蕭"，據文意改。

③成倪等《風騷軌範》，頁165。

窗,送角來高堞。翠簾夜不定,羅衣曉還怯。别鬢暗催絲,羈淚驚垂睫。回首洞庭波,楚山亂如□。①

(《風騷軌範》前集卷一三)

按:蔡確(1037—1093),字持正,泉州晉江(今福建泉州)人。仁宗嘉祐四年(1059)進士,《宋史》卷四七一入《奸臣傳》。《全宋詩》卷七八三據《古今合璧事類備要》《古今歲時雜詠》等書録其詩 20 首,此 2 首失收。另宋陳元靚《歲時廣記》卷二六"七夕·曝衣樓"條引蔡持正《七夕詞》云:"驪山宫中看乞巧,太液池邊收曝衣。"②今可得見其全貌。

11. 彭汝礪(3 首)

過南京雙廟

存亡隨一城,興廢係社稷。餘澤及後世,貪懦知所激。古來富貴士,何啻千萬億。未死名已喪,百年有餘責。何如二公者,今日猶血食。行客過廟下,□言久無斁。悲歌想遺烈,白晝日爲黑。卮酒誠則致,靈兮尚予格。③

(《風騷軌範》後集卷一七)

謁顔魯公祠堂

天寶玩安逸,太阿誤分權。胡塵暗千里,列郡隨波翻。截然孤壘邈,衆倚如南山。天子恨知晚,吁嗟極褒遷。英雄挺劍起,慕④義相争先。戮力掃攙搶,廓清天地氛。遠識探微眇,忠臣見禍顛。誰知坐吟嘯,志已摧戈鋋。令公當廟謨,曲突詎得然。群拙忘孤直,投身餌蛟淵。長原燎方炎,片玉含貞堅。操義重九鼎,捐生若浮煙。吾皇眷遺烈,廟食長河壖。志士悲異代,讒夫快當年。徘徊繞故堞,尚想英風懸。⑤

(《風騷軌範》後集卷一七)

---

①成倪等《風騷軌範》,頁 173。

②陳元靚撰,許逸民點校《歲時廣記》卷二六,中華書局,2020 年,頁 524。

③成倪等《風騷軌範》,頁 454。

④"慕",《風騷軌範》作"幕",據文意改。

⑤成倪等《風騷軌範》,頁 454。

宜春僧寶燈作多寶塔就予乞詩

根盤據南岡，氣勢出雲霓。清明玉作砌，焜幌金爲梯。一級一釋迦，百丈百菩提。大珠照冥惑，寶鐸警昏迷。吾行困馳走，此處愜登躋。檐楹楫霄漢，帶礪看山溪。天寒足更健，地禁心還齊。發願遍衆生，一切超塵泥。①

(《風騷軌範》後集卷二〇)

按：彭汝礪(1042—1095)，字器資，饒州鄱陽(今江西鄱陽)人，英宗治平二年(1065)進士第一，《宋史》卷三四六有傳。有《鄱陽集》四十卷，已佚，後人收輯遺詩爲十二卷，編次多舛誤重複。《全宋詩》卷八九四至九〇五以文淵閣《四庫全書》本爲底本，新輯集外詩附於卷末，共録其詩十二卷，此3首失收。

12. 曾肇(1首)

紅蜜丁 車螯肉也

海於天地間，莽不計涯岸。珠宫與貝闕，百寶光璀璨。惟寬故能容，巨細本無間。蝦魚植鬚鬣，百里水中斷。區區螺蚌族，瑣碎誰復算。車螯闕眉目，醜質慙渾沌。吐氣成樓臺，寧知非善幻。雖參《神農經》，未免長丘訕。不材宜見遺，有味終自困。烹庖入刀俎，咀嚼比芻豢。嚴嚴九門深，日暮費千萬。忽於泥滓中，得列方丈案。腥穢置齒牙，光彩生顧眄。從此辱虚名，歲先包橘獻。微生知幾何，得喪孰真贗。玉食有云補，刳腸非所患。②

(《風騷軌範》後集卷二一)

按：曾肇(1047—1107)，字子開，南豐(今江西南豐)人。曾鞏弟，英宗治平四年(1067)進士，《宋史》卷三一九有傳。有《曲阜集》四十卷，已佚，其後多有輯本，《全宋詩》卷一〇三九以文淵閣《四庫全書》本爲底本，與新輯集外詩合編爲一卷，此首失收。另吴曾《能改齋漫録》卷一五"方物・車螯"

①成倪等《風騷軌範》，頁495。

②成倪等《風騷軌範》，頁510。

條云:"紹聖三年,始詔福唐與明州,歲貢車螯肉柱五十斤。俗謂之紅蜜丁,東坡所傳江瑶柱是也。時曾子開感而賦詩,略云:'巖巖九門深,日舉費十萬。忽於泥滓中,得列方丈案。腥鹹置齒牙,光彩生顧眄。從此辱虚名,歲先包橘獻。微生知幾何,得喪孰真贋? 玉食有云補,刳腸非所患。'瑶當作珧。郭璞《江賦》:'玉珧海月,土肉石華。'"①今得見其原詩。

13. 朱服(1 首)

蚕蛛行

誰謂爾蚕巧,謀身一何疏。斯民患寒烈,爾爲裳與襦。斯民患裸赤,爾使曳且婁。餘事及土木,自庇一縷無。彼蛛豈無絲,結網緣庭除。朝昏伺群飛,所得充膏腴。反顧爾蚕笑,容容乃良圖。如何爲民患,不自愛其軀? 屈原於國智,晁錯於身愚,石顯以佞寵,望之以讒誅。須知磊落人,死耳不爲蛛。②

(《風騷軌範》前集卷一〇)

按:朱服(1048—?),字行中,湖州烏程(今浙江湖州)人。《宋史》卷三四七有傳,另有《朱服集》十三卷,已佚,《全宋詩》册一八卷一〇四三録其詩13 首,此首失收。祝穆《古今事文類聚》後集卷五〇③、謝維新《古今合璧事類備要》别集卷九四引此詩爲"張芸叟"作④。李裕民《四庫提要訂誤》據此以爲張舜民佚詩⑤。其具體歸屬有待查考。

14. 林敏功(1 首)

高山鋪

朝暉澹川原,宿靄散諸嶺。風彫松桂林,水落鴻雁影。去家今未還,車馬路方永。賴有共語人,開懷去畦町。是日登高節,天明氣清

①吴曾撰,劉宇整理《能改齋漫録》卷一五,大象出版社,2019 年,頁 161。
②成俔等《風騷軌範》,頁 121。
③祝穆《古今事文類聚》後集卷五〇,清文淵閣《四庫全書》本。
④謝維新《古今合璧事類備要》别集卷九四,清文淵閣《四庫全書》本。
⑤李裕民《四庫提要訂誤》,中華書局,2005 年,頁 375—376。

迴。林間菊黄花,半吐光炯炯。採折侑巵酒,三嗅發深省。雖無琱欄□,正色愈秀整。乃知丘壑姿,未肯傍市井。崇山滿眼界,輒以方寸領。明朝游雙峰,更欲窮絶頂。①

(《風騷軌範》後集卷二)

按:林敏功,字子仁,蘄春(今湖北黄岡)人。江西詩派二十五法嗣之一,有詩文集百卷,號《蒙山集》,已佚。《全宋詩》卷一〇七四據《輿地紀勝》《宋文鑑》等書録其詩 8 首,此首失收。

15. 林敏修(2 首)

九日蘭溪道中寄内

竹輿呼啞鳴,風勁日杲杲。江楓初變錦,溪水漸收潦。離家一舍地,旅思滿懷抱。及兹登高時,頗懼歸不早。年年逢九日,得酒郎醉倒。遥憐東籬花,粲粲顔色好。人生惜日短,轉眄成衰老。愁緒如亂絲,歸心速飛鳥。宵征車未息,初月挂林杪。四角生雙輪,爲謝千里道。②

(《風騷軌範》後集卷一八)

送虞道翁自齊安還

送君典我身上衣,西風怒號酒力微。浪遊江湖無歲月,興盡千里行歌歸。十年相看幾回别,平日朱顔心似鐵。只今老大惜分携,别酒未傾腸百結。雲夢南州大江滸,謫仙遺跡應塵土。曾因勝概役夢魂,欲買扁舟釣烟雨。君今快遊誰可禦,山水有情相媚嫵。江蟠赤壁浪接天,好向中流回酒船。③

(《風騷軌範》後集卷二七)

按:林敏修,字子來,號漫郎,蘄春(今湖北黄岡)人,敏功弟,江西詩派

①成俔等《風騷軌範》,頁 253。

②成俔等《風騷軌範》,頁 473。

③成俔等《風騷軌範》,頁 588。

二十五法嗣之一。《全宋詩》卷一〇七四據《宋文鑑》《聲畫集》等書録其詩9首,此2首失收。

16. 許彦國(2首)

雉朝飛

作禽莫作鳴鳩婦,一生離别隨風雨。不如錦雉田野中,朝朝暮暮飛相從。畦中紅豆半垂角,雄者未來雌不啄。水邊老人拾穗歸,衆衆獨行雉不飛。①

(《風騷軌範》前集卷五)

寄衣曲

空房切切鳴機杼,目棟長絲織春素。金刀剪下光陸離,月底砧寒擣烟霧。開河茫茫隔波浪,寄書若寄青天上。想君瘦骨久伶俜,裁衣不使當時樣。長途春柳方緑絲,邊城得到知幾時。空看歸翼望回信,瀚海地寒無雁飛。②

(《風騷軌範》前集卷一一)

按:許彦國,字表民,一作表臣,青州(今山東青州)人,一作合肥(今安徽合肥)人。有《許彦國詩》三卷,已佚。《全宋詩》卷一〇九三據《咸淳臨安志》《宋文鑑》録其詩12首。另《山堂肆考》羽集卷二二“鳩·隨風雨”條:“許表明詩:作禽莫作鳴鳩婦,一生離别隨風雨。”③今得見其全貌。

17. 謝舉廉(1首)

世上無真是

惜唾如惜金,棄涕如棄水。是何一身中,信口不信鼻。親見則意消,傳聞則懷戴。是何一身中,信目不信耳。世間分别相,皆負前塵起。一身有憎愛,何況身外事。塵塵自有性,物物自有理。鱠炙當厭

①成俔等《風騷軌範》,頁56。

②成俔等《風騷軌範》,頁146。

③彭大翼《山堂肆考》羽集第22卷,明萬曆二十三年刻本。

時，不如菹茹美。洴澼絖封侯，屠龍枝飾死。海鳥悲咸池，淵魚避西子。滄浪自推排，人我妄彼此。若言究意法，世上無真是。①

（《風騷軌範》後集卷二九）

按：謝舉廉，字民師，新淦（今江西新淦）人。元豐八年（1085）進士，有《上金集》《藍溪集》等，已佚。《全宋詩》卷一一五〇據《苕溪漁隱叢話》《輿地紀勝》《聲畫集》等書録其詩 3 首，此首失收。另宋郎曄《經進東坡文集事略》卷四六《答謝民師書》，郎氏注云："名舉廉，新淦人，與其父懋、叔岐、弟世充，元豐八年間登進士第，時號四謝。後爲廣東帳幹，偶遇公還自海外，以文相往來，遂有此書，蓋庚辰元符三年也。嘗作《世上無真是》詩，公大加稱賞。"②又楊萬里《故工部尚書焕章閣直學士朝議大夫贈通議大夫謝公神道碑》："舉廉字民師，有《藍溪集》。東坡蘇公與之論文有書，尤稱其《世上無真是》之詩，蓋公四世伯祖也。"③可見此詩正爲其代表作。

18. 崔鶠(8 首)

渡嘉陵

長江漠漠微雲低，百丈垂藤拂江水。漁舟一葉映輕瀾，幾點行人立沙尾。夕光欲隱雲間樹，我馬蕭蕭江上路。龍游在水客在船，何人爲止公無渡。江風凉夜虎復行，僕夫黯慘色可驚。官曹之事雖有程，隋珠彈雀用亦輕。④

（《風騷軌範》後集卷二）

五峰道上

晨烟覆回溪，重露壓篁竹。不知機輪在，但聽聲録續。山深鳥咽響，水近花蕊馥。望問五峰寺，一澗涉重複。幽幽藹孤林，翼翼翔華屋。青山定喜人，置我岩下宿。青童捧鹽盤，老褐具茗粥。何妨近幽

①成倪等《風騷軌範》，頁 621。

②郎曄《經進東坡文集事略》卷四六，《四部叢刊》景宋本。

③楊萬里撰，辛更儒箋校《楊萬里集箋校》卷一二一，中華書局，2007 年，頁 4689。

④成倪等《風騷軌範》，頁 253。

泉，永睡聽琴筑。①

（《風騷軌範》後集卷二）

濟　江

吾年未六十，牙齒已再墮。人間早衰者，豈有曾如我。艱難濟大江，萬頃摇一舸。可憐西江大，受此北風簸。心驚鼉擊鼓，膽落龍飛火。死生反覆手，幾被銀浪裹。脱此九死厄，番若遭閉鏁。辛勤何爲爾，歸去計宜果。②

（《風騷軌範》後集卷二）

登石樓

山影墮秋水，水光蕩摇之。跨此兩石絶，朱欄一何危。南面眺平野，川隴正含滋。頹陽澹空遠，雲禽杳稀微。我欲就僧隱，歲晏相因依。夜燭共殘影，晨魚丐新炊。安取三百廛，辛勤慰朝飢。人生如老蚕，自作繭與絲。未論鼎鑊憂，先受纏繞悲。逝矣無旋反，吾其偃幽栖。③

（《風騷軌範》後集卷八）

張子盤澗上新堂

人生百年中，何異遠行役。朝行邯鄲道，暮作瀟湘客。車摧馬骨折，寧不會栖息。此翁築西山，醉卧謝交戚。搴扉納雲光，卷幔看秋色。凄風鳴山河，半夜鏗劍戟。推移萬像間，一視今與昔。龍鍾逐騄騑，爛熳老文墨。嗟哉我何人，負此纓冕績。日暮倚城阿，羨彼投林翮。④

（《風騷軌範》後集卷九）

①成俔等《風騷軌範》，頁253。

②成俔等《風騷軌範》，頁253—254。

③成俔等《風騷軌範》，頁328。

④成俔等《風騷軌範》，頁340。

舫　齋

聞道君家舫齋小，推舟於陸良可笑。山水生憎富貴人，晝餅樂飢何日飽。昔我南來濟江水，醉兀扁舟輕一葦。蛟鰐淋涔半露身，看我歌呼雪山裏。一行爲吏復何事，只作姓名填紙尾。長江面目殊好在，大勝看人油幕底。新文示我舍人樣，富貴恐須從此始。泛宅浮家未可論，此段定須輸老子。①

（《風騷軌範》後集卷九）

毛　女

太華巃嵸玉作峰，玉池水與天河通。亭亭十丈紅芙蓉，食花仙人冰雪容。葉巾草帔紛蒙戎，緑毛垂鬢烟含風。秦政尺棰鞭山東，指麾之間成帝功。侈心欲與天無窮，紅顔女兒浮海中。茫茫不見蓬萊宫，咸陽三月火連空。秦人怖走避重瞳，沛中落魄隆準公。留侯躡足爲指蹤，鼓舞諸將如飛蓬。仙來此地巢雲松，雲樓霧閣逹帝所。秦川不見旌旗紅，鄙哉山中百歲翁。塵姿不許超凡籠，忽然逹旃不可執，倏然飛去如遊龍。②

（《風騷軌範》後集卷一九）

維舟合江上小山孤絶華妙金山不如也

青山冥冥月初高，一星待月光不摇。嵐烟瘴霧紛四散，晃漾銀海圍山腰。狂夫浪走今白髮，擲去此幘輕鴻毛。仙人鯉魚亦安用，赤脚便欲凌波濤。合江小山頗挂眼，冠以佛閣高岧嶢。幡幡倚倚月露濕，鐘磬梟梟天風飄。便當從此具絛褐，長生一粥分僧庖。却愁仙山不可到，去來山没隨江潮。③

（《風騷軌範》後集卷二〇）

按：崔鶠（1057—1126），字德符，雍丘（今河南杞縣）人。哲宗元祐九年

---

①成倪等《風騷軌範》，頁 344。

②成倪等《風騷軌範》，頁 480。

③成倪等《風騷軌範》，頁 496。

(1094)進士,《宋史》卷三五六有傳。有《婆娑集》三十卷,已佚。《全宋詩》卷一一九二據《墨莊漫録》《永樂大典》等書録其詩一卷,此8首失收。

19. 李鷹(3首)

拜汾陽像

烏盡藏良弓,兔死烹走犬。功臣古難保,死者今千萬。初問屬鏤錫,復至鴟夷怨。誰今威震主,乃坐功爲患。千年郭汾陽,始卒忠義貫。功成不敢居,桂漆師樗散。名山舍甲第,華屋金壁煥。公非慕矍鑠,亦匪畏楊綰。故欲輕愛習,千載激貪懦。後來富貴者,拜公獨不赧。①

(《風騷軌範》後集卷一六)

三　龕

清伊激兩麓,金碧占雙阜。佛龕鑿峭壁,萬冗如朽蠹。三龕獨奇偉,千仞開萬户。豐碑書洪厓,是乃河南褚。河南固忠臣,字勢亦奇古。誰云譖劉伯,史權憎李許。想見還笏諫,不肯立阿老。此碑如甘棠,觀者不敢侮。②

(《風騷軌範》後集卷二〇)

梅花吟

長年見梅花,每與梅花醉。今年見梅花,當爲梅花淚。梅花自奇絶,人事如今别。花下一徘徊,若聽梅花説。不願傍官驛,驛外塵飛多馬跡。幾番驛使人南來,南枝折盡花狼藉。不願在深宫,娥眉人去壽陽空。繽紛檐下花飛片,不上宫妝入草叢。不願在西湖,舊日逋仙跡已無。可惜暗香疏影處,新來多是給樵蘇。不願近東閣,無人更管花開落。黄昏風雨鎖朱門,和叢人半歸沙漠。只願開向千岩窟,饕虐憑凌任風雪。花香不掩戰士魂,花飛不點流民骨。吟翁索笑癡更癡,豈

①成倪等《風騷軌範》,頁452。

②成倪等《風騷軌範》,頁494。

識梅花欲避時。《騷經》一字不拈出，靈均與我深相知。①

（《風騷軌範》後集卷二二）

按：李廌(1059—1109)，字方叔，號太華逸民、濟南先生，華州(今陝西華縣)人。"蘇門六君子"之一，《宋史》卷四四四有傳。有《濟南集》，又號《月岩集》二十卷，已佚，清四庫館臣據《永樂大典》輯爲八卷。《全宋詩》卷一二〇〇至卷一二〇三以文淵閣《四庫全書》本爲底本，新輯集外詩附於卷末，共録其詩四卷，此 3 首失收。另《新編事文類聚翰墨全書》戊集卷之六亦録李方叔《梅花吟》②，然明初王洪《毅齋集》卷四却收有此詩③，應爲誤收，其原因猶待詳考。

20. 晁詠之(2 首)

趙公亮築射亭予以絶藝名之

趙侯勇鋭誰與班，射穿七札如破菅。青冥雙鶬墮飛驟，南山曉霧摧虎班。前年冰雪過寘顔，呼吸萬星如通闤。重圍百戰意逾閑，至今三箭歌邊關。歸來猛氣不可删，朝攜雕弓爲君彎。喧填鳴鼓朱旗殷，樓煩飛將伯仲間。晚雲絛華羅髻鬟，酒酣耳熱欲往攀，尚疑身在祁連山。④

（《風騷軌範》後集卷八）

送慶倅鮮于大夫還朝

邊秋已凄凉，我意欲遲暮。先賢夢亦休，故人復何處。歌吟徒自苦，咄咄欲誰語。詎意白草閳，見此黄叔度。妙處吾不識，緒餘所欣慕。可是簿領寸，天衢有高步，貧賤知經綸，位高多反顧。眼看磊落人，半爲軒冕誤。君侯定不爾，山林乃心素。功成期他年，角巾首

①成倪等《風騷軌範》，頁 522。

②劉應李《事文類聚翰墨全書》戊集卷六，明初刻本。

③王洪《毅齋集》卷四，清文淵閣《四庫全書》本。

④成倪等《風騷軌範》，頁 335。

歸路。①

(《風騷軌範》後集卷二七)

按:晁詠之(1055? —1106?),初名深之,字深道,後改字之道,又字叔予,鉅野(今山東巨野)人。有《崇福集》三十一卷、《四六集》十五卷,已佚。《全宋詩》卷一二六四據《咸淳臨安志》《全芳備祖》等書録其詩 7 首,此 2 首失收。

21. 李新(5 首)

嘯月吟

夜氣成烟輕漠漠,玉輪徘徊轉雲脚。南山有客怨嬋妍,長嘯一聲雙淚落。野曠山空響月來,石壇風露無纖埃。一天星斗夜色静,萬壑松檜秋聲哀。餘音散落千山裏,玄豬號木龍吟水。清泠不减雍門彈,解使英雄淚如洗。君不見志士從來感慨多,千古悲傷獨奈何。荆卿酒市嘗相泣,阮藉途窮淚先濕。何况凄凉月中嘯,任是無情天亦老。②

(《風騷軌範》前集卷一一)

白紵詞

金刀剪斷霜雪飛,裁縫試着春風時。薄霧輕雲映紅玉,垂璫懸珮宜腰支。秦箏趙瑟繁弦促,爲君起舞陽春曲。庭花亂落素雲回,滿堂盡醉杯中緑。舞餘香汗沾輕塵,再收不復當時珍。君不見岩穴之士徵不起,每憂棄置甘賤貧。③

(《風騷軌範》前集卷一三)

詠 月

高門紛如雲,晝夜委冠蓋。我貧無往來,塊坐非孤个。慇懃有明月,夜夜照庭内。初隨竹籬升,忽近茅檐挂。呼兒掃前楹,汲冷静浮

①成俔等《風騷軌範》,頁 587。

②成俔等《風騷軌範》,頁 138。

③成俔等《風騷軌範》,頁 166。

壒。延我忘言友，清夜冷相對。我起君亦隨，邂逅不相背。洞然結深知，明徹照肝胃。君行雲宵間，我跡滯闤闠。追攀莫難期，老大一悲慨。誓將挽銀河，滯首濯天派。冷然御清風，颯爽出雲外。莫過崑崙峰，翻然不相待。①

（《風騷軌範》後集卷五）

過張氏園亭

喧喧少佳意，策馬聊自適。城南隱君家，水竹閟幽閴。水光晴自媚，竹色寒更碧。逍遥一藤杖，野步穿草棘。身閑日自長，景静心亦寂。蕭蕭紅葉下，霜氣扶風力。寒蝶與幽花，暮景各自惜。主人拂輕塵，邀我題素壁。自把甕頭醇，殷勤瀉胸臆。我生雲水意，邂逅塵土役。早晚賦□來，茅茨蔭清激。②

（《風騷軌範》後集卷八）

山樂官禽名也出東海上方春時群飛山谷間鳴聲相唤有清濁高下之節如坐作焉故以爲名余聞而賦此詩

君不見昔時師襄東入海，魂魄千年凛猶在。化作微禽山谷間，律吕自調聲不改。山前花發春風輕，花間上下相和鳴。清是鳳簫濁鼉鼓，雲爲留行花起舞。泉聲何物號彈箏，蚓竅應慚替歌女。吾人憔悴窮山中，分無畫堂十丈鳴鼓鍾。黄鷄白酒爲君醉，我知造化哀酸窮。世間貴賤亦何有，鳴蛙鼓吹知誰雄。③

（《風騷軌範》後集卷二一）

按：李新（1062—?），字元應，號跨鼇先生，仙井（今四川仁壽）人。哲宗元祐五年（1090）進士，有《跨鼇集》五十卷，已佚。清四庫館臣據《永樂大典》輯爲三十卷。《全宋詩》卷一二五二至一二六三以文淵閣《四庫全書》本爲底本，新輯集外詩一卷，共録其詩十二卷，此5首失收。

①成倪等《風騷軌範》，頁293。

②成倪等《風騷軌範》，頁334。

③成倪等《風騷軌範》，頁503—504。

22. 李朴(1首)

古　意

日月無根株,百年雙轉轂。寓形天地間,疾如弦上鏃。更求兩蝸角,何用分蠻觸。小人競榮華,君子事幽獨。不羡滄溟深,渴飲聊充腹。吾生自有餘,人心苦不足。①

(《風騷軌範》前集卷二)

按:李朴(1063? —1127?),字先之,虔州興國(今江西興國)人。《宋史》卷三七七有傳。有《章貢集》二十卷,已佚。《全宋詩》卷一二七五據《宋詩拾遺》《後村千家詩》等書録其詩11首,此首失收。

23. 蘇庠(2首)

舟過洞庭呈竇秀才張趙二武侯

楓林脱葉沉落暉,扁舟晚泊寒水湄。長歌弟子降北渚,載想洞庭歸客詩。張侯不能六尺長,胸次皎皎明秋霜。江湖餽餉食萬指,如以折箠驅群羊。竇郎文憲亦稽古,鶴唳青田欲軒舉。中藏武庫了不言,白面書生安足數。談兵復有漢充國,料敵懸知兔三窟。挽弓不必工挽强,要却邊戎射邊月。平生俗物畏開身,在眼雲山俱可人。何苦鄴侯三萬軸,要同元亮醉詩真。狂瀾夜卷舟渚空,朔鴻滅後隨驚風。篙師弭楫柁樓語,側身北望香爐峰。②

(《風騷軌範》後集卷二)

丘山林精舍置酒槃礴

輕舟鳴艣聲嗷嘈,亂石濺雪才容舠。篙師注視箭脱筈,巧取劣過輕鴻毛。斯須弭楫白鳥岸,竹輿軋軋循江皋。忽逢岩腹小精舍,蒼林繞舍群山高。釣臺丈人五經笥,文争班馬詩尤豪。珠璣落經不停手,下睇宋玉仍奴騷。季方人品固超絶,百城圖書非徒勞。遺民雅入遠江

①成倪等《風騷軌範》,頁21。

②成倪等《風騷軌範》,頁254。

社，左楫右柏陸與陶。惟余潦倒無一可，尚能枕麴並藉槽。方床病臥百不省，得酒尚取從君鏖。西山爽氣久夢想，顧待發語鄉何曹。①

（《風騷軌範》後集卷二〇）

按：蘇庠（1065—1147），字養直，澧州（今湖南澧縣）人。有《後湖集》十卷，已佚，《全宋詩》卷一二八八據《天台續集》《吴郡志》等書録其詩 32 首，此 2 首失收。

24. 洪芻（1 首）

雜　言

悲歌可以當泣，遠望可以當歸。登高望遠竟何益，男兒安用悲歌爲。晚食可以當肉，安步可以當車。後車百乘祇②載禍，鼎食不嘗五鼎誅。與鷄俱興早朝天。不如日高一覺眠。殺身成仁死不朽，不如生前一杯酒。曝茅檐之朝陽，可以獻君王。追北窗之暑風，可以傲三公。咄哉夫子胡不歸，東湖之東西山西，江南落毛可製衣，漳江洋洋可樂飢。③

（《風騷軌範》前集卷四）

按：洪芻（1066—1128），字駒父，南昌（今江西南昌）人。哲宗紹聖元年（1094）進士，與兄朋，弟炎、羽並稱“四洪”，江西詩派二十五法嗣之一。有《老圃集》，已佚，清四庫館臣據《永樂大典》輯爲二卷，《全宋詩》卷一二八〇至一二八二以文淵閣《四庫全書》本爲底本，並集外詩一卷，共録其詩三卷，此首失收。

25. 唐恪（1 首）

寄題漢陽冢廓臺

蜀江裂峽地維闢，瀟湘漱石如箭激。洞庭汪洋連夢澤，下會漢沔

---

①成俔等《風騷軌範》，頁 494。

②“衹”，《風騷軌範》作“祇”，據文意改。

③成俔等《風騷軌範》，頁 42。

催赤壁。盧阜東雄鳥不度，祝融西聳宇宙窄。中間巴丘鸚鵡洲，比數不到等沙礫。公於何處作層臺，要使一目周八極。風來廣莫萬竅號，日上扶桑四天赫。我嘗驅馳窮禹跡，危峰巨浸心歷歷。何當嘯詠躡高梯，下視元龍樓百尺。①

（《風騷軌範》後集卷八）

按：唐恪（? —1127），字欽叟，餘杭（今浙江杭州）人。《宋史》卷三五二有傳。《全宋詩》卷一二九八據《輿地紀勝》録其詩《夢野亭》1首，此首失收。

26. 邢居實（12首）

薄薄酒二首

薄薄酒，淡如水，猶勝飲茶終不醉。醜婦舉案與眉齊，萬歲千秋奉君子。但能頭白不相離，何用紅顔若桃李。君不見魏帝銅雀臺，當時鍾鼓震天地，到今但餘白骨埋蒼苔。蛾眉蕭飄臺上女，紅羅舞衣黄金縷。寶釵鳳髻今何在，玉座瓊筵②盡黄土。一生富貴能幾何，百年揮霍如飛雨。又不見李太白，天上長庚人間客。少年落托不作意，金樽美酒勝琥珀。酒酣携妓向春風，須曳磨滅如殘紅。何如薄酒一樽對明月，新炊香稻流匙滑。醉倒鼓腹歌，醜婦爲我舞。人生未死且行樂，何用鴻名垂萬古。

薄酒雖薄可濡唇，醜婦自醜何關人。到頭萬事盡如此，富死未必哀生貧。君不見鳶肩公子漢梁冀，賓客滿堂盡豪貴。黄金鑿落酒如酥，酒酣醉卧花氍毹。明珠論斛買歌笑，有妻絶勝秦羅敷。何如杜陵野老鬢如絲，草堂忍凍坐吟詩。覓得青錢沽白酒，忘形痛飲真吾師。負杖披褐到水邊，腸斷欲倒春風前。逡巡路旁避丞相，不敢細看真可憐。若不見秦皇漢武遊滄海，南望神山三點黛。紫芝神草徒爲爾，金闕銀臺竟何在。方士採藥遂不回，珠襦玉匣成寒灰。又不見隋家天子南渡時，滿船載女白如脂。空餘河畔青青柳，春來惟有黄鶯啼。何如

①成俔等《風騷軌範》，頁337。

②"筵"，《風騷軌範》作"莛"，據文意改。

瀟湘歸去泛扁舟，鱸魚正須膾千頭。剩沽美酒滿葫蘆，卧看楚舞聽吴歈。酒自薄，婦自醜，顔色如花奈我何，眼前富貴君須取。①

（《風騷軌範》前集卷五）

秋懷十首以微雲淡河漢疏雨滴梧桐爲韻

暮氣暗桑梓，呼僮掩柴扉。攬衣步中庭，宵月漾清輝。竹根寒露積，草際螢火微。開軒酌尊酒，清夜還自持②。

北秋天氣佳，遥林屏烟氛。索居易永久，不覺時平今。日落雨新霽，四睇無纖雲。散帙南窗下，空庭鳥雀群。

小少無異能，低回事鉛槧。寥寥四壁空，恨無石與擔。平生江海心，世味清泉淡。風雨暗瀟湘，它時繫孤纜。

薄暮棲鳥還，飛鳴相經過。佳人在何許，相望異關河。抱膝守空房，慷慨一高歌。高歌感人心，心悲將奈何。

悄悄群動息，寂寂長夜半。亭亭孤月上，歷歷華星爛。飢蟬跼柳梢，驚鴻響宵漢。長吟時擁鼻，徘徊候天旦。

三逕略已荒，無人披榛蕪。緑樹蔭鄰里，青苔滿庭除。不聞市井喧，漸與塵事疏。婆娑竹林下，此樂靡所如。

餘熱猶未衰，幽居氣如縷。遊魚潛深淵，飛鳶墮輕羽。密雲何方來，商羊中夜舞。反側不能眠，移床聽秋雨。

獨夜無人聲，孤燈挂高壁。清露濕前墀，徹凉生枕席。所親不可見，曠若千里隔，杼思欲題詩，毫端墨頻滴。

①成倪等《風騷軌範》，頁200—201。

②"持"，《風騷軌範》作"栫"，據文意改。

秋聲入庭樹，一葉下高梧。仰視天宇高，俯覽懷抱舒。閑若人事罕，課童種秋疏。兹焉可淹留，何必歸荷鋤。

庭菊含緑滋，幽蘭待清風。感物屬念深，悠悠思何窮。中宵投簪起，攝衣理鳴桐。長嘯發衰彈，此心誰與同。①

（《風騷軌範》後集卷七）

按：邢居實（1068—1087），字惇（或作敦）夫，鄭州陽武（今河南原陽）人。有《呻吟集》一卷，已佚。《全宋詩》卷一三〇二據《輿地紀勝》《宋文鑑》等書録其詩十二首。《詩話總龜》前集卷四三、《詩人玉屑》卷之十八引《王直方詩話》："邢居實字惇夫，年少豪邁，所與遊皆一時名士……惇夫自少便多憔悴感慨之意，其作《秋懷》詩云：'高歌感人心，心悲將奈何！'"②邢氏此詩見賞於諸名家，並爲之次韻，如黄庭堅《和邢惇夫秋懷十首》③、秦觀《次韻邢敦夫秋懷十首》④、陳師道《秋懷十首》⑤等等。今得見原詩，對考察當時的創作過程有重要作用。又李之儀有詩題云："蘇子瞻因膠西趙明叔賦《薄薄酒》，杜孝錫、晁堯民、黄魯直從而有作，孝錫復以屬予，意則同也，聊以廣之。"⑥邢氏《薄薄酒》詩亦或作於此時。

27. 謝逸（1 首）

送水玉盞與朱二

君家兄弟圭璧温，封胡揭末萃一門。論文説劒四座聳，溪光山影

①成倪等《風騷軌範》，頁 320—321。

②魏慶之著，王仲聞點校《詩人玉屑》卷之十八，中華書局，2007 年，頁 590。

③黄庭堅著，劉琳等點校《黄庭堅全集》正集卷二，中華書局，2021 年，頁 41。

④秦觀撰，徐培均箋注《淮海集箋注》卷第二，上海古籍出版社，1994 年，頁 81。

⑤陳師道撰，任淵注，冒廣生補箋，冒懷辛整理《後山詩注補箋》，中華書局，1995 年，頁 475。按：其以"雨荒深院菊，霜倒半池蓮"爲韻。然黄庭堅《和邢惇夫秋懷十首》，其第九首云"吾友陳師道，抱瑟不吹竽。文章似揚馬，欬唾落明珠。固窮有膽氣，風壑嘯於菟。秋來入詩律，陶謝不枝梧"，説明陳師道此詩亦與邢居實《秋懷》詩有關。

⑥李之儀著，史月梅箋注《李之儀詩詞箋注》，鄭州大學出版社，2019 年，頁 199。

摇清樽。我家水玉琢雙盞，冰霜照眠清人魂。置君金鍾蕉葉側，更覺虹氣輝江村。從此溪堂轉寂寞，只有田家老瓦盆。①

（《風騷軌範》後集卷一三）

按：謝逸（1068—1112），字無逸，號溪堂居士，臨川（今江西撫州）人。江西詩派二十五法嗣之一，有《溪堂集》二十卷，已佚，清四庫館臣據《永樂大典》輯爲十卷。《全宋詩》卷一三〇三至一三〇八以文淵閣《四庫全書》本爲底本，並有集外詩一卷，共録其詩六卷，此首失收。

28. 趙鼎臣(2 首)

夜飲堯明書館被酒醉歸獨立垂虹亭憑欄挹江水因以酒渴愛江清爲韻

水月本無心，虛明兩何有。空江自風露，瀹此枯腸酒。披雲弄江水，明月入我手。奇哉解酲杯，松陵吾玉斗。

太清本虛空，萬象一寥豁。初無容酒地，云何作消渴。空明眩天水，上下同一月。何妨小留佇，快此清江闊。

平生不作意，偶與長江會。意寓即忘形，身遊八荒外。月露洗澄虛。飛裾躡烟靄，興盡復蕭然，吾心本無愛。

醉枕思風露，吾將飲清江。飄然乘沆瀣，踏此玻瓈缸。銀河横玉蜺，雪浪摇瓊窗。水中有環佩，憑虛聽淙淙。

酒能飲我天，豈獨醉我形。勿云一勺酒，中有二江清。月露澹空遠，雲河眩疏星。俯仰失夢境，超然醉中醒。②

（《風騷軌範》後集卷二）

---

①成倪等《風騷軌範》，頁 405。

②成倪等《風騷軌範》，頁 255。

立春歸雍丘馬上讀淵明詩有感

北風掃歸雲，缺月破虚净。霜清天宇闊，炯炯挂冰鏡。佳哉真法喜，尊酒瀉清瑩。借君寒露水，洗此新妝靚。長歌《停雲》詩，鏗然若笙磬。酒能消百慮，益喜此語勝。醉中固多趣，惟覺一味静。解酲安用酒，政願不嘗醒。牛衣無軟語，氣敵霜風勁。懸知金鷄尾，不愽長鑱柄。當營種秫田，適我江湖興。①

（《風騷軌範》後集卷二）

按：趙鼎臣（1068—?），字承之，自號葦溪翁，韋城（今河南滑縣）人。哲宗元祐六年（1091）進士。有《竹隱畸士集》四十卷，已佚。清四庫館臣據《永樂大典》輯爲二十卷。《全宋詩》卷一三〇九至一三一五以文淵閣《四庫全書》本爲底本，集外詩附於卷末，共録其詩六卷，此 2 首失收。

29. 謝薖（2 首）

召伯埭謁文靖公祠

將軍鬚作蝟毛磔，杖劍喑啞建康陌。鯨呑虎噬不作難，羽林佽飛皆動色。衆人刺促公嘯歌，手持九鼎誰敢呵。折衝有道乃如此，一士可當百山河。雲孫之孫牛馬走，平生誦公不離口。才名豈在幼度前，風流竟落封侯後。落帆春風古埭傍，整冠再拜奠一觴。神姿颯爽有生氣，獨步不數江東王。②

（《風騷軌範》後集卷一六）

遊翠雲寺分韻得氣字

我家銅山陽，開門望蒼翠。舉觴對飛雲，爽氣集衣袂。去家今幾時，山色勞夢寐。夙聞翠雲峰，環合涌金地。願言從容遊，有志久始遂。聯車得群英，後乘載從事。出門望羲和，中路遭屏翳。衝泥上嶇嶔，徑險將恐墜。鳴泉瀉淙琤，怪石立贔屭。玩此泉石佳，一洗塵垢氣。諸公詩興健，落筆風雨勢。何言駑蹇姿，浪許逐騏驥。尋山興未

①成倪等《風騷軌範》，頁 256。

②成倪等《風騷軌範》，頁 453。

愜，此駕豈久悦①。唯應戒俗物，正恐敗人意。②

（《風騷軌範》後集卷二〇）

按：謝薖（1074—1116），字幼槃，號竹友，臨川（今江西撫州）人。江西詩派二十五法嗣之一，有《竹友集》十卷。《全宋詩》卷一三七二至一三七八以《續古逸叢書》所收影宋本爲底本，集外詩附於卷末，共録其詩七卷，此 2 首失收。

30. 王安中(2 首)

中秋宿白鶴峰東

先生真天人，下視濁世窄。寧爲萬里遊，聊取一笑適。羅浮留須臾，滄海瞰咫尺。争先椎川輩，請奉老聃役。旁檇訓鰐愈，遠躡騎鯨白。娱嬉粲翰墨，光寵被泉石。從來瘴癘地，忽著文章伯。蟄雷私帝怒，旱雨幸龍謫。是邦獨少憩，吾道嗟久厄。遂令緑林子，知避白鶴宅。想初發天藏，擇勝具眼隻。庭翻兩江練，窗納千嶂碧。忍言鄉里今，尚記兒童昔。錢公遷鵝城，攙劫疾駒隙。安知皓首年，宿此明月夕。還同故侯夢，永與中原隔。我衰無好語，公没有遺澤。誰能湔屈賈，向已僵湜籍。難呼小坡友，况覓二父客。懷哉往莫追，鮮矣今足惜。③

（《風騷軌範》後集卷二）

玉　友

玉友釀必以盛夏，玉色可喜，余屏居無客，獨飲輒心凝形釋，物我俱忘，信乎其可友也。

昔人取友傾肺腸，石交一旦隨炎凉。田文舍冷客已去，廷尉門静羅空張。好朝惡暮彼豈欲，捨貴就賤理莫强。誰如平生玉色友，醖藉可喜德有常。清心不鑠宣子日，真趣自識無功鄉。多情更念老迂客，

①“悦”，《風騷軌範》作“稅”，據文意改。

②成倪等《風騷軌範》，頁 495。

③成倪等《風騷軌範》，頁 256—257。

遺我肯惜囊中方。投珠瓮天散奇馥，汲乳江月澄幽光。嶺南萬户皆澹泊，聊復挹此同杯觴。素香末利門冰雪，楊梅盧橘紛丹黄。頽然何但獲三益，兀若便遣成兩忘。山雲壓瘴忽吹雨，水風滌暑先飛霜。夢回我自歌伐木，其誰求之道阻長。丁丁幽谷太獨立，賴有此友來相將。須人要非真莫逆，請謝琴孟麾子桑。①

（《風騷軌範》後集卷一二）

按：王安中(1076—1134)，字履道，號初寮，中山陽曲(今山西太原)人。《宋史》卷三五二有傳，有《初寮集》七十六卷，已佚。清四庫館臣據《永樂大典》輯爲八卷。《全宋詩》卷一三九一至一三九三以文淵閣《四庫全書》本爲底本，並有集外詩一卷，共録其詩三卷，此 2 首失收。

31. 范致虚(1 首)

示兒姪

大父名世才，清如洞庭秋。煖爛錦綉段，璀粲珊瑚鈎。經抵滿籯金，價重萬户侯。身歸一抔盡，名與三江流。男兒落地上，要當繼前修。簡編廢卷舒，吾代群兒憂。乃翁不耐事，擬作周南留。出犯五不韙，歸有三宜休。早須列鼎食，使家老一丘。爾綴鴛鷺行，我欲隨江鷗。②

（《風騷軌範》後集卷二五）

按：范致虚(？—1137)，字謙叔，建陽(今福建南平)人。《宋史》卷三六二有傳。《全宋詩》卷一三〇一據《三朝北盟會編》《輿地紀勝》《詩淵》等書録其詩 8 首，此首失收。

32. 鮑慎由(5 首)

濱州新堤詩

禾黍離離秋滿野，忽驚黄濁從空下。傳聞河已敗數州，東走那容

---

①成倪等《風騷軌範》，頁 399。

②成倪等《風騷軌範》，頁 564—565。

問牛馬。北人生長不知船，毁車爲桄摇不前。白頭抱兒立高樹，夜半雨霜天更寒。城西坡陁堤幾尺，水到隱然如敵國。增卑倍薄更百年，我公於人有陰德。寄聲河伯勿惱公，禹平水土今司空。①

（《風騷軌範》後集卷四）

行園詩

嘉蔬闕晨供，杖屨行西園。秋風客衣薄，覺此朝陽温。荒畦不滿眼，黄葉清露溥。已無故侯瓜，況復騷人蓀。何人慰我飢，苜蓿堆空盤。園翁非草草，時序今則然。墻陰見修竹，相倚青琅玕。期君懋高節，歲晚霜更繁。②

（《風騷軌範》後集卷一〇）

朱氏山居

迷塗日争馳，何異逐奔獸。那知夢非覺，競視夜爲晝。此心本長虚，萬象自交構。朱翁爾何人，獨出世俗囿。畏人不入城，矧肯從孝秀。結茅寄嵌嵚，奇險得盡究。傾崖僅可捫，側磴不容驟。將軍老銅柱，女子眩石竇。一笑桑竹間，千户吾已富。程侯筆驚人，腸胃錯錦繡。高詞破月脇，雲霧爲趨走。似聞名山藏，著書欲垂就。相將探禹穴，更欲窮遠竇。③

（《風騷軌範》後集卷一〇）

田家春事

鳴鳩逐婦天欲雨，陰陰野色浄隴畝。高田宿麥青蓋土，桃李懷春似無語。桑芽浥露拓葉吐，溪流濺濺淡蠶子。四鄰犁鋤出環堵，指揮作息有處所。竹萌可掘芹可煮，婦姑行饁將兒女。村南村北間簫鼓，豚蹄盂酒祝田祖。且勤芻秣餉吴牛，向來占風知有秋。但得文書省官

①成倪等《風騷軌範》，頁280。
②成倪等《風騷軌範》，頁358。
③成倪等《風騷軌範》，頁358—359。

守，野人懷抱百無憂。①

（《風騷軌範》後集卷一〇）

遊蔣山示元規

問途雨初乾，出郭日已夕。螢飛蔓草深，蟬鳴溪水碧。渴心倦長坂，露井踰百尺。解衣憩僧床，解語得佳客。天風動河漢，凉思借絺綌。侵星登定林，快意見泉石。江流遠縈帶，病眼煩重拭。紆餘龍盤地，王氣可凄惻。師儒有王傅，税駕此休適。藝木已參天，無復公履跡。空餘詩語工，妙墨照窗壁。向來應世故，豈不懷遠榮。諸人竟奚爲，高論互排擊。千秋公議在，毁譽何損益。行藏亦其難，懷古三嘆息。②

（《風騷軌範》後集卷一七）

按：鮑慎由，一名由，字欽止，處州龍泉（今浙江龍泉）人。元祐六年（1091）進士，《宋史》卷四四三有傳。有文集五十卷，已佚，《全宋詩》卷一二七〇據《能改齋漫録》《宋文鑑》等書録其詩 7 首，此 5 首未收。

33. 毛友(2 首)

望康山寄僧二首

直山纔十里，終日不可到。懷之如高士，景仰獨長嘯。不辭路九折，説遊已吻燥。雲峰遞隱現，歷歷供疏眺。餘山自殊尤，拔萃失高妙。幽尋會無餘，心賞先接要。想有丘壑姿，傲世倚孤峭。疏閑山中情，脱落世俗調。政當携若人，撫掌舒一笑。

連峰次南斗，在眼昔未到。發與空盤紆，舒寫屢吟嘯。願遊心欲然，利往前就燥。吾老如有懵，遥岑動清眺。新篇下紫霄，語我遊歷妙。物景會相忘，烟霞領所要。坐石揖清流，緑雲睨奔峭。悠然俯仰

①成倪等《風騷軌範》，頁 365。

②成倪等《風騷軌範》，頁 455。

間，無心乃同調。遊子真不欺，山靈勿騰笑。①

（《風騷軌範》後集卷四）

按：毛友（1084—1165），初名友龍，字達可，衢州西安（今浙江衢州）人。有《爛柯集》，已佚。《全宋詩》卷一四〇五據《咸淳臨安志》《永樂大典》等書録其詩 6 首，此 2 首未收。

34. 葉夢得（1 首）

同致道遊雲岩謁覺印老人分韻得虎字

我從山中來，更覓林下侶。常憂雲水脚，臨老涴塵土。高堂老禪伯，眉頰真伏虎。號風一哮吼，萬竅爲吞吐。升高寄遠覽，城郭遥可數。長坡出渺莽，積潦斷梅雨。從容半日會，邂逅平生語。亂石拱槎牙，重淵下深阻。誰能望牛斗，寶氣濯千古。勿作李將軍，彎弓徒飲羽。②

（《風騷軌範》後集卷二〇）

按：葉夢得（1077—1148），字少藴，吴縣（今江蘇蘇州）人。有《石林總集》一百卷等，已佚。《全宋詩》卷一四〇六至一四〇七以明抄本《石林居士建康集》爲底本，集外詩附於卷末，共録其詩二卷。另《正德姑蘇志》卷八亦録此詩，題云葉夢得《同程俱遊虎丘得虎字》③，其異文有“眉頰真伏虎”作“眉頰耀蓮宇”、“升高”作“乘高”、“長坡出渺莽”作“長陂去渺漭”、“牛斗”作“斗牛”，餘字皆同。程俱另有《同葉翰林遊虎丘分韻得丘字》④，可與之參看。

35. 朱敦儒（1 首）

送王伯起

君居河内我河南，太行嵩岳青相攙。黄流澒洞搶帝宅，四海萬國

①成倪等《風騷軌範》，頁 274。

②成倪等《風騷軌範》，頁 495—496。

③林世遠修，王鏊等纂《（正德）姑蘇志》卷八，明正德元年（1506）刻本。

④程俱《北山小集》卷三，《四部叢刊續編》景宋寫本。

尊中原。王畿士族皆契素,中外往往通姻連。狂胡長驅兩京破,衣冠散走如雲烟。廬陵再見王公孫,風流禮樂今不群。行李蕭疏馬骨瘦,長劍未許辭風塵。弄鞭不肯醉江柳,獻壽要趁蘭陵春。新年三四送了客,老大但覺雙眼昏。岳陽洞庭水爲土,珍重爲與蛟龍争。授子囊中種桃法,爲子先訪武陵人。①

(《風騷軌範》後集卷二七)

按:朱敦儒(1081—1159),字希真,號巖壑,洛陽(今河南洛陽)人。《宋史》卷四四五有傳,有《陳淵集》二十六卷等,已佚。《全宋詩》卷一四七八據《後村詩話》《宋詩拾遺》等書録其詩 9 首,此首未收。

36. 翁挺(3 首)

石馬歌

冶錮作馬漢伏波,代改時遷久銷磨。安知天巧發秀石,空山玉立長嵯峨。氣連瀟湘晚色潤,勢壓峻嶺回峰多。鐵衣常披豈無汗,壯士前引如譏訶。吾恐神君跨此駿,五岳超忽潛經過。龍姿矯矯不可縶,故往攸牧山之阿。年深石老蘚皮碧,凡馬過之猶辟易。何當叱起如比羊,静夜聞嘶曉無跡。②

(《風騷軌範》前集卷七)

斗野亭懷謝傅

挐舟遇古埭,散策尋精廬。佳哉此幽亭,會心誰與俱。伊昔晋太傅,高情邈天衢。超摇起山岩,談笑了氐胡。於公亦何有,鳥跡經太虚。由來九鼎重,增損匪錙銖。蒼生如公何,此語幾厚誣。我來迫佳節,露下西風初。晚色浄茱菊,秋聲在菰蒲。宵分察異氣,月暗窺明珠。恐有公等人,猶卧烟海墟。緘詩托雙鯉,問訊今何如。③

(《風騷軌範》後集卷八)

①成倪等《風騷軌範》,頁 588。

②成倪等《風騷軌範》,頁 84。

③成倪等《風騷軌範》,頁 334。

立春日王仲權宅觀雪聽教坊仇士聰彈琵琶神曲

明妃青冢何悠哉，春朝逐雪龍山來。黄金捍撥歸賀老，寫出槲林千古哀。東風猶輕勒楊柳，雪花當空小垂手。一聲驚動青女兒，不似窮廬勸胡酒。地下修文元舍人，流傳樂府君應嗔。只令攏撚向天上，寶帶幾賜金麒麟。猿啼鬼哭暗林薄，昔人凄愁今人樂。爲公援筆賦《陽春》，小寄雲間兩飛鶴。①

（《風騷軌範》後集卷一三）

按：翁挺，字士特，號五峰居士，崇安（今福建南平）人。有《五峰居士集》二十卷，已佚。《全宋詩》卷一五一七據《詩淵》、元《無錫志》等書録其詩5首，此3首未收。另《斗野亭懷謝傅》作者署名爲翁特，其他二首均署翁士特，疑脱一"士"字。

37. 吴致堯(1首)

臘　梅

凍雲垂陰不成雪，破臘搏紅千蕊發。樓頭爛熳散嫣香，滿眼冰姿眩明月。留連爲爾酌瓮尊，莫遣諸人愁斷絶。醉狂擬訪藐姑射，夢回疑到昭君村。問花恐作此花羞，一庵容膝衲蒙頭。空餘鐵石心腸在，未信年來繞指柔。②

（《風騷軌範》後集卷二二）

按：吴致堯，字恪文，一字聖任，順昌（今福建順昌）人。徽宗政和二年(1112)進士，有《歸愚集》，已佚。《全宋詩》卷一五四二據明胡漢《郴州志》録詩2首，此首未收。

38. 李邴(1首)

夏日讀王令集有會於余心和其韻

夫子妙辭藻，曄如春葩敷。暇日開遺編，使我形神舒。明月爲心

①成倪等《風騷軌範》，頁403。

②成倪等《風騷軌範》，頁520。

胸,白雲爲衣襦。問我何自得,我言得之書。云胡閟其光,奄忽同隙駒。圭璧不薦廟,而使馬守閭。嗤嗤彼俗子,潔衣在泥塗。顧謂我疏闊,我實自闊疏。九原不可作,安得與子俱。空令千載下,天子慕相如。①

(《風騷軌範》後集卷一三)

按:李邴(1085—1146),字漢老,號雲龕,濟州任城(今山東濟寧)人。徽宗崇寧五年(1106)進士,《宋史》卷三七五有傳。有《草堂集》一百卷,已佚。《全宋詩》卷一六四六據《錦綉萬花谷》《淳熙三山志》等書録其詩19首。《風騷軌範》共李邴詩5首,其中《古宫謡》(王安中集作《宫詞四首》)、《題趙大年金碧山水圖》、《次秦吏行觀老杜畫像韻》、《許道寧畫松》(王安中集作《許道寧松》)均爲王安中作。此詩則未見於王安中集内,或爲王安中所作,待考。

39. 侯延慶(4首)

余家藏山水横軸子蒼嘗賦詩覺範爲和亦次其韻答覺範因寄子蒼

老洪孤標千仞峰,脱略餘子兒脩融。懸知簪組縛不住,置在丘壑烟霞中。古來楚些招魂地,湛湛江水上有楓。獨尋山水最佳處,掬溜明月揮清風。憐我栖遲邵陵下,青鞋布襪來自東。我家山水列横幅,意匠經營奪化工。乞詩韓公屬公和,坐門兩虎收奇功。二公句中各有眼,此話未許常人通。幸哀我中薄書惡,賸作快語澆吾胸。詩成定貴衡陽紙,更寫窗前柿葉紅。②

(《風騷軌範》後集卷一四)

次韻直諒甫憶梅二首

玉仙飛軿下天門,縞裙練帨光無痕。縈香雜珮落山谷,冰霰拂林寒夜分。孤烟晴裊山下塢,細雨暮落溪頭村。含情似領歲寒約,秉操不受春紅吞。瘦枝横霧送好語,曲樹倚月招芳樽。生憐小蕾破清曉,

①成倪等《風騷軌範》,頁413。

②成倪等《風騷軌範》,頁419。

怕見脱蕚飄黄昏。三年浚都空想像,琢雪作句招花魂。巡檐索笑不易得,坐看百卉争奇芬。

粟里先生花夾門,冰姿洗盡脂澤痕。□□□□領春色,何乃種柳令平分。頗懷茅屋輿□□,□樹秀發青山村。仙人授我餐花訣,踏雪□□□月吞。□君玉骨戲事爾,不用日倒花前樽。□□飛上廣寒殿,千二百歲如朝昏。回看天女粲□□,笑我誑語清吟魂。何如毗耶病居士,花不□□空自芬。①

(《風騷軌範》後集卷二二)

次韻和韓子蒼道山堂後桃花

江山積雪盡,春透花肌豐。低昴翳香霧,一一□春容。桃花有仙姿,擢艷百卉中。不言如有意,掩冉笑春風。它年武陵源,物色招漁翁。照影相媚嫵,溪光鋈寒銅。移根清切禁,芳香更手融。碎錦爛新濯,層霞眩初烘。我憶三月浪,高江舞魚龍。江頭被光惱,紅雨亂晴空。當時惜花意,不惜醉顔紅。老矣風味薄,春來花自穠。②

(《風騷軌範》後集卷二二)

按:侯延慶,字季長,長沙(今湖南長沙)人。徽宗政和五年(1115)進士,有《退齋集》,已佚。《全宋詩》卷一六六一據《百菊集譜》等書録其詩3首,此4首未收。另韓駒有《次韻程致道館中桃花》:"桃花如昭君,服飾靚以豐。徘徊顧清影,似爲悦己容。數枝有餘妍,窈窕禁省中。何如武陵岸,繽紛落天風。我夢泛舟去,春流濯皀翁。豈知限重門,風摇鋪首銅。憶汝初破蕚,時當樓雪融。亭亭怯餘寒,賴此赤日烘。蓬山十載夢,翬飛左升龍。重來跡已换,一掃凡花空。髮有今歲白,顔無故時紅。三嗅三嘆息,繁英爲誰穠。"③此詩正爲之次韻,可參看。

①成倪等《風騷軌範》,頁518。

②成倪等《風騷軌範》,頁518—519。

③韓駒《陵陽集》卷二,清宣統二年(1910)刊本。

40. 倪濤(3 首)

汪彦章舟次淮南寄示舟中鉦字長句客居歲窮讀之愁絶次韻遣懷

詩人得酒還詩鳴,雖愁不復啼飢聲。觴行稍稍縱筆陣,一掃千字空愁城。老生嗳愁作底物,胸次宇宙同陰晴。縱横涉世要涇渭,進退與人隨鼓鉦。寒廳卧看雙酒瓮,百慮耗減餘詩情。故人奉薄未省見,歲晚老雁方孤征。土牛空大不進步,石田雖畝誰能耕。夜吟江雨船背濕,颯颯枯樹風連明。詩成屬我和春色,不信寒律能吹生。未須桃杏鬧羯鼓,柳稍已放千絲輕。①

(《風騷軌範》後集卷二)

含笑花

空庭無人月悄悄,露蕊晴葩泣清曉。夢回虚幌得幽香,鼻觀默參應自了。開苞欲放白雪淺,並蒂猶作青蓮小。風前含笑亦何事,笑我高材空潦倒。平生聞名初對面,樽酒相逢身已老。忽驚摵摵葉底聲,知有落英紛可掃。寧將艷質敵畏日,不逐群芳競春早。騷經不載空自奇,爲寄芳馨入詩稿②。③

(《風騷軌範》後集卷二二)

戲詠蠟花

寒窗愁雲深,春色來無期。染紙綴紅蠟,刻花聊自欺。的皪見梅蕊,驕姹出桃枝。憑軒兩海棠,各各回春姿。破萼動生意,天香佇幽思。真妄竟誰雄,造物一小兒。化工與意匠,幻巧皆吾師。攀條記香色,校計寧非癡。我來醉佳月,未覺花事遲。誰能向春盡,風雨愁離披。④

(《風騷軌範》後集卷二二)

---

①成倪等《風騷軌範》,頁 256。

②"稿",《風騷軌範》作"蒿",據文意改。

③成倪等《風騷軌範》,頁 519—520。

④成倪等《風騷軌範》,頁 520。

按：倪濤(1087—1125)，字巨濟，廣德(今安徽廣德)人。徽宗大觀三年(1109)進士，《宋史》卷四四四有傳。有《玉溪集》，已佚。《全宋詩》卷一六七八據《錦綉萬花谷》等書録其詩 3 首，此 3 首未收。

41. 周虎臣(1 首)

送錢伸仲檢法解官歸毗陵

嘎啃不滿六尺身，氣吞百萬虎牙軍。睥睨初無十圍腹，中有鄴侯三萬軸。十指凍可折，不炙權門熱。惡木垂陰吾死煦，盗泉飛流吾死渴。道旁牛醫兒，短褐面目黧。一見謂顏子，再拜稱吾師。許史高蓋車，驂騑如曳練。庸奴望塵拜，我欲唾其面。此士孰與倫，古應有此人。家世髯御史，吴越明王孫。屢乘鷄栖車，款我蓬蒿門。青衫不掩踝，冠履製僅存。我慚家食餘醯餐，褞袍禦臘春猶完。念子虀鹽困當官，瘦妻啼飢兒號寒。我多暇日坐投閑，束書不觀但懷安。念子矻矻簿領間，家書壁字討復删。搜羅地秘探天慳，九丘八索窮躋攀。翛然解官去，問子去何之。圖書載滿船，笑指荆溪湄。毗陵冠蓋光陸離，文綬若若印纍纍，連墻比屋蔭華榱。膏腴上價多不訾，囷庾露積如京坻。子於其間長若飢，檳榔强索逢巧訾。羅趙筆札誰見推，寫帖乞米還遭嗤。燕趙多風塵，梁宋不可容。置子骩髒軀，吾憂天地窄。錢侯笑色含春陽，具齒未發蘭言芳。誰能御氣驂龍翔，北窗卧可到羲皇。此行不用車與粮，胸中自有無何鄉。①

(《風騷軌範》後集卷二七)

按：周虎臣，管城(今河南鄭州)人。《全宋詩》卷一七〇六據《輿地紀勝》僅録《金山寺》詩二殘句，此首未收。

42. 周莘(4 首)

藕池道中

我舟十日真冥行，問塗野語雜蠻獠。厄陳如受辟穀書，鮭菜傾筐空腐鮑。有時飲水師曲肱，自擷溪毛薦芹茆。全家枵腹聊自哂，却喜

①成倪等《風騷軌範》，頁 588—589。

今朝布帆飽。五兩超騰如有神，三光指呼方見巧。我生蹇嵯固數奇，頡頏肯作庸中佼。艱難險阻奚獨今，寸進不須論稍稍。夜凉還卧玉壺中，自引銀河蹕星昴。①

（《風騷軌範》後集卷二）

九江有感

匡山作鎮如玉立，九道江波龍起蟄。地形自古稱上流，百二從來莫相及。賊圍一朝東練急，城堅不放秋毫入。時聞羽箭墮半宫，負户城中不能汲。可憐城守姚刺史，援兵不來天爲泣。生靈十萬飢欲死，蠟丸飛出淚猶濕。越人肥瘠誰所憐，諸將惜己同寒蟬。丞相忠勇號無前，巨師一北寧非天。願公再鼓無中屈，城之生死不容髮。②

（《風騷軌範》後集卷四）

夜聞荆江水聲

山頭作風老松語，山下亂石波掀舞。風回下拂千仞江，半雜江聲作飛雨。微茫星月自晦冥，水石喧豗起煙霧。快哉行欲放洞庭，萬里瞿塘寄餘怒。寒潮殷殷月外來，憶在錢唐正如許。我歸傾耳夜半時，腸斷還臨天涯路。③

（《風騷軌範》後集卷四）

山中書事

十年戰血漂鹵流，四方灾火燔炎丘。哀哀上蒼不悔禍，赤龍行水鞭潜虯。天如漏卮不可實，屈注滄海無時休。陽侯喑嗚冒七澤，河伯欠伸吞九州。淫雷應有鬼神會，萬物正與乾坤浮。陽烏餓死祝融泣，積陰六月寒可裘。未登新穀奮已没，斗牛直作千金酬。紛紛骨肉不相保，漂逝往往如蚍浮。曰陽曰雨聖者事，水旱不作堯湯羞。漢廷下詔

①成倪等《風騷軌範》，頁 254。

②成倪等《風騷軌範》，頁 280。

③成倪等《風騷軌範》，頁 280。

多罪己，職思尚倚三公憂。三公不憂奈若何，至今付與閑人愁。①

（《風騷軌範》後集卷五）

按：周莘，字尹潛，錢塘（今浙江杭州）人。《全宋詩》卷一七五九據《瀛奎律髓》録其詩《野泊對月有感》1 首，此 4 首未收。

43. 李祁(6 首)

看雨三山閣

我似山中來，草露濕芒屨。却登三山閣，回望山中雨。兩峰環合處，江水通洲渚。雲水正冥濛，孤鴻没何許。道人不相見，竟坐無誰語。翻然踏泥去，飢耳聞齋鼓。②

（《風騷軌範》後集卷五）

晚秋感懷

早歲晚疏野，畏與塵俗通。讀書坐干禄，失身落樊中。我昔走吴越，扁舟泊垂虹。孤雲澹落炤，水氣涵秋空。冷風吹浩渺，天壤將無同。一爲冠冕誤，永愧簑笠翁。人生爲糊口，世累終無窮。夕飧五湖月，朝飲三江風。此計久已决，吾其老江東。③

（《風騷軌範》後集卷七）

寄題復軒

我夢出沅澧，飛行烟靄中。長江眩明月，碧落摇孤峰。四山環紫翠，兩瀑如飛龍。千岩落環佩，萬壑鏘笙鏞。矍然驚變幻，恍若移虚空。平生江海士，習氣餘豪雄。十年走天下，散漫如飛蓬。歸來觀六幕，浮游竟無蹤。萬物本何有，一塵初不容。爲謝復軒叟，相欺馭秋風。④

（《風騷軌範》後集卷九）

①成俔等《風騷軌範》，頁 299。

②成俔等《風騷軌範》，頁 301。

③成俔等《風騷軌範》，頁 321。

④成俔等《風騷軌範》，頁 342—343。

山 麓

尋幽坐山麓，適與春江平。江流如酒面，灧灧銀光傾。心閑亦忘形，不須歌濯纓。看山飲江水，自足求長生。客來何所人，言談無世情。唤我入修竹，緣山有微行。歸去北山寺，猶聞魚鼓聲。①

（《風騷軌範》後集卷一〇）

病卧少微庵

枕上看江水，江山有奇姿。心閑天宇静，百里無游絲。平生四海内，一庵具茅茨。終日坐觀水，泊然無所思。此許有至德，秋毫不容辭。寧使此江涸，勿令吾水滋。②

（《風騷軌範》後集卷一〇）

秋雨謁急張商文以簡見屬偶對酒作詩爲戲

東家墻頭梨棗紅，西家登場豆粟豐。神猪初肥社酒熟，誰家客我耕田翁。平生作官如作夢，老入石渠猶乞俸。歸家得酒且歌呼，上馬開談怕豪縱。世人不食武昌魚，豈信秋江是腹腴。門外泥深三尺雨，尊前何用五車書。五侯貴客談齊魯，未識人間有邾莒。勸公不用長鋏歌，待我歸來短蓑舞。③

（《風騷軌範》後集卷二九）

按：李祁（約公元1114年前后在世），字蕭遠，一作肅遠。雍丘（今河南杞縣）人。《全宋詩》卷一八〇三據《能改齋漫録》等書録詩5首，此6首未收。《風騷軌範》中同一作者會有不同的標注方式，如陸游，既直接標明陸游，亦有陸放翁、陸務觀之稱。上述6詩中《看雨三山閣》《晚秋感懷》《山麓》《病卧少微庵》4首作者標爲李祁，而《寄題復軒》標爲李祁簫遠。《秋雨謁急張商文以簡見屬偶對酒作詩爲戲》標爲李祈，疑爲李祁之誤。另外亦有元人李祁，字一初，别號希蘧，茶陵州（今湖南茶陵）人，元統元年（1333）

①成倪等《風騷軌範》，頁359。

②成倪等《風騷軌範》，頁359。

③成倪等《風騷軌範》，頁621。

登李齊榜進士第二，有《雲陽集》，因此不排除其中會有詩作相混淆的情況。

44. 李若水(1首)

次韻李子建立秋有感

騷人欲賞秋，長瓶旋敲印。濃醉卧北窗，疏風自成陣。吏課儻餘閑，翰墨供游刃。黄葉動歸期，白髭傳老信。故人天一方，雲鴻渺來訊。新進如驥足，奔騰不容趁。人生竟何好，荣枯都一瞬。不如還舊山，飛泉洗塵鬢。①

(《風騷軌範》後集卷七)

按：李若水(1093—1127)，原名若冰，字清卿，廣平曲周(今河北曲周)人。有《忠愍集》十二卷，已佚，清四庫館臣自《永樂大典》輯出詩文，重編爲三卷。《全宋詩》卷一八〇五以文淵閣《四庫全書》本爲底本，集外詩附於卷末，共録其詩二卷，此首未收。

45. 張嵲(1首)

臨川道中書事

雷車走空雪飛雹，上元三日天色悪。朝來添盡行客衣，造物戲人無乃虐。冰封萬木遮路歧，犯凍石滑良亦奇。夢隨群公賓帝所，浮空劍佩聲參差。水晶宫中月常照，蕊珠殿裏春來早。誰能幻出玉樹花，世間那得瓊田草。蒼頭畦丁立欲僵，笑我吟哦有底忙。解鞍索筆題詩罷，更向白雲尋上方。②

(《風騷軌範》後集卷六)

按：張嵲(1096—1148)，字巨山，襄陽(今湖北襄陽)人。《宋史》卷四四五有傳，有《紫微集》，已佚。清四庫館臣據《永樂大典》輯爲三十六卷，《全宋詩》卷一八三六至一八四五以文淵閣《四庫全書》本爲底本，集外詩編附卷末，共録其詩十卷，此首未收。此詩《風騷軌範》以爲張子文作，又録《蘇

①成倪等《風騷軌範》，頁315。

②成倪等《風騷軌範》，頁308。

少卿寄内》詩亦標張子文,然據查爲張嵲詩,故此詩或亦爲張嵲詩。張子文在宋時有多人,一爲成紀(今甘肅天水)人;二爲張巽,字子文,號錦溪先生,泉州(今福建泉州)人;三爲張灝,字子文,遂寧(今四川遂寧)人,光宗紹熙四年(1193)進士。

46. 王銍(1首)

春溪詞

春風薄薄生輕羅,舒詞緩節揚清歌。江邊路長蘭芽短,陌上花少芳草多。兩鬢如鴉指如筍,天生玉顏不著粉。臨風向覺春無輝,照溪添出溪光嫩。顔如冰玉操雪霜,無人得贈雙明璫。自是臨流拾翠羽,不勞騎馬傍垂楊。沉沉落日海雲暮,盡是行人腸斷處。何許臨流送好音,亂鶯聲在江頭樹。①

(《風騷軌範》前集卷一三)

按:王銍,字性之,自號汝陰老民,汝陰(今安徽阜陽)人。有《雪溪集》八卷,今存五卷。《全宋詩》卷一九〇五至一九一〇以文淵閣《四庫全書》本爲底本,又新輯集外詩一卷,共録其詩六卷,此首未收。

47. 趙昚(1首)

水墨蒲萄

松煤點破虚室白,老翠蒼髯寒欲滴。半空瓔珞縣秋聲,滿地西風曉無跡。②

(《風騷軌範》前集卷一六)

按:宋孝宗趙昚(1127—1194),字元永,秀王稱子,生於秀州(今浙江嘉兴)。有《孝宗御集》,已佚。《全宋詩》卷二三三七據《聖宋名賢五百家播芳大全文粹》、周必大《文忠集》等書録其詩一卷,此首未收。

①成俔等《風騷軌範》,頁166。
②成俔等《風騷軌範》,頁226。

48. 劉子寰(1首)

觀柳源龍湫瀑

白水岩頂來,蒼崖地中裂。旋渦成坳泓,蕩潏開巖嵲。仰看天河流。迸出白雪缺。建瓴勢莫當,疾若强弩發。搗虛驚噴薄,觸石彌激烈。前危争未定,後迫勇愈决。遥聞股已慄,欲語耳頻聒。轟轟萬古雷,皎皎一壁雪。衝風捲陰竇,霧雨噀空闊。日脚射光芒,潭心沸漚沫。積水匯神淵,蛟龍據其穴。潛波時汹動,寒氣竦毛髮。沉筭仍續蔓,下探深不絶。天陰風雨作,光怪互明滅。向聞採銅夫,旁鑿墜地闕。洪濤隨涌溢,靈秘慮或泄。恐懼緣陰機,疑惑承俗説。何當明犀照,窟坎恣搜揭。①

(《風騷軌範》後集卷四)

按:劉子寰,字圻父,號篁㟍翁,建陽(今福建建甌)人。寧宗嘉定十年(1217)進士。有《篁㟍集》,已佚。《全宋詩》卷三〇八六據《全芳備祖》《詩淵》等書録其詩一卷,此首未收。

二 《全宋詩》未收詩人佚詩拾遺(6人6首)

1. 滕希靖(1首)

雪浪石上子瞻

中山甲士十萬軍,坐鎮黠虜朝廷尊。折衝不殺得上策,百年掃盡烟塵昏。九月霜繁摇落早,更無寸緑遮孤村。川原坡覽喜已得,泉石幽致尋無門。帥垣堂上有儒將,襟韻②洒落清入魂。下車搜奇得神物,飛來恐是崑崙根。鬼工天巧莫可詰,重重印入驚濤痕。吁嗟汩没幾春夏,雷同瓦礫誰與論。辱公拂拭喜真遇,意氣如在新羅瓮。從今

①成倪等《風騷軌範》,頁281。

②"韻",《風騷軌範》作"韵",據文意改。

雪浪載圖録，隨公百世名常存。①

（《風騷軌範》後集卷四）

按：滕希靖，字興公，河南府（今河南省洛陽市）人，慶曆名臣滕宗諒（991—1047）之子，哲宗元祐中爲朝請大夫、齊州通判，徽宗崇寧時爲朝請大夫、勾當南京鴻慶宫、上柱國、文安縣開國子、食邑五百户、賜紫金袋。見《宋史》卷六九、《續資治通鑑長編》卷四三六及《守故奉議郎知吉州太和縣飛騎尉賜緋魚袋許君墓誌銘》②等。蘇軾有《次韻滕大夫三首》，據蘇詩可知，當時滕希靖撰有雪浪石詩古體、七律各1首，沉香石詩七律1首。而尤以雪浪石古體詩最爲著名。之後蘇轍《和子瞻雪浪齋》、李之儀《次韻東坡所和滕希靖雪浪石詩古律各一》、道潛《次韻蘇端明定武雪浪齋》、秦觀《雪浪石》、張耒《和定州端明雪浪齋》、晁補之《次韻蘇門下寄題雪浪石》等人的次韻作品。此詩的出現對進一步理解蘇軾詩作，以及"雪浪石"這一文化意象的生成具有重要的作用。

2. 魯誠(1首)

次韻吴子友宣德見貽

霜林日夜落，衆竅吟枯虚。身雖在城府，跡與人間疏。開門見君子，喜氣生寒廬。家庖動甕盎，齋館羅圖書。豈我有宿戒，此輩知緒餘。衰顔變窮悴，笑色如芙蕖。雨霽得新釀，秋未饒嘉蔬。樂醉不知夜，起語猶徐徐。更闌聽倦僕，鼾睡鳴階除。③

（《風騷軌範》後集卷二五）

按：魯誠生平無考，吴子友生平亦不詳。然宋人韋驤（1033—1105）有《次韻和吴子友貢院作》④，李之儀（1048—1117後）亦有《答吴子友見寄，昔與子友同書局，以此韻往來，各人十二篇，今子友仍用元韻，遂復次之，各十

①成侃等《風騷軌範》，頁284。

②吴煒《江蘇儀征發現宋人許世京墓誌》，載《東南文化》1988年第1期，頁79。

③成侃等《風騷軌範》，頁565。

④韋驤撰，李玲玲、郜同麟整理《錢唐韋先生文集》，浙江古籍出版社，2019年，頁225。

三篇矣》①,故魯誠或爲北宋人。

3. 王粹中(1首)

聽文表上座作流水

維舟夜宿仙都山,鹿鳴月出千峰寒。黄冠抱琴笑迎客,朱絲促軫聞哀彈。我時勇决心未死,披衣起舞歌考槃。十年落魄事游走,萬里意適忘險艱。巾山道人眼無物,視琴不作無弦看。故來爲我瀉流水,使我見水思觀瀾。秋毫無窮太山小,一漚未覺滄海寬。叩門何暇聽剥啄,懸知静定人所難。江湖只尺坐可到,九淵應有蛟龍蟠。請君更作嚴子陵,我欲跨海投長竿。②

(《風騷軌範》後集卷一三)

按:王粹中生平事跡不詳,其與樓鑰(1137—1213)交情甚厚。樓氏《送王粹中教授入蜀》小序云:"王粹中教授赴新蜀帥尚書黄公之招,萬里有行,古調一篇贈别。"③另《送王粹中序》:"粹中力學起家,馳聲上庠,優在舍選,又其問學該洽,其進進未已,慨然有志於功名者也。客授歷陽,學子雲集,凡經指授,多所成就。當路諸公非無知己,尚爲江右漕幕之行。君向欲入蜀,嘗爲大篇,後亦爲詩以送。"④還有《謝王粹中惠白鶴山麟川觀斑竹杖並竹輿》等詩文⑤,可略見其生平。此外姜特立(1125—1204)《梅山續稿》卷八及卷一二各有一首《和王粹中》⑥。

4. 劉仙倫(1首)

送古劍與人

東越老翁新發硎,神光萬丈飛晶熒。六鰲斬斷老蛟死,一夜變化

---

①李之儀著,史月梅箋注《李之儀詩詞箋注》,頁196。

②成俔等《風騷軌範》,頁403。

③樓鑰著,顧大朋點校《樓鑰集》卷三,浙江古籍出版社,2010年,頁73。

④樓鑰著,顧大朋點校《樓鑰集》卷五〇,頁944。

⑤樓鑰著,顧大朋點校《樓鑰集》卷九,頁225。

⑥姜特立《梅山續稿》,清趙氏小山堂鈔本。

轟雷霆。白猿古法人不重，便有干將誰解用。豪家枉費千金求，兒女床頭睡驚夢。我有百煉剛，入手生秋風。龍泉誰道希世寶，不用還與鉛刀同。今贈子，不論價，無事腰間不須挂。淮陰市上多小年，驀忽教人來跨下。又不見麒麟畫像皆巍巍，當初誰識胸中奇。一朝逢辰立名字，玉貝磊砢高撑頤。①

（《風騷軌範》後集卷一三）

按：劉仙倫，一名儗，字叔儗，號招山。廬陵（今江西吉安）人。與劉過（1154—1206）並稱"廬陵二劉"，有《招山集》，已佚，今存《招山小集》一卷。《全宋詞》存詞 31 首。而《全宋詩》未録其人其詩，此首亦不在《招山小集》中。黄昇《中興以來絶妙詞選》卷五："劉叔儗……有詩集行於世，樂章尤爲人所膾炙。"②

5. 杜旃(1 首)

明皇合樂圖

天風吹來羽衣曲，曲譜君王新意續。後宫粉黛雲飛揚，梨園四部羅仙娼。虬髯天子坐胡床，飛燕斂衽隨君王。鼓瑟彈箏間吹簧，琵琶意慘塵沙黄。龍吟雜品單于調，象版促鼓撾漁陽。三郎回笑示玉環，只有天上無人間。棄巫番綽敢稱贊，請祝君王萬歲歡。堪笑虞庭大岑寂，只有一夔能拊石。③

（《風騷軌範》後集卷一五）

按：杜旃，字仲高，號癖齋。宋婺州蘭溪（今浙江蘭溪）人，有《癖齋小集》一卷存世，而《全宋詩》未録其人其詩，此首亦不在《癖齋小集》中。就其創作而言，陳亮有《復杜仲高》云："忽永康遞到所惠教，副以高文麗句，讀之一過，見所謂'半落半開花有恨，一晴一雨春無力'，已令人眼動；及讀到'别纜解時風度緊，離觴盡處花飛急'，然後知晏叔原之'落花人獨立，微雨燕雙

---

①成倪等《風騷軌範》，頁 406。

②黄昇《中興以來絶妙詞選》卷五，《四部叢刊》景明翻宋本。

③成倪等《風騷軌範》，頁 440。

飛'不得長擅美矣。'雲破月來花弄影',何足以勞歐公之拳拳乎!"①對其《滿江紅》詞極爲推崇。另王士禛《居易録》:"金華杜旃仲高《癖齋稿》:歌行有張、王風調,如《緑珠行》《明鏡行》《王粲宅》《别魏元長》《書懷》諸篇皆可誦,《送陸放翁赴召》長句最佳。"②可見其佳作亦多。

6. 潘子真(1 首)

劉正仲大夫以兔毫筠筒二物爲饋作詩奉謝兼用叙别

劉侯授我筆五色,副以琅玕仍滿百。要令文彩似於菟,不墜家風踵前跡。自愧一生從翰墨,十五嗜書今五十。用思淹遲竟不工,探道辛勤了無得。身統九患衆所攻,翻辱忘年心莫逆。新詩自造歐蘇閫,平澹才華兩相敵。過從但道傾蓋晚,不恨藍輿數相覓。造微覺我言每煩,遇事按兄懶無匹。琴尊隨分聊永日,冠纓絶倒知談劇。臨分把臂增嘆息,秋風吹空浩無極。後夜相思興渺瀰,月明千里滄江碧。③

(《風騷軌範》後集卷一三)

按:潘子真生平事跡無考,詩題中所言劉正仲或爲宋元之際人。舒岳祥至元十七年(1280)五月有《跋劉正仲作潘君石林記》:"有指以示予曰:'此其下,潘君所居也。'時予避地雁蒼,孤絶無鄰,雖未識君,意甚羨之。今觀正仲爲君記石林,正予昔所經行之地也,故因潘君而識之,且以補地志之闕文也。"④不知此潘君是否爲潘子真,另有《劉正仲〈和陶集〉序》等文。戴表元亦有《劉正仲至寶山不值主人而去次韻奉寄》。此外又有潘錞(淳),字子真,與黄庭堅過從甚密,所著《潘子真詩話》已佚,郭紹虞《宋詩話輯佚》有所輯録。

---

①陳亮著,鄧廣銘點校《陳亮集》卷二七,中華書局,1987 年,頁 327。

②王士禛撰,張鼎三點校《居易録》卷二,齊魯書社,2007 年,頁 3704。

③成倪等《風騷軌範》,頁 410—411。

④曾棗莊、劉琳主編《全宋文》卷八一六二,第 353 册,上海辭書出版社,安徽教育出版社,2006 年,頁 19。

餘　論

《風騷軌範》選録漢魏至元末明初的古體詩，其所選輯不同時代的文獻具備其不同的特點。宋及以後的詩歌在輯佚價值上尤重，而宋人佚詩的裒輯只是其文獻價值之一端。對於其中重要佚詩詳盡的論考，並挖掘其文學史價值，更有俟於今後。而元代及明初詩歌中亦有不少佚詩，仍可繼續研究。除此之外，正如葉曄所言，明代是古典文學文本整體凝定的時代。對於漢魏六朝隋唐的大多數非經典作家而言，其文集存世的最早版本皆在明正德至嘉靖年間刊印①。《風騷軌範》所憑藉的文獻多爲業已亡佚的宋元舊本，故針對宋以前的詩歌亦有重要校勘價值。然而《風騷軌範》畢竟成於衆手，也出現了不少前後重出以及詩歌係人錯誤等問題。因此在利用其進行佚詩輯考之時，則更需審慎。總體而言，對《風騷軌範》進行文獻學研究，不應將其看作一個孤立的個體，而是置於文獻流傳的整體進程之中，揭示文獻來源，考訂文獻訛誤，展現文獻價值。

另外將《風騷軌範》置於東亞漢文化圈的視野下，不僅可以憑此考察朝鮮初期的王室藏書與漢籍交流情況，還可深入文本内容，探究其特殊的分類方式及僅選古體的"復古思想"。總而言之，《風騷軌範》是極具價值的文獻，尤待進行多角度、深層次的綜合研究。

（作者單位：南京大學文學院）

① 葉曄《明代：古典文學的文本凝定及其意義》，載《中國社會科學》2020年第2期，頁157。

韓國首爾大學奎章閣藏孤本《玉堂賞花詩》考論*

邢雲龍

一 引言

我國古代唱和文學淵源有自①,“唱和聯句之起,其來久矣。自舜作歌,皋陶賡載”②。文士們藉詩歌唱和贈答,魏晋之時業已積稔成型,但“和意”而不“和韻”;至唐宋時期趨於繁榮③,在和韻方面尤臻嚴密。唱和之風相沿不絶,降及明清時期④,可謂大綻異彩。明天順二年(1458),李賢、彭時、吕原、林文、李紹、劉定之、倪謙、錢溥等翰林“八學士”於文淵閣燕集賞花、揚扢風雅,李賢拔乎同儕即席作詩十首以倡筵開,學士們頻相賡和。影

* 本文爲國家社科基金重大項目“日韓所藏中國古逸文獻整理與研究”(20&ZD273)的階段性成果。筆者撰寫論文過程中,承蒙業師金程宇先生的悉心指導,謹致謝忱!

①“唱和”(倡和)一般是指古代文人相互間贈答酬謝,與“唱酬”“酬唱”“酬和”等常常混用。廣義來看,唱和詩包括一切具有交際酬應性質的詩歌(聯句、同題、分題、分韻等多種形態),本文討論的是狹義的唱和詩,即由唱詩與和詩組成,和韻分爲用韻、依韻、次韻三種。

②黄鑑《談苑》,載朱勝非《紺珠集》卷一一,明天順年間刻本。

③鞏本棟《唱和詩詞研究——以唐宋爲中心》,中華書局,2013年,頁10—17。

④以唱和詩詞集數量爲例,明清唱和詩詞集達768種,唐宋時期僅有47種,參見姚蓉、賈艷艷《明清詩詞唱和研究述評》,載《明清文學與文獻》第8輯,社會科學文獻出版社,2019年,頁375—392。

響所及,其餘僚友踵繼次韻相酬,唱和盈帙,蔚爲"玉堂盛事"。此次集會唱和諸詩,稡爲三卷,彙輯成帙,并以《玉堂賞花詩》鋟梓於世。然而,這部唱和詩總集一直以來鮮見著録,經眼者絶少。近來,筆者欣喜地發現韓國首爾大學奎章閣藏孤本《玉堂賞花詩》爲中土已佚之珍籍,此前未被學界完整披露。在此,筆者鈎稽相關史料,擬對其版本、成書編纂和内容價值等進行綜合發抉,以求教於海内博雅方家。

二　"玉堂賞花會"緣起及《玉堂賞花詩》版本概況

(一)"玉堂賞花會"背景及經過

"玉堂"乃翰林院或内閣翰苑之雅稱,而"翰林"一詞原指文學彬彬之盛、俊才雲蒸之意。唐玄宗開元初建置"翰林院"官署,開元二十六年(738)始設"翰林學士"①名目,文士召入待詔、專掌内命。斯時翰林學士酬唱往還已悄然興起,皇帝亦多參與其中②。有宋一代,館閣翰林學士唱和結集③,甚爲時興。

明初以來,京師詩酒文會繁夥。永樂七年(1409),學士胡廣邀同僚會於城南并次韻酬和;永樂二十年(1422),楊士奇、曾棨、王英等十七人舉辦"西城宴集"以叙翰林交遊之舊;宣德年間,"海内號爲治平","帝乃仿古君臣豫遊事,每歲首,賜百官旬休。車駕亦時幸西苑萬歲山,諸學士皆從,賦詩賡和,從容問民間疾苦"④。正統二年(1437),"三楊""二王"等人舉行"杏園雅集",賦詩繪圖以紀承平之盛。夷考其因,這與國家肇興繁榮桴鼓相應,如李東陽所稱:"且自洪武開創,永樂之戡定,宣德之休養生息,以至於

①傅璿琮《唐翰林學士傳論》,遼海出版社,2005年,頁42。

②現存唐卷子本《翰林學士集》收録了貞觀年間唐太宗與大臣之間的唱和詩,儘管該集題稱可疑、殘佚不全,卻可能是現存最早的一部唐人總集,亦是唱和詩集的鼻祖,參見陳伯海《唐卷子本〈翰林學士集〉考索》,載《中華文史論叢》1984年第1期,頁67—77。

③如《翰林酬和集》《應制賞花集》《瑞花詩賦》《明良集》等,惜已散佚不存,參見鞏本棟《宋代唱和詩詞總集叙録》,載《古典文獻研究》第16輯,鳳凰出版社,2013年,頁217—232。

④張廷玉等《明史》卷一四八,中華書局,1974年,頁4136。

正統之時,天下富庶,民安而吏稱。"①"海内宴安,民物康阜"②助推士人頌世鳴盛,其間雅集唱和翕然成風,概見一斑。

正統以降,"土木堡之變""奪門之變"相繼洊至,皇權更迭、政治變亂或顯或隱地浸染著時代風會與文士精神祈向。英宗復辟之後,朝政時局初顯安靖,"文治"益漸規復,以至李賢歆嘆"天順人才,一時極盛"③。在此之前,臺閣"三楊"陸續謝世,李賢歷盡諸多事變仍泰然無虞,而今殆成京師政、文壇坫執牛耳者,這在天順二年(1458)"玉堂賞花會"活動中展露無疑,允稱獨步。

天順二年首夏五日,李賢、彭時、吕原、林文、李紹、劉定之、倪謙與錢溥等翰林"八學士"舉行賞芍藥雅集,聯席唱和,僚友們步韻相酬。李賢作爲首倡者,所撰《玉堂賞花會詩序》詳述原委。今不憚煩瑣,悉加迻録并句讀整理如下:

> 文淵閣之右有花台焉,列芍藥三本。聞自宣德間章廟嘗幸閣,命作是臺,才植一本居中是也。景泰初,增植二本左右是也。又聞宣德、正統時,歲常有花,洎增植之後未嘗一開。天順改元之初,予方入閣,時則同事四人,居中一本遂開四花,佳者惟一枝耳。今年春季前萌芽忽出,予與彭、吕二先生往來目之,然未敢必其開也。是月望後,林、李、劉、倪、錢諸先生偶來聚觀,枝葉始發。因戲曰:"此花若開,必共賞之。"又數日,有緑萼焉。左二、右三,中則甚多,首夏上旬之四日,遂各吐其蕊,欣欣然若解人意。吾之賞,業乃成,初亦不必其數也。明日會者八人,花即盛開八枝,各獻芳妍,無有不佳者。咸以爲異。以理觀之,固出於適然;以數觀之,似亦非偶然也。因思昔者韓魏公在廣陵時,是花出金帶圍四枝,魏公甚喜,乃選客具樂以賞之,蓋以人合花之數也。予今會客以賞花,初不取合於花數,蓋花自合人之數也。夫人合花數者,係於人;花合人數者,係於天。係於人者,未免有意;係於天

①李東陽撰,周寅賓、錢振民校點《李東陽集》(三),岳麓書社,2008年,頁1109。

②楊榮《文敏集》卷一四,《景印文淵閣四庫全書》第1240册,臺灣商務印書館,1986年,頁205。

③李賢《古穰集》卷一二,國家圖書館藏成化十年(1474)李璋刻本。

> 者,由乎自然。雖然魏公四人皆至於相,豈獨係於人哉!由是觀之,則魏公之有意,蓋亦合乎天數之自然矣。嗚呼!魏公一代偉人也,後世誰敢望之。偶因芍藥一事而比,論其所以然。諸先生曰:此禁苑之花,歆之於前而發之於今,當皇上復位之初,實氣運復盛之兆,所開甚大,又非廣陵者比。然三本三色,宜制佳號。遂名居中淡紅者曰"醉仙顔",居左純白者曰"玉帶白",居右深紅者曰"宫錦紅"。予作詩一章,復和數首,諸先生在會者亦皆和之。但取適情,不拘首數。時惟廷臣黄先生以足疾不赴會,明日復開一枝,廷臣當之,亦和數首。已而,閣院青宫諸僚友咸喜爲"玉堂盛事",亦爲和之。僉謂區區不可無言以紀其實也,遂序其所由於首云。天順二年歲次戊寅夏五月中澣吉日,賜進士第資善大夫吏部尚書制誥南陽李賢序。①

文淵閣砌築特製花台,栽植芍藥,歷經宣德、正統、景泰、天順四朝,"會者八人",適逢三本芍藥"花開八枝,各獻芳妍"。李賢遥想到宋仁宗朝韓琦"選客具樂以賞"金帶圍(芍藥),花開之數與賞花之人數同符合契,是謂"合乎天數之自然"。

明代翰苑文人雖然向來"樂睹盛事,遇一時一景,必舉酒相慶,又歌詠以紀之"②,但究其背景,這與李賢在天順改元(1457)之初已入直内閣不無關聯;"時則同事四人,居中一本遂開四花",既是異兆,也是徵兆,而"佳者惟一枝耳"實是青雲得路般的形象自喻(徐有貞被黜爲民、許彬謫官外放、薛瑄致仕還鄉)③。李賢以"塚宰"位望之尊,人所具瞻,經由翌年賞花詩會

①該序亦保存在李賢《古穰集》卷八之中,文中加着重號之内容失收。奎章閣藏本已影印收入《域外漢籍珍本文庫》第2輯集部第4册(西南師範大學出版社,2011年),本文所引《玉堂賞花詩》内容,均出自於此,以下不一一出注。在相關引文中,用"□"表示闕字。

②王英《王文安公詩文集》卷一,《續修四庫全書》集部第1327册,上海古籍出版社,2002年,頁304。

③天順元年二月,李賢以禮部侍郎兼學士入;三月晋吏部尚書;六月下獄,降福建右參政,尋留爲吏部右侍郎;七月復任。天順元年正月,徐有貞以兵部尚書兼學士入;六月下獄,降廣東右參政;七月復下獄,宥死,發雲南金齒衛爲民。天順元年正月,許彬晋禮部右侍郎兼學士入;七月調南京禮部左侍郎。天順元年正月,薛瑄晋禮部右侍郎兼學士入;六月致仕。參見張廷玉等《明史》卷一〇九《宰輔年表》,頁3330—3331。

活動率初發聲，期冀播揚社會令名、鞏固翰苑人際網路。李賢欣然爲《玉堂賞花詩》結集撰序，述其所由，并明言“紀其實也”。至此，約略可窺“玉堂賞花會”唱和之緣起。

（二）《玉堂賞花詩》版本概覽

韓國首爾大學奎章閣藏《玉堂賞花詩》三卷，一册，圖書番號爲“奎中—4491”。書體高 25 釐米，寬 16.1 釐米；版框高 21.1 釐米，寬 13.5 釐米。大黑口，上下黑魚尾，有界欄，四周雙邊①。版心上魚尾下刻卷次“詩卷×”，次記葉數。書前原有七幅“合頁連式”插圖，惜其已佚四幅②。就現存三幅而言，第一幅圖繪有四位頭戴冠帽的文士倚坐在幾案周圍，或持卷沉吟，或伏案染翰；第二幅圖映入眼簾的是築立的一座長方石臺，植有三大株重跗累萼的花卉，四周祥雲繚繞，此即“文淵閣之右花台”的芍藥，花台左側正有人駐足觀賞；第三幅畫刻有鱗次井然的屋宇遊廊，層臺累榭頗爲工致。左下方有刊記“楚江倪靖□紹興沈傑刊”③。三幅插圖繪刻古拙，墨氣濃淡錯落分明，人物線條流暢；雕楹刻桷精細，閣院景致躍然紙上。從插圖刻印技法及整體風格來看，承繼宋、元版畫樸質之特點，當爲明前中期繪刻風貌。抽繹是圖，應是協同詩集而繪製，詩詠其事、圖以紀之，富有叙事性的圖像、組圖功能④及其“互文性”⑤效果，二者相得益彰、同構互補，於此亦可見明初以來京師文官熱衷雅集并繪製成圖的習尚。藉此覽閲，昔日集會賞花勝

①首爾大學圖書館編《奎章閣圖書中國本綜合目録》，首爾大學圖書館，1982 年，頁 347。

②孫曉等編著《域外漢籍珍本總目提要》，西南師範大學出版社，2018 年，頁 101。

③倪靖很可能即明前中期著名廷畫家倪端（約 1428—1509 年後），字仲正，盱眙人，宣德中征入畫院，成化間官至錦衣衛都指揮使，與翰苑詞臣過從甚密。關於倪端生平、籍貫和家族等情況，參看趙晶《明代廷畫家倪端考略補遺》（《中國美術研究》2016 年第 3 期，頁 82—88）。倪端傳世畫作已知僅存二件，現藏北京故宫博物院的《聘龐圖》，款署爲“楚江倪端”。刊者紹興沈傑，未詳何人。

④兩幅以上的圖像組合，構成事件的時間性鏈條，可彌補單個圖像因抽離於事件的前因後果而導致的表意不明，參見吴留營《語圖在場：晚清東亞詩歌交流的一種路徑探索》，載《文學評論》2021 年第 2 期。

⑤“互文性”理論由法國批評家克里斯特瓦提出，圖像作爲對文本的“吸收”和“轉化”，二者具有一定的互動作用。參見秦海鷹《互文性理論的緣起與流變》，載《外國文學評論》2004 年第 3 期。

景宛呈目前。

正文卷前有南陽李賢《玉堂賞花會詩序》,凡 5 葉,半葉 7 行,行 13 字,序末鈐篆文印(同版刻印,墨色)3 枚"原德/之章""制外/安内""濯舊/來新"①。卷末有安成彭時《玉堂賞花詩後序》,凡 3 葉,半葉 8 行,行 15 字,序末鈐篆文印(同版刻印,墨色)3 枚"彭氏""純/道""學士/之章"②。序及正文字體爲明初本通行的趙體。正文半葉 10 行,行 19 字。無目録,每卷卷首葉第一行空兩格題"詩卷之×",次收録諸人組詩,每組數量不等,末注姓名及官銜。卷一收詩共 59 首,凡 13 葉;卷二收詩共 110 首,凡 25 葉;卷三收詩共 21 首,凡 6 葉。現存第一幅插圖(a 面)鈐有"弘文館""帝室/圖書/之章""朝鮮總/督府圖/書之印""摛/文/院""漢城(首爾)/大學校/圖書"等印③,知其原爲朝鮮王室弆藏。此本迭經歲月磨洗,間有蠹蝕破缺,部分書葉邊欄斷爛,字跡較爲漫漶。

核諸章印,可尋溯首爾大學奎章閣藏書之淵源。朝鮮李朝時期,第二十二代國王正祖李祘即位元年(1776)創建"奎章閣"④。奎章閣作爲保管歷代國王御制、御筆及王室族譜的官方藏書庫,同時兼管王政諮詢、學問教育和文化研究等職能,主要由内閣和外閣組成,内閣又分設摛文院、奉謨堂等。彼時奎章閣之藏書,或得自於清帝官方頒賜,或求購於清朝京師書肆,或徵集於朝鮮名家鄴架弆藏。據《奎章閣志》記載:"直院乃閣臣豹直之所,在金虎門内弘文館之右,即舊都總府也。御書其扁曰'摛文之院'。"⑤弘文館與司憲府、司諫院合稱"三司",主要負責董理宫室藏書、處理文翰等事

①李賢(1409—1657),字原德,南陽鄧州人。宣德八年(1433),登進士第,授吏部驗封主事,歷官少保、吏部尚書兼華蓋殿大學士等,謚號"文達"。臺灣故宫博物院藏李賢《跋歐陽修〈集古録跋尾〉》墨跡,文末鈐印"制外安内""濯舊來新",可資參看。

②彭時(1416—1475),字純道,號可齋,廬陵安福人。正統十三年(1448)狀元及第,授翰林院修撰,歷官太常寺少卿、兵部尚書、太子太保兼文淵閣大學士等,謚號"文憲"。

③1910 年,日本侵佔朝鮮半島("大韓帝國")後,設立朝鮮總督府,又於 1911 年 2 月將奎章閣圖書强行没收,劃歸朝鮮總督府藏書,并加蓋"朝鮮總督府圖書之印"。《玉堂賞花詩》鈐有該印,即爲一證。

④關於奎章閣的建制及變遷,可參看金鎬、潘美月《韓國存藏中國古籍調查初稿》,載潘美月、鄭吉雄主編《東亞文獻研究資源論集》,學生書局,2007 年,頁 277—398。

⑤李福源、徐命膺、金鐘秀等編《奎章閣志》,首爾大學校奎章閣,2002 年,頁 23。

宜。弘文館又名“玉堂”“玉署”等,與内閣合稱“館閣”,所謂“館閣之稱,昉於宋時”①。由此可見,中國古代翰林制度、“玉堂”文化濡染海東鄰國并産生深遠影響。

綜而言之,《玉堂賞花詩》何時以及藉由何種途徑流傳至朝鮮半島,尚難確考,而朝鮮李朝與明清時期中國書籍交流與貿易、人員往來頻仍,該集輾轉流藏於此,亦或如斯。《玉堂賞花詩》除此刻本之外,筆者目之所及,在中外各大圖書館及藏書目録、經眼書目和相關目録檢索系統中,均未覓見。現今首爾大學奎章閣所藏《玉堂賞花詩》則很有可能係天壤間孤本。

三 《玉堂賞花詩》成書、編刊及載録情況

(一)成書、編者及刊刻時間

該本無内封、牌記等,編者及刊刻時間等信息闕如已久,未能遽斷。前揭李賢《玉堂賞花會詩序》(以下簡稱《詩序》),末署“天順二年夏五月中瀚”。現今館藏地與相關書目著録爲“天順二年序刊本”②,這一標注顯然語焉不詳。關於此集成書、編者和刊刻時間等情況,或可從其文本内部尋繹相關線索。

《玉堂賞花詩》卷末載彭時《玉堂賞花詩後序》(以下簡稱《後序》),因該序未見於其他文獻,故完整揭出如下:

> 芍藥,天下之名花也。昔韓魏公□守廣陵,值花之開有奇異者,特選客具樂以賞之。其後,四公皆爲首相,世傳以爲美談焉。今塚宰南陽李先生被命入内閣,之明年,時維暮春,芍藥舊本復茂,予與先生暨嘉禾吕先生往來必矚目焉。一日,林、李、劉、倪、錢諸先生偶以公事至,先生指而言曰:“花若盛開,當與諸公賞之。”不數日,開者八枝,紅白異色,芳香襲人。諸先生乃欣然赴約,序列而坐,適應花數偉乎,獻

---

①《朝鮮王朝正祖實録》卷四一“正祖十八年十二月(甲寅)”條,韓國國史編纂委員會影印編縮版,第46册,1970年,頁526。

②參見韓國首爾大學奎章閣官網:https://kyu.snu.ac.kr/;全寅初主編《韓國所藏中國漢籍總目(五)》集部,首爾學古房,2005年,頁228。

酬之有容藹乎,和氣之交暢,可謂極一時之樂者矣! 酒半,先生言曰:“兹會之樂,幸因□平務簡,而成不可無述以彰盛□。”於是倡之以詩,同坐者皆和焉。金城黄先生使歸,亦和焉。縉紳君子聞而歆艷者,又和焉。和者既多,積成巨編。禾川劉先生請鋟諸梓,俾予序其後。予聞萬物皆天地和氣之所委,氣有盛衰,故物生亦異。此花植於内閣久矣,閟而不發已十餘年。方今盛開如此,豈偶然哉? 蓋自聖天子復登寶位,仁均四海,而太和元氣充然復盛。當此時,草木群生,咸若其性而況。此花托根禁近,尤得氣之最先者,宜乎其開之,獨盛也。不然,何其閟於昔而發於今邪! 諸公俱以文學列侍從,自慶遭時之盛惡乎,而不□□,得於心而寓於花,故形諸詩章,亦皆温厚和平無愧乎。治世之音,是即韓子所謂“樂而不失其正,又樂之尤也”。夫然則樂不以花而以時,非廣陵之會可比。安知來者,不遂相傳以爲“玉堂盛事”。自今始邪,因本其所,自庶觀者考焉。天順二年夏六月朔,賜進士及第中順大夫太常寺少卿兼翰林院學士知制誥安成彭時序。

據此可知,彭時亦紹介“玉堂賞花會”唱和活動的相關細節,引及宋時韓琦等人在廣陵賞芍藥“世傳以爲美談”。序末署“天順二年夏六月朔”,可知與李賢《詩序》撰寫時間僅隔十餘天。李賢、彭時分别撰寫前、後序,“前後呼應”因二人見重於時(皆入直内閣)而被延請撰序①。尤爲可言的是,彭時《後序》提及“禾川劉先生請鋟諸梓,俾予序其後”,禾川(今屬江西省吉安市永新縣)劉先生即劉定之(字主静,號呆齋),亦屬此次“玉堂賞花會”重要成員之一。至此或可明確,《玉堂賞花詩》實際是由劉定之主持編纂。

《玉堂賞花詩》收録衆人詩歌,唯有莆田柯潛(字孟時,號竹巖)詩存有小序。該序亦爲新見之資料,頗具文獻價值,迻録如次:

今年夏月初,閣老南陽李先生倡詩賞芍藥,洎和者幾二百首,皆治世之音也。已鋟梓以記其盛矣! 蓋芍藥自宋韓魏公選客會賞後,再見品題於今日,真罕遇之盛事也。潛以後至,與同寅續和者,附於卷末。

---

①天順元年九月,彭時以太常寺少卿兼翰林院侍讀入;十二月,晋學士。參見張廷玉等《明史》卷一〇九《宰輔年表》,頁3331。

噫！若潛之作，正所謂擊瓦缶以混清廟之瑟者歟，讀者幸勿哂焉。是歲冬十二月哉生明，尚寶司少卿兼翰林修撰莆田柯潛識。

柯潛稱嘆自韓琦邀客賞芍藥之後，此次賡續品題"真罕遇之盛事"，嘉許之情，溢於言表。"和者幾二百首"（實爲190首）且"已鋟梓"，序末落款爲"是歲冬十二月哉生明"，又言己作與同寅續和之作"附於卷末"（柯氏位列倒數第四位，詳下）。這表明在此之前《玉堂賞花詩》已基本成形，待補入柯潛等人詩作後即將授梓，因此所收柯詩當屬時間較晚（乃至最晚的）。筆者細閲全書，亦無其他信息表明成書時間是晚於此時。綜上可以推定，《玉堂賞花詩》成書時間範圍爲天順二年四月至該年十二月，刊刻時間應在天順二年十二月或稍後。此乃已知現存最早的明代翰林文人唱和詩總集。

（二）編次體例及載録情况

考覽《玉堂賞花詩》編排形態，李賢《詩序》置於卷前，次收録諸人唱和詩作，彭時《後序》附於卷末。以人標目，按人係詩，所收諸人及詩作編排順序，是以翰林院學士領銜，詹事府詹事及少詹事、太常寺少卿、翰林院侍講及侍講學士、左春坊左中允次之，復以翰林院修撰、編修、檢討等接續，最後以翰林院五經博士、典籍、侍書、修撰、編修、檢討等附後。不難發現，其間雖偶有"失序"，但總體來看，編排標準有兩方面的考量因素：唱和創作時間先後、官銜等級高低（降序）。可資證明的是，翰林院侍讀學士（從五品）錢溥位列第八，而翰林院學士（正五品）黄諫因翌日赴會賞花賡詠，故位列第九。

彭時《後序》提及"八學士"（與李賢《詩序》所引八人次序一致）賞花之時"序列而坐"，酬酢氛圍極爲"和氣交暢"。此外，倪謙《和内閣李學士賞花詩（有序）》云"塚宰李先生（李賢）置酒，邀院長彭、吕、林、李、劉、錢六先生共賞，予亦幸聯席末會者"①，援引八人次序亦不謀而同。這顯然并非"序列"的簡單巧合，而是遵循潛在的"秩序"。之所以會出現這類情狀，如彭時所言"翰林故事，凡同寅皆尚齒，與諸司不同，然仍以類分。學士自分一類，侍讀、侍講一類，修撰、編修、檢討自一類，等級截然不少紊，蓋其所來久

①倪謙《倪文僖公集》卷八，南京圖書館藏弘治六年（1493）倪嶽刻本。

矣"①。可以想見,明代翰林院不僅向來尊崇"年齒",同時亦看重官階,"等級截然不少紊"恰可佐證上述編次體例之端緒。

爲便於直觀地考察,兹據《玉堂賞花詩》編排及收詩情況,特勒爲下表:

序號	姓名	籍貫	職銜	録詩	卷次	合計
01	李賢	南陽	吏部尚書(兼翰林院學士)	10 首	詩卷之一	59 首
02	彭時	安成	太常寺少卿兼翰林院學士	5 首		
03	吕原	檇李	翰林院學士	5 首		
04	林文	莆田	翰林院學士	5 首		
05	李紹	安成	翰林院學士	5 首		
06	劉定之	永新	翰林院學士	5 首		
07	倪謙	錢唐	翰林院學士	8 首		
08	錢溥	東吴	翰林院侍讀學士	8 首		
09	黄諫	金城	翰林院學士	8 首		
10	陳文	廬陵	詹事府詹事	5 首	詩卷之二	110 首
11	劉鉉	長洲	詹事府少詹事	5 首		
12	黄采	永嘉	太常寺少卿	3 首		
13	萬安	眉山	翰林院侍講	5 首		
14	李泰	漁陽	翰林院侍講學士	5 首		
15	孫賢	古杞	左春坊左中允	3 首		
16	陳鑒	古吴	翰林院修撰	5 首		
17	劉吉	博野	翰林院修撰	5 首		
18	童緣	錢唐	翰林院修撰	5 首		
19	黎淳	華容	翰林院修撰	3 首		

①彭時《彭文憲公筆記》上,國家圖書館藏嘉靖間顧氏大石山房刻本。

續表

序號	姓名	籍貫	職銜	録詩	卷次	合計
20	李本	西蜀	翰林院編修	4 首	詩卷之二	110 首
21	王偁	毗陵	翰林院編修	5 首		
22	戚瀾	餘姚	翰林院編修	5 首		
23	徐溥	宜興	翰林院編修兼司經局校書	5 首		
24	丘濬	瓊臺	翰林院編修	5 首①		
25	尹直	泰和	翰林院編修	5 首		
26	彭華	安成	翰林院編修	4 首		
27	陳秉中	霅川	翰林院編修	3 首		
28	徐瓊	臨川	翰林院編修	2 首		
29	楊守陳	四明	翰林院編修	5 首		
30	傅宗	嚴郡	翰林院檢討	3 首		
31	張業	安成	翰林院檢討	3 首		
32	凌耀宗	臨淮	禮部員外郎	4 首		
33	曹冕	江東	中書舍人	4 首		
34	鮑相	天臺	翰林院五經博士	2 首		
35	李鑒	西蜀	翰林院典籍	2 首		
36	陳穀	泰和	翰林院典籍	2 首		
37	謝昭	浙東	翰林院侍書	3 首		
38	柯潛	莆田	尚寶司少卿兼翰林修撰	7 首	詩卷之三	21 首
39	牛綸	範陽	左春坊左贊善	5 首		
40	吴匯	臨江	翰林院編修	5 首		
41	邢讓	河東	翰林院檢討	4 首		

①丘濬作有 5 首,其中有 2 首是集句詩。

據上表可以看出,《玉堂賞花詩》收録 41 位文官作品,翰苑諸公齊集,頗足稱道;每人少則 2 首,多則 10 首,收詩共 190 首。這是一次有組織、大規模的集體唱和活動。

該書自明清以降不僅鮮爲世人獲悉,而且知見原書者亦罕。檢視明以來官私藏書目録,晁瑮《晁氏寶文堂書目》著録"《玉堂賞花會集》"①,未注卷次。此爲今知載録《玉堂賞花詩》最早之書,亦尚未見有他書著録。此外,陳真晟《題〈玉堂賞花集〉後》記載:"僕觀《玉堂賞花集》,知諸公之尊榮貴寵,皆出於天命定數,固非人力之所能及矣……既詠爲詩,又繪爲圖,又梓行以誇耀天下,謂之'玉堂賞花盛事'。"②可知陳氏確切獲觀此書,并且證實了該書是以"詩、圖合璧"梓行。《四庫全書總目》"集部"著録"《陳剩夫集》四卷"提要云:"又《題〈玉堂賞花集〉後》詆諆執政,謂不賞其《程朱纂要》而群聚賞花,後世不免謂之俗相。"③頗堪玩味的是,《四庫全書》并未收録《玉堂賞花詩》。

"玉堂賞花會"在明代已引爲詞林佳話,田藝蘅《留青日劄》卷三二"文淵閣芍藥"、慎懋官《華夷花木鳥獸珍玩考》卷六"花木考"、陳師《禪寄筆談》卷二"符兆"、葉盛《水東日記》卷七、焦竑《玉堂叢語》卷七"遊覽"、李紹文《皇明世説新語》卷六"寵禮"、王路《花史左編》卷六"花之瑞"、黄瑜《雙槐歲抄》卷八"玉堂賞花"、黄佐《翰林記》卷二〇"賞花倡和"等,均有詳略記述。其中不乏因襲援引,甚至將之作爲館閣軼事,應皆未見《玉堂賞花詩》原書。值得關注的是,納蘭性德《渌水亭雜識》記録:

> 玉堂賞花會賦詩者四十人,學士則南陽李賢、安成彭時、檇李吕原、莆田林文、安成李紹、永新劉定之、錢塘倪謙、東吴錢溥;侍讀則金

---

①晁瑮《晁氏寶文堂書目》卷上"詩詞類",《續修四庫全書》史部第 919 册,上海古籍出版社,1996 年,頁 38。按:明鈔本《晁氏寶文堂書目》今庋存於國家圖書館,善本書號:CBM1328。該書目由晁瑮後人於嘉靖年間纂輯,直至萬曆年間仍有增補。晁瑮(1507—1560),字君石,别號春陵,嘉靖辛丑(1541)登進士第,此後久居翰林,《玉堂賞花詩》當輾轉爲其所得。

②陳真晟《布衣陳先生存稿》卷六,北京大學圖書館藏正德十一年(1516)林魁刻本。

③永瑢等撰《四庫全書總目》卷一七五,中華書局,1965 年,頁 1560。

城黄諫;詹事則廬陵陳文、長洲劉鉉;侍講則眉山萬安、漁陽李泰;中允則古杞孫賢;贊善則範陽牛綸;修撰則吴中陳鑒、博野劉吉、錢塘童緣、華容黎淳;編修則西蜀李本、毗陵王倎、餘姚戚瀾、宜興徐溥、瓊山丘濬、泰和尹直、安成彭華、雩川陳秉中、臨川徐瓊、四明楊守陳、臨江吴匯;檢討則嚴州傅宗、安成張業、河東邢讓;翰林五經博士則天臺鮑相;典籍則西蜀李鑒、泰和陳穀;侍書則浙江謝昭;其二人則禮部員外郎臨淮凌耀宗、中書舍人江東曹冕。詩成,李賢序之,彭時作後序。①

文中指出"玉堂賞花會賦詩者四十人"(所列實爲39人),比勘可知,漏記太常寺少卿黄采、尚寶司少卿兼翰林修撰柯潛二人。但是,納蘭氏對編次體例深爲諳熟,并且根據職銜,依序分組臚列。藉此推測,納蘭性德應見過《玉堂賞花詩》原書,此時該集在中土仍有流傳。

因人事遷轉、時移勢易,"玉堂賞花會"唱和活動未及一年即風流雲散,"蓋賞花未幾,而倪學士(倪謙)成開平,黄學士(黄諫)降授廣州通判也"②。循此可知,劉定之當初將衆人唱和詩作裒輯成編并適時付之梨棗,編纂動機旨在畀予翰林僚友以供紀念。隨著年湮世遠,作爲唯一完整記録昔日"玉堂盛事"的《玉堂賞花詩》,其重要性不言而喻,洵足珍貴。

四 《玉堂賞花詩》所收内容及價值

彭時稱揚"玉堂賞花會"唱和活動,"和者既多,積成巨編",雖有誇飾之嫌,但《玉堂賞花詩》作爲一部明人即時編纂的唱和詩總集,是明代乃至中國古代唱和詩史、詩集史上的重要一環,其在文學文獻方面的價值不容忽視。幸有此書傳世,保存了内閣翰苑大多數人詩作的吉光片羽,俾使諸人文名不至於湮滅無聞。該集卷首存有數幅插圖,"詩、圖合璧"實爲創舉,不僅是天順朝翰苑詞臣社交圖景和詩藝生活的見證,亦不失爲明代版刻史之重要資料。藉由是集,還可助益我們深入瞭解翰林文人群體以及綜合探察

①納蘭性德《通志堂集》卷一六,《四庫全書存目叢書》集部第247册,齊魯書社,1997年,頁384。

②葉盛撰,魏中平點校《水東日記》卷七,中華書局,1980年,頁73。

京師政治與文學生態。

(一)訂訛補闕與"公""私"文本之異的啓示

明初至天順年間,内閣翰苑雅集交遊、詩酒唱和不乏其例。然則詩作多遺佚或散存於别集之中,彙帙成總集并留存及今,唯此《玉堂賞花詩》一例①。更爲重要的是,該集所收 2 篇文章(前、後序)與 190 首詩作,大半已遺佚不傳,可爲將來整理相關明人别集和明代"全"字號總集發揮訂訛補闕之作用。兹將《玉堂賞花詩》與各家詩文别集、相關文獻比勘并仔細梳理一遍。

首先,《玉堂賞花詩》卷前之李賢《詩序》,見存於《古穰集》卷八,但後者文字已有刊落,可資補正;卷末之彭時《後序》,不見於《彭文憲公集》,該序可供輯遺。所收林文(號淡軒)5 首,亦存於《淡軒稿》卷二,題爲《玉堂賞花和李文達公韻》(五首);所收倪謙(字克讓)8 首,亦見於《倪文僖公集》卷八,題爲《和内閣李學士賞花詩(有序)》(十首)②;所收劉鉉(字宗器)5 首,僅 2 首見於《劉文恭公詩集》卷四,題爲《奉和内閣賞芍藥詩韻三首》,可補其闕。比勘異同,可窺其特定背景和創作過程。以劉鉉爲例,《玉堂賞花詩》録其第一首尾聯爲"花占相兆群公應,好獻君王萬壽觴",《奉和内閣賞芍藥詩韻三首》(其一)尾聯爲"花占相出群公應,歡會偏宜共一觴"③,前者第一句

①管見所及,永樂四年(1406)元夕,侍讀胡廣參加蓮花燈會并首倡,金幼孜、王紱等人次韻賡和,裒爲《元宵唱和詩》;永樂七年(1409)中秋,學士胡廣在京師城南舉辦宴集并首倡,鄒緝、金幼孜等人步韻酬和,結爲《中秋宴集詩》。惜其皆已亡佚。永樂十二年(1414),胡廣、鄒緝、楊榮等翰林文官考求"北京八景"舊跡并唱和,存有 110 餘首詩,(傳)王紱繪製八景圖,合《北京八景圖詩》卷(現藏於中國國家博物館)。另,韓國首爾大學奎章閣藏有《北京八景圖詩》朝鮮刻本、韓國國立中央圖書館和成均館大學尊經閣藏有《北京八景詩集》朝鮮刻本,應當屬於"圖詩"卷的"衍生"。永樂二十年(1422),楊士奇、曾棨、王英等十七人舉辦"西城宴集",《西城宴集詩序》載"詩成稡爲一卷,余序其所由來於簡首,各録一本藏於家,後之人不有觀之而興慕者乎"(楊士奇《東里文集》,中華書局,1988 年,頁 75—76),可知此次雅集唱和諸詩裒輯成"卷"(北京故宫博物院藏有《西城宴集詩并序》軸)。然而,"《北京八景圖詩》卷"與"《西城宴集詩并序》軸"并非是書册形態的詩集。

②倪謙詩前存有序以及多出的兩首詩,應是後來收入别集時所增。

③劉鉉《劉文恭公詩集》卷四,臺灣圖書館藏嘉靖二十八年(1549)長洲劉氏家刊本。

“花占相兆群公應”擒題,“兆”顯然較“出”更爲適宜。前者第二句意爲泛觴祝壽君王,亦符合宴飲集會的頌揚基調。

其次,《玉堂賞花詩》所收詩歌於諸家别集無存者應予以重視。李賢 10 首未見於《古穰集》、彭時 5 首未見於《彭文憲公集》、吕原(字逢原)5 首未見於《吕文懿公全集》、劉定之(號呆齋)5 首未見於《呆齋藏稿》、黎淳(字太樸)3 首未見於《黎文僖公集》、王倎(字廷貴)5 首未見於《王文肅集》、徐溥(號謙齋)5 首未見於《謙齋文録》、丘濬(號瓊臺)5 首未見於《瓊臺會稿》、彭華(字彦實)4 首未見於《彭文思公文集》、楊守陳(字維新)3 首未見於《楊文懿公文集》、柯潛(號竹巖)7 首未見於《竹巖集》,以上均可補遺。值得一提的是,《(萬曆)順天府志》録有“《玉堂賞花》”6 首①,依次是李賢 2 首、彭時 1 首、劉健 1 首(實爲張業)、楊守陳 1 首(實爲凌耀宗)、章懋 1 首(實爲曹冕)。《增定國朝館課經世宏辭》(以下簡稱《館課》)録有“《玉堂賞花》”22 首②,依次是李賢 3 首、彭時 1 首、黄諫 2 首、劉鉉 1 首、劉健 1 首(實爲張業)、林文 1 首、徐溥 1 首(實爲陳文)、童緣 1 首、李本 1 首、王倎 1 首、戚瀾 2 首、尹直 1 首、倪謙 1 首、彭華 1 首、楊守陳 1 首(實爲凌耀宗)、章懋 1 首(實爲曹冕)、邢讓 2 首。二書皆有誤收,據此可以校正。

最後,據筆者翻檢遍查,李紹(字克述)、錢溥(字原溥)、黄諫(字廷臣)、陳文(字安簡)、黄采(字以載)、萬安(字循吉)、李泰(字文通)、孫賢(字舜卿)、陳鑒(字緝熙)、劉吉(字祐之)、童緣、李本、戚瀾(字文湍)、尹直(字正言)、陳秉中(字宗堯)、徐瓊(字時庸)、傅宗、張業(字振烈)、凌耀宗、曹冕、鮑相、李鑒、陳穀、謝昭、牛綸、吴匯(字會川)、邢讓(字遜之)等人,今皆已無别集傳世。端賴《玉堂賞花詩》保存了他們的部分詩作而得重現文苑之林,這不僅可補相關文獻之不逮,對於進一步考察翰林文人詩歌創作和文學旨趣也不無裨益。

如何辨析總集與别集之間的存佚情況和文本差異現象呢?筆者以爲,一方面,《玉堂賞花詩》總集梓行時,諸人詩作保存的大多是“未定”形態,尹

---

①沈應文、張元芳纂修《(萬曆)順天府志》卷六“藝文志”,《四庫全書存目叢書》史部第 208 册,齊魯書社,1996 年,頁 285—286。

②王錫爵、沈一貫輯《增定國朝館課經世宏辭》卷一三“詩類”,《四庫全書存目叢書補編》第 18 册,齊魯書社,2001 年,頁 569—571。

直《謇齋鎖綴録》載"予同丘仲深送《玉堂賞花會詩》詣李文達所"①,可證尹直、丘濬赴會賞花并攜帶詩稿。另一方面,《玉堂賞花詩》是"公共領域"唱和之總集,可稱爲"公共文本",而一些詩作被收入到"私人領域"之别集,實已成爲"私人文本"②。文本在此過程中已經增删潤飾,因而呈現一定的差異現象。以《玉堂賞花詩》載李賢《詩序》爲例,序中揄揚芍藥盛開是"當皇上復位之初,實氣運復盛之兆,所開甚大",又言及"係於人者,未免有意;係於天者,由乎自然",而《古穰集》所存該序已芟削這些"天順"言論。比較可知,"公""私"文本之異的背後,實際呈現出詞臣集會應有的"頌聖"心理(上引劉鉉删潤詩作亦能佐證這一點),以及匿藏於皇權統制下高度自覺的"諱言"意識。這無疑爲今後比較明代總集與别集因編纂與存録所産生的文本變貌提供了一個新的研究視角。

(二)"詩可以群"的感召:"瑞兆"象徵與擬仿争勝

"玉堂賞花會"肇啓於李賢即席所作10首七言律詩,首句入韻,押平聲"陽"字韻,韻腳字依次爲"芳""常""妝""黄""觴";其餘學士與翰苑諸公競相賡和,韻腳用字、次序均相同,"一唱衆和"堪稱盛況。嚴格次韻雖在某種程度上會固囿參與者施展才能,但在技巧方面并非乏善可陳,其難度可能是和韻詩中最具挑戰性的。此外,唱和場景單一、題材趨同(包括韻腳限字)往往會造成内容仿似(固定片語頻現),藝術表現空間亦有所拘束。如何改變陳陳相因以及找尋更有意義的"使事"憑藉,成爲參與者共同面臨的問題。原本可能只是文人之間"形諸詩章"的燕集酬唱,輾轉衍化爲導揚孔子以來儒家"詩可以群"的優良傳統,溯源而上則是對宋仁宗朝"四相賞花"的擬仿與争勝。

"四相賞花"("四相簪花")是指慶曆五年(1045)韓琦、陳升之、王安石、

①尹直《謇齋鎖綴録》卷四,《四庫全書存目叢書》子部第239册,齊魯書社,1995年,頁380。

②"公""私"文本概念由内山精也在《文本的"公"與"私"——蘇軾尺牘與文集編纂》(《文學遺産》2019年第5期)一文中提出,作者認爲蘇軾尺牘(墨跡、石刻等)屬於"私密文本",編入文集則意味著從私人領域走向公共領域,即轉化爲"公共文本"。將"公""私"概念運用於本文,指的是《玉堂賞花詩》總集産生於"公共領域",而相關别集文本則屬於"私人領域"的産物。

王珪聚會賞芍藥，後四人皆官至宰相，傳爲美談。沈括《夢溪筆談》記載：

> 韓魏公慶曆中以資政殿學士帥淮南，一日後園中有芍藥一幹分四岐，岐各一花，上下紅，中間黄蕊間之。當時揚州芍藥未有此一品，今謂之"金纏腰"者是也。公異之，開一會，欲招四客以賞之，以應四花之瑞……至中筵翦四花，四客各簪一枝，甚爲盛集。後三十年間，四人皆爲宰相。①

"金纏腰"即"金帶圍"，紅瓣（葉）、黄蕊（腰）的形色特徵頗爲艷奇，恰似宋代高官身著紅袍、系金腰帶之裝束。陳師道《後山叢談》亦載：

> 花之名天下者，洛陽牡丹、廣陵芍藥耳。紅葉而黄腰，號"金帶圍"，而無種，有時而出，則城中當有宰相。韓魏公爲守，一出四枝，公自當其一，選客具樂以當之……其後四公皆爲首相。②

這一經典事例在《清波雜誌》《芍藥譜》《墨客揮犀》《丞相魏公譚訓》等書中皆有記録，足見流傳廣泛。芍藥不僅是"花中之相"，而且凝定爲"花之瑞"③的標誌。職是之故，吟賞芍藥成爲集會風雅之舉，豐富的象徵寄意在宋以後文人心中鎸留下鮮明印記和想象空間。

李賢《詩序》評騭"魏公一代之偉人也，後世誰敢望之。偶因芍藥一事而比，論其所以然"，由其倡始的"賞花會"實際寄寓著人生理想，希圖成爲像韓琦那樣世所公認的賢相。"玉堂賞花會"成員屢次涉筆這一美談，充溢著對未來仕途的無限期許，如吕原"金帶從知因相兆，玉盂端不爲僧妝"、錢溥"八人共愛花如數，四相曾符辦有黄"、黄采"太平宰相先符兆，沾得餘輝愧濫觴"、吴匯"人負相才先兆瑞，天生國色豈容妝"，深度契合宋以來科舉士人渴盼"攖紫奪朱"的文化心理，普遍反映了這一群體祈以"拜相"的政治

①沈括撰，金良年點校《夢溪筆談・補筆談》卷三，中華書局，2015年，頁305。

②陳師道撰，李偉國點校《後山叢談》卷一，中華書局，2007年，頁33。

③王路《花史左編》卷六"花之瑞"輯録"祥之事彙爲美觀"，"芍藥花"位列第一，收録韓琦等人"四相賞花"、李賢等人"玉堂賞花"二則事例。

夙願。

相較於宋代廣陵的“金帶圍”，明代生長在文淵閣的三本芍藥則更多一層“花瑞”潛質和“符兆”①表徵，彭時《後序》指出“此花托根禁近，尤得氣之最先者，宜乎其開之，獨盛也”，所得之“氣”源於“聖天子復登寶位，仁均四海，而太和元氣充然復盛”，亦如黎淳詩稱“共荷皇恩向夏芳，此花開處異尋常”等。不僅如此，芍藥在文官群體心中實已超出一般事物，衍化爲具有獨特意義的“物象”，進而成爲觸發藝術體悟的審美對象。“三本瑞符三相兆”，紅白異色，芳香襲人；敷榮暢茂，無有不佳。“八花三色偏呈瑞”，依據顔色分别命名純白者曰“玉帶白”、深紅者曰“宫錦紅”、淡紅者曰“醉仙顔”。“三色”雅稱賦予芍藥富貴色彩，而李賢等人“有玉帶之賜，諸學士各賜大紅織衣，且賜宴”②，於此可見“引譬連類”的另一種喻指。没有沿襲芍藥舊名而“宜制佳號”，不僅表明“玉堂佳瑞夐殊常”；彭時詩云“玉堂盛事從今始，豈羨維揚迭舉觴”，宣泄了文官群體的共同心聲，與“廣陵之會”角逐争勝的魄力彰顯其中，這從側面也揭示出“詩可以群”的悠遠感召力。

芍藥作爲一種觀花植物，不僅是“自然科學的對象”，同時也是“藝術的對象”③。翰林文人由此展拓豐富了吟詠對象的文化内涵，將其由自然“物象”書寫爲文學“意象”，“玉堂賞花會”也爲文官們發抒心曲、鞏固交誼提供了一個疏離於宦身形骸的“展示平臺”。賞花唱和作爲一種特殊的“社交活動”④，使得翰苑人際網路維繫緊密，同時强化了文官群體的歸屬感和凝聚力。

(三)“罷草”之餘的酬應光景、詩藝切劘與群體認同

明代翰林制度與科舉制度、教育制度緊密綰合，洪武年間已設“庶吉士”，與其他公署“觀政”進士并無二致。永樂二年(1404)甲申科始選“文學優等”進士爲庶吉士，至此專屬翰林。培養庶吉士(“館選”“教習”“散館”三

---

①陳師《禪寄筆談》卷二，《四庫全書存目叢書》子部第103册，齊魯書社，1995年，頁605。

②黄瑜撰，魏連科點校《雙槐樹鈔》，中華書局，1999年，頁163。

③馬克思《1844年經濟學哲學手稿》，《馬克思恩格斯全集》第3卷，人民出版社，2002年，頁272。

④吕肖奂、張劍《酬唱詩學的三重維度建構》，載《北京大學學報(哲學社會科學版)》2012年第2期。

個流程)以儲才養望,與選任息息相關,因此備受矚目。“館選”似無定例,但以“拔得詞翰優者”①爲准。“教習”即接受館師教導,館師原先多由閣臣擔任,宣宗時始命學士教習。庶吉士沉潛研習,定期參加館試、閣試,期滿肄業,稱爲“散館”;據成績或拔擢留用,或授科、道、部屬等官。彼時翰林制度選任與科舉制度掄才互爲表裏,并軌運轉。

如前所述,王錫爵、沈一貫輯《館課》收録 22 首《玉堂賞花》(亦附有評點)。此書是“上溯洪、永,下逮慶、曆”的館課集,包括文、詩兩大部分,“詩”分爲詩與歌兩小類,“詩類”又分五言與七言古詩、律詩、排律、絶句等八體。所謂“館課者,秘館訓習士日課也”②,然而該書編纂體例頗不謹嚴,所收 22 首《玉堂賞花》絶非庶吉士課習之作,或只是因爲諸人皆有翰苑經歷而誤收。《館課》編纂者還指出“以不稱是懼,因檢天禄石渠所藏歷朝館課,選而編之,以程多士”③。揆諸收録來源,蓋有三種情况:其一,據《玉堂賞花詩》總集而選録;其二,據秘閣所藏“玉堂賞花會”唱和的部分“詩稿”而摭拾;其三,據“玉堂賞花會”所涉成員相關别集而收輯。考慮到“以詩係人”、作者名下附注官銜或謚號尊稱以及出現的誤收情况,李賢(文達公)、彭時(大學士)、黄諫(探花學士)、劉鉉(文恭公)、童緣(編修)、李本(尚書)等,故三種來源之中,筆者傾向於認爲是第三種。儘管《館課》收録的并非是庶吉士館課作品,但是這一“疏失”推進我們思考彼時翰林文人的詩藝生活。翰林院向無人事鞅掌糾繁,所謂“無簿書之擾”④,亦如彭時所言“職清務簡,優遊自如,世謂之‘玉堂仙’”⑤,那麽如何“專以處文學之士”⑥?

在翰苑場域,“鳴盛”主題集中地展現了宴集詩會的時代特徵,唱和詩作中吟詠性情、享受閑暇則彰顯了另一番新異特色。林文“罷草制麻邀共賞,閑偷半日樂壺觴”、李泰“草罷詞頭看正好,大官又送紫霞觴”、黎淳“罷

①馬愉《馬學士文集》卷五,《四庫全書存目叢書》集部第 32 册,齊魯書社,1997 年,頁 516。

②王錫爵、沈一貫輯《增定國朝館課經世宏辭》凡例,頁 152。

③王錫爵、沈一貫輯《增定國朝館課經世宏辭》序,頁 148。

④陳洪謨《治世餘聞》卷三,中華書局,1997 年,頁 55。

⑤彭時《彭文憲公筆記》上,國家圖書館藏嘉靖間顧氏大石山房刻本。

⑥趙翼《陔餘叢考》卷二六,商務印書館,1957 年,頁 522。

草鑾坡相對久，不妨連日醉壺觴"、李本"草罷紫泥無所事，却從花底瀉金觴"、"罷草"(草罷)一詞頻見，乃暗用白居易"罷草紫泥詔，起吟紅藥詩"①之句，同樣在公務之餘輒相酬應，詠賞芍藥以寬心遣興。不僅如此，詞臣們熱衷追慕李白、"元白"等人，李賢"清吟愧我非元白，聊會儒寅泛一觴"、彭時"李白才名今獨步，能拼詩興付壺觴"、黄諫"八人賞處推元白，三色開時勝紫黄"、劉鉉"南紀謾□仙李白，洛陽寧讓牡丹黄"等等，"用事"擬效先賢風雅不僅平添一層詩境，亦可窺明初以來文官們藉此表達隔代心儀的"宗唐"趣尚。

事實上，除翰林"八學士"之外，其他僚友并非亟需即席賦詩，公餘休沐之際均有較多空暇進行調適與構想。而文官們趁此談詩論藝，量試才情，柯潛"群公暇日同清賞，詩滿華箋酒滿觴"、劉定之"紫宸朝退承邀賞，琢句論文且緩觴"、陳鑒"酌酒論詩供賞玩，絶勝修禊競流觴"，觴詠間吟哦字句、論詩品評，某種程度上這提高了唱和活動的整體藝術水準。另外，戚瀾"興來莫怪詩千首，湛湛宫壺露滿觴"、吴匯"詩成筆底篇篇錦，喜溢眉開點點黄"等，酬酢往還，詩興遄飛。文官們甚至存在與先賢一較軒輊的創作欲念，徐溥"謾賦詩篇壓元白，况逢時節等羲黄"、戚瀾"經濟有心齊稷契，詩篇多興軼蘇黄"、柯潛"瑞表賢才過□禼，詩餘風雅邁蘇黄"等，正是詩藝競爽的真實寫照。童緣更是擔憂自己"和詩"劣於他人，遂有"自愧才疏詩獨後"之嗟嘆。統觀"玉堂賞花會"逞才競藝、綢繆風雅的氛圍，可覘"詩"在翰苑"文學之士"心目中的重要地位。

如衆周知，自王羲之、謝安等人於永和九年(353)上巳節舉行"蘭亭雅集"以來，後世文人雅集交遊無不以其爲楷範，這在"玉堂賞花會"唱和中屢有表露，劉鉉"盛世玉堂逢盛事，蘭亭無復數流觴"、王㒜"俯仰蘭亭成故事，宜從曲水繼流觴"等，對"曲水流觴"雅事均不無揄揚。而首倡者李賢所詠"的是翰林傳盛事，不須曲水置流觴"，爲"賞花會"志在超軼前賢奠定了基調。總之，"玉堂賞花會"不僅映現了"館閣清時嘉會處"的悠閑光景，又因"清時宴飲應難得"，故而文官們心摹手追，勾聯情感；吟詠切劘詩藝，"同聲

①白居易著，謝思煒校注《白居易詩集校注》卷一九，中華書局，2006年，頁1556。

相應，同氣相求”則體現了群體一致的“身份認同”①，在在可觀斯時翰林人文蔚然之盛。

(四)《玉堂賞花詩》與天順以來翰林政治及文學生態

《玉堂賞花詩》收録諸人詩作，作者名後皆一一注明官銜，旨在强調“俱以文學列侍從”的在職狀態，凸顯了這一群體交遊的階層特徵，因而“玉堂賞花會”顯非普通雅集活動。一方面，彭時《後序》已指出唱和詩皆“治世之音”，無獨有偶，柯潛詩小序亦持同一觀點，并且自嘲“擊瓦缶以混清廟之瑟”。“治世之音”源於《禮記·樂記》“治世之音安以樂，其政和”②，經韓愈引申爲“天將和其聲，而使鳴國家之盛”③，此後普遍爲館閣翰林文人所推許。另一方面，館閣文學自永樂之後雖持續興盛，但天順以來實已出現“泛化”特點，兼具一定的自娱性、競藝性和抒情性等特徵，這實際是對“贊翊皇猷”精神的有力消解。

從時間層面來看，天順二年(1458)之際，“太平時節盛年芳，釃酒看花會聚常”，折射出海内休明的時局側影。李賢奏定纂修專選進士，“非進士不入翰林，非翰林不入内閣”殆成慣例，“而庶吉士始進之時，已群目爲儲相”④，此時翰林之盛爲歷代所未有。“稽古右文”重回正軌，“文治”蔚興，尤其是助資大型典籍編纂。從空間層面來看，内閣翰苑是中央文學圈的核心場域，雖不像其他地方機構那樣能够保持相對獨立的文化氛圍，但身佇其列的文官們集體發聲，潛移默化地導引京師風尚。如果説翰林制度是促成天順人才“一時極盛”的基礎，那麽以李賢爲首的文官群體及其“玉堂賞花會”唱和活動，可以説是一個典型縮影。

就賞花詩會而言，賞花唱和儼然已成翰苑風尚，嗣響不絶，黄佐《翰林

①陶家俊在《身份認同導論》(《外國文學》2004年第2期)一文中指出“身份認同”是西方文化研究的一個重要概念，大致可分爲個體認同、集體認同、自我認同、社會認同四類。翰林文官們有組織地“集體發聲”，藉由“玉堂賞花會”唱和活動所表現的即是對其身份的高度認同。

②鄭玄注，孔穎達疏《禮記正義(附校勘記)》卷三七，《十三經注疏》本，中華書局，1980年，頁1527。

③韓愈著，劉真倫、岳珍校注《韓愈文集彙校箋注》卷九，中華書局，2010年，頁983。

④張廷玉等《明史》卷七〇，頁1701—1702。

記》卷二〇“賞花倡和”記載：

> 景泰中（誤，引者按：天順二年），内閣賞芍藥，賦黄字韻詩，本院官皆和之，有《玉堂賞花集》盛行於時。成化末（誤，引者按：弘治八年），少傅徐溥在内閣賞芍藥，賦吟、扉二韻。次年，又有詩二韻，本院官亦皆和之。正德中，大學士梁儲、楊一清賞芍藥倡和，則用東、冬、清、青爲韻，人各四首云。①

弘治八年（1495）四月，徐溥、劉健賞芍藥首倡，李東陽、程敏政酬和，顧清、邵寶、王鏊、儲巏和石珤等人競相次韻②，這是繼天順“玉堂賞花會”後又一次較大規模的活動。李東陽稱“臺閣風流前輩遠，彩毫重和玉堂吟”③，正是對“玉堂盛事”的追摹。正德時期，大學士楊一清延續前輩風雅，作有《玉堂芍藥盛開，梁厚齋先生攜酒同賞，謂賞花賦詩，有前輩故事，因以東、冬、清、青韻爲限，各賦四首》。直至崇禎年間，仍有“回響”，黄景昉《館閣舊事》載：“庭前牡丹、芍藥種，亦傳賜自宣廟，前輩有《玉堂賞花詩》。癸未春，嘗追和原韻。”④清人郭元釪詩詠“玉堂宴賞風流存”⑤，正可迻評這一雅事承繼有自，亦足見淵遠流傳⑥。

---

①黄佐《翰林記》卷二〇，載傅璿琮、施純德編《翰學三書》，遼寧教育出版社，2003年，頁284。

②劉健詩今未見，徐溥《内閣芍藥二首呈李先生》、李東陽《内閣賞芍藥奉和少傅徐公韻四首》、程敏政《内閣賞芍藥次少傅徐先生韻四首》，可資印證。又，顧清《内閣賞芍藥次韻二首》詩下自注：“時閣老義興徐公（徐溥）、洛陽劉公（劉健）、長沙李公（李東陽），徐、劉首倡，長沙及學士篁墩程公（程敏政）以下皆和。”參見顧清《東江家藏集》“中集”卷七，上海圖書館藏嘉靖三十八年（1559）刻本。

③李東陽撰，周寅賓、錢振民校點《李東陽集》（二），頁845。

④黄景昉《館閣舊事》卷下，國家圖書館藏清鈔本。

⑤郭元釪《和豐臺看芍藥》，載宋犖《西陂類稿》卷二〇《藤陰酬倡集》，上海圖書館藏康熙五十年（1711）刻本。

⑥值得一提的是，玉堂賞花吟詠風尚在朝鮮亦有回響，趙泰采《玉堂直廬，與南學士伯珍詠芍藥聯句》詩云“金帶異征先輩事，玉堂幽賞古人篇”（《二憂堂集》卷一，載民族文化推進會編《影印標點韓國文集叢刊》第176輯，1995年，頁7），南公轍《賦得芍藥》詩云“憶昔宣皇手自栽，今朝人賞正徘徊”（《金陵集》卷一，載民族文化推進會編《影印標點韓國文集叢刊》第272輯，2001年，頁16），明確提及明代的玉堂賞花故事。

就參與者而言,具有創作主體(文人)和參政主體(官員)雙重身份的翰林文官,是影響詩會活動的關鍵要素。徐溥是唯一一位前後參與天順二年(1458)、弘治八年(1495)賞花詩會之人,不同的是其身份和地位的轉捩①。"玉堂賞花會"大多數成員參預官方修志等職事②,擔任館師職務。天順四年(1460),李賢等人奏請學士劉定之、侍讀學士錢溥教習庶吉士;天順八年(1464),太常少卿兼侍讀學士劉定之、學士柯潛教習庶吉士,汲引了甲申科一批進士。李東陽作爲劉、柯二人的學生,成化以來嶄露頭角,弘治八年入閣參預機務,并主導賞花詩會。李東陽論及"惟館閣以道德文字爲事,雖師保耆宿,位尊而望重,亦與後進之士相賓主……而發越乎文章,倡和聯屬,亹亹而不厭"③。"道德文字"乃館閣職掌,閣老因位望之尊"與後進之士相賓主","倡和聯屬",堪稱詞林盛事。這并非是個例,而是彼時政治環境中的必然現象,内閣翰苑始終是京師政、文壇坫的重要場域。此後隨著館閣文學式微,"臺閣壇坫,移於郎署"④,相應地,賞花詩會活動規模與參與人數漸趨縮減。但是,賞花詩會均由翰林學士首倡,合乎身份體認和地位標榜的階層特徵,俾使活動本身具有一定的政治導向作用。

就詩學創作及取徑而言,明初以來在高棅《唐詩正聲》影響下,館閣文人取法盛唐詩學軌範,内容則以藻繪粉飾升平、頌聖感念紀恩爲主。但縱觀《玉堂賞花詩》内容,與此前以"三楊"爲代表的"臺閣體"已呈現一定的差異,至少在詩學取向方面已潛藏新變。由此前"性情之正""政教之用"爲主導轉爲開始注重抒發個體心緒與精神志趣。以上揭櫫的詩篇,已可窺翰林文官們的詩藝追求,尤爲體現在對蘇軾、黄庭堅等人的推重上。最典型的是,《玉堂賞花詩》保存了丘濬兩首集句詩,不難看出肩隨宋人的一時風氣,反映了館閣文學對宋詩風的師摹與學習。這在天順以後翰林文人詩作中

---

①天順二年,徐溥任翰林院編修兼司經局校書;弘治八年,徐溥爲少傅兼太子太傅、吏部尚書、謹身殿大學士。

②例如,天順二年八月至五年四月,官方重修《大明一統志》,李賢、彭時與吕原任總裁,林文、劉定之、錢溥任副總裁,萬安、李泰、孫賢、陳鑒、劉吉等人任纂修。

③李東陽撰,周寅賓、錢振民校點《李東陽集》(二),頁397—398。

④陳田《明詩紀事》,上海古籍出版社,1993年,頁1135。

可以得到印證①,唐詩已非處於獨尊地位。總的來説,翰林文官們詩酒唱酬、揚扢風雅,彼此切磋并形成近似的文學理念乃至達成共識,體現了在特定時間段裏政治與文學生態的相對諧和。"玉堂賞花會"唱和及其呈現的習學和宗尚,對進一步認識明代文學史程亦不無補益。

五 結語

以李賢爲首的翰林院"八學士"燕集賞花唱和,旋即引起轟動,群彦競逞才藻,争相次韻,蔚爲明代閣院近百年來一大盛事。考察風雅集會及"詩可以群"的感召力,宋仁宗朝韓琦等人"四相賞花"之美談,藉由人格魅力、故事神異和政治願景對明代翰林文官産生吸引與共振;後者在擬仿之時,從自身境遇與志趣出發,對其典範意義進行再闡釋,進而與之頡頏。相較於其他館閣詩會活動②,"玉堂賞花會"唱和并非全是頌揚盛世升平或鋪寫"牽率應酬"③,也有表露閑適恬淡、嘆惋傷逝的感喟,體現出"感念疇昔"和思慮日常的情感趨向。吟賞芍藥成爲館閣風尚,"以詩爲媒"裨助酬應,切劘詩藝聯絡交誼。"瑞兆"詠物,觥酬唱和,流衍成爲獨具特色、代際相承的"翰苑現象"。文官們通過集會唱和活動俾使與一般士人相區隔,人際關係也在翰苑場域内得到鞏固,同時藉此彰顯身份體認和階層歸屬,進而增强群體的"共同體"④意識。集會賞花唱和是貫穿始終的線索,繪構了翰林文人公餘休沐之時的詩意生活圖景,促成"聲氣求應"的諧和政治及文學生態。

《玉堂賞花詩》雖然只是天順時期翰林文人作品的"滄海一粟",但是覽閲該集收録的詩作以及卷前所存的珍貴插圖,尤能帶領讀者穿越重重時空

①查清華《明代詩壇宗宋説》,載《江西社會科學》2004年第10期。

②關於明代翰林雅集與玉堂唱和,詳參葉曄《明代中央文官制度與文學》,浙江大學出版社,2011年。

③錢鍾書《宋詩選注》,人民文學出版社,1989年,頁42。

④斐迪南·滕尼斯認爲"共同體"是人類共同生活的基本形式之一,也是從傳統社會轉型爲現代社會的基本形式,"共同體"的主要形式有親屬、鄰里、友誼等。參看斐迪南·滕尼斯著,林榮遠譯《共同體與社會——純粹社會學的基本概念》,商務印書館,1999年。

睽阻,數百年前的雅集盛景仿若歷史再現。隨著翰苑人事的纚屬遷换,詩會活動已爲陳跡,《玉堂賞花詩》適時付梓,不僅成爲彼時參與者闡揚"玉堂盛事"的有效憑證,同時貯藏著擬效先賢風雅的争衡之心;其輾轉流存及今,填補了明代唱和詩集類型方面的空闕,亦爲我們還原研究明代前中期翰林政治及文學生態提供了一個絶佳樣本。

(作者單位:南京大學文學院)

域外漢學譯叢

《爾雅之新研究》譯注*

內藤湖南 撰　張寶三 譯注

一

有關《爾雅》之研究，余嘗從兩方面考之。其一爲依據新語言學①之研究方法。此方法不必細究《爾雅》其書係如何成立以及其中所包含之語言係屬何種時代、何種地方，僅單純將其作爲集合中國古代語言之書，而持之與其傍近種族所使用之語言作比較，考察其中是否有共通之語根，以明其間之關係。因此，若欲從事此方法，對東亞諸國語言之知識乃爲必要。余嘗主要從東北塞外種族之語言——亦即大體屬於阿爾泰語系之語言——加以考察，檢視《爾雅》中是否有與此等一致之語言。其成果之一端，曾一

---

* 本文爲國家社科基金項目"近代日本京都中國學派經學研究文獻之整理與探論"(20BZW154)之階段性成果。著者內藤湖南(1866—1934)係近代日本京都中國學派著名漢學家。本文舊有江俠菴(1875—1951)之中譯，題爲《爾雅新研究》，收入《先秦經籍考》(上海商務印書館，1933年)。惟江譯中誤譯及漏譯之處多見，恐難達意。故今試加重譯，並略作注解，或有助於讀者對本文之理解。本文日文題爲《爾雅の新研究》，原刊《支那學》第2卷第1號(1921年9月)、第2號(1921年10月)，後收入《研幾小録》(弘文堂書房，1928年)及《內藤湖南全集》第7卷(筑摩書房，1970年)。今據《內藤湖南全集》本翻譯。又內藤氏原文未分節，爲方便讀者閱讀，譯文依內容大略分爲八節，數字爲譯者所加。

①"語言學"，內藤湖南原文作"言語學"，今依漢語表述習慣譯作"語言學"。以下原文之"言語"一詞皆譯爲"語言"，不再出注。

度在京都大學之語言學會中發表①。當時余未別存稿本，然想必將來仍有機會就此作一研究論文，乞請學界批評指教。再者爲今將論述之另一方法②。此方法係以《爾雅》作爲普通所流傳諸經之辭書，考察《爾雅》之成立及其與同時諸經發展間之相互關係。因爲《爾雅》中之語言屬於何種時代或何種地方，此可考得至某種程度，故從其被編纂之次序、意義等推之，可作爲資料以判斷含有此等某時代、某地方語言之經籍，豈非即是在某時代、某地方被竄改者乎？關於此方法，余夙具興趣③，近來嘗據此方法稍試作研究，雖尚未臻完備，姑將其所得處發表之，期請吾黨諸君批評。

二

有關《爾雅》之成立，舊來之注疏等説皆將其開端歸諸周公，郭璞《序》中云："《爾雅》者，蓋興於中古，隆於漢氏。"④邢《疏》謂此云"中古"，乃指周公之事⑤。又邢《疏》述"解家"之説，先舉《春秋元命包》之語，謂"是以知周公所造也"⑥。進而又舉"今俗所傳三篇《爾雅》，或言仲尼所增，或言子夏所益，或言叔孫通所補，或言沛縣梁文所著"諸説，而結云："皆解家所説，先

①内藤氏此次演講之日期與題目，待考。

②此處原文作"それから今一つの研究方法は"，爲使語意更加清晰，譯文略有改動。

③此處内藤氏原文作"此方法に就いては余は久しき以前より興味をもつてゐた"，江俠菴譯爲："就於後一方法，余以爲比前一方法，較有興味。"(《先秦經籍考》中册，頁161)所譯頗違原意。

④此段引文見於晉郭璞《爾雅序》，參見《爾雅注疏》卷一，藝文印書館影印清嘉慶二十年江西南昌府學刻本，1955年，頁3。

⑤宋邢昺《爾雅疏》疏《爾雅序》云："云'蓋興於中古'者，《爾雅》之作，經傳莫言其人及時也，但相傳云周公作之，以教成王。無正文，故云'蓋'以疑之。經典通以伏犧爲上古，文王爲中古，孔子爲下古，周公，文王子，父統子業，周公亦可言中古，故云'蓋興於中古'。"見《爾雅注疏》卷三，頁5。

⑥邢昺疏"爾雅序"之標題云："《春秋元命包》言：子夏問：'夫子作《春秋》不以初、哉、首、基爲始何？'是以知周公所造也。"見《爾雅注疏》卷一，頁3。

師口傳,既無正驗。"①然而,後世學者關於此,多抱疑問。《朱子語類》云:"《爾雅》是取傳注以作,後人却以《爾雅》證傳注。"②《四庫全書提要》等亦頗懷疑《爾雅》作爲古書之價值③。然而,《提要》因《大戴禮·孔子三朝記》中見有孔子教魯哀公學《爾雅》之事,遂以之作爲"《爾雅》之來遠矣"之證據④。此種考證方法,毋庸置論,余有異議。又《提要》云:"其書在毛亨以後,大抵小學家綴緝舊文,遞相增益,周公、孔子皆依托之詞。"⑤此説雖爲適當⑥,然《提要》排斥"揚雄《方言》以爲孔子門徒解釋六藝"及"王充《論

①邢昺疏"爾雅序"標題,下文又云:"今俗所傳三篇《爾雅》,或言仲尼所增,或言子夏所益,或言叔通所補,或言沛郡梁文所著,皆解家所説,先師口傳,既無正驗聖人所言,是故疑不足能明也。"(《爾雅注疏》卷一,頁 3)案:内藤氏此處引述邢《疏》文,以"既無正驗"斷句,所讀恐有未妥。

②文見宋黎靖德編《朱子語類》卷一八三《雜類》,中華書局,1994 年點校本,頁 3277。

③清永瑢等《四庫全書總目》卷四〇"《爾雅注疏》十卷"條提要中論《爾雅》云:"大抵小學家綴緝舊文,遞相增益,周公、孔子皆依托之詞。"(臺灣商務印書館影印清乾隆武英殿刻本,1983 年,頁 3)下又云:"蓋亦《方言》《急就》之流,特説經之家多資以證古義,故從其所重,列之經部耳。"(卷四〇,頁 4)此蓋即内藤氏此説之所指也。又内藤氏此處引述《四庫全書總目》,其書名書作《四庫全書提要》,略有未當,兹不細辨。

④《四庫全書總目》云:"案:《大戴禮·孔子三朝記》稱孔子教魯哀公學《爾雅》,則《爾雅》之來遠矣,然不云《爾雅》爲誰作。"(卷四〇,頁 1)此可以參照。

⑤内藤氏此處所引,《四庫全書總目》原文"其書在毛亨以後"之前尚有一大段文字,内藤氏省去未引,以致語意未足。考《四庫全書總目》云:"曹粹中《放齋詩説》曰(原注:'按:此書今未見傳本,此據《永樂大典》所引。'):'《爾雅》,毛公以前其文猶略,至鄭康成時則加詳。如學有緝熙于光明,毛公云:光,廣也。康成則以爲學於有光明者,而《爾雅》曰:緝熙,光明也。又齊子豈弟,康成以爲猶發夕也,而《爾雅》曰:豈弟,發也。薄言觀者,毛公無訓;振古如兹,毛公云:振,自也。康成則以觀爲多,以振爲古,其説皆本於《爾雅》。使《爾雅》成書在毛公之前,顧得爲異哉!'則其書在毛亨以後(原注:'案:《詩傳》乃毛亨作,非毛萇作,語詳《正義》條下。'),大抵小學家綴緝舊文,遞相增益,周公、孔子皆依托之詞。"(卷四〇,頁 2—3)宋曹粹中《放齋詩説》比較《毛傳》《鄭箋》《爾雅》三家之解,而謂:"使《爾雅》成書在毛公之前,顧得爲異哉?"《四庫全書總目》據之,故結論云:"則其書在毛亨以後。"由此可明其立論之所據。

⑥内藤氏此處雖云"此説雖適當",然下文仍對《四庫全書總目》所言《爾雅》成書在《毛傳》以後之説不予認同,詳參下文。

衡》亦以爲五經之訓故"之意見，而謂："然釋五經者不及十之三四，更非專爲五經作。"①又《楚辭》《莊子》《列子》《穆天子傳》《管子》《吕氏春秋》《山海經》《尸子》《國語》等書中有與《爾雅》相同之語，《提要》皆解爲《爾雅》取自諸書，遂批評云："蓋亦《方言》《急就》之流，特説經之家多資以證古義，故從其所重，列之經部耳。"②此批評頗爲極端。《提要》謂《爾雅》取自經書以外諸書之文，實者，自戰國至漢初間完成之書籍，其中所載多有共通者，難定其孰先、孰後，若全斷之以諸書在前，《爾雅》在後，絶未可謂得當。尤其如《楚辭》，在漢初與經書同樣爲世所重，故有與經書同樣宜加以訓詁之部分而被包含於《爾雅》中③。因此，平心考之，謂向來流傳之《爾雅》爲周公所作，經孔子、子夏、叔孫通、梁文之增補，其不確實，固不待論。然其書之成立，最初先完成某部分，其後逐漸被附益，或被附益至叔孫通、梁文之時代，若不執信其人名，而僅就其發展之順序而論，大體即如向來所傳述般，亦未可知。

三

以上有關《爾雅》之成立，單從其流傳上，依常識加以判斷。至於若欲檢討此判斷是否正確，莫如檢視其内容是否與此判斷相一致。余將儘量依此方法加以檢討。首先，大體上通覽《爾雅》，則立即可明者，最初乃先完成《釋詁》一篇，其次是《釋言》，其後《釋訓》以下又逐漸被增益。試舉其中一部分爲據以證之。《釋詁》中有"禋、祀、蒸、嘗、禴，祭也"④，此乃釋祭之事，

---

①《四庫全書總目》原文云："揚雄《方言》以爲孔子門徒解釋六藝，王充《論衡》亦以爲五經之訓故。然釋五經者不及十之三、四，更非專爲五經作。"(卷四〇，頁 3)

②見《四庫全書總目》卷四〇，頁 4。

③内藤氏此處謂："《楚辭》，在漢初與經書同樣爲世所重。"未言其所據。考西漢班固《離騷序》中云："昔在孝武，博覽古文。淮南王安叙《離騷傳》，以'《國風》好色而不淫，《小雅》怨誹而不亂，若《離騷》者，可謂兼之。蟬蜕濁穢之中，浮游塵埃之外，皭然泥而不滓，推此志，與日月争光可也。'所論似過其真。"(見宋洪興祖《楚辭補注》卷一，藝文印書館影印惜陰軒叢書本，1981 年，頁 40)又東漢王逸《楚辭章句序》云："至於孝武帝，恢廓道訓，使淮南王安作《離騷經》章句，則大義粲然，後世雄俊，莫不瞻慕。"(同上卷一，頁 39)内藤氏或有取於此乎？

④此見《爾雅注疏》卷二，頁 7。

故最初之《爾雅》僅如此解釋即可滿足。然至《釋天》,更有“祭名”一章出現,其解釋遠比《釋詁》詳細①。惟其中礿、祠、嘗、蒸等主要祭祀,全與《釋詁》重複。其次,至如《釋言篇》,全依《釋詁》之體裁而別作,其編纂方法亦不見有何新意。亦即因前已有《釋詁》,故對照於彼,《釋言》不過是同一體裁之作而已。再如《釋訓篇》,又係學習《釋詁》《釋言》之體裁,在此之上,針對當時既已流行之《詩》《書》——尤其是《詩》——特别加以撰作者也。其他《釋親》以下各篇,大體與《釋天篇》同一體裁,最初之《爾雅》專門解釋動詞,相對於彼,可見此諸篇乃補充名詞之解釋者也。邢《疏》亦云:

> 其諸篇所次,舊無明解。或以爲有親必須室,室既備,事資器用。今謂不然。何則?造物之始,莫先兩儀,而樂器居天地之先,豈天地乃樂器所資乎?蓋以先作者居前,增益者處後,作非一時,故題次無例也。②

此説蓋得其當。要之,良可謂《爾雅》中最古老且又保存最完全之體裁者,厥爲《釋詁篇》也。

此《爾雅》中最古老之《釋詁篇》,其編次,從最初即具有意義,又無疑也③。郝懿行之《爾雅義疏》已嘗注意及此。即郝氏解《釋詁篇》云:

> 此篇自“始也”以下,“終也”以上,皆舉古言,釋以今語。④

又於《釋言篇》中解云:

---

①《爾雅·釋天》云:“春祭曰祠,夏祭曰礿,秋祭曰嘗,冬祭曰蒸。祭天曰燔柴,祭地曰瘞薶,祭山曰庪縣,祭川曰浮沉,祭星曰布,祭風曰磔。是禷是禡,師祭也。既伯既禱,馬祭也。禘,大祭也。繹,又祭也。周曰繹,商曰肜,夏曰復胙。”末標“祭名”(《爾雅注疏》卷六,頁 14)。此釋各種祭名極詳,故内藤氏謂“其解釋遠比《釋詁》詳細”。

②見《爾雅注疏》“釋詁第一”標題下之邢昺《疏》,卷一,頁 7—8。

③“又無疑也”,内藤氏原文作“又疑ない所である”,江俠菴譯作“又有所疑”(《先秦經籍考》中册,頁 165),與原意正好相反。

④見清郝懿行《爾雅義疏·釋詁》“釋詁第一”標題下之疏,《皇清經解》卷一二五七,復興書局影印本,1972 年,頁 1。

> 上篇首言"始",末言"終",此篇首言"中",亦末言"終",蓋以"中"統"始""終"之義,而包上、下之詞也。①

據此,則郝懿行已明白看出,《釋詁篇》自始即依一定之體裁而作,《釋言篇》亦倣之而作。然從其體裁考之,尤成爲疑問者,乃《釋詁篇》中重複特多之事也。關於此,郝懿行嘗謂:

> 其間文字重複,展轉相通,蓋有諸家增益,用廣異聞,《釋言》《釋訓》以下,亦猶是也。②

此説確實。然郭《注》及邢《疏》則以此重複爲互訓,如"舒、業、順,叙也""舒、業、順、叙,緒也"。邢《疏》云:"互相訓也。"③又"粵、于、爰,曰也""爰、粵,于也"。郭《注》云:"轉相訓。"④皆此類也。此以兩方"互相訓"解之,恐誤也。此種現象,毋寧説乃因最初僅以"叙"字解釋"舒、業、順"三字已足,其後新語"緒"字逐漸被使用,乃産生更以新語解釋舊語之必要,遂至重複。如此視之,或較妥當。但是,此重複——即一部分之竄入——未必限於加在從前解釋之後,有時亦有加在其前者。然無論如何,此重複乃順次增益,正如郝氏所言者也。亦即大體上《爾雅》十九篇,各篇之間既有製作時代之差異,而各篇當中又有不同時代之增益,亦可知矣。然此增益是否即如郝氏所言般,僅是"用廣異聞"而無造作之意味乎⑤? 此爲宜更進一步研究、饒具趣味之問題。

首先,有關此問題,甚令人感慨者,清朝之經學者等大爲輕蔑之邢《疏》中,却含有頗貴重之資料。《爾雅》郭璞《序》之邢《疏》曾引《春秋元命包》之語,中云:

---

①見郝懿行《爾雅義疏·釋言》"殷、齊,中也"條下之疏。《皇清經解》卷一二五九,頁1。

②見《爾雅義疏·釋詁》"釋詁第一"標題下之疏。《皇清經解》卷一二五七,頁1。

③見《爾雅注疏》卷一,頁11。

④見《爾雅注疏》卷一,頁14。

⑤此段文字,内藤氏原文作"所で此の增益は郝氏の言ふが如く單に異聞を廣むといふ無造作な意味のものであらうか"。

子夏問:"夫子作《春秋》,不以初、哉、首、基爲始何?"是以知周公所造也。①

若因《釋詁》以"初、哉、首、基"爲始,即謂其非周公之作不可,其爲妄斷,固不待論②。然《春秋》中所用以書寫有"始"義之字,用"元"或"正",而不用"初""哉""首""基"等字,此自漢代起已成疑問,則爲甚可注意之處。"初""哉""首""基"主要爲《尚書》之《大誥》《康誥》《召誥》《洛誥》等篇所使用之文字,因諸篇與周公有關係,故漢代之緯書中判斷《爾雅》亦爲周公所作③,未必毫無道理也。但是今本《爾雅》"始也"條中亦含有"元"字④,此或係後人之竄入,或係解釋《春秋》以外他書中之"元"字,亦未可知。邢《疏》解此

①見《爾雅注疏》卷一,頁3。案:邢昺《疏》解"爾雅序"之標題云:"張揖云:昔在周公,纘述唐、虞,宗翼文、武,克定四海。勤相成王,踐祚理政……六年制禮,以導天下。著《爾雅》一篇,以釋其義。傳乎後嗣,歷載五百。墳典散落,唯《爾雅》常存。《禮·三朝記》:哀公曰:寡人欲學小辯以觀於政,其可乎?孔子曰:《爾雅》以觀於古,足以辯言矣。《春秋元命包》言:子夏問:夫子作《春秋》,不以初、哉、首、基爲始何?是以知周公所造也。率斯以降,超絶六國……"(《爾雅注疏》卷一,頁3)據此知《春秋元命包》一段文字,原爲魏張揖《上廣雅表》中所引,此處邢昺乃轉引張説也。又"是以知周公所造也"一句,依文脉觀之,當是張揖引述《禮·三朝記》及《春秋元命包》後所作案斷之語,非《春秋元命包》之言。

②魏張揖《上廣雅表》:"《春秋元命包》言:'子夏問:夫子作《春秋》,不以初、哉、首、基爲始何?'是以知周公所造也。"清王念孫《廣雅疏證》云:"《春秋元命包》,《春秋》緯也……云'作《春秋》不以初、哉、首、基爲始'者,當是釋《春秋》元年之義。《公羊傳》云:'元年者何?君子之始年也。'《爾雅》云:'初、哉、首、基、元,始也。'《春秋》不以初、哉、首、基等字爲始,而獨以元爲始,故釋之與?"(見《皇清經解》卷六六七上,頁1)此爲王念孫對《春秋元命包》此段文字含義之詮釋。内藤湖南蓋以"是以知周公所造也"一句亦爲《春秋元命包》之語,故有此論。參下注。

③内藤氏此處云:"故漢代緯書中判斷《爾雅》亦爲周公所作。"所謂"漢代緯書"蓋指《春秋元命包》也。據此,則内藤氏以"是以知周公所造也"一句,亦屬於《春秋元命包》之言,可推知矣。

④今本《爾雅·釋詁》云:"初、哉、首、基、肇、祖、元、胎、俶落、權輿,始也。"(《爾雅注疏》卷一,頁8),其中見有"元"字。

條“元”字，引《易・文言》“元者，善之長也”之語以釋之①。另邵晉涵《爾雅正義》舉出《吕氏春秋・造類篇》中有“元者，吉之始也”。又引《説苑・奉使篇》中“史黯曰：‘元者，吉之始也。’”之文②。然邵氏所引《造類篇》，似爲《召類篇》之誤。又《召類篇》中“史黯”作“史墨”③。《吕氏春秋》與《説苑》所載皆據《易・涣卦》之文爲説④，其意義與引《文言》者相同⑤。因《易》之列於

①邢昺《疏》解《爾雅》經文“‘初哉’至‘始也’”中云：“元者，善之長也，長即始義。”（《爾雅注疏》卷一，頁 8）考《周易・乾卦・文言》云：“文言曰：元者善之長也，亨者嘉之會也，利者義之和也，貞者事之幹也。”（《周易注疏》卷一，藝文印書館影印清嘉慶二十年江西南昌府學刻本，1955 年，頁 10）故内藤氏謂此邢昺《疏》乃引《易・文言》以解“元”字。

②清邵晉涵《爾雅正義》解《爾雅》經文“肇祖元胎”云：“元者，《吕氏春秋・造類篇》：‘元者，吉之始也。’……《説苑・奉使篇》引史黯曰：‘元者，吉之始也。’《漢書・律曆志》云：‘元，始也。’”見《皇清經解》卷五〇四，頁 8。

③《吕氏春秋・召類篇》云：“趙簡子將襲衛，使史默往睹之，期以一月。六月而後返。趙簡子曰：‘何其久也？’史默曰：‘謀利而得害，猶弗察也。今蘧伯玉爲相，史鰌佐焉；孔子爲客，子貢使令於君前，甚聽。《易》曰：涣其群，元吉。涣者賢也，群者衆也，元者吉之始也。涣其群，元吉者，其佐多賢也。’趙簡子按兵而不動。”（臺灣商務印書館《四部叢刊初編》影印明刻本，1965 年，卷二〇，頁 11）内藤氏據之，故謂“造類篇”當作“召類篇”，又謂《吕氏春秋》“史黯”作“史默”。

④《説苑・奉使篇》卷一二云：“趙簡子將襲衛，使史黯往視之，期以一月，六日（寶三案：日當爲月之誤）而後反。簡子曰：‘何其久也？’黯曰：‘謀利而得害，由不察也。今蘧伯玉爲相，史鰌佐焉；孔子爲客，子貢使令於君前，甚聽。《易》曰：涣其群，元吉。涣者賢也。群者象（寶三案：象當爲衆之誤）也，元者吉之始也。涣其群，元吉者，其佐多賢矣。’簡子按兵而不動耳。”（臺灣商務印書館《四部叢刊初編》影印明抄本，1965 年，頁 17）此所述内容與《吕氏春秋・召類篇》大致相同，惟“史默”作“史黯”爾。考《周易・涣卦》爻辭云：“六四，涣其群，元吉。涣有丘，匪夷所思。”（《周易注疏》卷六，藝文印書館影印清嘉慶二十年江西南昌府學刻本，1955 年，頁 12）故内藤氏謂《吕氏春秋》與《説苑》所載皆據《涣卦》爲説。

⑤推此處内藤氏之意，蓋謂《吕氏春秋》與《説苑》中皆據《易・涣卦》爲説，而謂“元者吉之始也”，此語與《文言》之“元者善之長也”意義相同。

經，不被認爲在《春秋》之前，故此將不構成問題①。因此，根據以上之證據推之，將會産生如次之疑問，即《爾雅·釋詁》最初被撰成時，《春秋》豈非尚未被撰成乎？至少當時尚未到達《爾雅》作爲辭書以解釋《春秋》中文字之程度，豈非得以作如是思考乎？

其次，又有特别重大可疑者，雖如郝氏所言，《釋詁》《釋言》皆宜應以"終也"終篇，然今本《釋詁》並非以"終也"結束。在"求、酋、在、卒、就，終也"之後，尚有"崩、薨、無禄、卒、徂落、殪，死也"一節②。由此而産生之疑問爲：不僅《釋詁篇》最初被作成時，尚無"崩、薨、無禄、卒、徂落、殪，死也"一節，在《釋言》跟從《釋詁》之體裁被附加於《爾雅》之時，亦尚無此一節，豈非如是乎？而且，更有其次再起之疑問爲：此一節中之"崩""薨""無禄""卒"四語，皆係見於《春秋》中之語詞，而原先"始也"節中未含《春秋》中之語詞，兩相對照，益發使人思及，《春秋》之撰作豈非在最初《釋詁》完成之後乎？

再進而由"死也"一節所産生之疑問爲：《尚書·堯典》中所見"徂落"一語，竟存在於《釋詁》中被增益之部分。與此相應，同様可疑者，爲"爰、粤、于、那、都、繇，於也"一節。此節接於前"粤、于、爰，曰也""爰、粤，于也"二節之後。自郭璞以來，已以"轉相訓"解釋前二節③，然若以此節與前二節相較，則明顯可知此節乃被附益者也。其中"都"字，郭璞《注》引"皋陶曰：都"以解之④，明顯乃取自《皋陶謨》者也。此字見於與前二節對照知乃被附益之一節中，爲可注意之事。而且"徂落""都"二語詞，决非當時之通用語，乃不知爲何時、何處之古語或方言，爲一般所不通行之語詞，此亦宜注

①此處内藤氏原文作："易の經に列したのは春秋より先だとも考へられないから茲に問題としない。"江俠菴譯爲："此欲表示《易》列於經，先於《春秋》，於此尚無問題。"(《先秦經籍考》中册，頁167)所譯恐未確。

②《爾雅·釋詁》云："求、酋、在、卒、就，終也。""薨、無禄、卒、徂落、殪，死也。"(《爾雅注疏》卷二，頁19—20)此爲《釋詁》最末之二條。案：内藤氏此文，稱《爾雅》所釋各條文字，或稱"節"，或稱"條"，前後不一，今皆從原文譯之，不予更動。

③《爾雅·釋詁》："粤、于、爰，曰也。""爰、粤，于也。"郭璞《注》云："轉相訓。"(《爾雅注疏》卷一，頁14)。

④《爾雅·釋詁》："爰、粤、于、那、都、繇，於也。"郭璞《注》云："《書》曰：'皋陶曰：都！'"(《爾雅注疏》卷一，頁14)

意。根據以上諸點，亦産生《典》《謨》①諸篇乃晚出之書之疑問。又彼等晚出之書極努力將非通用語之古語或方言包含其中，其書豈非出現於最初之《爾雅》之後？此得以考知。再者，與此相關連宜考之者，爲"平、均、夷、弟，易也"一節中之"弟"字。此字若依《堯典》古文有"平秩東作"，今文"平秩"作"便𥟖"②推之，可考乃今文方面之文字而見於《爾雅》者。同時，此"弟"等字，雖非所謂"互訓"，無重複之證據，然畢竟仍可思考其豈非後來所竄入乎？此外，又有關"鬱陶、繇，喜也"一節，其中非考之不可者，爲"鬱陶"之字也③。此字未見於今之《尚書》，然《孟子》中載舜之事，似是引古書之文④，向來之學者已嘗注意及此，謂其所引蓋係《舜典》中之一簡⑤，而其中可見"鬱陶"之字。因此，最爲多含《詩》《書》之語，而不太含《詩》《書》以外詞語之《釋詁篇》中見有"鬱陶"字，據此則上述向來學者所謂"《舜典》中之一簡"之説，大概得其當也。當然，此雖無互訓可作爲證據，然此"鬱陶"恐係與

①此指《尚書》中之《堯典》《舜典》《大禹謨》《皋陶謨》《益稷謨》諸篇。

②漢許慎《説文解字》五篇上云："𥟖，爵之次弟也。从豊、弟。《虞書》曰：'平𥟖東作。'"見清段玉裁《説文解字注》，黎明文化事業公司影印經韻樓刻本，1996 年，五篇上，頁 39。此處内藤氏謂《尚書・堯典》古文作"平秩"，今文作"便𥟖"，然未言其所據。清段玉裁《説文解字注》解"平𥟖東作"云："《堯典》文。今《尚書》作'平秩'，《史記》作'便程'，《周禮》鄭《注》引《書》作'辨秩'，許作'平𥟖'，'𥟖'蓋壁中古文之字如此，孔氏安國乃讀爲秩，而古文家從之。許存壁中之字，如鄭注《禮》經，存古文之字，注《周禮》，存故書之字也。"（五篇上，頁 39）段玉裁斷"𥟖"字爲壁中古文之字，與内藤氏以"𥟖"字爲今文，則有異也。

③此處内藤氏原文作"それは鬱陶の字である"。若依現今之表述方式，宜將"鬱陶"視爲"詞"，今仍依原文譯作"字"，不予更動。

④《孟子・萬章上》："萬章曰：'父母使舜完廩，捐梯，瞽叟焚廩。使浚井，出，從而揜之。象曰：謨蓋都君，咸我績，牛羊父母，倉廩父母，干戈朕，琴朕，弤朕，二嫂使治朕棲。象往入舜，舜在床琴。象曰：鬱陶思君爾，忸怩。舜曰：惟兹臣庶，汝其于予治。不識舜不知象之將殺己與？'曰：'奚而不知也？象憂亦憂，象喜亦喜。'"（《孟子注疏》卷九上，藝文印書館影印清嘉慶二十年江西南昌府學刻本，1955 年，頁 4—5）《孟子》此段文字中見有"鬱陶"二字，内藤氏謂其似是引某部古書之文。

⑤内藤氏原文作"《舜典》の一片"，今姑譯作"《舜典》中之一簡"。又内藤氏稱已有學者謂《孟子》中所引之文蓋係出於《舜典》中之一簡，然内藤氏未明言所據，待考。

“徂落”“都”等字在相同時間被加入《釋詁》中無疑。

《釋言篇》大體乃模倣《釋詁篇》之體裁者也。其篇首之“殷、齊，中也”一句，可謂表露出此篇完成之際時代思想之特徵。《釋地篇》中‘九府’條①，先舉東、西、南、北及其他八方之產物，最後云：“中有岱岳與其五穀、魚、鹽生焉。”②由此可知，在某個時代存在以岱岳附近爲中國中央之思想。與此一致之思想，同樣在《釋地篇》之“四極”條中亦有之，其云：“岠③齊州以南戴日爲丹穴。北戴斗極爲空桐。東至日所出爲大平。西至日所入爲大蒙。”郭璞亦注云：“齊，中也。”④此處所言“齊州”即被用爲“中州”之義。正因爲此思想⑤與《釋言》之“齊，中也”大體一致，恐可得推測係戰國之際文化中心在齊之時——亦即衆多學者集於稷下之時代——之思想。此外，有關《釋言篇》之“殷，中也”，郭璞雖以《堯典》之“以殷仲春”解之⑥，然其既與“齊，中也”具有同樣意味，則若亦解爲地名，當較爲優。以“殷”作爲中央之思想，想必與以孔子作爲素王之思想有關係，因而“殷，中也”之解釋，豈非係“孔子素王説”興起之際所完成乎⑦？若果如此，《釋言》篇首一句之中

①内藤氏原文作“九府の條”，今依原文譯之。下“‘四極’條”同。

②《爾雅·釋地》云：“東方之美者，有醫無閭之珣玗琪焉。東南之美者，有會稽之竹箭焉。南方之美者，有梁山之犀象焉。西南之美者，有華山之金石焉。西方之美者，有霍山之多珠玉焉。西北之美者，有崐崘虚之璆琳琅玕焉。北方之美者，有幽都之筋角焉。東北之美者，有斥山之文皮焉。中有岱岳與其五穀、魚、鹽生焉。”末標云“九府”（見《爾雅注疏》卷七，頁4）。

③“岠”，内藤氏原文作“距”，今據《爾雅注疏》改。

④見《爾雅注疏》卷七，頁8。

⑤内藤氏此處所謂“此思想”，當指上述《釋地》“九府”“四極”中所呈現之思想。

⑥《爾雅·釋言》：“殷、齊，中也。”郭璞《注》云：“書曰：‘以殷仲春。’《釋地》曰：‘岠齊州以南。’”（《爾雅注疏》卷三，頁1）

⑦有關“孔子素王説”興起之時代，内藤氏在《支那史學史》“四、史書之淵源·（二）、六藝之成立”中嘗云：“此後，孔子一派之人傳承《春秋》，又附之以‘義’，而形成傳，其中最古者爲《公羊傳》……畢竟最古之傳應是根據‘孔子素王説’而作。當然，是否從最初孔門即有此説，尚有疑問，然爲《春秋》作傳確是根據‘孔子素王説’而完成……實際上從六經中五經之傳承而觀，《詩》與《書》蓋於孔子之時已存在且被編纂完成。《春秋》則在孔子晚年時僅其本文被編纂完成，亦未可知。然對《春秋》附加以微（轉下頁注）

含有此時代相異之二種思想，又如何乎？此恐係因最初僅有“殷，中也”，其後“齊，中也”被竄入之故，亦未可知。因此，從大體考之，因爲《釋言》全體之體裁比《釋地》等篇之體裁爲古樸，故《釋言》之撰作乃在“殷，中也”思想興起之時代，如是觀之，蓋適當也。若是如此，其大約在七十子之後、孟子之前之時代爲宜。從而，若《釋詁》之撰成，更在此之前，則《周禮·大宗伯》之《疏》中云：“《爾雅》者，孔子門人作，以釋六藝之文言。”①未必可謂無稽也。

次爲《釋訓篇》。此篇一篇之中可分爲前後兩節②。前半節主在解釋得見於《詩》《書》中之疊辭；後半節——即自“朔，北方也”以後——則頗複雜。然前半節之末尾，即自“子子孫孫，引無極也”以下之部分，則與其前之部分有異。前面部分雖曰解釋疊辭，其所釋之方式簡單，近於《釋詁》《釋言》之體裁。與之相反，此“子子孫孫，引無極也”以下之部分，則並非直接解釋語辭，而頗近於《詩序》之體裁。其次此篇之後半節中③，其前頭部分既含有對於《書傳》或《春秋公羊傳》等之解釋④，又有某部分乃全同於今日

(接上頁注)言大義之義理，蓋是孟子時代以前，逐漸所完成。”(《内藤湖南全集》第11卷，頁74—77。原爲日文，下同)基於相同之意見，故内藤氏於《爾雅之新研究》下文云：“若是如此，其大約在七十子之後，孟子之前之時代爲宜。”

①《周禮·春官·大宗伯》：“大宗伯之職，掌建邦之天神、人鬼、地示之禮，以佐王建保邦國……以禋祀祀昊天上帝，以實柴祀日月星辰，以槱燎祀司中、司命、飌師、雨師。”鄭玄《注》：“玄謂：昊天上帝，冬至於圜丘所祀天皇大帝。星謂五緯，辰謂日月所會十二次。司中、司命，文昌第五第四星，或云中能上能也。祀五帝亦用實柴之禮云。”賈公彦疏《注》云：“《異義·天號第六》(實三案：‘第’字原作‘等’，據孫詒讓校本改)：‘……玄之聞也，《爾雅》者，孔子門人作，以釋六藝之文，言蓋不誤也。’”(《周禮注疏》卷一八，藝文印書館影印清嘉慶二十年江西南昌府學刻本，1955年，頁1—4)據此，則“《爾雅》者，孔子門人作，以釋六藝之文”乃賈《疏》引鄭玄《駁五經異義》之語也。又内藤氏以“文言”截句，恐有未妥，當以“言”字屬下讀爲宜。

②“前後兩節”，内藤氏原文如此，譯文依用原文。

③此處原文作“それから後半の中で”，譯文“後半”之後添一“節”字，以足其意。

④此處“《書傳》”二字，《支那學》第二卷第二號刊本作“《書》”，後收入《研幾小録》時，修改作“《書傳》”，且又增一“自注”云：“‘朔，北方也。’與《尚書大傳·堯典》之‘北方者何？伏方也’有關係。‘暨，不及也’句，郭《注》引隱公元年《公羊傳》之文以解之。”(見《内藤湖南全集》第7卷，頁31、37。原爲日文)

《大學》中之文句，亦即從“如切如磋，道學也”至“有斐君子，終不可諼兮，道盛德至善，民之不能忘也”是也。又後半節之末，有類似揚雄《方言》等書之處①，此益發令人懷疑其乃後世之增益者也。然而，由“履帝武敏：武，跡也。敏，拇也”②之解釋觀之，此爲對《詩・大雅・生民篇》之解釋，因其解釋全與《毛傳》相異，故恐係與三家《詩》一致者。由此等證據考之，《四庫全書提要》認爲《爾雅》之完成在《毛傳》之後，其説頗爲薄弱③。今日三家《詩》雖不傳，然據《釋訓篇》中所存者以推之，三家《詩》之《序》之體裁，豈非大概如此乎？此可由想象而得。《毛傳》恐係在三家《詩》之後，學習其體裁而新作者也，亦未可知。

總上所論，《釋詁》至《釋訓》三篇，可謂乃對《詩》《書》之古代部分或古傳④之解釋者也。且可想象其後曾被附益，其被附益之情況，到達《春秋公羊傳》亦被加入其中之程度。若由此考之，終究最初完成之經書乃《詩》《書》之大部分，其次完成者蓋是《春秋》，且可推斷其最先完成之時代乃在齊稷下學問興起前左右⑤。

四

再者爲《釋訓》以下各篇，即《釋親》《釋宫》《釋器》《釋樂》《釋天》《釋地》等篇，其大部分爲與禮有關者也。此諸篇乃緣於禮學之興起，故其解釋乃成爲必要。《釋親》係爲禮所最重視之宗法而作，《釋宫》以下則爲名物度數之解釋者也。若欲舉其中一些可見之時代思想，則如《釋天》之“歲名”條有

①《爾雅・釋訓》末條云：“鬼之爲言歸也。”（《爾雅注疏》卷四，頁 14）内藤氏所謂“有類似揚雄《方言》等書之處”，蓋指此也。

②《爾雅・釋訓》：“履帝武敏：武，跡也，敏，拇也。”（《爾雅注疏》卷四，頁 11）

③前文内藤氏嘗對於《四庫全書總目》謂《爾雅》成書在《毛傳》後之説，論云：“此説雖適當，然……”此處則謂“其説頗薄弱”，前後略有差異。

④内藤氏原文作“古い傳”，“傳”指傳注，已見前文所論。

⑤内藤氏原文作：“而してそれは先づ齊の稷下の學問の起る前まで位の時代に出來たと推斷し得ると思ふ。”姑譯爲如此。

"夏曰歲,商曰祀,周曰年,唐、虞曰載"①,又"祭名"條中有"周曰繹,商曰肜,夏曰復胙"②,此爲其一例也。將三代一體並稱而考之,此在《論語》等書中雖已可見之③,然《孟子》中詳説三代田賦之比較異同等④,乃特别顯著。因此,無論何事皆三代並稱,想係受到從某時期開始興起之思想所影響⑤。此處所舉歲名中,所謂"商曰祀""周曰年",在當時之簡策、金文中或尚有其證據,然如"夏曰歲"之説,則别無證據,何況至於所謂"唐、虞曰載"等,(其毫無證據)當然不成問題⑥。在祭名中,周之"繹"、商之"肜",在經中尚有其徵證,至於夏之"復胙",則連郭璞《注》亦云:"未見義所出。"⑦此等皆據三代並稱之時代思想者,其中亦有爲强將三代並稱而勉强附加之名。此以三代並稱,應是曆法家想象出夏正、禮家構思出制度沿革之時代——亦即戰國初期之際——所完成之思想。若依此推之,則將經典中所具種種制度沿革皆以三代分配之思想,其根柢可尋而得。鄭玄等注解經書時,當古文之禮制與今文之禮制不相符合之場合,多以今文者爲殷禮而解决之。然朱子於此點,窺知其破綻,《語類》云:"漢儒説禮制,有不合者,皆推之以爲商禮,此便是没理會處。"⑧其次,《釋天》《釋地》中有與

①見《爾雅注疏》卷六,頁 7。

②"胙"字内藤氏原文作"祚",今依《注疏》本改(見《爾雅注疏》卷六,頁 14)。

③如《論語·衛靈公篇》:"顏淵問爲邦,子曰:'行夏之時,乘殷之輅,服周之冕。'"(《論語注疏》卷一五,藝文印書館影印清嘉慶二十年江西南昌府學刻本,1955 年,頁 4)蓋其例也。

④《孟子·滕文公上》:"夏后氏五十而貢,殷人七十而助,周人百畝而徹,其實皆十一也。"(《孟子注疏》卷五上,頁 7)同篇又云:"夏曰校,殷曰序,周曰庠,學則三代共之。"(《孟子注疏》卷五上,頁 8)皆其例也。

⑤此處"影響",内藤氏原文書作漢字"支配",爲使合於漢語表述習慣,譯文姑譯作"影響"。

⑥此處内藤氏原文作:"況んや唐虞に載といつたなどに至つては勿論問題とならぬ。"推其意,蓋指"唐虞曰載"毫無證據,更不成問題。

⑦《爾雅·釋天》:"周曰繹,商曰肜,夏曰復胙。"郭璞注"夏曰復胙"云:"未見義所出。"(見《爾雅注疏》卷六,頁 14)邢昺《疏》云:"'曰復胙'者,郭云'未見義所出'以夏之典、訓無言'復胙'名者,是'未見義所出'也。"(《爾雅注疏》卷六,頁 16)

⑧語見《朱子語類》卷八四《禮一·論考禮綱領》,頁 2182。

其他經書或書籍不相一致之説，其反而可成爲研究之樞紐處。例如《釋天》中歲陽之名，與《史記・曆書》①所載不一致②，但是，此大概係《爾雅》此方誤也。“太歲在戊曰著雍”“在己③曰屠維”，此二處據字形之類似可推測《爾雅》與《史記》所載似爲同一内容④。若是如此，自然會想到《爾雅》其他部分豈非亦是可能有誤乎⑤？總之，此爲《爾雅》所傳與《史記》之相異，此點乃無可疑。再者，《爾雅》之星名，尚未整頓爲二十八宿⑥，與《淮南子》

①“曆書”之“曆”字，《支那學》第二卷第二號刊本《爾雅の新研究（下）》誤作“律”，後收入《研幾小録》時，已修正作“歷”，今譯文依《史記》通行版本作“曆”。

②《爾雅・釋天》“歲陽”條云：“大歲在甲曰閼逢，在乙曰旃蒙，在丙曰柔兆，在丁曰强圉，在戊曰著雍，在己曰屠維，在庚曰上章，在辛曰重光，在壬曰玄黓，在癸曰昭陽。”末標“歲陽”（《爾雅注疏》卷六，頁6）。《史記・曆書》“曆術甲子篇”中云：“太初元年，歲名‘焉逢攝提格’。”唐司馬貞《索引》注“焉逢”云：“《漢書》作‘閼逢’。”（《史記》卷二六，中華書局，2014年點校本，頁1262）《史記》又云“端蒙單閼二年”“游兆執徐三年”“彊梧大荒落四年”“徒維敦祥天漢元年”“祝犁協洽二年”“商横涒灘三年”“昭陽作鄂四年”“横艾淹茂太始元年”“尚章大淵獻二年”“焉逢困敦三年”“端蒙赤奮若四年”（頁1265—1269），司馬貞《索隱》解“端蒙”云：“《爾雅》作‘旃蒙’。”解“游兆”云：“《爾雅》作‘柔兆’。”解“祝犁”云：“《爾雅》作‘著雍’。”解“商横”云：“《爾雅》作‘上章’。”解“昭陽”云：“《爾雅》作‘重光’。”解“横艾”云：“《爾雅》作‘玄黓’。”解“尚章”云：“《爾雅》作‘昭陽’。”（頁1265—1268）此蓋即内藤氏所言《爾雅・釋天》所載與《史記・曆書》不一致之現象也。

③“己”字，《支那學》二卷二號刊本誤作“巳”，《研幾小録》刊本已改正作“己”。

④《史記・曆書》“徒維敦祥天漢元年”，《爾雅・釋天》“徒維”作“屠維”。又《史記》云“祝犁協洽二年”，司馬貞《索隱》謂《爾雅》“祝犁”作“著雍”。此蓋即内藤氏所謂《史記》與《爾雅》字形類似之二處也。然考“徒”與“屠”、“祝犁”與“著雍”字形並不相近，内藤氏所言似有未當。

⑤此句内藤氏原文作：“若しさうすれば自然他のものも誤ってゐるのではないかと考へられぬことはない。”日文之表達方式極爲婉曲，今試譯爲如此。江俠菴譯作“若果如此，亦能不謂彼之誤也”（《先秦經籍考》中册，頁174）。恐未達原意。

⑥《爾雅・釋天》云：“壽星，角、亢也。天根，氐也。天駟，房也。大辰，房、心、尾也。大火謂之大辰。析木謂之津，箕、斗之間，漢律也。星紀，斗、牽牛也。玄枵，虚也。顓頊之虚，虚也。北陸，虚也。營室謂之定。娵觜之口，營室、東壁也。降婁，奎、婁也。大梁，昴也。西陸，昴也。濁謂之畢。咮謂之柳。柳，鶉火也。北極謂之北辰，何鼓謂之牽牛。明星謂之啓明。彗星爲欃槍。奔星爲彴約。”末標“星名”（《爾雅注疏》卷六，頁10—11）。内藤氏謂此所載星名尚未整頓爲二十八宿。

等書所載有相異處①,此亦可推想爲二十八宿説未興起前所撰,或亦可推想係因《爾雅》之撰者非星曆專家,故流於疏略也。又最具明顯之差異者,爲見於《釋地》中之"九州"②。其書寫方式,僅前七州與《禹貢》或《周禮·職方氏》等類似③,然末二州並不書作如"河之南"或"漢之南"般之方式,而書作"燕曰幽州,齊曰營州"與前面部分爲不同類型之書寫方式。由所謂"齊曰營州"位於最末而觀之,可想蓋係高舉稷下學問殘餘之輩所書,其體裁之不齊整,乃因非地理專家所書之故,亦未可知。要之,無論是與《禹貢》或《周禮·職方氏》相異,皆爲有關九州所傳述之異,然自郭璞以來,以"此蓋殷制"解之④,乃

①《淮南子·天文訓》卷三云:"天有九野,九千九百九十九隅,去地五億萬里。五星,八風,二十八宿……何謂九野? 中央曰鈞天,其星角、亢、氐。東方曰蒼天,其星房、心、尾。東北曰變天,其星箕、斗、牽牛。北方曰玄天,其星須女、虚危、營室。西北曰幽天,其星東壁、奎、婁。西方曰顥天,其星胃、昴、畢。西南方曰朱天,其星觜巂、参、東井。南方曰炎天,其星輿鬼、柳、七星。東南方曰陽天,其星張、翼、軫。"(《四部備要》本,中華書局,1966年,頁2—3)此爲《淮南子》所載之二十八宿也。故内藤氏謂《爾雅·釋天》所載星名與此有相異處。

②《爾雅·釋地》云:"兩河間曰冀州,河南曰豫州,河西曰雝州,漢南曰荆州,江南曰揚州,濟、河間曰兖州,濟東曰徐州,燕曰幽州,齊曰營州。"末標"九州"(《爾雅注疏》卷七,頁1)。

③《尚書·禹貢》云"冀州既載""濟、河惟兖州""海、岱惟青州""海、岱及淮惟徐州""淮、海惟揚州""荆及衡陽惟荆州""荆、河惟豫州""華陽、黑水惟梁州""黑水、西河惟雍州"(《尚書注疏》卷六,藝文印書館影印清嘉慶二十年江西南昌府學刻本,1955年,頁2—19)。此即《禹貢》所述之九州也。又《周禮·夏官·職方氏》云"東南曰揚州""正南曰荆州""河南曰豫州""正東曰青州""河東曰兖州""正西曰雍州""東北曰幽州""河南曰冀州""正北曰并州"(《周禮注疏》卷三三,頁10—14)。此爲《周禮·職方氏》所述之九州也。故内藤氏謂《爾雅·釋地》所述"九州"僅前七州類似《尚書·禹貢》《周禮·職方氏》之書寫方式。

④郭璞於"齊曰營州"之下注云:"自岱東至海。此蓋殷制。"邢昺《疏》云:"'此蓋殷制'者,以此文上與《禹貢》不同,下與《周禮》又異,禹别九州有青、徐、梁而無幽、并、營,是夏制也。《周禮》,周公所作,有青、幽、并,而無徐、梁、營,是周制也。此有徐、幽、營,而無青、梁、并,是殷制也。以無正文,故云'蓋'也。"(《爾雅注疏》卷七,頁2)據邢昺所釋,可知郭云"此蓋殷制"乃謂《爾雅》所載"九州"之名爲殷制。

如朱子所言"没理會處"也①。再者,"十藪"等雖亦大部分與《職方氏》相似,畢竟仍足以見傳述之異同②。

五

與《釋地》類似者,有《釋丘》《釋山》《釋水》三篇。然此三篇有特别晚出之疑,想係如《禹貢》或《山海經》《楚辭》等之某部分,乃有關地理之記述開始流行時之作,恐似爲戰國末期之物也。尤其此三篇中《釋丘》起始之部分,有被認爲乃解釋《山海經》之處也③。《釋山》中有關"五岳",篇首與篇尾各一見,然前後不一致④,此顯示出一篇中有時代或學説之差異,恐係秦漢之際所作,

①此處内藤氏原文作"朱子の言ふ如く無意味なことである","無意味なこと"謂"無意義""無價值"之意也。今譯文仍沿用前引《朱子語類》"没理會處"一語。"没理會處"一語,或作"没作理會處""没作道理處",朱子言"没理會處",或謂其没道理也。

②《爾雅·釋地》云:"魯有大野,晉有大陸,秦有楊陓,宋有孟諸,楚有雲夢,吴、越之間有具區,齊有海隅,燕有昭餘祁,鄭有圃田,周有焦護。"末標"十藪"(《爾雅注疏》卷七,頁2—3)。此《爾雅》所載"十藪"也。另《周禮·職方氏》於"揚州"曰"其澤藪曰具區"、於"荆州"曰"其澤藪曰雲瞢"、於"豫州"曰"其澤藪曰圃田"、於"青州"曰"其澤藪曰望諸"、於"兖州"曰"其澤藪曰大野"、於"雍州"曰"其澤藪曰弦蒲"、於"幽州"曰"其澤藪曰貕養"、於"冀州"曰"其澤藪曰楊紆"、於"并州"曰"其澤藪曰昭餘"(《周禮注疏》卷三三,頁10—14)。《爾雅·釋地》所載藪名與《周禮·職方氏》相同或相似者有"大野""孟諸(望諸)""雲夢(雲瞢)""具區""楊陓(楊紆)""昭余祁(昭餘)""圃田"七種。而《爾雅》所載藪名,不見於《周禮·職方氏》者,有"大陸""海隅""焦護"三種。

③《爾雅·釋水》:"河出崑崙虚,色白。"郭璞《注》云:"《山海經》曰:河出崑崙西北隅。虚,山下基也。"(《爾雅注疏》卷七,頁23)此爲《爾雅》與《山海經》有關之處也。然清紀昀等所撰《四庫全書總目》"《爾雅注疏》"條提要云:"《釋地》云:'河出崑崙墟',此取《山海經》之文也。"(卷四〇,頁4)此誤《釋水》爲《釋地》。内藤氏此文言"《釋丘》起始之部分,有被認爲乃解釋《山海經》之處也",不知何據。

④《爾雅·釋山》首條云:"河南華,河西岳,河東岱,河北恒,江南衡。"(《爾雅注疏》卷七,頁14)又末條云:"泰山爲東岳,華山爲西岳,霍山爲南岳,恒山爲北岳,嵩山爲中岳。梁山,晉望也。"(《爾雅注疏》卷七,頁17—18)内藤氏指出其前後所述有不一致之處。

因其最末之“梁山，晉望也”一句，顯示其與《春秋傳》《國語》等具有關係故也①。然“梁山”之事在《公羊傳》中全然未見，而並見於其他二《傳》②，此亦

①郭璞注“梁山，晉望也”云：“晉國所望祭者。”邢昺疏云：“言梁山在晉國境内，晉以歲時望祭之，故云‘晉望’也。云‘晉國所望祭者’，案《春秋》僖三十一年經云：‘夏四月，四卜郊，不從，乃免牲，猶三望。’《公羊傳》云：‘三望者何？望祭也。’……《楚語》云：‘天子遍祀群神品物，諸侯、二王後祀天地、三辰及其土地之山川。’……今案：昭元年《左傳》云：‘辰爲商星’‘參爲晉星’。又《禮記·禮器》云：‘晉人將有事於河，必先有事於呼池。’及此云‘梁山，晉望也’然則晉國三望謂參也、梁山也、河也，故云‘晉國所望祭者’。”（《爾雅注疏》卷七，頁18）

②此處内藤氏原文作“然かも梁山のことが公羊傳には全く無く、他の二傳には共に見えてゐるということは”。考《春秋》成公五年：“夏叔孫僑如會晉荀首于穀。梁山崩。”《左傳》云：“梁山崩，晉侯以傳召伯宗，伯宗辟重，曰：‘辟傳。’重人曰：‘待我，不如捷之速也。’問其所，曰：‘絳人也。’問絳事焉。曰：‘梁山崩，將召伯宗謀之。’問若之何？曰：‘山有朽壤而崩，可若何？國主山川，故山崩川竭，君爲之不舉、降服、乘縵、徹樂、出次，祝幣，史辭以禮焉，其如此而已。雖伯宗，若之何！’伯宗請見之，不可。遂以告，而從之。”（《春秋左傳注疏》卷二六，藝文印書館影印清嘉慶二十年江西南昌府學刻本，1955年，頁8—9）另《穀梁傳》云：“不日，何也？高者有崩道也。有崩道，則何以書也？曰：梁山崩，壅遏河，三日不流，晉君召伯尊而問焉，伯尊來，遇輦者，輦者不辟，使車右下而鞭之。輦者曰：‘所以鞭我者，其取道遠矣。’伯尊下車而問焉，曰：子有聞乎？對曰：‘梁山崩，壅河，三日不流。’伯尊曰：‘君爲此召我也，爲之奈何?’輦者曰：‘天有山，天崩之；天有河，天壅之。雖召伯尊，如之何?’伯尊由忠問焉。輦者曰：‘君親素縞，帥群臣而哭之，既而祠焉，斯流矣。’伯尊至，君問之曰：‘梁山崩，壅河，三日不流，爲之奈何?’伯尊曰：‘君親素縞，帥群臣而哭之，既而祠焉，斯流矣。’孔子聞之，曰：‘伯尊其無績乎！攘善也。’”（《春秋穀梁傳注疏》卷一三，藝文印書館影印清嘉慶二十年江西南昌府學刻本，1955年，頁8—9）《左傳》與《穀梁傳》皆載梁山崩，晉侯召伯宗（尊）以謀之事。然《公羊傳》則僅言：“梁山者何？河上之山也。梁山崩，何以書？記異也。何異爾？大也。何大爾？梁山崩，壅河，三日不流。外異不書，此何以書？爲天下記異也。”（《春秋公羊傳注疏》卷一七，藝文印書館影印清嘉慶二十年江西南昌府學刻本，1955年，頁10—11）全未記載晉侯召伯宗之事。由此推之，内藤氏此處所謂“梁山之事”，蓋指晉侯召伯宗以謀及伯宗所答之事也。

顯示出三《傳》之前後關係①。其次,在《釋水》篇末部分之"河曲"等,同樣與《山海經》有關係②,而"九河"亦可視爲對《禹貢》之解釋③。此等可作爲所謂"《禹貢》與《山海經》④,一爲可信之經書,一爲不足信之小説雜記"考説之反證。而且《山海經》與《禹貢》撰成之時代殆無大異,據此亦得以考知。

六

其次爲書末之《釋草》《釋木》《釋蟲》以下各篇,此可謂即《論語》中所稱學《詩》可"多識於鳥、獸、草、木之名"⑤之實證,大體可視爲對《詩》之解釋。其中雖或亦有不見於今《詩》之物名,然不能立即遽斷爲其乃對《詩》以外物名之解釋。在三家《詩》已亡佚之今日,不僅昔時《詩》之本文中與今之《毛

---

①推此處内藤氏之意,蓋謂《公羊傳》在前,尚未載晉侯召伯宗事,《左傳》《穀梁傳》在後,故增出其事也。有關三《傳》成立之先後順序,内藤氏在《支那史學史》"四、史書之淵源·(二)、六藝之成立"中嘗云:"因此,其成立之順序應是《公羊傳》《穀梁傳》《左傳》。"(《内藤湖南全集》第11卷,頁75)其相關之論述,可參看。

②《爾雅·釋水》云:"河出崑崙虛,色白。所渠并千七百,一川色黄。百里一小曲,千里一曲一直。"末標"河曲"。郭璞注"河出崑崙虛,色白"云:"《山海經》曰:'河出崑崙西北隅。'虛,山下基也。"(《爾雅注疏》卷七,頁23)郭璞此謂《釋水》"河出崑崙虛"與《山海經》有關也。另清紀昀等所撰《四庫全書總目》"《爾雅注疏》"條提要中云:"《釋地》云:'河出崑崙墟',此取《山海經》之文也。"(卷四〇,頁4)此亦認爲《爾雅》"河出崑崙虛"乃取自《山海經》,惟《總目》誤書《釋水》爲《釋地》也。

③《爾雅·釋水》:"徒駭、太史、馬頰、覆鬴、胡蘇、簡、絜、鉤盤、鬲津。"末標"九河",郭璞於"九河"下注云:"從《釋地》已下至九河,皆禹所名也。"(《爾雅注疏》卷七,頁24)。邢昺疏經文云:"案《禹貢》云:'九河既導。'故此釋其名,下即題云:'九河'也。"(《爾雅注疏》卷七,頁24)内藤氏所言蓋本此。

④此處内藤氏原文作"これらは山海經と禹貢と",以《山海經》次序在前。爲使與下文語意一致,譯文譯作"《禹貢》與《山海經》",稍作更動。

⑤《論語·陽貨篇》:"子曰:'小子何莫學夫《詩》?《詩》可以興,可以觀,可以群,可以怨。邇之事父,遠之事君,多識於鳥、獸、草、木之名。'"(《論語注疏》卷一七,藝文印書館影印清嘉慶二十年江西南昌府學刻本,1955年,頁5)

詩》有何異同無法充分得知，而且《爾雅》中此等物名之解釋，其不僅解釋《詩》之本文，亦解釋《詩傳》中之所見者，亦未可知。經書始出於世之際，所傳各家，將其與傳並出，故《爾雅》對其之解釋，並未考慮到嚴密區分經、傳，此不可不知者也①。此於《春秋》之《傳》等，情況亦同。但是，《詩》之外，含有對《楚辭》之解釋，此乃不争之事實。此恐因《楚辭》之學於漢初幾乎與經書之研究同樣興盛，有關《楚辭》之解釋自然被收入《爾雅》之中。

最後，成問題者爲《釋獸》《釋畜》二篇，關於其成立，具有疑問。原來《釋獸》中既已含有宜歸屬於《釋畜》者，即如自"豕子，豬"至"牝，豝"之部分是也②。然《釋獸》之後又有《釋畜》一篇特地解釋有關六畜等，或許此二篇乃前後二次在不同時代中所完成者乎？雖郝懿行亦嘗謂豕爲六畜之一，宜入《釋畜》。今在《釋獸》之中，乃誤置也③。然寧可視爲係因前後二次完成所致，當較宜也。或者亦可懷疑，自《釋草》至《釋獸》諸篇，原即係對《詩》及其他古書之解釋，乃先完成，與此相對，僅《釋畜》爲自後附益者也。《釋畜》篇末部分，尤其與《易》之《説卦傳》似有關係。《説卦傳》中可見以兑爲羊，以艮爲狗，以巽爲鷄④，而《釋畜》之末則將此等之物一并列舉⑤，邵晉涵、郝

①此處内藤氏之原文云："經書の始めて世に出た頃には、之を傳ふる各家は其傳と共に出したので、爾雅が之に對する解釋も經傳を嚴密に分けて考へないといふことを知らねばならぬ。"江俠菴譯作："經書始出於世之時，作傳各家，對於經爲嚴密之解釋，爾雅對於此等經傳，其解釋亦不能不嚴密。"(《先秦經籍考》，頁179)其去原文之意亦遠矣。

②《爾雅・釋獸》云："豕子，豬。豱，豮。幺，幼。奏者豱。豕生三，豵；二，師；一，特。所寢，橧。四豴皆白，豥。其跡，刻。絶有力，豟。牝，豝。"(《爾雅注疏》卷一〇，頁12)此即内藤氏所指之部分。

③郝懿行於《爾雅義疏》"釋獸第十八"標題下解云："兹篇所釋，皆是野獸，豕爲六畜之一，宜入《釋畜》，而誤置在此。"(《皇清經解》卷一二七五，頁1)

④《周易・説卦傳》云："乾爲馬，坤爲牛，震爲龍，巽爲雞，坎爲豕，離爲雉，艮爲狗，兑爲羊。"(《周易注疏》卷九，頁7)

⑤《爾雅・釋畜》之末，"羊屬"之後，次"狗屬""雞屬"。"羊屬"云："羊：牡，羒；牝，牂。夏羊：牡，羭；牝，羖。角不齊，觤。角三觠，羷。羳羊，黄腹。未成羊，羜。絶有力，奮。""犬屬"云："犬生三，猣；二，師；一，玂。未成毫，狗。長喙，獫。短喙，猲獢。絶有力，狣。尨，狗也。""雞屬"云："雞，大者蜀。蜀子，雓。未成雞，僆。絶有力，奮。"(《爾雅注疏》卷一〇，頁24—25)

懿行亦已注意及此①。此外,同樣《説卦傳》中有"乾爲駁馬"②"震爲馵足,爲的顙"③。此等爲不常見於他書之名稱,而《釋畜》之"馬屬"中則含有之。亦即如"駮,如馬""膝上皆白,惟馵""(後)左(足)白,馵"④"駒顙,白顛"等,其中"駮"亦見於《山海經》⑤,"馵"亦見於《詩》⑥,然"駒顙"則僅限出現於《易》⑦。又對於《釋畜》"馬八尺爲駥",郭璞引《周禮》以注之⑧,然《周禮》中"駥"字實作"龍"字⑨。彼處依郝懿行所考,則謂:"《説文》'騋'字下云:'馬八尺爲龍。'《月令》:'駕倉⑩龍。'《注》:'馬八尺以上爲龍。'《淮南・時則

①邵晉涵《爾雅正義》解"羊屬"云:"《説卦傳》云:'兑爲羊。'"解"狗屬"云:"《説卦傳》云:'艮爲狗。'"解"雞屬"云:"《説卦傳》云:'巽爲雞。'"(《皇清經解》卷五二三,頁10—12)又郝懿行《爾雅義疏》解"羊屬"云:"《易・説卦傳》:'兑爲羊。'"解"狗屬"云:"《説卦傳》:'艮爲狗。'"解"雞屬"云:"《説卦傳》:'巽爲雞。'"(《皇清經解》卷一二七六,頁8—10)此蓋即内藤氏所謂"邵晉涵、郝懿行亦已注意及此"者也。

②《周易・説卦傳》云:"乾爲天,爲圜,爲君,爲父,爲玉,爲金,爲寒,爲冰,爲大赤,爲良馬,爲老馬,爲瘠馬,爲駁馬,爲木果。"(《周易注疏》卷九,頁7—8)此處内藤氏乃撮取其文。

③《周易・説卦傳》云:"震爲雷,爲龍,爲玄黄……其於馬也,爲善鳴,爲馵足,爲作足,爲的顙。"(《周易注疏》卷九,頁8)此處内藤氏亦撮取其文。

④《爾雅・釋畜》"馬屬"中云:"左白,馵。"郭璞《注》云:"後左脚白。《易》曰:'震爲馵足。'"(《爾雅注疏》卷一〇,頁20)内藤氏引文作:"(後)左(足)白,馵。"蓋爲足其意而加字,非有異文也。

⑤《爾雅・釋畜》"馬屬"云:"駮如馬,倨牙,食虎豹。"郭璞《注》云:"《山海經》云:'有獸名駮,如白馬,黑尾,倨牙,音如鼓,食虎豹。'"(《爾雅注疏》卷一〇,頁19)

⑥《毛詩・秦風・小戎》云:"文茵暢轂,駕我騏馵。"毛《傳》云:"左足白曰馵。"(《毛詩注疏》卷六三,藝文印書館影印清嘉慶二十年江西南昌府學刻本,1955年,頁10)

⑦《内藤湖南全集》第七卷所收此文,在"然'駒顙'則僅限出現於《易》"下,有編者之案語云:"在欄外,有著者手書云:'《秦風・車鄰》:有馬白顛。《傳》:白顛,的顙也。'"(頁35,原爲日文)

⑧《爾雅・釋畜》"六畜"中云:"馬八尺爲駥。"郭璞《注》云:"《周禮》曰:'馬八尺已上爲駥。'"(《爾雅注疏》卷一〇,頁25)

⑨《周禮・夏官・庾人》云:"馬八尺以上爲龍,七尺以上爲騋,六尺以上爲馬。"(《周禮注疏》卷三三,頁8)

⑩"倉"字内藤氏原文作"蒼",譯文據郝懿行《爾雅義疏》引文改。

篇・注》引《周禮》,及《後漢書・注》引《爾雅》,亦俱作'龍',郭引作'駥'者,欲明此'駥'、彼'龍'二者相當,因而[1]改'龍'爲'駥',非《周禮》舊文也。"[2]此"龍"亦係《易》中最屢被使用"龍"字之解釋,即是《説卦傳》中"震爲龍"之"龍",亦未可知。由此等而試考之,則《易》之《説卦傳》與《爾雅》之《釋畜篇》具有關係,《易》被認定爲經書之時期,蓋即《爾雅》被編纂完成之際。若其爲漢初之際,則《易》方面得在田何之時,而《爾雅》方面得在沛郡梁文之時也。

七

總括以上所述,《爾雅》中之《釋詁篇》乃作成於距七十子不遠或七十子末年之時代。其後迄於戰國初之間,被加上種種附益,可得而考。《釋言篇》乃作成於次七十子時代,亦即以孔子爲素王之時代[3]。其後,迄於稷下學問盛行時之間,被附益者也。《釋訓篇》中尤多包含種種不同時代,與《釋言篇》開始被附益之時間大體相同,其後似不斷被附益,直至漢初爲止。《釋親》以下至《釋天》諸篇,乃著成於《公羊春秋》發達、禮學興起之時代,亦即從荀子之前後開始至漢之后蒼、高堂生時之間。《釋地》以下,至《釋水》諸篇,當成於自戰國末起,迄於漢初。從《釋草》至《釋獸》諸篇,或許作爲《詩》之解釋,從古時代開始即已存在,亦未可知,然迄於漢初始著成。最後,《釋畜篇》殆著成於漢文、景之際。惟其乃《爾雅》成立之沿革,若言據此以推測經籍出於世之次第,則大約《書》中有關周公之部分,以及《詩》中《風》《雅》並《周頌》《魯頌》等,蓋即《爾雅》之《釋詁篇》早期撰成部分所據以作解者。《書》之《洪範》及其他有關殷之部分,以及《詩》之《商頌》等,蓋即《釋言篇》早期撰成部分所據以作解者。《書》中有關唐、虞部分,以及《春秋公羊傳》之基礎部分,蓋即《釋詁篇》《釋訓篇》等被附益部分所據以作解者。

---

①"而"字内藤氏原文缺,譯文據郝《疏》補。

②此段引文見於郝懿行《爾雅義疏・釋畜》"馬八尺爲駥"疏(《皇清經解》卷一二七六,頁10)。

③此處内藤氏原文作"釋言篇は七十子の次に來る時代、即ち孔子を素王とする時代に出來て",姑譯作如此。

此等可視爲經書中特别早撰成者。當然，多少會有時間早晚存乎其間①，然若謂首先迄於孟子之際間所撰成，當較勝也。據余所考，如《公羊傳》，雖係《春秋》之傳，然其中並無所謂"史學"之觀念，此點《穀梁傳》亦同。《春秋》中有近乎"史學"觀念之形成，乃自《左傳》始也。《公羊傳》可謂乃以禮解釋《春秋》者也，《公羊春秋》盛行之後，禮之學問隨之發達起來，此蓋當然者也。在《爾雅》中亦可見其徵候，《釋親篇》以下爲禮之解釋是也。此外，從戰國末年起，地理之學格外興起，如《書》之《禹貢》、《周禮》之《職方氏》《山海經》等被撰成，故相對於此，在《爾雅》而有自《釋地篇》至《釋水篇》諸篇出現。另關於《釋草篇》以下各篇，無法適確考得其撰成年代。話雖如此，其中有關《詩》者雖多，然與《釋詁篇》《釋訓篇》之時代確實有異。畢竟如揚雄之《方言》般，因中國之文化、語言有多種多樣，名物若僅依中原之語言，則一般難以通用。職是，而有《爾雅》此等諸篇被撰作之必要。若是如此，其恐係在戰國末年之際乎？再者，最後之《釋畜篇》，此篇似撰成於比上述諸篇更晚之時代，其痕跡明顯可見。若以其與《易》之《説卦傳》具有關係而考之，《易》被列於經書最晚，章學誠嘗謂《易》於田何之時始著於竹帛②，其説未必誤也。

八

余前嘗考《尚書》之編次，單從時代思想上，亦即單從經書中所含之思

①此處内藤氏原文作"勿論其の間に多少の早晚はあるが"，蓋指完成時間之早晚，故譯文增"時間"二字以足之。

②此處内藤氏未明言章學誠説之出處。另其《支那史學史》"四、史書之淵源·（二）、六藝之成立"中亦嘗云："章學誠嘗謂《易》之著於竹帛，在田何之時。（原注：'《文史通義·言公上》。'）"（《内藤湖南全集》第十一卷，頁77）由此可知其所據也。考章學誠《文史通義·言公上》云："商瞿受《易》於夫子，其後五傳而至田何。施、孟、梁邱，皆田何之弟子也。然自田何而上，未嘗有書，則三家之《易》，著於《藝文》，皆悉本於田何以上口耳之學也。是知古人不著書，其言未嘗不傳也。"（清章學誠著，葉瑛校注《文史通義校注》，中華書局，2014年，頁172）由此可知内藤氏之所據。另章學誠《校讎通義》卷三《漢志六藝第十三》中亦有相同之見，茲不複舉。

想加以演繹，依其發展所宜之自然順序，就《尚書》各篇完成之次弟嘗試説明①。而且余相信，若應用其方法，對其他經書，當亦得作類似之説明。然因其方法僅係論理性之探究，未伴以實證，故知若欲推及於其他經書，其方法之應用，需相當複雜費事。故此次一變其方法，以被認爲係諸經辭書之《爾雅》爲基礎，儘量檢出其實證部分，試考其與《爾雅》之成立相符之經書發展次弟。作爲處理被大量附益、竄入、訛誤等所積累之古書而言，依此方法而欲達成全都無可撼動之研究，當然乃係困難之事。然若循此大體之路徑，依此方法以考之，則未必不能給予古書研究以一線光明，此爲余自覺甘受妄斷之誹，而敢作如此嘗試之由也。

譯後記：

內藤湖南雖以中國史學研究聞名於世，然對於中國經籍亦頗多關注，先後撰有《尚書編次考》、《爾雅之新研究》、《禹貢製作之時代》（原刊《東亞經濟研究》第六卷第一號，1922 年。後收入《研幾小録》）、《易疑》（原刊《支那學》第三卷第七號，1923 年。後收入《研幾小録》）等文（俱見《內藤湖南全集》第七卷）。其中《爾雅之新研究》論理與實證兼具，尤具有方法論上之探討價值，故特加譯注，以饗讀者。余另撰有《內藤湖南〈爾雅之新研究〉論考》一文，對內藤氏之説有詳細討論，待刊。

（譯注者單位：陝西師範大學人文科學高等研究院）

①內藤氏撰作此文之前，嘗撰有《尚書編次考》一文，初刊於《支那學》第一卷第七號（1921 年 3 月），後收入《研幾小録》（弘文堂書房，1928 年），改名《尚書稽疑》，今收入《內藤湖南全集》第 7 卷。

明代活版考*

井上進 撰　楊永政 譯

前　言

衆所周知，活版印刷術相傳是由中國北宋時代、11世紀中葉的畢昇發明的，而從南宋到元代，確實存在使用活版印刷書籍的事例。例如紹熙四年(1193)周必大"用沈存中法(沈括《夢溪筆談》中記載的畢昇活字法)，以膠泥銅版(陶活字和銅製的植字版)"印行自著《玉堂雜記》，蒙古時期的約1240年代，姚樞"以《小學》書流布未廣，教弟子楊古爲沈氏活版"，以及早已聞名的王禎以木活字印行《旌德縣志》等諸例皆是①。

---

* 譯者按，此文初刊於《名古屋大學東洋史研究報告》(第34卷，2010年，頁29—48)，修訂後收入井上進《明清學術变遷史：出版と伝統學術の臨界點》(平凡社，2011年，頁90—109)，本文譯自後者。翻譯過程中，井上教授增訂了若干史料，並指導了譯者的翻譯，特此忱謝。本文的翻譯受2022年江蘇省研究生科研創新計劃"明代叢書編刻與社會文化"(KYCX22_0041)資助。

①周必大《廬陵周益國文忠公集》(京都大學人文科學研究所藏道光刊咸豐續刊本)卷一九八・劄子十《程元成(誠)給事》；姚燧《牧庵集》(武英殿聚珍版)卷一五《中書左丞姚文獻公神道碑》；王禎《農書》(武英殿聚珍版)卷二二《造活字印書法》。最早揭示周必大事例的是黄寬重《南宋活字印刷史料及其相關問題》(《"中央"研究院歷史語言研究所集刊》第五十五本第一分，1984年。此文後收録於氏著《南宋史研究集》，新文豐出版公司，1985年)。姚樞之事見於張秀民《中國印刷術的發明及其影響》(人民出版社，1958年)。又，關於"程元成(誠)"，黄寬重以"成"爲"誠"字之訛，今從其校訂。元誠乃程叔達字。

不過，至少就中國本土的漢文典籍而言，宋元時期的活字本衹不過是依據文獻史料纔能瞭解其存在的極少數個例而已，儘管在印刷技術史上意義重大，但從出版文化史上看，未能成爲一個特别的事件。然而，明代中期的15世紀末至16世紀上半葉，弘治至嘉靖初年，在常州府的無錫以及蘇州府等江南的中心地區，由士人進行的活版印刷如一場運動般驟然興起，對江南的出版復興和古典著作的復興起到了先導性作用。那麽這種情况爲何會發生？這一時期，乃至前近代的活版印刷到底具有什麽意義呢？

另外，提起弘治至嘉靖初年的活版印刷，通常會想起被認爲是銅活字本的一類書籍。本文中作爲考察對象的活字本大體上也在所謂的"銅活字本"範圍内。但近年來，潘天禎等人提出了明代中期所謂的"銅活字本"實際上是錫活字本的看法①，這是非常有説服力的（儘管還不是一般的説法，但今後恐怕會成爲定論），而且本文想要討論的既非活字的材質問題，亦非金屬活字本特有的問題，而是包括木活字本在内的活版印刷的一般性問題。因此，以下的叙述均衹稱活字本或活版，而不問其活字的材質如何。

一　明代中期的出版形勢

活字本在江南集中出現於弘治至嘉靖初年。這一時期，朱子學對學術界的全面控制開始大爲動摇，其統治力日漸下降，而出版和古典文史的復興驟然顯現，形成了不僅限於江南的全國性現象。當時主導這一動向的，基本上都是被稱爲"好古博雅"的個别地方官僚和王府。這一點，從拙文《明代前半期的出版和學術》所述的《史記》和《文選》的重刊過程來看也是非常清楚的②。

此處再做一簡要回顧，《史記》的明代初版是天順成化間福建提學游明

①潘天禎《明代無錫會通館印書是錫活字本》（原載於《圖書館學通訊》1980年第1期）及《再談》至《四談》共四篇論文，皆收録於《潘天禎文集》（上海科學技術文獻出版社，2002年）。辛德勇《重論明代的銅活字印書與金屬活字印本問題》（《燕京學報》2007年第2期）也在潘氏見解的基礎上又有更廣泛的討論。

②井上進《明代前半期の出版と學術》，《明清學術変遷史：出版と傳統學術の臨界點》第二章，頁56—89。

刊本，經過一段時間後，又有正德中建寧府托慎獨齋刊本、十年(1515)江西官(白鹿書院)刊本、十二年陝西官刊本。然後至嘉靖年間，就有了四年金臺(北京)汪諒刊本，是首部坊刻本。又有四至六年震澤(吴縣)王氏刊本，是首部家刻本。以及九年南監刊本、十三年秦府(陝西)刊本、十六年福建巡按李元陽刊本等相繼進行重刊。

《文選》的明代初版則是成化二十三年(1487)序唐藩(河南)翻張伯顔刊本，此本的出現正順應了時運，因此立刻引起了反響。約弘治至嘉靖初，應該是官刻的覆唐藩刊本誕生了至少兩種。另外，同樣源於張伯顔本的約正德中的(福建)刊本、約正嘉間的成國公刊本，以及由《史記》的出版者汪諒刊行的嘉靖元年刊本、嘉靖四年晉藩(山西)覆唐藩刊本也相繼刊行。與張伯顔的李善注本相對，六臣注本也有嘉靖十三至二十八年吴郡袁氏嘉趣堂刊本、二十八年序錢塘洪楩刊本陸續刊行。

《史記》和《文選》的再刊過程，可謂是明代古典文史復興趨勢的典型表現，而在這裏需要注意的是，上述諸本中刊行於弘正年間者，完全没有能確定爲江浙一帶刊行的版本，已知刊刻地的全部是其他地方的官刻本和藩府本，其中還包括河南、陝西、山西等北方的刊本。無論是《史記》還是《文選》，其最早的純粹的坊刻本均是嘉靖初年的汪諒刊本。至於江浙刊本，則要等到嘉靖以後纔有了若干家刻，其中反而又没有官刻。

江浙自明初以來似乎一直是經濟發達地區，其文化水平理應也保持著相對的優勢，但在明代前半期，其所謂“發達”性和“優勢”絶非壓倒性和斷層性的。以蘇州爲例，這一江南最大的中心都市：

> 自張氏(士誠)之據，天兵所臨，雖不被屠戮，人民遷徙實三都、戍遠方者相繼，至營籍亦隸教坊。邑里瀟然，生計鮮薄，過者增感。正統、天順間，余嘗入城，咸謂稍復其舊，然猶未盛也。迨成化間，余恒三四年一入，則見其迥若異境，以至于今，愈益繁盛。①

其真正復甦的徵兆始於成化年間，等重回繁華面貌時已經是弘治以後了。也就是説，在明初的百年間，蘇州乃至以蘇州爲代表的江浙都市在經濟和

①王錡《寓圃雜記》卷五《吴中近年之盛》。

文化上都遭到了頗爲嚴重的打擊,因而弘治前後在學術界打開新生面的主力軍,與其説是南方的,不如説是北方的士人。

從弘治到嘉靖初年,風靡一時的前期擬古派形成了有明以來首次明確的、獨特的文學運動,其主導者李夢陽、何景明二人都不是江南出身。李氏爲北地(慶陽)人,何氏爲信陽人,即陝西(今屬甘肅)和河南出身,而被稱爲"前七子"的其他主要人物也幾乎都是華北人。

至於心學運動的創始者,主導著明代後半期思想界的王陽明,儘管他籍貫餘姚,幼年時代在紹興度過,但其實他十一歲以後的青少年時期基本上都生活在北京。順帶一提,青年時代的他曾一度熱衷於擬古派的文學運動,這其中的原因應當不衹是出於偶然。再從出版來看,提起弘治正德間刊行古人著作最多的官僚,李瀚當數其中的代表①。他是山西沁水人,他所熱衷從事的刻書活動也發生在他的陝西和河南巡按任内。

如此看來,明代中期蘇杭的出版處於甚爲衰微的狀態,這也就不足爲奇了。常熟"逸民"陳喆所著《春秋胡傳集解》的出版,並不是由"竊有用世之志"乃至想要向皇帝獻書的陳喆本人之手完成的。其子易雖是天順六年(1462)舉人,歷任建昌府推官、黄州府同知,但亦未能將其付梓。直到成書九十年後的嘉靖九年(1530),纔由其孫陳倖所實現。而且,即使在那時,其刊刻也並非是在常熟本地或者蘇州,而是不得不"奉書入閩"纔得以完成②。這種情況如果是在萬曆以後,是絶對不可想象的。

---

①參見拙文《明代前半期の出版と學術》,頁 75。李瀚曾於弘治八年(1495)刻《三輔黄圖》、九年刻《韋蘇州集》《新刊中州集》、十一年刻《二程全書》《吕氏春秋》《容齋隨筆》、十二年刻《遺山先生文集》,並爲十一年郟縣刻《河汾諸老詩集》、十四年山西巡按刻《司馬温公經進稽古録》提供了底本。

②日本寛文九年(1669)翻嘉靖刊本《春秋胡傳集解》卷首嘉靖九年鄧韍序曰:"海虞陳先生喆……取諸家傳義之有合於胡傳者,匯次以附益之……爲成書,題曰'春秋胡傳集解'。先生没已六十年,其書始出。厥嗣孫倖篤志家學,思畢先志,奉書入閩,將板行之,閩之學者以爲是擇焉近精……遂付之梓。刻成,來請序。"又,陳倖後序有"倖大父雪崖先生竊有用世之志"云云。關於獻書及陳易之事,附録《春秋集解鄉賢祀記》載:"喆嘗奉其書,上京師,欲以進御,病發於客邸,不及進而卒……其(喆)子易,幼承家學,已有淵源……嘗領天順壬午鄉薦,卒業國學……後授建昌府推官……轉升黄州府同知。"

另外,同樣出版於嘉靖九年的湛若水文集《甘泉先生文録類選》,是由在南京跟隨湛氏的弟子編定於嘉靖八年(1529),並與隨後來到南京的同門諸友在那年一起决定出版的,但此書書末的牌記鎸“庚寅年季冬月/安正堂新刊行”①。也就是説,這部當時的南監祭酒的著作儘管是由他的在南京的門人出版的,但實際的刊刻工作則是委托給了建陽的書肆劉氏安正堂。南京國子監收藏了大量宋元以來的版片,並持續對其進行修補和印行,因此南京應該一直擁有刊刻和印刷的工匠。但官府以外的一般士人很難利用到這些工匠,要想實現自己的出版計劃,衹能依賴遥遠的建陽書肆。這一事例恐怕衹能這樣解釋。

宋元時期的一大出版中心杭州,乃至浙江的情况,比蘇州和南京更爲惡劣。如成化中和弘治中經歷了兩次編輯和出版的台州府地方總集《赤城詩集》均未能在本地或者杭州刊刻,編輯者不得不通過官場的交友關係委托給福建書坊刊刻。就這樣,即使到了正德初年,雖然“近日蘇州工匠稍追古作可觀”,但又不得不説“今杭絶無刻”。在這種情况下,正德十年(1515)浙江按察使出版《大唐六典》時,不在杭州而是“刻之蘇郡”②。當時的浙江,即使是省級官衙,有時也難以在當地出版書籍,這時就會使用相對有些起色的蘇州工匠。

而且這樣的出版困難直到進入嘉靖後也没有立即得到解决,杭州人郎瑛的著作《七修類稿》雖然出版於嘉靖後半期,但仍是“刊之於閩”纔得以實現的。郎氏是古董商之子,是一個衹有生員身份的“貧賤”人物。這樣的下

---

①日本國立公文書館藏本。卷端嘉靖八年周孚先序云:“嘉靖己丑,孚先偕計(計偕?)至南都,得聞緒論而竊悦之,遂棄所學而學焉……孚先質魯,不能多識,因取其要而類録之,以便觀覽。一旦吕黄二鄭諸友偶過見之……遂相與參互校訂,謀刻以便之。”同年吕懷序亦云:“潮陽周友孚先,篤志先生之學……懷忝同盟,與聞先生合一之教久矣,至是來自京師……同門黄鄭諸君子咸至,相與謀刻之。”

②關於《赤城詩集》,參見拙文《明代前半期の出版と學術》,頁66。“今杭絶無刻……唯近日蘇州工匠稍追古作可觀”爲陸深《金臺紀聞》卷下(日本國立公文書館藏嘉靖刊本《儼山外集》卷一二)之語。據自序,陸氏之書爲弘治十八年至正德三年之間所著。有關《六典》之語,見正德刊本王鏊序(嘉靖二十三年浙江按察司重刊本同,筆者所見二本俱爲京大人文研藏本。同系統之諸本皆載此序)。另外,這些事例衹是顯示出浙江乃至杭州的出版衰退,儘管字面上是“今杭絶無刻”,但並非指浙江的出版已經絶跡。

層士人，尚能著書四十萬字以上並且在生前出版，這已與陳喆的時代有了明顯的不同①。然而其刊刻仍然未能在杭州本地或是臨近的蘇州進行，而要一如既往地委托給福建，這清楚地顯示出明代前半期蘇杭的出版貧乏是多麽的嚴重。

二　江南的活字本

開啓弘治正德間古典文史復興風氣的雖然不是以蘇州爲中心的江南士人，但在這樣一個原本就經濟富饒、文化優越，且迅速擺脱了明初以來低沉狀態的區域，新風氣很快就佔據了上風，並形成了一股明顯的潮流。弘正間，"吴中藏書家多以秘册相尚，若朱性甫（存理）、吴原博（寬）、閻秀卿（起山）、都元敬（穆）輩，皆手自鈔録，今（清初）尚有流傳者，實君謙（楊循吉，成化二十年進士，弘治元年致仕）倡之也"。此話出於熟稔明代人文的朱彝尊之口，確實很好地反映了當時的情況②。

由於明初以來一直持續的出版低迷，已完全淪爲"秘册"的古人著作至此首先以手抄的形式來增加傳本。僅僅過了六十年，到嘉靖三十年（1551）時，"吴號文藪，學士大夫聚書，少亦不減鄴架，復富而喜事，諸帳中異帙，向秘不傳者，日托諸棗"，而在這個從手抄到雕版過渡的時代，"近時（從弘治十五年回顧的最近）三吴好事者盛爲之"的正是"活板"③。

明代中期以來陸續出版的活字本中，至少就現存而言，以弘治三年（1490）無錫華燧會通館印本《宋諸臣奏議》爲最早。此後直至嘉靖初年期

①《七修類稿》（中華書局點校本，1959年）卷頭書影之郎氏告白。此書之刊刻年代，據卷四一《火魚》條"杭自嘉靖戊申來"句知是嘉靖二十七年以後，又據《續稿》陳善序知是嘉靖四十五年之前。又，郎氏之身份等信息，據陳仕賢序"杭庠士郎生瑛"句，及卷三六"芙蓉詩"條"予名生員，不出應試有年矣"句，以及卷四一"古鏡"條等書中的記事可有所瞭解。

②《静志居詩話》卷八《楊循吉》。

③孫樓《刻孫百川先生文集》卷一《博雅堂藏書目録序》，日本國立公文書館藏本。又，弘治十五年無錫華珵活字印本《渭南文集》中祝允明《書新本渭南集後》："自沈夢溪《筆談》述活板法，近時三吴好事者盛爲之。"筆者曾見静嘉堂文庫藏弘治活字版《渭南文集》，但遺憾的是其序跋已佚，此處所據爲《四部叢刊》本。

間出版的活字本多半都出自無錫華氏(燧、珵、堅)、安國,以及昆山顧恂和吴縣徐縉等蘇州人士之手。兩地以外出版的活字本,已知者僅有正德年間南監祭酒賈詠和慶元學教諭韓襲在任地印行之本①。也就是説,明代中期的活版印刷基本都是由無錫和蘇州一帶的士人進行的,即使算上其他例子,也並未超出江浙的範圍。

再從其内容上説,華燧印行的書籍中雖有今人的輯著,即華氏自編的《會通館集九經韻覽》;安國印行的書籍中也有應是受官府委托出版的官書《吴中水利通志》,但這些書畢竟祇是少數個例,應當説他們出版的書籍基本上都是古人的著作。而且這些"古書"包括《春秋繁露》《蔡中郎集》《曹子建集》等正大古典作品的明代初版(至少也是現存明版中的最早者,其中《蔡中郎集》更是現存的最早版本),以及長期未得到出版的大型唐詩叢編《唐五十家詩集》等,但其中却一部道學著作都没有。再者,當時出版較多的《藝文類聚》以下的唐宋類書,也顯然不是爲了"身心之學",而是爲了"聞見之知"的。華燧的出版活動被視爲以"凡奇書艱得者,皆翻印以行"爲宗旨,安國亦"每訪古書中少刻本者,悉以銅板翻印"②,事實的確如此。

> 書尚多乎?曰:不必多也。尚寡乎?曰:寡則不浹洽也。然則如之何而可耶?得其正,領其要,多寡皆可也。不然,多則泛,寡則略,非儒者也。《錦綉萬花谷》多矣,觀其用心之勞、蒐輯之詳,儒者之事也……取其廣博具備,便於檢閲,有資於學者,則其書不可無也。

---

①關於嘉靖中期以前的活字本,北京圖書館《中國版刻圖録》(文物出版社,1960年及1961年再版本)已有簡要概括。此外,張秀民《中國印刷史》(上海人民出版社,1989年)亦可參考,唯其叙述頗有未以實物爲據者,亦有不標明出處者,應謹慎利用。

②華方、華察《華氏傳芳集》卷一五喬宇《會通華處士墓表》云:"會通子……復慮稿帙汗漫,乃範銅爲板,鏤錫爲字,凡奇書艱得者,皆翻印以行。"又,安璿《安氏家乘拾遺》云:"翁閑居時,每訪古書中少刻本者,悉以銅板翻印。"這兩條史料轉引自《潘天禎文集》之《明代無錫會通館印書是錫活字本》及《再談明代無錫會通館印書是錫活字本》(此文原載於《北京圖書館館刊》1993年第3—4期)。

弘治七年(1494),華燧在印行《錦綉萬花谷》之際如是説①,而他的這段發言絶對算不上是透徹之論。他認爲“多”與“寡”,即知識的多少本身並没有決定性的意義。重要的是,作爲“儒者”要“得其正,領其要”,一切都是價值的問題,都應建立在把握道德這門核心學問的基礎之上,祇要立足於這一點,那麽“多寡皆可”。

但這樣的話,是否學者無論如何都應當首先專注於道德,而不應關心知識本身?然而,他在全面承認道德的終極地位的同時,又將道德問題置之度外,單方面地偏袒“多”,因此“廣博具備”的《錦綉萬花谷》“其書不可無”。

不顧道德而追求文章和知識本身,這在華燧的時代絶對是不被允許的。但在遠離明初醇風已百二十餘年之時,越來越多的士人感受到一味追求自身内在道德的嚴格主義已經脱離實際了。於是一些士人在一方面承認正學權威的同時,在現實的行動上已經開始要從事知識和文章的學問了。

《錦綉萬花谷》出版翌年的弘治八年(1495),華燧又出版了明代最早的《容齋隨筆》,這時他利用的是孟子的博約論。他説:學問的終極目標是“約”,但不“博”則無法至“約”,因此出版“書之博者”的《容齋隨筆》是正當的。然而若一味求“博”,則“是書爲糟粕”②。

這一博約論是以孟子之説爲基礎的,因此乍一看比上引的多寡論顯得更有道理。但毋庸置疑,這依然是建立在承認道德之知對知識之知的絶對優越性的基礎之上的,因此不可能真正地從原理上將知識解放。不過,即使這在理論上祇是一種掩飾,但總之他們通過自己的實踐表達了自己對正學的不滿。

此外,明代第二版《容齋隨筆》是李瀚於弘治十一年刊行的,李氏稱自己的出版是爲了“博雅之君子”,是以追求知識的士人爲對象的,但他同時又説“凡志於格物致知者,資之亦可以窮天下之理”,和華氏一樣,仍然保持

---

①日本國立公文書館藏會通館本《錦綉萬花谷》卷首《會通館翻印錦綉萬花谷序》。

②大倉集古館藏會通館本《容齋隨筆》華燧《會通館印正容齋隨筆序》:“博學而詳説之,將以反説約也。然博而不約者有矣,未有不博而能至於約也。《容齋隨筆》,書之博者也,提綱挈領,博而能約者也……雖然,學者徒務其博,而不能反説,以至於約,則是書爲糟粕,豈公(僉憲雷公)之所望於人者哉!弘治八年中秋,錫山華燧序。”

對正學的關心①。

明代中期的活字本是在知識和文章的學問，即與道學相對的文史之學，或曰與理相對的事的學問的興起之下，由順應這一形勢的無錫、蘇州等地的士人出版的。他們有出版古人著作的積極意願，並且擁有使之實現的財力。例如致力於出版"奇書"的華燧，亦或是"購畜典帙，富若山矗，又製活字版，擇其切於學者，亟繙印以利衆"的華珵，他們都是"無錫鉅姓"華氏的一員。燧"有世業田若干頃，鄉稱本富"，珵則是"窖粟萬鍾，闢田千頃"之"富人有識者"。至於特地翻印"古書中刻本少者"的安國，他"富幾敵國"，而用其財"好古書畫彝鼎，購異書"②。他們雖爲"富人有識者"，但其身份微不足道，僅僅勉强被視爲士人。華燧和安國大概連生員都不是，衹不過是"素封"的士人。華珵雖然是生員，但衹是"七試輒斥，循資貢禮部，卒業太學，選授光禄寺大官署署丞"而已③。不過，他們的家運正處在上升期，其家内部或下一代當中逐漸出現了真正的縉紳。

---

①弘治十一年(1498)河南巡按李瀚刊本《容齋隨筆》李序："文敏公洪景盧……《隨筆》……惜乎傳之未廣，不得人挾而家置，因命紋梓，播之方輿，以弘博雅之君子，而凡志於格物致知者，資之亦可以窮天下之理云。"筆者曾見静嘉堂文庫藏李瀚刊本，然此本恰好佚去了李序，此處所引以清刊本爲據。

②弘治活字本《渭南文集》祝允明跋："初光禄(華珵)懸車鄉社，年踰七十，而好學過於弁髦，購畜典帙，富若山矗，又製活字版，擇其切於學者，亟繙印以利衆。""無錫鉅姓"爲《會通華處士墓表》之語，參見頁 277 注 2。邵寶《容春堂後集》(日本國立公文書館藏本)卷七《會通君傳》："初，君有世業田若干頃，鄉稱本富，後以劬書故，不復經紀爲務，家故少落，而君漠如也。"康熙《無錫縣志》(日本國立公文書館藏本)卷二二《行義》之《華珵傳》："以貢授大官署丞，供具内庭，能結納中涓，終其任無少忤。未幾，稱疾歸，歸事生殖……遂致窖粟萬鍾，闢田千頃……善鑒别古奇器、法書名畫。築尚古齋，實諸玩好其中，被服古衣冠，與賓客名士評定真贋……又多聚書，所製活板甚精密，每得秘書，不數日而印本出矣。"同卷《安國傳》："性資警敏，多謀略，居積諸貨，人棄我取，行之二十年，富幾敵國……居膠山，因山治圃，植叢桂於後岡，延袤二里餘，因自號桂坡。涉獵經史，能言古今治亂之故，好古書畫彝鼎，購異書。"無錫"諸華"之爲"富人有識者"，爲《文徵明集》卷二七《華尚古(珵)小傳》之語(周道振輯校，上海古籍出版社，1987 年)。

③前注《華尚古(珵)小傳》。

華珵本身勉强算是一位紳士，其弟珏爲成化二十年(1484)進士，安國的長子如山亦是嘉靖八年(1529)進士。再看前文提到的顧恂，他本人雖然被稱爲“學舉子業有成”，却似乎始終衹是一個富人，但其孫潛爲弘治九年(1496)進士，子鼎臣在他去世的弘治十八年成爲狀元。再説徐縉，他本人是弘治十八年進士，其本身就體現了家運的上升①。也就是説，他們現在不單是富人，還要作爲高雅的紳士之家的主人來應酬。他們構築園林，收集古董，努力與紳士交往，是爲了讓自己的家族被上層士人社會所接納，可謂極爲現實的行動。作爲這種行動中的一環，他們選擇出版書籍也是十分自然的。非營利性出版本來就是適合於文雅之士的行爲，更何况士人社會中對古人著作的渴求也在日益高漲。

不過，他們要從事出版事業的當時，無錫、蘇州，乃至整個江浙地區幾乎都不存在一般士人也能容易利用的刻書工匠。如此，留給他們的選擇衹有委托遥遠的福建的工匠刊刻，亦或是自己親自進行出版實務。此時，如果他們身邊存在活版技術，他們當然會選擇後者。因爲如果委托福建刊刻，出版所需的時間和經費都會更多，與此相對，如果利用活版，不僅可以在本地出版，還可能比雕版花費更少的時間和經費。

《有宋諸臣奏議》之書……書行歲久，板浸湮訛，吾邑大夫榮侯躬實欲重鋟梓，而重民費，乃就會通館活字銅板翻印，以續其傳。始燧之爲是板也，將私便手録之煩，今以公行天下，使山林澤藪之間，亦得披覽全文，吾侯之舉也。

聖道之在天下，如日中天，如水行地，豈一家所可得而私者哉？用是範爲活字銅板，於天下群書，及所未嘗見者，隨得隨印，既無録楮之勞，又無鋟梓之費，俾印成之日，廣布於四方……文字之托於斯版者雖微，而所以淑人心，植世教，公聖人心法，施之無窮者，則未必無小補云。

①華珏爲珵之弟，見前注《華尚古(珵)小傳》。安國、如山，見康熙《無錫縣志》卷一四《封贈》之“安國”條。顧恂，見《李東陽集》第3册《文後稿》卷二七《顧公墓誌銘》(周寅賓點校，岳麓書社，1985年)。徐縉，見皇甫汸《皇甫司勳集》卷四七《徐文敏公祀碑》。

前引兩篇,前者是華燧在弘治三年(1490)印行《會通館印正宋諸臣奏議》時的發言,後者是安國在印行《重校鶴山先生大全文集》時的發言①,都指出活版是比雕版更爲簡便的出版方法。《宋諸臣奏議》是一百五十卷的大部頭書籍,華燧謂若縣衙將其"鋟梓",則要"重民費",因此選擇了"活字銅板"。而想要讓傳播"聖道"的"群書""廣布於四方"的安國,謂使用"活字銅板"不僅能够"隨得隨印",還"既無録楮之勞,又無鋟梓之費"。

關於活版的簡便性,尤其是關於其速度,還有更加明確的證言。華珵傳載:"又多聚書,所製活板甚精密,每得秘書,不數日而印本出矣。"另外,精通出版和售書情況的博雅學者胡應麟也稱"今世欲急於印行者有活字"②,這儘管是萬曆初年的發言,但仍值得注意。此外,近藤正齋關於日本銅活字本的記述,用具體的數字支持了胡氏的證言③。

> 按,(據《駿府記》)此書(《大藏一覽》)於三月廿一日方受命,至六月摺版終功,道春(林羅山)將之西上,至二條御所獻呈,爲其月晦日。其間不出百餘日,可謂勉矣。
>
> 謹按,(據《本光國師日記》)《群書治要》元和二年正月十九日命開版……(二月)廿三日,開工於駿府三之丸御舞臺前之芝居(譯者按:即草坪)……至五月下旬(德川家康)薨去之後,其版全成。僅三閲月餘……其成功之敏捷可驚矣。

另外,會通館本《宋諸臣奏議》的出版不是華燧的個人私事,或者説不完全是私事,而是受知縣委托的無錫縣的出版——至少有這樣的一面。這與前

①前者爲臺灣圖書館藏"印正"本,即初版小字本的華序。此書的再版大字"校正"本之華序(王文進《文禄堂訪書記》卷二引,臺灣圖書館藏本爲零卷,闕序文)雖與之略有小異,但大體相同。又,"印正"本上書口往往有"弘治歲在/閼逢閹茂"字樣。但弘治間並無"閼逢閹茂"(甲戌歲),此當爲"上章閹茂"(庚戌,即弘治三年)之誤。後者爲大倉集古館藏本書末附安氏《題活字銅板後》。"活字銅板"之義,可參照《潘天禎文集》中所收論文。

②華珵,參見頁 279 注 2。胡應麟之言見其《經籍會通》卷四。

③《右文故事》卷五(《近藤正齋全集》第二,國書刊行會,明治三十九年)。

文所述的出版業的衰退，以及即使是官方往往也難以安排刊印工匠的情況密切相關，這樣的事例其實並不少見。

拿會通館印行的書籍來説，弘治七年(1494)的《錦綉萬花谷》是依照“提學僉憲胡先生翻印之盛心、吾郡大夫華侯轉委之美意”，也就是根據知府傳達的提學的意向纔得以出版的。翌年弘治八年的《容齋隨筆》亦是“太醫院醫士吴郡盛用美得之於京師士夫，欲板其行，邑宰邢君傷民用而未行，適僉憲□□雷公水利江南，巡行吾錫，遂致禮會通館，以達君志”，也是在道員的委托下出版的①。

另外，安國印行的書中，如前文提到的《鶴山先生大全文集》，是得到其底本的應天巡撫李充嗣“命吾邑義士安國，以便版(當謂活版)從事”的，且在此過程中，無錫知縣暢華也似乎參與其事。至於“寥冢宰(南吏部尚書寥紀，東光人)欲刻《東光縣志》，知翁家有活字銅板，以書幣來，屬翁爲殺青”，這與其説是官僚，不如説是一位紳士爲了他個人的需要，將“翁家”作爲印刷廠來利用了②。此外，《吴中水利通志》也正如上文提到的，從内容上看自然可以認爲是官方委托的出版。

三　活版的局限

活版是一種能够用更少經費實現更快出版的技術，這是毋庸置疑的事實。既然如此，活版在問世以後，至少是在作爲成熟的印刷技術被實用化並在明代中期以降出版了相當數量的書籍以後，爲何没有迅速淘汰雕版技

①會通館本《錦綉萬花谷》華序見頁278注1，會通館本《容齋隨筆》華序見頁278注2。

②王欣夫補正本《藏書紀事詩》(上海古籍出版社，1989年)卷三“安國”條引《鶴山文集》邵寶序云：“今太子少保、工部尚書内江李公，以公蜀人，爲鄉邦先生，撫政之暇，訪而得其什九，輒用校勘，命吾邑義士安國，以便版從事。”《“國立”中央圖書館善本序跋集録·集部》(臺灣圖書館，1994年)著録同書之傳鈔本暢華跋云：“今太子少保李公……嘗以鶴山所著《九經要義》不可得，得其文集斯可矣。始得其十九，復求其遺欠凡若干卷，華因請得而摹焉……摹成，復因公命，敢贅此於末簡。嘉靖三年癸未夏四月望，賜進士知無錫縣事隴西後學暢華拜手謹書。”關於《東光縣志》，見頁277注2安璿《安氏家乘拾遺》。

術,從而稱霸出版界呢?但前近代的活版難免會産生更多訛誤,存在著校正質量上的問題。加之,活版還存在著另外的致命缺陷,即衹適合小批量的發行,在需求稍多的情況下,活版就無法應付了。

活版的校勘質量遜色於雕版,這在正德初年活字印刷剛由"三吴好事者盛爲之"之時就已經被指出。陸深謂:"近時毘陵(即常州府,在此特指無錫)人,用銅鉛爲活字,視板印尤輕便,而布置間,訛謬尤易。"①那麽,爲何活版"訛謬尤易"呢?這難道不是校勘用心與否的問題嗎?當然部分是這樣的,但活版的校勘顯然是比雕版更加困難的。

在雕版的情況下,版片一經刻成便可以原樣保存,很容易進行反復試印和校正,還能够追改印行後纔發現的訛誤。但是在活版的情況下,一版在排字結束後馬上就要試印、校正和印刷,此後書版就被拆解。比如前文提到的活字本《宋諸臣奏議》,小字的"會通館印正"本問世之後不久便又出版了大字的"會通館校正"本。這種情況衹有在使用活版時纔會發生,若使用可以多次追改的雕版則不會出現(衹需挖改即可,無需另行開雕)。

又如,同樣是會通館印行的《錦綉萬花谷》,上文提到的弘治七年(1494)本的版式是九行十七字,小字雙行,白口,四周單邊,但據説會通館印行的《萬花谷》還有弘治五年印行四周雙邊的另一本。而且又有與此不同的版本。弘治五年本和七年本均爲前後續三集各四十卷,即傳承了宋版以來的原本面貌,另外還有一部標題冠有"會通館印正"的一集百卷本,而此百卷本亦有兩種異版②。

至於一集本和三集本的關係,大概前者是依據傳抄本等已失去原本面貌的底本先出版的,後者是以宋本的原貌爲準重新出版的。兩者的體裁差

①陸深《金臺紀聞》卷下。又頁272注1中所引辛德勇論文將文中的"銅鉛"解釋爲銅板鉛字之義,且此鉛實指錫。按,所謂的"銅鉛"在現實中可能是"銅板錫字",但若説這是陸氏的本意,則值得懷疑。本文認爲,陸氏模糊地認爲金屬活字是用銅和鉛製作的,他不是出版的當事人,對活字的材質並無特别的注意,當然也就没有正確的認識。

②筆者未見過弘治五年本《錦綉萬花谷》,此據《北京圖書館古籍善本書目》(書目文獻出版社,1987年)之記載。兩種一集本現藏於臺灣圖書館,皆經筆者目驗,其基本書誌信息亦見載於《"國家"圖書館善本書志初稿·子部》(臺灣圖書館,1998年)。會通館本《宋諸臣奏議》二種,參照頁281注1。

别很大，若要將一集本改爲三集本（或者是反過來），無論是活版還是雕版都無法避免重版的麻煩。但兩者各自都有兩種異版，由同一出版者在很短的時間内相繼印行，這祇能是在採用了活版時纔會出現的情況。

關於前近代的活版印刷是怎樣進行的，日本的事例也頗有參考價值。約 17 世紀上半葉，以朝鮮版爲範本進行的日本活字印書中，“每次僅植版數葉，立即進行摺刷……同一活字被多次襲用”①的情況十分常見。明代的私人出版者應當也採用了這種方法，因爲他們很難準備大量的活字，也很難將大量版面都組裝好並一直保存至印刷之時。吉田篁墩云：“聚珍版蕆工便捷，考勘一過，直附刷印，未暇審覆，必有挂漏。”②中國的活版亦當如此。

活版的校正質量，不僅僅取决於認真與否的主觀問題，也有客觀的限制，即因爲印刷工程上的要求，使得印刷不得不在草卒之間進行，且一旦印刷完畢就無法追改。雖然如此，也不是完全没有訂正訛誤的辦法，一種是“其誤塡不可追改者，則附以校勘若干葉”③的附録校勘記的方法。但筆者從未見過把這種方法使用於明代活字本的實例，所習見者僅有清末的活字本。

另一種方法是挖補、貼紙，即把誤字剪下來，從背面補上紙片，然後再手寫上正確的文字，或者貼上鈐印（將活字像印章一樣捺印）的紙片，有時會將若干字的小型長條紙片貼在需要訂正之處。《會通館校正宋諸臣奏議》和安國活字印本《顔魯公文集》的傳本中就有採用這些方法的例子④。但這樣的校正方法顯然難以被廣泛使用。因爲這一方法“祇不過是用印字的紙片來代替了抄本的塗改和校語的寫入，雖然書是印本，却使用了寫本

①川瀨一馬《古活字版之研究》（安田文庫，1937 年。此書有增補版，ABAJ，1967 年）第二編第九章。

②吉田漢宧《論語集解考異》卷首《提要》，寬政三年（1791）木活字印本。

③木活字印本《經史論苑》（伊藤長胤撰）卷末奥田士彦識語。

④《會通館校正宋諸臣奏議》爲臺灣圖書館藏本。據沈津《美國哈佛大學哈佛燕京圖書館中文善本書志》（上海辭書出版社，1999 年），哈佛大學藏本亦同。安國活字印本《顔魯公文集》爲中國嘉德 2008 年秋季拍賣會・古籍善本部出品之一本，本文所謂“若干字”的校正用“小型長條紙片”，見於此本《顔魯公文集》。

式的技法”,將發行的書籍“一一進行如此麻煩的操作,還是不現實的”①,而這樣的印本的確是十分罕見的。

活版衹適合小批量的出版,這是這項技術本身内在的屬性。與能够反復再印的雕版不同,活版必須一次就印出全部的發行數,因此其印數無法調節,以致其發行量事實上不能超過一定的數量。那麽,活字本的印數大概有多少呢?

首先看較早的例子,元代王禎任旌德知縣時印行“本縣誌書”“百部”,兩百多年以後,隆慶四年(1570)由松江何玄之出版的《海叟詩集》是“取活字板,校印百部”,再後來,萬曆二年(1574)無錫周堂印本《太平御覽》亦爲“一百餘部”,萬曆前期郭子章在杭州印行的《歷代史書大全》爲“百許部”,又萬曆中嘉定徐氏印本《世廟識餘録》也是“百部”②。也就是説,元明時期的活字本印數大概在一百部左右,日本的活字本亦是如此。慶長二十年(1615)印本《大藏一覽》爲“百廿五部”,元和二年(1616)印本《古今歷代標題注釋十九史略通考》爲“一百餘部”,降至江户時代後期的所謂“近世木活字本”的印數標準也在一百部左右③。

活版印書衹能發行較小的部數,這當然是相對於雕版來説的對比性評價,那麽雕版印刷的發行數量大概有多少呢?關於這個問題,很難對印數的一般標準舉出一個確切的數字。因爲如前所述,雕版本可以在很長的時間裏加印很多次。但即便如此,也存在一些可供參考的實例。

比如方志,需要它的人幾乎衹限定在當地的“宦族”,且一經出版,其後絶不會再有持續穩定的需求。儘管如此,一般來説方志衹以雕版出版,以活版印行者則是例外。那麽方志的發行數量大約是多少呢?舉數則偶然

---

①拙文《金沢の漢籍》,《書林の眺望:伝統中國の書物世界》,平凡社,2006年,頁240。

②王禎的事例見於武英殿袖珍版《農書》卷二二;《海叟詩集》的事例見康熙六十一年(1722)上海曹氏城書室刊本《海叟詩集》隆慶四年(1570)何玄之跋;《太平御覧》和《世廟識餘録》的事例見於《中國版刻圖録》;《歷代史書大全》的事例見於祁承㸁《澹生堂藏書約》。

③《大藏一覧》見於《右文故事》卷五引《駿府記》;《十九史略通考》見於此書惠山守藤跋(筆者所見爲陽明文庫藏本)。關於近世木活字本,參見多治比郁夫、中野三敏《近世活字版目録》(青裳堂書店,1990年)。

留下的記録:光緒《廣平府志》、同治《南昌府志》爲三百部,光緒《崑新兩縣合志》爲二百六十部,續印一百部。從這些事例來看,"各行省志書,皆以印二三百部爲止","大約每次修刊,各省皆祇有此數也"①,這雖然是一位近代學者的叙述,但大體上應該是能够得到肯定的。

清末時,出現了一些活版方志,如江蘇的光緒《金壇縣志》和光緒《溧陽縣續志》等,江西亦有如同治《新昌縣志》、同治《安義縣志》等。又如,發行數量通常祇有幾十部左右的族譜之類,直到清末乃至民國時往往仍使用舊式活版印刷。由此可見,印行《崑新兩縣合志》和《南昌府志》時,如果非要使用活版印刷,那也是完全可行的,但若當初就擬印三百部左右的話,使用雕版比使用活版更爲合理。正因如此,絶大多數的方志都是雕版出版的。

方志是一種需求量很有限的頗爲特殊的書籍,但其印刷量也通常在三百部左右。那麽,社會普遍需要的古典著作一般會印行多少部呢?這一問題本來就無法一概回答。不過,在讀書人口比明代中期應該更少的南宋淳熙八年(1181),台州知事唐仲友刊刻的《荀》(荀子)、《揚》(法言)、《韓》(韓愈?)、《王》(文中子)四子,當初出版時爲一部十五册,共印刷裝訂了六百零六部。再往前,北宋嘉祐中,蘇州知事爲新建官舍而通過刊行杜詩來籌措經費,以一部千錢的價格出售,結果大賣,爲工程提供了"數千緡"有餘②。則當時的杜詩出版應是在較短的時間内印行了數千部。

當然,這個杜詩的故事絶非事實的記録,也可能是某種程度上的虚構,但以一部千錢而獲得"數千緡"這一情節本身應該具有一定的真實性。也就是説,在需求量較大的情況下,雕版印刷的書籍可以一次性發行一千部乃至更多,而且也確實存在這樣的實例。日本大谷大學藏元大德二年(1298)杭州南山寺刊本《圜悟禪師語録》牌記載"印施一千部",且有手書千字文編號的朱印戳記,其文爲"九("九"爲手寫)字號語録一部奉施(以下手寫)餘杭縣圓通接待志清",也就是説,此帙爲第六百零九部(見圖1③)。换

①劉聲木《萇楚齋隨筆》卷一〇《志書印刷部數》。另外,關於方志作爲面向"宦族"的書籍的特徵,參見拙文《方志の位置》(1990年出版,訂補後收入《書林の眺望:伝統中國の書物世界》)。

②朱熹《晦庵先生朱文公文集》卷一九《按唐仲友第六狀》;范成大《吴郡志》卷六《官宇》。

③引用自《神田鬯盦博士寄贈圖書善本書影》(大谷大學圖書館,1988年)。

言之,此云"印施一千部"絶非泛指數量之多,而應當是有實數的。又,隆慶元年(1567)刊《吾學編》時,作者鄭曉命子孫云:"既梓,但刷千册,即毁板,或畀書肆。予終身清介,遺子孫安,毋以書勞後人。"①這裏的"千册"(當指千部),據鄭曉的意思尚爲較小的發行量。當然,"限量出版"一千部的事例究竟是否很常見,目前還不太清楚,但至少幾乎可以確定的是,作爲比方志需求量更大的古典著作的出版,在一定時間内累積發行數百部乃至更多,也並不罕見。

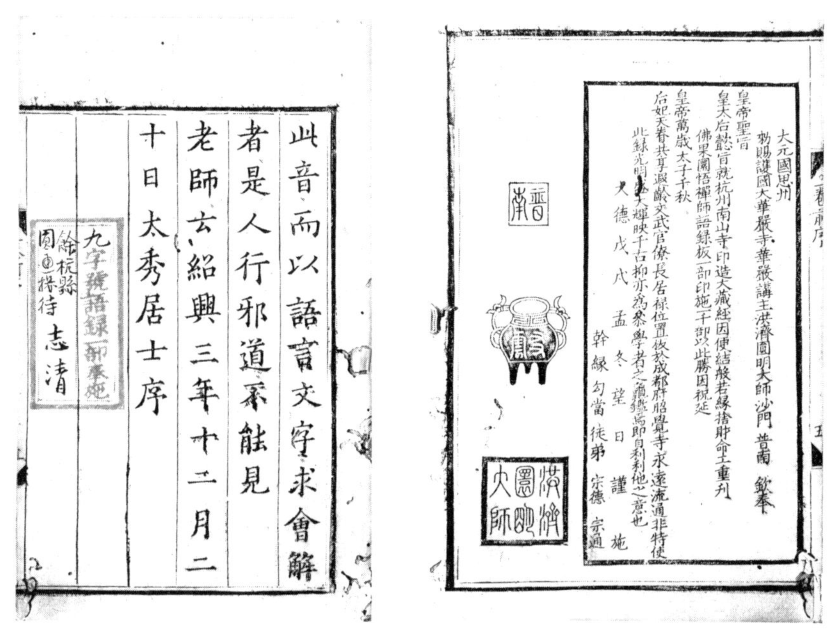
大元國思州
勑賜護國大華嚴寺華嚴講主洪濟圓明大師沙門普爵 欽奉
皇帝聖旨
皇太后懿旨就杭州南山寺印造大藏經因便結般若緣捨財命工重刊
佛果圜悟禪師語録板一部印施一千部以此勝因祝延
皇帝萬歲太子千秋
后妃天眷共享遐齡文武官僚長居禄位置收於成都府昭覺寺永遠流通非特使
此録光明[illegible]大輝映千古抑亦爲叅學者之龜鑑爲即自利利他之意也
大德戊戌孟冬望日謹施
幹緣勾當徒弟宗德 宗通

此音而以語言文字求會解
者是人行邪道不能見
老師去紹興三年十二月二
十日太秀居士序

圖1 大谷大學藏元大德本《圜悟禪師語録》牌記及千字文編號

如果從發行數量來考慮應該選擇活版還是雕版,從前文來看,可以認爲:衹在一百部左右的情況下,很多事例顯示活版較爲合理;而在超過三百部的情況下,雕版就有了决定性優勢。這意味著積極選擇活版的出版活

①《吾學編》總目後鄭履準識語。此處所謂"千册"若依字面解釋爲册數,則其部數會因每册厚薄的不同而有很大差異,作爲印數的限定語顯得有些奇怪。且此書通常被裝訂爲二十四册或三十二册,如此則千册僅有三四十部,連分發給族人和朋友都不够用。因此,從常識判斷,鄭曉所謂"千册"應該是指千部。

動，僅限於相當特殊的書籍或者頗爲特殊的情況，而實際情況亦是如此，因爲流傳至今的前近代的書籍絶大多數都是用雕版印行的。

活版在發行數量上的限制，在明代中期這一特定時期並不太成問題。因爲當時古典復興的風氣以及文史之學的自我主張還處在剛剛起步的初級階段，積極尋求過去没能受到關注的古典著作的人儘管確實存在且日益增加，但他們仍然是少數。楊循吉、朱存理、都穆等人的收書活動，尚以手鈔爲主要手段，華燧出版《宋諸臣奏議》最初的目的也衹是爲了"私便手録之煩"。

總之，在明代中期的江南，手抄的方式逐漸無法滿足士人對各種"秘册"的需求，也有相當數量的士人想要出版這些"秘册"並且擁有使之實現的財力。但另一方面，實際需要的"秘册"數量還很少，加之要使用雕版印刷還存在種種困難，正是在這樣的條件下，活版成爲了最爲合理的出版方法。

四　從活版到雕版

弘治至嘉靖初年的活字本在明代中期這一學問和讀書的轉型期確實起到了很大作用。但嘉靖中葉以降，這一轉型已順利展開，對各種書籍的需求都突飛猛進，隨之而來的是江浙的出版走向復興，進而實現了空前的繁榮，活字本存在的意義不得不戲劇性地縮小了。雕版的刻工和工坊逐漸變得更容易利用，正如前文所見，《史記》和《文選》也由蘇州的紳士們出版了家刻本。

活字本在這一時期的意義及其後續變遷，通過前文已經提到的一些書籍可以清楚地瞭解。首先是《蔡中郎集》，其現存的最早版本是正德十年(1515)蘭雪堂活字印本，此本在出版後不久便被人影刻，又於嘉靖三年(1524)由福建書肆鄭氏宗文堂翻刻爲《新刊蔡中郎文集》。另外，嘉靖二十七年楊賢刊本亦是因"吾錫舊刻蔡中郎集，往往脱誤，至不可章句"①，因而

①影刻蘭雪堂本據《北京圖書館古籍善本書目》著録。宗文堂本之翻刻蘭雪堂本，參見傅增湘《藏園群書經眼録》。《經眼録》雖將翻蘭雪堂本之"鄭氏刊本"和宗文堂刊本作爲兩個不同的版本而分别著録，但據《中國古籍善本書目》集部(上海古籍出版社，1996年)和《北京圖書館古籍善本書目》可推定二本實爲同版。關於楊賢刊本，京都大學文學部藏本俞憲序云："吾錫舊刻《蔡中郎集》，往往脱誤，至不可章句。西京喬子來眎楚學，耦余校之，次簡正字，稍補遺闕，悉歸茂明。"

加以訂補(至少刊行者的意向是如此)而重新刊行。

總之,蘭雪堂本是現存諸本的祖本,對"東漢人文集存於世者,僅此一種,尚是宋以前人所編,其餘無之矣"①的典籍的流傳起到了莫大的作用。同時,蘭雪堂本後之諸本皆爲雕版本,這顯示出活字本可以説是一種試行本,衹有在過渡時期纔最能發揮其作用,一旦需要正式出版便不再在出版世界中佔據重要位置了。

其他例子也顯示出同樣的情況。比如活字本《曹子建集》被推測爲弘治正德間由吴縣徐縉印行之本。徐縉與何景明等擬古派的佼佼者有交往,還出版了活字本《唐五十家詩集》和雕版本《宋之問集》②,在當時還算是一位先鋒派人物。由這樣的人出版的《曹子建集》,因北京書賈舒貞"往歲過長洲,得徐氏《子建集》百部,行且賣之無餘,近亦多問此集,貞久無以應之,蓋彼活字板,初有數,而今不可得也,貞欲以糊口羨積板行"③,於是在正德五年(1510)由舒貞自己雕版刊行了《陳思王集》。

另外,舒貞得到徐氏本百部,從活版的通常印數來看,應該説幾乎全部的發行數量都被委托給舒貞來販售了。此外,擔任舒貞本校正的人是田瀾,上文所引正是他爲此書所撰序文的一節,此人還被稱道爲"性博雅好古,每見異書輒手録弗厭,旋復梓行"。他還在咸寧知縣徐景嵩刊行《崔顥詩集》時爲其提供了底本,再據他自己的話説,《陳思王集》也屬於他本人的出版,且他還刊行了"駱賓王、皮日休、劉叉、于濆、博物志、續志、褚氏遺書"④。

上面所舉"駱賓王"以下的諸書,現在連存佚都無法確定,因此不清楚所謂他出版這些書籍究竟是怎麼一回事,但這至少不完全是無稽之談。因

①繆荃孫等輯《蕘圃藏書題識》卷七《明活字本蔡中郎集顧廣圻題識》。

②王玉良《明銅活字本〈曹子建集〉與〈杜審言集〉張元方題跋》,載《文獻》1991年第3期;陳尚君《明銅活字本〈唐五十家詩集〉印行者考》,載《中華文史論叢》1990年第1期。

③蓬左文庫藏朝鮮翻正德五年(1510)刊本《陳思王集》田瀾序(參見拙著《明代前半期の出版と學術》注釋41)。

④臺灣故宫博物院藏正德十年徐氏刊本《崔顥詩集》徐序及田瀾跋。此本之序跋全文亦見載於傅增湘《藏園群書題記》(上海古籍出版社,1989年)卷一一《明田瀾工字軒刊本崔顥詩集跋》,除如"輙手録不厭"句作"則手録弗厭"等小異外,文字基本相同。

爲現存的朝鮮翻明刊本《唐駱賓王詩集》顯示田氏曾任此書"編校"①,證明了他的話是基於某種事實的。

宋代以後很長時間没有出版跡象的《曹子建集》,在順應了弘治以來的古典復興趨勢的士人手中首先用活字印刷的方式再版了。委托給書賈出售的此書,因正合時宜而很快就賣完了,因而負責此書銷售的書賈決定自己去翻刻。這一決定在"博雅好古"的士人支持下立即實現。於是,徐氏本在問世後没多久就出現了雕版的坊刻本。

從活版到雕版的變化是必然的,也是不可逆的,這從前述以外的事例中亦能表明。例如,《錦綉萬花谷》在會通館本出現以前,至少在入明以來長期没有得到重刻,以致"是書無板,人不多得",因此嘉靖十四年(1535)徽王府特地覆刊了會通館本。就在翌年,無錫的秦汴發現會通館本的一部分與其本來面目迴異,因而刊行了以宋版爲底本的新版,而此本又在嘉靖中被覆刻②。

又如《世廟識餘録》,乃出版於萬曆中,又屬今人著作,首先由撰者徐學謨之子兆稷用活字版印行了私家本一百部。然當時正是當代掌故之學,即現代史廣受士人關注之時,活字本已無法滿足需求了。因此,在初版問世後不久的萬曆三十六年(1608),其孫元瑕就用雕版將其重新出版,僅僅六年後的四十二年,此本又被昆山的周本正重刊③。也就是説,此書先由撰

---

①東洋文庫藏本。藤本幸夫《日本現存朝鮮本研究・集部》(京都大學學術出版會,2006年)著録此本,其《朝鮮版〈唐駱賓王詩集〉考》(《朝鮮學報》199—200輯合并號,2006年)亦對此本有所介紹。

②蓬左文庫藏嘉靖十四年徽藩刊本賈詠序:"徽藩親王殿下……檢先荘王所遺書笥,得《錦綉萬花谷》一帙,蓋弘治間無錫華燧氏之所翻印……王心嗜之,如獲拱璧,朝夕披閲,不忍釋手。間謂是書無板,人不多得。於是重加讐校,正其舛訛,命工鋟梓,用廣其傳,嘉與四方學者共之。"又,京都大學文學部藏嘉靖十五年錫山秦氏刊本秦汴序:"近於坊間購得宋刻,與所叙同,獨《續集》一帙,與會通館刻迴異,諒散逸不存,一時編校者之誤也。余乃參互考訂,以去其重複……閱一歲而梓始成。"覆秦氏本爲日本國立公文書館藏本。

③活版《世廟識餘録》見《中國版刻圖録》。萬曆三十六年刊本爲日本國立公文書館藏本。四十二年刊本見臺灣故宫博物院藏本鈔配序文。此本雖被定爲四十二年刊本,實則仍爲三十六年刊本,唯其鈔配序文録自四十二年刊本。

者的家族出版了試行本，後來很快轉爲正式發行，其後又被他人所重刊。

祇有在頗爲特殊的條件下，中國的活版印刷纔能在出版文化史上起到重要作用。活字本的這種特殊性乃至局限性，在日本也同樣存在。日本活字本起到特别重要的作用，是在慶長、元和中，即中世結束、近世將要開始之際，學問的主體從僧侣向儒者轉移，出版世界快要迎來真正的坊刻本時代的過渡時期。

那麽，以活字印刷文化爲傲的朝鮮王朝的情况如何？遺憾的是筆者目前還未有正式討論的準備。不過，朝鮮士人也清楚地認識到了活版的局限性。活版在一次性印刷以後便拆解了，若要向更多的人長期傳播，就顯然不如雕版印刷①。那麽，在考察朝鮮的書籍流通、傳播乃至出版文化史時，活版爲何能够如此長期地佔據重要地位，以及活版如何走向雕版化，亦或是使用雕版進行出版活動的方方面面，這些問題應當得到更多的關注。

（作者單位：日本名古屋大學人文學研究科；
譯者單位：天津師範大學古籍保護研究院）

①黑田亮《朝鮮舊書考》（岩波書店，1940 年）之《古文真寶和韓本比較》引《詳説古文真寶大全（後集）》成化八年（1472）金宗直跋；蓬左文庫藏萬曆三年（1575）朝鮮刊本《晦齋先生集》盧守慎序等。

漢籍交流研究

試論《文鏡秘府論·天卷·序》與《論語》之間的互文性*

劉召禄

引　言

《文鏡秘府論》是日本詩學史上第一部指導漢詩文創作的理論著作，由平安時代高僧空海主持編纂，全書使用漢文編寫，分"天地東西南北"六卷，主要囊括音韻論、聲病論、體勢論、對屬論、創作論等内容，其中《文鏡秘府論·天卷·序》(下稱《天卷·序》)作爲全書的序文，有提綱挈領之用。序文站在儒家立場上强調文章的重要性，對《論語》中詞、句、意、勢四個方面進行了直接引用或間接化用，因此可以從互文性的視域分析《天卷·序》與《論語》之間的文本關係。

一　"互文性"與空海的文學觀

互文性，又譯"文本間性"，通常是指兩個或兩個以上文本間發生的引用、模仿、派生等關係。互文性理論是 20 世紀 60 年代由法國理論家克莉

* 本文爲 2019 年國家社科基金一般項目"《和漢朗詠集》之中國文學接受的跨文化闡釋與研究"(19BWW035)、2023 年度江蘇省研究生科研與實踐創新項目"日僧空海的文學觀念研究——以《聲聱指歸》《三教指歸》爲例"(KYCX23_3211)的階段性成果。

斯蒂娃(Julia Kristeva)提出的文本理論,發展自巴赫金(Bakhtin Michael)的對話主義。克莉斯蒂娃綜合了索緒爾(Ferdinand de Saussure)和巴赫金的語言觀念,並用“文本性”置换了巴赫金的“主體性”,即研究對象從“主體間性”轉移到“文本間性”,主體間的對話轉變爲文本間的對話,是在解構主義和文本創作研究思潮中産生的重要概念。互文性理論蓬勃發展,“其定義的内涵驚人地增加”①,涌現的理論如羅蘭・巴特(Roland Barthes)對引用與參考手法的强調、里法特爾(Michael Riffaterre)的互文性是文本的一種修辭學、吉拉爾・熱奈特(Gérard Genette)的跨文本性、安東尼・孔帕尼翁(Atoie Comago)的引文理論等。互文性從最初克莉斯蒂娃認爲的“暗含著從一個或者多個符號系統的轉移”②,發展爲“文學所織就的、永久的、與它自身的對話關係”③。“互文性”雖是現代西方的文學理論,但其本質上是一種文學與自身的對話關係,在世界各國文學的産生之初就已經寓於文學本體之中,只是到現代才被西方理論界建構爲具體的理論形態。也就是説,“互文性”並非西方所獨有,中國的文學典籍中也同具大量的互文性現象,表現著文本與前文本間的性質、關係。因此,本文試圖從互文性的視域,分析中國儒家典籍中的互文性現象及這些現象對空海文學觀的影響。

承上文所説,中國古代文化典籍中可找到大量互文性現象。如《左傳・襄公二十七年》“《詩》以言志,志誣其上”④化用《尚書・堯典》“詩言志,歌永言”⑤,《左傳・襄公二十九年》“使工爲之歌周南、召南”⑥中“周南、召南”引自《詩經・國風》,又“樂而不淫,其周公之東乎”⑦中“樂而不淫”引

①蒂費納・薩莫瓦約《互文性研究》,天津人民出版社,2003年,頁1。

②茱莉亞・克莉斯蒂娃《詩性語言的革命》,四川大學出版社,2016年,頁43。

③蒂費納・薩莫瓦約《互文性研究》,天津人民出版社,2003年,頁1。

④孔穎達正義《春秋左傳正義》卷三八《襄公二十七年至二十八年》,北京大學出版社,1999年,頁1064。

⑤孔穎達疏《尚書正義》卷二《堯典第一》,北京大學出版社,1999年,頁79。

⑥孔穎達正義《春秋左傳正義》卷三九《襄公二十九年》,北京大學出版社,1999年,頁1095。

⑦孔穎達正義《春秋左傳正義》卷三九《襄公二十九年》,北京大學出版社,1999年,頁1099。

自《論語·八佾》"樂而不淫，哀而不傷"①等，不勝枚舉。在中國古代，"互文性"作爲一種現象，諸子先賢並未探尋這種現象的"體"和内在機制，而是以"用"的方式將它默認爲約定俗成的傳統沿襲後世。譬如"詩言志"，這種傳統用來指涉詩人通過對前文本的引用、模仿，結合詩人自己的"意"實現與前人之"志"的交流，即通過自我與他者的對話，達到"以意逆志"的目的，實際上是以文本爲媒介，表現了主體與另一主體之間的對話關係，即"主體間性"，詩人在與前人的對話中表達自己，實現"奪他人之酒杯，澆自己之壘塊"的目的，並將文句的修辭作爲實現主體間性的輔助方式。

儒家典籍中包含了諸多與"詩言志"相關的互文性現象，最具代表性的是孔子的"興觀群怨"說。空海自幼學習《論語》《孝經》等儒家經典，潛移默化地受到儒家典籍中互文性現象和文學觀念的影響。"興觀群怨"說出自《論語·陽貨》："小子何莫學夫《詩》?《詩》，可以興，可以觀，可以群，可以怨。邇之事父，遠之事君，多識鳥獸草木之名。"②此句作爲"興觀群怨"說的來源，其互文性表現有三處：其一，"《詩》"指前文本《詩經》，《論語》的文本中提到《詩經》，如克莉斯蒂娃所說，"每一個詞語（文本）都是詞語與詞語（文本與文本）的交匯，在那裏，至少有一個他詞語（他文本）在交匯處被讀出"③，這已經是一種互文性的表現。其二，"興觀群怨"是對《尚書·堯典》中"詩言志"觀念的繼承與發展，這與吉拉爾·熱奈特"互文性"定義相契合，"即兩個或若干文本之間的互現關係，從本相上最經常地表現爲一文本在另一文本中的實際出現"④，孔子將"志"細化爲"興觀群怨"四種詩之功能，可以視爲《尚書·堯典》在《論語》中的再現。

其三，"'《詩》，可以興'者，又爲說其學《詩》有益之理也。若能學詩，詩可以令人能引譬連類以爲比興也"⑤，詩人學習《詩經》"能引譬連類以爲比興"，也就是說，把《詩經》作爲前文本，詩人可以對其引用，而"引用"則是互

---

①楊伯峻譯注《論語譯注》卷三《八佾篇》，中華書局，2006年，頁32。

②楊伯峻譯注《論語譯注》卷一七《陽貨篇》，中華書局，2006年，頁208。

③茱莉亞·克莉斯蒂娃《符號學：符義分析探索集》，復旦大學出版社，2015年，頁87。

④吉拉爾·熱奈特《熱奈特論文集》，百花文藝出版社，2000年，頁69。

⑤邢昺疏《論語注疏》卷一七《陽貨》，北京大學出版社，1999年，頁237。

文性的重要手法;"'可以觀'者,詩有諸國之風俗,盛衰可以觀覽知之也"①,即詩人從前文本中讀到歷代得失、歷史興衰,以史爲鑒,獲得來自他者的經驗教訓,詩人與《詩經》中的他者形成對話關係,也是互文性的表現;"'可以群'者,《詩》有'如切如磋',可以群居相切磋也"②,即詩人聚在一起相互切磋,前文本《詩經》是他們發表看法(或稱爲"志")的基礎,每個人對《詩經》的理解深淺、角度不同,但所引觀點都不出乎《詩經》之外,因此也涉及互文性中的"引用"和"主體間性";"'可以怨'者,《詩》有'君政不善則風刺之','言之者無罪,聞之者足戒',故可以怨刺上政"③,是指詩人可以借用前文本《詩經》的"美刺"中的諷刺精神對君主進行諷刺勸誡,這同樣涉及互文性。總之,孔子"興觀群怨"説涉及對《尚書》《詩經》中思想的引用、化用等,雖然孔子並未對文本間的關係進行專門的總結,但是推崇引用、化用儒家典籍中的思想來表達自己的志向,是孔子"興觀群怨"中明確想要表達並訴諸文字的。

互文性現象在唐代出現了"三偷"論的新形態,即詩僧皎然在《詩式·三不同語意勢》中提出的"偷語""偷意""偷勢"④三種互文性方法。"三偷"論不僅承襲了"詩言志"的傳統,而且涉及"語、意"等修辭方面的内容。公元806年空海帶大量唐代詩格類典籍回國,其中就有皎然的詩格著作,空海在《文鏡秘府論·地卷》的《十四例》《六義》中引用了皎然《詩式》《詩議》,"三偷"論是《詩式》中的重要一節,空海雖未在《文鏡秘府論》中直接引用此論,但從《地卷》和《南卷》中的《論體勢等》《十七勢》《論文意》等章節中可以看出,空海受到皎然"三偷"論很大的啓發。

"偷語"即直接"偷取"前文本中的字、詞、句、意等,進行整體搬運或簡單换詞,這種做法在西方互文性理論中叫作抄襲或套用,皎然對這種方法的評價是"最爲鈍賊"⑤,他舉陳後主"日月光天德"和傅長虞"日月光太清"

①邢昺疏《論語注疏》卷一七《陽貨》,北京大學出版社,1999年,頁237。
②邢昺疏《論語注疏》卷一七《陽貨》,北京大學出版社,1999年,頁237。
③邢昺疏《論語注疏》卷一七《陽貨》,北京大學出版社,1999年,頁237。
④周維德校注《詩式校注》卷一《三不同語意勢》,浙江古籍出版社,1993年,頁31。
⑤周維德校注《詩式校注》卷一《三不同語意勢》,浙江古籍出版社,1993年,頁31。

二句,認爲"上三字語同,下二字意同"①,因此將其命名爲"偷語";"偷意"是指"偷取"前文本中詩句之意,即用新的詞語和修辭表達前文本中的舊意思,即吉拉爾·熱奈特所説"甲文和乙文同時出現在乙文中"②的"互文性";"偷勢"是指"才巧意精,若無朕跡"③,即詩人與前詩人對話過程中,一方面發揮自己的才情之"意"進行精巧構思,另一方面感悟前詩人的詩意精巧之"志",提煉出前文本中最核心的詞、句、意,加上作者的個人理解,這是對所有元素的整體把握、轉换、派生。這類似於吉拉爾·熱奈特提出的"超文性",即"乙文從甲文派生出來,但甲文並不切實出現在乙文中"④。值得注意的是,皎然的"三偷"論從觀念層和修辭層分别論述了文本之間、作者之間的關係,因此既可以將"三偷"論視爲互文性現象,又可以將其視爲互文性手法。

綜觀上述典籍中的互文性現象,其發展偏重於自我與他者的對話關係,把以《詩經》爲代表的文本作爲他者之"志"的載體,修辭方法作爲表現自我之"意"的輔助,從而實現詩人與前人"以意逆志"的對話,這種"以意逆志"的方式,正如漢學家宇文所安(Stephen Owen)所説:"符號/意義(sign/meaning)的那種樸素符號學模式的各種説法在早期的中國(如公孫龍子的)和西方都出現過……語言理論在中國表面上的消失不過是這一樸素模式的失敗和對它的放棄:在處理語言運作這一問題時,符號理論被一個更加高級的模式取代了,這個模式就是'志'。"⑤正因爲"志"代替了符號理論和語言理論,才使得中國的互文性觀念偏重宏觀上自我與他者的對話,而没有像西方一樣朝著微觀的修辭學方向深入發展,這是中國互文性現象的特色。空海在孔子"興觀群怨"説、皎然"三偷"論等互文性現象的影響下,形成了"興觀"的文學觀,並把"三偷"論作爲書寫《天卷·序》和編纂《文鏡秘府論》的指導方法,在空海的文本實踐中,兩者成爲其書寫《天卷·序》時展現自身文學觀的主要方式。

①周維德校注《詩式校注》卷一《三不同語意勢》,浙江古籍出版社,1993年,頁31。

②蒂費納·薩莫瓦約《互文性研究》,天津人民出版社,2003年,頁20。

③周維德校注《詩式校注》卷一《三不同語意勢》,浙江古籍出版社,1993年,頁31。

④蒂費納·薩莫瓦約《互文性研究》,天津人民出版社,2003年,頁20。

⑤宇文所安《中國文論:英譯與評論》,上海社會科學院出版社,2003年,頁25。

二　《天卷·序》與《論語》互文性的表現

《天卷·序》借用皎然"三偷"論，對《論語》中的句、意、勢進行引用、删除、化用。"偷句"表現爲對《論語》中"興觀群怨"等句的保留或删除，發展爲"興觀"説；"偷意"表現爲對《論語》中"郁郁乎文哉"等句意的化用，借以結合當局時事，弘揚文道；"偷勢"則表現爲對《論語》中"文質"説的整體化用，發展爲"以文詮名，唱名得義"的文學觀。

《天卷·序》中"'小子何莫學夫《詩》?《詩》可以興，可以觀。邇之事父，遠之事君。''人而不爲《周南》《邵南》，其猶正墻面而立也。'"①二句引用《論語·陽貨》中"小子何莫學夫《詩》?《詩》，可以興，可以觀，可以群，可以怨。邇之事父，遠之事君，多識鳥獸草木之名。子謂伯魚曰：'女爲《周南》、《召南》矣乎？人而不爲《周南》、《召南》，其猶正墻面而立也與?'"②從《論語》原文可知，空海引用此句時使用了删句的修辭格，删除了"可以群，可以怨""多識鳥獸草木之名""子謂伯魚曰：'女爲《周南》、《召南》矣乎'"三句。其中，删除第三句"子謂伯魚曰：'女爲《周南》、《召南》矣乎'"目的在於使上下文問答連貫，而删除前兩句則有特殊用意。

"可以群，可以怨"是指學《詩》具有"群居相切磋"③的交流功能以及"怨刺上政"④的諷刺功能。從傳播詩教和了解民情的角度來講，這有利於當時平安朝的統治，但空海看到了"群、怨"的反面。段玉裁《説文解字注》"群，輩也，若軍發車二百爲輩……朋也、類也，此輩之通訓也……引申爲凡類聚之稱"⑤，朋輩類聚則會形成"集團或社會集體"⑥，這也是"群"的引申

①盧盛江《文鏡秘府論彙校彙考·天卷·序》，中華書局，2015年，頁1。

②楊伯峻譯注《論語譯注》卷一七《陽貨篇》，中華書局，2006年，頁208—209。

③邢昺疏《論語注疏》卷一七《陽貨》，北京大學出版社，1999年，頁237。

④邢昺疏《論語注疏》卷一七《陽貨》，北京大學出版社，1999年，頁237。

⑤段玉裁《説文解字注》四篇上《羊部》，上海古籍出版社，1981年，頁146。

⑥漢語大字典編輯委員會《漢語大字典》第二版縮印本（下），四川辭書出版社，2018年，頁1628。

義,柳宗元《封建論》“又有大者,衆群之長又就而聽命焉,以安其屬”①中的“群”即是“集團”之意。公元 806 年空海自大唐回到平安朝,恰逢公元 810 年的政變事件“藥子之亂”,政變原因在於以藤原仲成爲首的家臣爲謀取利益,想要罷黜嵯峨天皇以扶持先前讓位的平城天皇重新登基,其根源則是藤原家臣集團與嵯峨天皇集團兩大勢力集團的鬥争,“藥子之亂”起於朋輩類聚的“集團”,空海出於鎮護國家的考慮,避免再次生亂,因此編纂《文鏡秘府論》時對“群”之功能避而不談;《説文解字注》“怨,恚也”②,“恚”即憤怒、怨恨。《漢語大字典》將“怨”解釋爲“①怨恨;仇恨;②埋怨;責備;③悲愁;哀愁……”③可見“怨”字本意多指向負面的情緒,儘管孔子將“怨刺上政”作爲詩的主要功能之一,但在空海看來,“怨”字承載的負面情緒、批判、諷刺等内容,不利於剛從“藥子之亂”中得到喘息的平安朝統治,因此將“怨”的功能删除。

“多識鳥獸草木之名”是“言詩人多記鳥獸草木之名以爲比興,則因又多識於此鳥獸草木之名也”④“其緒餘又足以資多識”⑤,也就是説,讀《詩》可以增加詩人對草木鳥獸名字的記憶和認識,以用於作詩時的比興,空海删除此句是因爲他認爲“興”之功能在於“感發志意”而非“引譬連類”,前文已説到《天卷・序》“君子濟時,文章是本也”⑥即是强調“興”的“感發志意”,再如《文鏡秘府論・南卷・論文意》中空海引用王昌齡《詩格》“詩本志也,在心爲志,發言爲詩,情動於中,而形於言,然後書之於紙”⑦,表現其“感發志意”的作詩傾向,又如“從此以後,遞相祖述,經綸百代,識人虚薄,屬文於花草,失其古焉”⑧一句,表現出空海對六朝詩人寄情山水、以自然

①柳宗元《柳宗元集》卷三《封建論》,中華書局,1979 年,頁 70。
②段玉裁《説文解字注》四篇上《羊部》,上海古籍出版社,1981 年,頁 511。
③漢語大字典編輯委員會《漢語大字典》第二版縮印本(下),四川辭書出版社,2018 年,頁 1192。
④邢昺疏《論語注疏》卷一七《陽貨》,北京大學出版社,1999 年,頁 237。
⑤朱熹《四書章句集注》卷九《陽貨》,中華書局,2011 年,頁 166。
⑥盧盛江《文鏡秘府論彙校彙考・天卷・序》,中華書局,2015 年,頁 1。
⑦盧盛江《文鏡秘府論彙校彙考・南卷・論文意》,中華書局,2015 年,頁 1235。
⑧盧盛江《文鏡秘府論彙校彙考・南卷・論文意》,中華書局,2015 年,頁 1216。

景物爲詩的批判。空海認爲古人“感發志意”並非寄情山水，而是“以名教爲宗”①，即重視詩歌的教化作用，對於“屬文於花草”的創作，他認爲是“失其古焉”，即偏離了古人作詩的正道，而“屬文於花草”的觀念正與“多識鳥獸草木之名”一脉相承。空海删除“多識鳥獸草木之名”一句，實爲匡扶“詩言志”古道，重新强調“詩言志”中“感發志意”的正統。

《天卷・序》中有三處内容偷《論語》之意。其一，“……郁乎焕乎，燦其章以馭蒼生”②引自《論語・八佾》“子曰：‘周監於二代，郁郁乎文哉！吾從周。’”③和《論語・泰伯》“巍巍乎！其成功也；焕乎，其有文章！”④宋代邢昺和朱熹兩位經學大師將“郁郁”“焕”解釋爲“文章貌”“明也”⑤和“文盛貌”“光明之貌”⑥，二者的解釋都指向文章的繁盛之貌與教化功能。空海引用前一句目的是“言以今周代之禮法文章，回視夏商二代，則周代郁郁乎有文章哉。‘吾從周’者，言周之文章備於二代，故從而行之也”⑦，即借用孔子之言强調對前代禮法文章學習的重要性；所引後一句的目的是歌頌堯帝“言其治民功成化隆，高大巍巍然……言其立文垂制又著明”⑧，借堯帝對文章之重視，鼓勵統治者重視文章。上述所引兩處《論語》之“文”或“章”與《文鏡秘府論》中的“文”或“章”能指相同，但所指不同。《論語》之“文”的所指是禮法文章，《文鏡秘府論》之“文”的所指是“漢詩文”，在能指相同而所指不同的情況下，空海借《論語》之“文”的能指，表達自己所理解的“文”的所指，即借周朝繼承前代文章達到“郁郁乎文哉”的盛況，鼓勵當時的貴族和僧侶階級努力學習中國的文章以“燦”日本之章，將堯帝“功成化隆，高大巍巍”的治世成就與“立文垂制又著明”文章功績相聯繫，鼓勵統治者重視

---

①盧盛江《文鏡秘府論彙校彙考・天卷・序》，中華書局，2015 年，頁 1。

②盧盛江《文鏡秘府論彙校彙考・天卷・序》，中華書局，2015 年，頁 1。

③楊伯峻譯注《論語譯注》卷三《八佾篇》，中華書局，2006 年，頁 30。

④楊伯峻譯注《論語譯注》卷八《泰伯篇》，中華書局，2006 年，頁 96。

⑤邢昺疏《論語注疏》卷三《八佾》、卷八《泰伯》，北京大學出版社，1999 年，頁 36、106。

⑥朱熹《四書章句集注》卷二《八佾》、卷四《泰伯》，中華書局，2011 年，頁 65、103。

⑦邢昺疏《論語注疏》卷三《八佾》，北京大學出版社，1999 年，頁 36—37。

⑧邢昺疏《論語注疏》卷八《泰伯》，北京大學出版社，1999 年，頁 106。

文章之發展，即借"文章爲紀綱之要"①達到"燦其章以馭蒼生"②的目的。

其二，"游、夏得聞之日，屈、宋作賦之時，兩漢辭宗，三國文伯，體韻心傳，音律口授"③引自《論語·先進》"文學：子游，子夏"④。空海此處所引子游、子夏二人，皆是文章博學者，除所引一則外，《論語》中7次提到子游，分佈於《爲政》《里仁》《雍也》《陽貨》《子張》五篇中，分別記述子游問孝、君子事君交友之道、禮樂治國、喪致哀不尚文飾等觀念；《論語》中18次提到子夏，分佈於《學而》《爲政》《八佾》《雍也》《顏淵》《子路》《子張》七篇中，分別記述子夏對"學"與"仁"關係的認識、問孝、言詩、君子之道、論學、孔子對他的勸誡等内容。孔子在《先進》中以"文學"褒揚二子，是因爲子游擔任武城宰時踐行孔子提倡的禮樂制度，並以身作則行君子之道，子夏在言詩"巧笑倩兮，美目盼兮"⑤時以美人之"美質"比喻君子"忠信"之品行，在孔子看來，子夏深刻理解了"詩言志"中的"感發志意"。綜合來看，孔子將子游、子夏的品質歸類爲"文學"，其原因在於二者對禮樂制度和《詩經》等典籍的學習，並到達較高的水準。此處空海"偷意"是借子游、子夏二人追溯文脉，强調"詩言志"中"感發志意"的正統地位。從子游、子夏，到屈原、宋玉，再到兩漢時期以司馬相如爲代表的"辭宗"，最後到三國時期的衆多"文伯"，研習文學之人越來越多，都堅持"體韻心傳，音律口授"⑥，發展到六朝之時出現了"盛談四聲，争吐病犯，黄卷溢篋，緗帙滿車"⑦的現象，面對大量討論音韻聲病問題的書籍，學詩之人"望絶訪寫""取決無由"⑧，因此下文空海説"卷軸雖多，要樞則少，名異義同，繁穢尤甚"⑨，很明顯帶有對六朝過度熱衷音韻聲病問題探討之思潮的批評，《南卷·論文意》中空海認爲文章的

①盧盛江《文鏡秘府論彙校彙考·天卷·序》，中華書局，2015年，頁1。
②盧盛江《文鏡秘府論彙校彙考·天卷·序》，中華書局，2015年，頁1。
③盧盛江《文鏡秘府論彙校彙考·天卷·序》，中華書局，2015年，頁13。
④楊伯峻譯注《論語譯注》卷一一《先進篇》，中華書局，2006年，頁125。
⑤周振甫《詩經譯注》卷二《衛風·碩人》，中華書局，2006年，頁82。
⑥盧盛江《文鏡秘府論彙校彙考·天卷·序》，中華書局，2015年，頁13。
⑦盧盛江《文鏡秘府論彙校彙考·天卷·序》，中華書局，2015年，頁13。
⑧盧盛江《文鏡秘府論彙校彙考·天卷·序》，中華書局，2015年，頁22。
⑨盧盛江《文鏡秘府論彙校彙考·天卷·序》，中華書局，2015年，頁22。

古道"至晉、宋、齊、梁，皆悉頹毁"①，實爲對《天卷・序》中此類批評的呼應。

其三，"貧而樂道者，取决無由"②引自《論語・學而》"子貢曰：'貧而無諂，富而無驕，何如?'子曰：'可也。未若貧而樂，富而好禮者也。'"③首先，空海此處的引用是爲呼應前文，如果貧而樂道者對"黄卷溢篋，箱帙滿車"的音韻聲病典籍也"取决無由"，那麽"貧而無諂，富而無驕"者或者貧而諂、富而驕者對於六朝大量涌現的音韻聲病典籍會更加"取决無由"，以此增强對六朝時失文章古道而重音韻聲病之文學思潮的批評；再者，此處應注意空海未引用的潛文本，即："子貢曰：'詩云："如切如磋，如琢如磨。"其斯之謂與?'子曰：'賜也，始可與言詩已矣！告諸往而知來者。'"④此處潛文本中子貢引《詩經・衛風・淇奥》中"如切如磋，如琢如磨"回答孔子所説"未若貧而樂，富而好禮者"，"子貢知引詩以成孔子義，善取類，故呼其名而然之"⑤，子貢得到孔子認可，是因爲他引《詩》以言志，體現了子貢對孔子"興觀群怨"説中"引譬連類"以"感發志意"的實踐，正合空海對"詩言志"古道的强調。因此，空海此處的引用既可加强批評，又暗含匡扶古道的意思，可謂一舉兩得。

《天卷・序》對《論語》的"偷勢"體現在"文以五音不奪、五彩得所立名，章因事理俱明、文義不昧樹號，因文詮名，唱名得義，名義已顯，以覺未悟"⑥對"質勝文則野，文勝質則史，文質彬彬，然後君子"⑦的化用上。"文質"原是孔子用以形容君子的言談舉止和内在品質相契合的論述，"文"代指文章的文采，"質"代指文章的内容，"文質彬彬"即是後人所説形式與内容的統一。《論語・顔淵》中子貢承孔子之觀點説："文猶質也，質猶文也。虎豹之鞟，猶犬羊之鞟。"⑧强調"質"和"文"的同一性。孔子將君子的言談

①盧盛江《文鏡秘府論彙校彙考・南卷・論文意》，中華書局，2015年，頁1216。
②盧盛江《文鏡秘府論彙校彙考・天卷・序》，中華書局，2015年，頁13。
③楊伯峻譯注《論語譯注》卷一《學而篇》，中華書局，2006年，頁10。
④楊伯峻譯注《論語譯注》卷一《學而篇》，中華書局，2006年，頁10。
⑤盧盛江《文鏡秘府論彙校彙考・天卷・序》，中華書局，2015年，頁13。
⑥邢昺疏《論語注疏》卷一《學而》，北京大學出版社，1999年，頁13。
⑦楊伯峻譯注《論語譯注》卷六《雍也篇》，中華書局，2006年，頁68。
⑧楊伯峻譯注《論語譯注》卷一二《顔淵篇》，中華書局，2006年，頁142。

品質與野人之言、史官之言相比擬，使得“文質”二字從對君子的論述轉移到對文章的論述。空海在“因文詮名”一句中引入“文以五音不奪、五彩得所立名”①其中“名”是溝通“文”和“質”的媒介，“名”即“文字”，如“《儀禮·聘禮》：‘百名以上書於策，不及百名書於方。’鄭玄注：‘名，書文也，今謂文字。’”②“詮”指“詳盡解釋，闡明事理”③，如《淮南子·要略》中“差擇微言之眇，詮以至理之文”④即是此意，“唱名”原指“佛教徒念佛時，唱南無阿彌陀佛之名號”⑤，空海此處借用“唱名”代指文字中音韻與意義的天然聯繫，也就是説，空海主張憑藉文彩和音韻詮釋文字，通過佛教唱名的方式對文字進行誦讀，借文字的音韻體會其意義，即達到“章因事理俱明、文義不昧樹號”的目的，在對文字、音韻、文意等内容明晰後，讀者就會“以覺未悟”，感悟到之前未感悟的内容。可見空海既强調文章中文彩、音韻等形式，又强調文章的意義、道理等内容，是對“文質”説之“勢”整體化用的重要體現，結合佛教中特别强調文字、音韻的“唱名”等方式對其進行闡釋，是對“文質”説繼承與發展的重要表徵。

三 《天卷·序》與《論語》互文性形成的原因

空海在《天卷·序》中引用《論語》，與漢文化圈中儒家思想對日本的持續性影響相關，又與空海成長環境、教育背景、時局需求等方面聯繫密切。據《日本書紀》記載，日本應神天皇十六年(285)，“王仁來之，則太子菟道稚郎子師之，習諸典籍於王仁，莫不通達，故所謂王仁者，是書首等之始祖也”⑥；《大日本史》記載“十六年乙巳，春二月，百濟王使王仁率冶工卓素、

①盧盛江《文鏡秘府論彙校彙考·天卷·序》，中華書局，2015年，頁13。

②漢語大字典編輯委員會《漢語大字典》第二版縮印本(下)，四川辭書出版社，2018年，頁308。

③漢語大字典編輯委員會《漢語大字典》第二版縮印本(下)，四川辭書出版社，2018年，頁2058。

④何宁《淮南子集釋》卷二一《要略》，中華書局，1998年，頁1449。

⑤羅竹風主編《漢語大詞典》卷三，漢語大詞典出版社，1989年，頁380。

⑥舍人親王《日本書紀》，經濟雜誌社，1915年，頁222。

吴服西素、釀酒仁番等來朝，獻論語十卷、千字文一卷”①。上述兩部史書記載的時間雖存在訛誤，但就内容來看，可知日本貴族階層很早就已開始受到儒家思想的影響，而《論語》是最早傳入日本的儒家文化典籍之一；“大化革新”前，聖德太子曾派遣隋使到中國學習，後形成以儒家思想爲主體、佛教爲副翼的治國思想，並制定《十七條憲法》，其中的思想觀念和詞語大都來自儒家經典，如“國無二君，民無二主，率土召民，以王爲先”②即是儒家思想的體現，聖德太子的治國理念爲儒家思想的傳播奠定了基礎；後由中大兄皇子、中臣鐮足等新興貴族領導的革新派爲穩固朝綱實行“大化革新”，頒布《大寶律令》，後又頒布《養老律令》，平安朝時又頒布了《弘仁格式》等法律條文，儒家思想在古代日本的律令制度中代代延續。空海就是在這樣的文化背景下接受儒家文化的熏陶的。

公元774年，空海生於贊岐國多度郡屏風浦（今香川縣善通寺市）的佐伯直家族。“佐伯”是飛鳥時代沿襲下來的貴族姓氏，佐伯家族分爲兩支，一支叫作中央佐伯，稱爲佐伯連家族，居住在平安京一帶，此家族中以佐伯今毛人最爲著名；另一支叫作地方佐伯，即佐伯直家族，是天皇賜姓，居住在贊岐屏風浦一帶，空海的父親佐伯直田是當時中央指定的屏風浦地區郡司（地方最高長官），母親阿刀氏出身學者世家，舅父阿刀大足是桓武天皇第三子伊予親王的侍講即私人教師，通曉儒學。空海出生於這樣一個地方貴族之家，因此具備了從小接受良好教育的條件。

空海出生的公元774年，正值奈良時代末期，此時日本的家庭教育仍延續飛鳥時代傳統。“古代的日本人，在男女結婚之時，另建‘妻屋’，夫婦固有同居妻屋者，但多數僅使妻居之，夫則另尋他處……所以所生子女都由母撫養成長，不過有時亦與其父晤面而已”③，“（奈良時代）夫妻别居的風俗從前代繼承下來，還是相當普遍的流行著”④，也就是説，最初教育空海學文習字的人很可能是他的母親阿刀氏，上文提到阿刀氏出生於學者世家，自然也會受到詩書的耳濡目染，對空海幼年時的教育起到了一定的積

①德川光圀《日本史記》第1册，安徽人民出版社，2013年，頁24。

②德川光圀《日本史記》第1册，安徽人民出版社，2013年，頁451。

③小原國芳《日本教育史》，商務印書館，1935年，頁16。

④小原國芳《日本教育史》，商務印書館，1935年，頁33。

極影響。但是對空海青少年時影響最大的,當屬十五歲時跟隨舅父阿刀大足學習儒學。奈良時代除官學外,還有像阿刀大足一樣的漢學學者創辦的私學,阿刀大足受阿刀氏囑托,教授空海《孝經》《論語》等儒家經典。在《三教指歸・序》中空海説到"余年志學,就外氏阿二千石文學舅,伏膺鑽仰"①,《天卷・序》中説到"貧道幼就表舅,頗學藻麗"②,空海弟子真濟所寫《空海僧都傳》記載空海"年始十五,隨外舅兩千石阿刀大足,受論語、孝經及史傳等,兼好文學"③,上述三例皆提到空海跟隨阿刀大足學習,並以《論語》《孝經》等儒家經典爲主,這爲《天卷・序》與《論語》間的互文性做了鋪墊。

空海跟隨阿刀大足學習三年,十八歲時進入大學寮學習。他在《三教指歸・序》中自述到:"二九遊聽槐市。拉雪螢於猶怠,怒繩錐之不勤。"④真濟《空海僧都傳》記載:"入京之時,遊於大學,就直講味酒净成讀毛詩、尚書,問左氏春秋於岡田博士,博覽經史,殊好佛經。"⑤其中"槐市"和"大學"都是指當時的大學寮。空海進入大學寮的明經科學習,"'明經科'的教科,有《禮記》《左傳》的大經,《詩》《周禮》《儀禮》的中經和《易書》的小經……此外,《論語》和《孝經》不論何種學生,均需兼習,和唐制一樣"⑥。可見空海大學寮時期的學習也是影響《天卷・序》引用《論語》的重要因素。

在時局需求上,空海引用《論語》主要有兩方面考慮:一方面,空海所處的嵯峨天皇時期是日本全面學習唐文化的時期,這尤其體現在日本對大唐儒家治國理念和漢詩文文化的學習上。在治國理念上,"平安時代的法律是所謂的'格式法',即對現有律令條文進行修改、補充……這種新製法貫徹了儒家的德政理念"⑦;在漢詩文文化上,平安朝初期編纂了漢詩集"敕撰三集",中后期又編纂《千載佳句》等漢詩選集,並出現了如《和漢朗詠集》

---

①弘法大師《弘法大師文集》,宗教文化出版社,2019年,頁691。

②盧盛江《文鏡秘府論彙校彙考・天卷・序》,中華書局,2015年,頁22。

③祖風宣揚會編《弘法大師全集・首卷》,吉川弘文館,1923年,頁31。

④弘法大師《弘法大師文集》,宗教文化出版社,2019年,頁691。

⑤祖風宣揚會編《弘法大師全集・首卷》,吉川弘文館,1923年,頁31。

⑥渡邊照宏、宮坂宥勝《沙門空海》,東方出版社,2016年,頁39。

⑦保立道久《岩波日本史》第3卷《平安時代》,新星出版社,2020年,頁4。

等"和漢並列"嘗試的和歌漢詩集,可見在此時期對漢詩文文化的學習上,日本付出了艱苦卓絶的努力。《文鏡秘府論·北卷·帝德録》中空海將中國神話、歷史中的賢明君主列於書中,供統治者閱讀學習,這是儒家治國理念的重要體現。嵯峨天皇本人對漢文化極爲推崇,不僅在書法上與空海、橘逸勢並稱"日本三筆",在漢詩集編纂和漢詩創作上也頗有成就,他敕命編纂了《凌雲集》和《文華秀麗集》,自己創作了《山夜》《見老僧歸山》等大量漢詩,具有極高的漢學修養。空海與嵯峨天皇的交往也以漢文化爲媒介。公元 809 年"十月三日,大舍人山背豐繼奉命到訪高雄山書齋,第二天便獻上空海手書《世説新語》的屏風兩帖(給嵯峨天皇)。天皇與空海通過書法結交的友誼便是從這時開始的"①。空海與嵯峨天皇的友誼從獻書法帖開始,也隨著獻書、編書、傳法等活動逐漸加深。《天卷·序》中大量引用《論語》既符合當時的治國理念又與文化接受趨勢相契合。

另一方面,編纂《文鏡秘府論》時,空海正處在平安時代政治鬥争的緩和期,平城天皇、嵯峨天皇之間的政治鬥争剛剛結束,國家正處在百廢待興的階段。"在擁有皇位繼承權的桓武天皇三位皇子中,平城首先退出了歷史舞台……嵯峨在'藥子之變'後的第二年,開始大規模編纂被稱爲《弘仁格式》的律令修正法及其實施細則,提高自身的權威"②。嵯峨天皇在國家法律層面上修正律令以維護自己的統治,在宗教和普世層面上則培植了新勢力——空海。空海於公元 806 年自大唐學成歸來,當時正處於平城天皇統治時期,空海未得到重用。公元 813 年即"藥子之亂"後的第三年,嵯峨天皇任命空海擔任東大寺別當一職,空海開創高野山寺也得到了嵯峨天皇的鼎力支持。"弘仁十四年(823 年)一月十九日,嵯峨天皇遣使藤原良房將東寺賜予空海"③,從此空海成爲平安時代佛教界首屈一指的人物。空海創立的密教真言宗作爲平安宗教新勢力與"奈良六宗"舊勢力形成了牽制局面,"空海對奈良六宗採取兼容並包的態度,一方面以東大寺爲基地在奈良宣傳真言宗,另一方面在人事交往上注意與六宗高僧搞好關係"④。在

①渡邊照宏、宮坂宥勝《沙門空海》,東方出版社,2016 年,頁 78—79。

②保立道久《岩波日本史》第 3 卷《平安時代》,新星出版社,2020 年,頁 25。

③渡邊照宏、宮坂宥勝《沙門空海》,東方出版社,2016 年,頁 128。

④杜繼文《佛教史》,江蘇人民出版社,2008 年,頁 344。

普世層面上，空海推崇躋身世界文化頂端的唐文化，用以維護嵯峨朝的統治，唐文化中的儒家思想作爲治國之精要自然成爲首選，而宣揚儒家義理最爲直接有效的方式就是漢詩文。因此在空海看來，編纂一部與漢詩文創作、理論相關的指導書籍勢在必行。不得不説空海的《文鏡秘府論》很大程度上是作爲維護嵯峨統治、宣揚儒家義理以鎮護國家的配套教材。作爲全書的序文，《天卷·序》中空海選用《論語》中的字、詞、意、勢爲行文肇始，是對經典文本《論語》的再闡釋和與時俱進式的化用，兩部漢文化經典的文本間性，成爲我們重尋千年前中日文化傳播與接受之紐帶的重要依據。

結　語

《文鏡秘府論》是日本王朝時代承載著中國儒家思想的重要漢詩文文論典籍，研究《天卷·序》與《論語》的互文性，可以探尋以空海爲代表的王朝時代的日本人在引用、刪除、化用《論語》等儒家典籍時，隱没在歷史褶皺中、未彰形於語言的文化心理，進而從文學角度管窺平安時代初期日本對中國儒家典籍的接受情況。同時，《文鏡秘府論》是日本借鑒、學習中國文化的重要成果，作爲漢文化的發源地，我們應該將這部異域之眼下的漢詩文文論作品納入互文性視域中，並以此視域爲著力點，對平安時代的與漢詩文有關的典籍，如"敕撰三集"、《和漢朗詠集》等進行闡釋研究。

（作者單位：蘇州大學文學院）

元代歐陽玄《贈日本僧此山首座》詩幅真蹟略考*

金程宇

近有機緣得見元代著名文人歐陽玄手書七律真蹟一首，爲歐陽氏贈日本高僧此山妙在的詩作，由於歐陽氏書法存世極罕，且屬於題贈域外人士之作，故頗可矚目。此件作品不僅提供了一首歐陽玄的集外佚詩(《全元詩》失收)，還使我們得以重温 680 餘年前元代、日本儒釋間的一段風雅往事，作爲歐陽氏僅存的贈予域外人士的書法實物，具有重要的文物價值和學術價值。兹略陳管見，以求教於大方之家。

歐陽玄(1273—1357)，字原功，號圭齋、平心老人、霜華山人。先家在廬陵(今江西省吉安市)，後徙居瀏陽(今湖南省瀏陽縣)。元延祐二年(1315)賜進士出身，至元五年(1339)拜翰林學士，謚號文。工書法，精鑒别，詩文俱佳，《元史》有傳。歐陽玄在元代文壇的地位極高，與吴澄、虞集、揭傒斯並稱“元四學士”，“學爲通儒，行爲士矩”(張起巖《歐陽公神道碑銘》)，“三朝筆削垂青史，一代文章變古今”(來復《蒲庵集》卷三《寄簡翰林歐陽圭齋先生》)。危素稱他“歷官四十餘年，在朝之日，殆四之三。三任成均，而兩爲祭酒，六入翰林，而三拜承旨。修實録、《大典》、三史，皆大製作。屢主文衡，兩知貢舉及讀卷官，凡宗廟朝廷雄文大册、播告萬方、國所用制誥，多出公手。海内名山大川，釋、老之宫，王公貴人墓隧碑銘，得公文辭以

---

* 本文爲國家社科基金重大項目“日韓所藏中國古逸文獻整理與研究”(20&ZD273)的階段性成果。

爲榮。片言隻字,流傳人間,咸知貴重。文章道德,卓然名世。引拔善類,贊化衛道,黼黻治具,與有功焉,於是中外莫不敬服"(《圭齋先生歐陽公行狀》),可以説是最全面公允之評價。舉凡政事、科舉、史學、文學等方面,莫不影響巨大,推之爲元代中期的文化盟主,實不爲過。

歐陽玄的現存書法,今知有附著於《曹娥誄辭》(遼博)、《陸柬之文賦》(臺灣故宫)、《李白上陽臺》(北京故宫)、《歐陽修〈譜圖序稿〉》(遼博)、《九龍圖》(美國波士頓美術館)書畫名品的題跋五則,可見其精於賞鑒。獨立的書法作品則屈指可數,公藏僅北京故宫博物院《春暉堂記》《去歲帖》、上海博物館《贈王季境詩》三件(臺灣故宫《振衣詩》存疑)。《贈日本僧此山首座》屬於民間新發現的獨立書法條幅,允稱博物館、美術館級别的重要藏品。這也是目前所知民間所存唯一的歐陽玄書法真蹟,彌足珍貴。

《贈日本僧此山首座》前有小序:"日本僧此山首座,行識精諳,尤工翰墨,爲余寫達摩禪師《安心法門》,詩以爲謝。""此山"即此山妙在(1296—1377),日本信濃(長野縣)人,嗣高峰顯日,别號如是住道人。壯年入元,至正五年(1345)歸朝。在元中,曾參大冶永鉗、了庵清欲、了堂惟一等高僧,歸國後住安藝長保寺、山城真如寺、萬壽寺(五山)、建仁寺、天龍寺、南禪寺。此後在崇福寺如是住齋和如是院之間往復閑居,後住建仁寺、圓覺寺。"三十年來游大唐,歸爲日本法中王"(《寄此山住真如》,鉄舟濟《閻浮集》)。遺稿有《若木集》(今建仁寺藏 1454 年古寫本)。另,建仁寺高峰東晙(1736—1801)復編《若木集拾遺》《若木集附録》。《五山文學全集》據以整理收録。

根據小序,知此山妙在給歐陽玄書寫了達摩《少林六門》之中的《安心法門》,此詩即爲歐陽玄答謝之作。署款爲"圭齋玄",乃效仿禪僧落款形式,頗有趣味。詩云:

稽首東方朝鬱儀,家山元只隔天池。一花境界優曇國,五色波瀾若木枝。自製楚衣裁白紵,閑攜鐵硯寫烏絲。君恩未賜師還日,剩爲鷄林購好詩。

首聯稱許此山首座漂洋過海來中土求法,頷聯描繪其虔誠學禪之美好境界,頸聯刻畫禪師"自製楚衣"的簡樸生活以及空閑時努力抄寫佛經之情景

（小序稱其"尤工翰墨"），末聯勉勵首座歸國前像鷄林重金求購白居易"好詩"那樣爲本國收集佛教經典，充滿了對此山弘揚佛法之期待。

此詩末落款略有缺字，然大體可以推知："至（正）壬午（夏）霜華/留□堂"，下有三方印章，分别爲"霜華山人"（存"霜""華"之上部）、"圭齋書畫""如是住"。其中前兩方爲歐陽玄之常用印章，分别與現存真蹟《春暉堂記》《歐陽修〈譜圖序稿〉》所鈐印章對應。最後一印"如是住"，因此山妙在别號如是住道人，當即其印章。

至正壬午即1342年，此年歐陽玄當在瀏陽，虞集《送歐陽元功謁告還瀏陽》，詩云"投老相求訪石霜"，所云"石霜"即瀏陽霜華山上之石霜寺。歐陽玄與此山首座或即在石霜寺相見，並以《安心法門》相贈，歐陽玄則作此詩答謝。

此山妙在得到歐陽玄贈詩之後，曾携示江南之高僧、名士，並得到次韻作品。這是此幅詩作引發文學交流活動的另一個重要意義。

癸未（1343）暮春，杭州永福寺心聞禪師得見詩幅後作唱和詩，前有小序"此山座元來訪，即别欲入東浙，因依前韻，聊送别云"，詩云："人物軒昂足令儀，法門政爾賴城池。相逢湖上持筇竹，送别江頭折柳枝。萬里一身輕似葉，百年雙鬢白逾絲。不知此去逢寒拾，和得台山幾首詩。"

蒙古人闊里吉思《次圭齋學士贈日本僧此山首座韻》："鵬背天風整羽儀，何年别却手談池。遠參象笏霜華室，不網珊瑚海樹枝。鯨浪片帆輪轉兕，鳳梭三丈爾縈絲。白雲只在青峰頂，寶瑟湘絃不要詩。"

1344年於寧波，月江正印禪師次韻云："持鉢常行七佛儀，清名已達鳳凰池。扶持兔角杖七尺，談笑龜毛拂一枝。劍挂眉間迎雪刃，琴彈太古奏清絲。他行衣錦還鄉日，添得牛腰一卷詩。"

龍安鄉□德見《敬和圭齋學士高韻》："表率千僧應謹儀，洗空鄭衛奏咸池。逢春枯木復生蘖，自古扶桑絶附枝。夢獲陸倕青鏤筆，辯如迦濕碧蠶絲。照犀莫使驚龍伯，囊有玉堂學士詩。"

《贈日本僧此山首座》最早著録於江月宗玩的《墨跡之寫》，該書是江户初期對禪宗墨跡進行集中鑒定整理的代表作。江月宗玩窮盡半生精力收集禪宗墨跡，《墨跡之寫》是他在慶長十六年（1611）至寬永二十年（1643）間經眼的墨跡，以時間順序抄録，稿本多達四十九册。記録的體例是，首先將墨跡原文抄録，若是真品且尤爲珍貴的墨跡，則會依樣録下印章，旁邊用小字記録持者、收藏者、真僞等信息，有的還附有玉室宗珀、小堀遠州、澤庵宗彭等其他鑒定專家的意見。該書所涉墨跡包括五山諸寺什寶、洛中名物，大阪、堺、奈良、博多、江户町的墨跡藏品。其中宋元墨跡和法祖大德寺的墨跡基本全部録文，提供了豐富而珍貴的文獻和線索。

1617 年，江月宗玩在《墨跡之寫》中將《贈日本僧此山首座》詩作按原貌抄録，小序、署名、正文、落款、印章，均一一與真跡對應。特别值得注意的是，正文第二行中的"一花境優界"，真蹟在"界"字旁有倒轉符號，實際當作"一花境界優"，但《墨蹟之寫》仍忠實地抄録作"一花境優界"。此外，落款中的"至""留"後面的缺字、"華"字的殘存筆劃、印章"霜華山人"破損僅存"霜""山"字樣的上部，均與真蹟若合符契。可知《贈日本僧此山首座》現存面貌與江月宗玩所見幾無差異。

值得注意的是江月宗玩的一段按語："十月廿二日、如庵より來て、規首座に見られ、誰とも知らなくて、見事の手跡ぞ、儒者たるべし、玉室・澤庵もその通りおしゃるとのことです。"（十月廿二日，規首座自如庵見訪，出示手蹟，未知書者，然書法極佳，當爲儒者，玉室、澤庵亦如是説。）如庵在建仁寺，規首座攜來《贈日本僧此山首座》手跡請江月宗玩鑒定，諸人未能辨認作者"圭齋玄"爲何人，則此書法彼時似尚在建仁寺。這方面還有一個旁證，即建仁寺高峰東晙（1736—1801）所編《若木集附録》（載《五山文學全集》）收録了歐陽玄此詩以及永福心聞、闊里吉思、月江正印、德見的四首次韻詩，這些均當是依據建仁寺所存資料整理的。

《贈日本僧此山首座》詩幅在江户後期成爲著名詩人大窪詩佛（1767—1837）的收藏。今存木箱外書"元歐陽圭齋贈南禪寺此山禪師之真蹟"，内有墨書歐陽玄、此山妙在的小傳，署款"詩聖堂"，並鈐有"大窪詩佛"朱印。此印章與其他書籍所載大窪詩佛印章一致。詩聖堂、詩佛之名是在其 33 歲時所起，故此詩幅入藏的上限當在 1799 年。木箱上提及之南禪寺，係此山禪師住持之寺，似此詩幅後又自建仁寺轉入南禪寺，而爲大窪詩佛所得。

1896 年，此詩幅又爲日本某氏所收藏，今存詩作摹録稿一紙，其中文字行列、文字缺損、印章破損等處，多與現存實物一致，僅第二行將實物的"一花境優界"改作了"一花境界優"，當是根據實物上的倒轉符號調整的。

如上所述，歐陽玄《贈日本僧此山首座》詩幅在 1342 年贈與此山妙在後，1343 年、1344 年得到杭州永福心聞、寧波月江正印等人的次韻之作，

1345 年歸國後一直保存在日本,1617 年江月宗玩等墨蹟鑒定家首次見到此詩幅,並著録於《墨跡之寫》。1799 年后,此詩幅又爲詩人大窪詩佛所得,並辨識出爲歐陽圭齋之真蹟。1896 年,此詩幅又爲某氏所收藏。足見此詩幅是一幅流傳有緒、來源可靠的真蹟,歷經 680 餘星霜而保存至今,有如神靈呵護。《贈日本僧此山首座》詩幅不僅使元代文宗歐陽玄增添了一幅重要作品,而且爲中日古代的翰墨情誼增添了一段佳話,值得引起書法界、收藏界的充分關注。

(作者單位:南京大學文學院)

義堂周信的"詩史"接受與闡釋*

劉　潔

一　引言

杜甫"詩史"的概念，在五山文壇得到諸多著名禪僧的體認。英中玄賢(1627—1695)《雪村和尚岷峨集緒》、義堂周信(1325—1388)《贈機上人詩叙》《錦江説送機上人歸里》、景徐周麟(1440—1518)《畫贊》《題某氏系》《馬贊》等作品中，都出現過"詩史"這一概念。在這些涉及"詩史"的説法中，尤以義堂周信《空華日用工夫略集》中一段發生於應安三年(1370)的記述最堪思考：

> 秀嵩侍者求講詩史，余反勸以佛學，嵩懇請説《北征》一篇，余云："此乃少年暫時所好也，今時學詩者，專以俗樣而爲習，是可戒也；假俗文之禮，爲吾真乘之偈，是則名爲善用者也。"①

此處涉及杜甫"詩史"接受的兩個重要維度：年輕侍者秀嵩求聽"詩史"，説明"詩史"這一概念與相關作品在以秀嵩爲代表的五山文壇中頗爲盛行；秀嵩在遭到義堂周信的拒絶後，又堅持邀請後者講説《北征》一篇，説明《北

---

* 本文爲國家社科基金一般項目"唐宋詩之争視閾中的日本唐詩闡釋研究"(23BZW097)的階段性成果。

① 義堂周信《空華日用工夫略集》，太洋社，1939年，頁66。

征》作爲"詩史"系統的作品典型,已得到了五山僧人的認可。那麽,義堂周信爲何要拒講"詩史"作品？這是否説明義堂周信對"詩史"的解讀存在某些誤差？"詩史"在五山文壇的傳播中究竟遇到了怎樣的文化碰撞和異質解讀？

二　義堂周信的"詩史"闡釋與诗学體認

先來厘清"詩史"這一概念。在國内,"詩史"作爲專門的文學批評概念,相關論述涉及史事紀録、時間限定和價值判斷三個層面。其最早見於唐代孟棨《本事詩·高逸》:"杜逢禄山之難,流離隴蜀,畢陳於詩,推見至隱,殆無遺事,故當時號爲'詩史'。"①孟棨的這一定義,雖然容易對"詩史"做出引起後世歧義式解讀的時間限制,但從"史"的觀念來講,却完全符合傳統史學中史事與價值判斷兩個層次相結合的做法②。後世對"詩史"的解讀,也多於這段孟議中索求大義,並根據自己的理解和文化需求來對"詩史"寓意進行新的延伸甚至創造③。其中,除了史事紀録層面即杜詩的以詩記事、"善陳時事"得到公認外,後兩個層面尤其是"推見至隱",都存在一定程度上的論争。有關"推見至隱",多數論者未作深析,相關説法主要有三:或指十分隱秘的④,或指作者内心世界與憂國情懷的展現⑤,或試圖貼近孟棨本義,意謂就顯見之事而推求其間的隱微道理⑥。本文認爲,第三種觀點最貼近孟氏"詩史"説的真義;第二種觀點雖然偏離孟説有所延伸,却符合"詩史"概念自北宋以後的思想演化規律。就是説,與杜詩相聯的

---

①孟棨《本事詩》,丁福保輯《歷代詩話續編》,中華書局,2006年,頁15。

②李科《"詩史"説本義辨》,《文學評論》2018年第3期。

③如鄧小軍《杜甫詩史精神》(《安徽教育學院學報(社會科學版)》1992年第3期),袁行霈、丁放《杜甫與"安史之亂"》(《盛唐詩壇研究》第十一章,北京大學出版社,2012年)等。

④張暉《中國"詩史"傳統》,生活·讀書·新知三聯書店,2012年,頁11。

⑤祝東《從"詩史"到"詞史"——論杜甫詩史觀對清代詞史觀的影響》,載《杜甫研究學刊》2015年第2期。

⑥李科《"詩史"説本義辨》,載《文學評論》2018年第3期。

"忠義""節義"等價值判斷的"史筆"功能,隨着時間的推演越發得到世人的體認和偏重。比如,劉克莊稱杜詩"直筆不恕,所以爲詩史也"①。黄庭堅《次韻伯氏寄贈蓋郎中喜學老杜詩》點明"國風純正"的"老杜文章",正因做到"千古是非存史筆,百年忠義寄江花"②,才成爲真正的"詩史"。胡宗愈《成都新刻草堂先生詩碑序》謂:"先生以詩鳴于唐,凡出處去就,動息勞佚,悲歡憂樂,忠憤感激,好賢惡惡,一見於詩。讀之,可以知其世。學士大夫,謂之'詩史'。"③也著重强調"詩史"中"忠憤""節義"的表意要素。還有宋闕名《杜工部祠》評杜甫"心存唐社稷,詩續魯《春秋》",亦存在相同的指意。

那麽,杜甫文學中這種與"詩史"表意相聯的"忠憤""節義"精神,是否得到義堂周信等五山文僧的體認呢?針對這一問題,義堂周信《贈機上人詩叙》提供了與《空華日用工夫略集》完全不同的叙述維度:

> 絶代有佳人,幽居在空谷。此一聯,乃唐詩史杜少陵詠佳人之首句也。恕惟忠,拆之爲韻。率諸友能詩者,各賦詩八句者一章。贈其故人機天用。天用以嘗侍予香東山,必欲予爲叙冠諸編首。聞古之詞人,以君臣有節義者,寓於諷詠。或稱美人,或曰佳人。如前少陵詩云者,蓋唐天寶之亂,君臣失道,上下相疑,士之守節義者罕矣。而獨子美旅於秦蜀荆楚間,而憂國傷時,竊以忠義期其君。是以其詩末章曰:"天寒翠袖薄,日暮倚修竹。"足以見乎歲寒弗變之節操也。然則節義固人道之終也。夫爲人君者,無節義,則不克終其恩。爲人臣者,無節義,則不克終其忠。爲人父子兄弟者,無節義,則不克終其慈愛孝悌。爲師徒朋友者,無節義,則不克終其受授講習之業。故曰:"節義,人道之終也。"今觀兹什,惟忠天用。其以節義克終其友者歟。果焉則麗澤滋益之道也。可尚焉。於是乎序。④

---

①劉克莊著,王秀梅點校《後村詩話·後集》卷二,中華書局,1983年,頁59。

②《山谷詩外集補》卷四,黄庭堅撰,任淵等注,劉尚榮校點《黄庭堅詩集注》,中華書局,2003年,頁1706。

③杜甫著,仇兆鰲注《杜詩詳注》附編,中華書局,2017年,頁2713。

④義堂周信《空華集》序,上村觀光編《五山文學全集》第2卷,思文閣,1973年,頁1713—1714。

這篇詩叙涉及的信息主要有三：其一，以杜甫《佳人》的“絶代有佳人，幽居在空谷”兩句作引，表明義堂周信可以清楚判斷出歸屬於“詩史”的杜詩作品；其二，“詩史”成爲“杜少陵”的定語修飾，意谓“詩史”等同“杜甫”本人；其三，由“詩史”論及“節義”問題，反映義堂周信意識到兩者在思想邏輯上的内在聯繫。下面再對這些信息加以詳考。

先看杜詩《佳人》：“絶代有佳人，幽居在空谷。自云良家子，零落依草木。關中昔喪亂，兄弟遭殺戮。官高何足論，不得收骨肉。世情惡衰歇，萬事隨轉燭。夫婿輕薄兒，新人美如玉。合昏尚知時，鴛鴦不獨宿。但見新人笑，那聞舊人哭。在山泉水清，出山泉水濁。侍婢賣珠迴，牽蘿補茅屋。摘花不插髮，采柏動盈掬。天寒翠袖薄，日暮倚修竹。”①此詩作於乾元二年(759)秋。是時，杜甫已毅然辭去華州司功參軍的官職，客居秦州負薪采橡以度日。關於此詩的創作目的，歷來存有争議：或以爲作者寄托自喻，南宋杜詩注家多持此論，如黄鶴云“甫自謂也。亦以傷關中亂後老臣凋零也”；或以爲寫實直録“佳人”其事，如仇兆鼇注“天寶亂後，當是實有是人，故形容曲盡其情”②；或選擇折中之解，即佳人實有，而杜甫在實録的同時又借此人之事以自況，如明末王嗣奭《杜臆》“大抵佳人事必有所感，而公遂借以寫自己情事”③。當前學人多持第三種觀點④。

那麽，義堂周信如何理解這首《佳人》詩呢？對此，他在《贈機上人詩叙》中稱：“聞古之詞人，以君臣有節義者，寓於諷詠。或稱美人，或曰佳人。”據此知，義堂周信深諳中國文學傳統中借“美人”“佳人”來諷諭君臣節義的美刺之道。接下來，《贈機上人詩叙》又稱：“如前少陵詩云者，蓋唐天寶之亂，君臣失道，上下相疑，士之守節義者罕矣。而獨子美旅於秦蜀荆楚間，而憂國傷時，竊以忠義期其君。是以其詩末章曰：天寒翠袖薄，日暮倚修竹。足以見乎歲寒弗變之節操也。”即針對《佳人》寓意展開論述。論述顯然偏重於杜甫自喻的觀點，這當與五山文學多受南宋文壇影響，而南宋杜詩注家又多持《佳人》含有寄托之論相關。正因《佳人》的寄托性，義堂周

①杜甫著，仇兆鼇注《杜詩詳注》卷七，中華書局，2017 年，頁 668—670。

②杜甫著，仇兆鼇注《杜詩詳注》卷七，中華書局，2017 年，頁 671。

③王嗣奭《杜臆》卷三，上海古籍出版社，1983 年，頁 84。

④莫礪鋒《杜詩中的“佳人”實有其人嗎?》，載《古典文學知識》2016 年第 3 期。

信還在詩末著重强調"天寒翠袖薄，日暮倚修竹"，以佐證杜甫歲寒弗變的忠臣節操。《贈機上人詩叙》對杜甫節義精神的肯定可謂深刻。對此，有學者指出："義堂之前的日本詩人雖然學唐詩甚夥，却較少有對所學文本之内涵進行詮釋者。就此而言，義堂這段詮釋能細緻、准確地體會杜詩的作法和作意，這在六百多年前的室町時代已屬難得；同時他對杜詩的詮釋，非如一些注詩者爲解釋而解釋，以至於常將活的東西僵死化，而是更多地著眼於對當下創作的指導意義，因而是動態的，靈活的"，"義堂周信將杜詩提升到了一個樣板化、經典化的高度，使之具有了引導創作的意義"①。

三　五山文壇的"詩史"闡釋与偏向

針對杜甫的"詩史"精神和家國叙事，除了義堂周信的體認外，其他五山文僧又有着怎樣的接受特點呢？經整理，五山文壇所涉"詩史"的説法主要如下：

作者	作品	内容
英中玄賢	《雪村和尚岷峨集緒》	古人所貴者貴其真。少陵號稱詩史，其過人在誠實耳。
義堂周信	《空華日用工夫略集》	秀嵩侍者求講詩史，余反勸以佛學……
義堂周信	《贈機上人詩叙》	"絶代有佳人，幽居在空谷。"此一聯，乃唐詩史杜少陵詠佳人之首句也。
義堂周信	《錦江説送機上人歸里》	而唐杜甫字子美，稱詩史者。
一桂老人	《讀杜甫麗人行》	詩史筆誅今視古，麗人春溢曲江頭。
景徐周麟	《畫贊》	昔陸機二十作賦，詩史褒之。
景徐周麟	《題某氏系》	余聞之謂：詩史詠馬曰：與人一心成大功，功成惠養隨所致。

①尚永亮《論前期五山文學對杜詩的接受和嬗變——以義堂周信對杜甫的受容爲中心》，《中華文史論叢》2006 年第 4 期。

續表

作者	作品	内容
景徐周麟	《馬贊》	成大功者詩史以書。
仁如集堯	《贊杜陵》	詩史感時花入吟,腐儒緒業照詞林。
月舟壽桂	《卒次惠阜作成老人櫻花韻》	若編僧史擬詩史,覺範参寥爲一人。

此表中,"詩史"多與"杜甫"本人對等。雖然義堂周信曾指出"工部逸才詩似史"①,表明其深諳"詩史"概念是針對"杜詩"的特指,但在多數語境下,包括義堂周信在内的衆多禪僧仍將"詩史"的指意,從詩歌層面延展至作者層面:英中玄賢"少陵號稱詩史",以"詩史"指代杜甫稱號;義堂周信"唐詩史杜少陵""唐杜甫字子美,稱詩史者",景徐周麟"詩史褒之""詩史詠馬""詩史以書",以及仁如集堯"詩史感時花入吟"等,則以"詩史"指代杜甫本人。如此,再結合《空華日用工夫略集》中的"詩史"闡釋,不難得知"詩史"在五山文壇中,並非專指杜甫本人或杜甫詩歌,而是同時囊括了這兩個層面的内涵。

實際上,關於"詩史"等同"杜甫"的認知維度,北宋時即已存在,典型説法有《新唐書·杜甫傳》:"甫又善陳時事,律切精深,至千言不少衰,世號'詩史'。"②僧人惠洪(1071—1128)《冷齋夜話》:"故老杜謂之'詩史'者,其大過人在誠實耳。"③其中,惠洪的"老杜謂之'詩史'者,其大過人在誠實耳",更接近於五山文僧的説法,尤其是英中玄賢的"少陵號稱詩史,其過人在誠實耳"。此處的"誠實"之説,可謂是北宋臨濟宗與五山禪林對"詩史"闡釋的一種共識,當指詩歌創作的求真貴實之筆。至於"誠實"的解讀共識,則應是惠洪對五山禪林的影響所致。

①義堂周信《答管翰林學士見和》,《空華集》卷九,上村觀光編《五山文學全集》第2卷,思文閣,1973年,頁1609。

②歐陽修、宋祁《新唐書》卷二〇一《杜甫傳》,中華書局,1975年,頁5738。

③惠洪《冷齋夜話》卷三,張伯偉編校《稀見本宋人詩話四種》,江蘇古籍出版社,2002年,頁29。

惠洪,兼具詩文禪與學問禪的雙重身份,乃五山禪僧的追慕對象①,其隐涵宗門僧史觀的《禪林僧寶傳》早在五山前期即已東傳日本,並得到義堂周信、天隱龍澤、月舟壽桂(1460—1533)等文僧的認同。月舟壽桂的"若編僧史擬詩史,覺範參寥爲一人"②,還以"詩史"之稱肯定惠洪撰修僧史的禪學意義。至於惠洪的詩學著作《冷齋夜話》《天厨禁臠》与詩文集《石門文字禪》等亦於五山時期傳入日本,并成爲五山僧人的詩學典範③。《冷齋夜話》對"詩史"與蘇黄宋調的論述,都影響到五山禪僧對杜詩蘇黄的標舉與闡釋。

接下來,總察英中玄賢、景徐周麟、仁如集堯等人的"詩史"闡釋。英中玄賢指出"詩史"的可貴之處在於"眞"和"誠實",意識到"詩史"直筆不恕、力録史事的特點。一桂老人的"詩史筆誅今視古,麗人春溢曲江頭"④,或受黄庭堅"千古是非存史筆,百年忠義寄江花"的影響,已意識到"詩史"秉筆諷時、暗寓褒貶的叙事特質。景徐周麟的相關引用,則反映出五山文人對"詩史"的時間限定並未做出明晰判斷:其《畫贊》"昔陸機二十作賦,詩史褒之"⑤,引用了杜詩《醉歌行》⑥;《題某氏系》"詩史詠馬曰:與人一心成大功,功成惠養隨所致"⑦與《馬贊》"成大功者詩史以書"⑧,引用了杜詩《高都

---

①岐陽方秀《寄山陽芝岩上人詩叙》,《不二遺稿》卷上,上村觀光編《五山文學全集》第3卷,思文閣,1973年,頁2889。

②月舟壽桂《卒次惠阜作成老人櫻花韻》,《幻雲詩稿》卷二,塙保己一編《續群書類從》第13輯上,續群書類從完成會,1924年,頁193。

③張伯偉編校《稀見本宋人詩話四種》,江蘇古籍出版社,2022年,頁1—12。

④一桂老人《讀杜甫麗人行》,玉村竹二編《五山文學新集》第3卷《建長寺龍源庵所藏詩集四》,東京大學出版會,1969年,頁656。

⑤景徐周麟《翰林葫蘆集》第3卷"詩",上村觀光編《五山文學全集》第4卷,思文閣,1973年,頁134。

⑥杜甫《醉歌行(原注:别從侄勤落第歸)》:"陸機二十作《文賦》,汝更少年能綴文。"(杜甫著,仇兆鼇注《杜詩詳注》卷三,中華書局,2017年,頁296)

⑦景徐周麟《翰林葫蘆集》第7卷"文",上村觀光編《五山文學全集》第4卷,思文閣,1973年,頁373。

⑧景徐周麟《翰林葫蘆集》第8卷"字説・銘・跋",上村觀光編《五山文學全集》第4卷,思文閣,1973年,頁410。

護驄馬行》①。但《醉歌行》作於天寶十四載(755)春,《高都護驄馬行》作於天寶八載(749),在時間層面並非嚴格意義上的詩史作品。

由上知,五山僧人的"詩史"闡釋深受宋人影響,更爲偏向"詩史"等同杜甫本人的認知,但也在一定程度上接近作爲詩歌創作的"詩史"的本質内涵。當然,在五山文僧的"詩史"解讀中,義堂周信的闡述相對較多,觀點也相對完善,故最堪深味。

四 義堂周信拒講"詩史"的緣由及背景

既然義堂周信對"詩史"的体認與解讀最爲客觀,爲何還會出現《空華日用工夫略集》中所謂的拒講"詩史"作品的情况呢?這就不得不論及《空華日用工夫略集》中涉及的義堂周信的體"道"精神。義堂周信在面對秀崈的求講時,認爲後者在求"道"方面本末倒置,故"反勸以佛學",並指出《北征》等"詩史"篇目乃"少年暫時所好",非屬正"道"之作。但經察,《北征》自鐮倉前期即已得到五山大儒的認可,虎關師煉還對之加以仿效並創作了詩歌《大風雨》。《大風雨》有云:"德治第三曆,歲行在戊申。中秋且紀閏,一日到終旬。雲意尤獰惡,天容甚赫嗔。猛風乘迅雨,薄暮自凌晨。"②就模仿了《北征》起始的叙時紀事法。另外,有論者推斷五山前期流行的杜集注本爲《集千家注分類杜工部詩集》,而這一注本的起首詩篇即是《北征》,故禪僧對此篇特爲留心,且五山禪僧對杜詩"詩史"的叙述更多受到宋人的影響,以致他們在詩歌創作中也體現"以詩存史"和"暗寓褒貶"的意識③。

北征的文學意義在五山文壇得到廣泛認可,但義堂周信依舊拒講此詩。針對這一現象,有論者指出,其或從某一層面説明義堂周信的心性、才學更偏重於小巧精緻、靈便活潑的絶句和五、七言八句律,而於古樸厚重、

①杜甫《高都護驄馬行》:"此馬臨陣久無敵,與人一心成大功。"(杜甫著,仇兆鼇注《杜詩詳注》卷二,中華書局,2017年,頁107)

②虎關師煉《濟北集》卷一,上村觀光編《五山文學全集》第1卷,思文閣,1973年,頁71。

③曹逸梅《日本五山禪林的典範選擇與詩歌創作》,南京大學2015年博士論文。

容量頗大的五、七言排律或古體則較少問津①。但本文認爲,拒講事件的產生,更多在於在義堂周信的思想中,“道”與漢文學乃是分離的兩個主體,漢文學僅應作爲宣揚佛禪精神的文學載體而存在。在此觀念導引下,義堂周信多次强調“道本文末”的問題,如《和答璣叟》:“見説文章一小技,誰能傳道到玄來。”②《酬無得勵維那》:“但使心燈長普照,區區何必效雕蟲。”③除此以外,他還借助杜甫詩學來對這一理念加以延展,如《錦江説送機上人歸里》:“君子學道,餘力學文。然夫道者,學之本也。文者,學之末也。譬諸錦江,則道者錦之經也。文者,錦之緯也。而本者江之源也,末者江之流也。然則未有無經而有緯者,又未有無源而有流者也。上人其爲學之本乎。將其爲學之末乎。老杜以文章自負者,尚不曰乎:文章一小技,於道未爲尊。念哉。”④即直接以杜詩的“文章一小技,於道未爲尊”來論證“道本文末”的觀點。至於義堂周信的這一段引用闡釋,能否符合杜甫“文章一小技,於道未爲尊”的文道精神原相,則還要再做考量。

《錦江説送機上人歸里》所引的“文章一小技,於道未爲尊”,是最爲中國後世和五山詩僧樂道的兩句詩歌,出自杜甫的《貽華陽柳少府》。早於義堂周信的入元僧中岩圓月,還對它們做過進一步的闡釋和發揮:“夢中得句參李杜,郊島瘦寒何足云。詩之於道爲小技,試將大道俱相論。”⑤《貽華陽柳少府》作於大曆元年(766)杜甫寓居夔州西閣之際。是時,夔州民生艱難,中原戎馬烽火。詩題中的“華陽柳少府”,因受川蜀崔旰起兵事和郭英乂死難事的牽連,而棄職奔赴夔州。故詩歌描繪:“(柳侯)指揮當世事,語

①尚永亮《論前期五山文學對杜詩的接受和嬗變——以義堂周信對杜甫的受容爲中心》,《中華文史論叢》2006年第4期。

②義堂周信《空華集》卷八,上村觀光編《五山文學全集》第2卷,思文閣,1973年,頁1547—1548。

③義堂周信《空華集》卷七,上村觀光編《五山文學全集》第2卷,思文閣,1973年,頁1525。

④義堂周信《空華集》卷一六“説”,上村觀光編《五山文學全集》第2卷,思文閣,1973年,頁1781。

⑤中岩圓月《贈張學士并序》,《東海一漚集》卷一,上村觀光編《五山文學全集》第2卷,思文閣,1973年,頁884—885。

及戎馬存。涕淚濺衣裳,悲氣排帝閽。郁陶抱長策,義仗知者論。"①就是指柳少府心懷長策,其憤義良言本該傳入天子耳邊,此刻却只能向"吾衰卧江漢,但愧識璵璠"②的杜甫言及。詩人在感嘆自己老病無用、僅事詩文雕琢的背景下,無奈慨嘆"文章一小技,於道未爲尊"。如此,此二句就有了憂國慷慨却壯志難酬的深層涵義。换言之,它們原本並未局限於字面意義上的"道本文末"問題,而是帶有深層的憂世思想和家國情懷。可見,針對"文章一小技,於道未爲尊",義堂周信的引用並未遵循杜詩原意。這當是二人的體"道"精神相異所致,也是義堂周信拒説"詩史"的重要因由。

按日本史料記載,義堂周信多次强調"道本文末"的修身作文理念。因爲當時的日本禪林佛法式微,禪僧拋却修禪持佛的本道,競相追求漢詩文創作,以求晋身之用,以致出現"内史新題墨未乾,禪林便作翰林看"③的現象,即禪林的求進姿態已與翰林求仕無異。對此,義堂周信則擔憂帶有功利目的的漢詩文創作會取代修身求道的禪宗經典,並明確提出"莫把西來意,换成東魯文"④。在此背景下,五山文僧們也考慮過禪道與文道的結合問題,如卧雲山人瑞溪周鳳(1391—1473)言:"文章已一小技,詩又於此尚爲末,何況於道乎!然則詩實吾徒不可學者乎?故以清凉覺範爲詩僧,有識所恨也。但近古高僧,皆有詩集,後生相承而學之耳……且論詩論禪,豈有二哉。至於參句參意,惟一也。若不捨文章末事,而得吾道本色,則可謂大全焉。"⑤基於以上要因,義堂周信引用"文章一小技"的目的,就並非否定文學的存在意義,而是主張文章創作應爲修禪立身所用。這一點,在他作於應安二年(1369)九月二日的日記中亦有反映:"凡吾徒學詩,則不爲俗子及第等,蓋七佛以來,皆以一偈見意,一偈之格,假俗子詩而作耳,諸子勉

①杜甫著,仇兆鼇注《杜詩詳注》卷一五,中華書局,2017年,頁1589。

②杜甫著,仇兆鼇注《杜詩詳注》卷一五,中華書局,2017年,頁1589。

③義堂周信《寮揭于門楣之上。仍各系以一偈云》,《空華集》卷五,上村觀光編《五山文學全集》第2卷,思文閣,1973年,頁1457。

④義堂周信《謝東山岳雲見訪三首》其三,《空華集》卷六,上村觀光編《五山文學全集》第2卷,思文閣,1973年,頁1505。

⑤瑞溪周鳳《小補集》卷首序,玉村竹二編《五山文學新集》第1卷,東京大學出版會,1967年,頁3。

之,又詩有補於吾宗。"①此處的"道",即乃"文章學得等屠龍,小艷吟成意缺濃"的偏禪之道。

總言之,義堂周信的轉换式解讀以及秀嵩對"詩史"的追學與堅持,反映了"詩史"在五山禪林的存在已具有漢文學習的教材式意義。但"詩史"在義堂周信的涉"道"闡釋中,主要還是爲了闡明"道本文末"的問題,故與杜甫"詩史"指涉下的文化"道"義存在一定的偏離。

(作者單位:西南大學文學院)

① 義堂周信《空華日用工夫略集》,太洋社,1939 年,頁 53。

古逸詠物詩集《晚香園梅詩》在日本的刊刻與受容*

任　健

在日本，以漢字爲基礎的漢詩創作發軔於王朝時代①。江户時代是日本漢詩發展的全盛期，這表現在作品數量浩大、流派衆多、風格繁富、體制完備、技巧成熟、名家輩出等方面②。無論是中國古典詩歌還是日本漢詩，詠物詩都是佔有重要地位的一種題材。江户中後期，詠物詩的創作逐漸成爲詩壇新風尚③。文政（1818—1829）、天保（1830—1844）年間詩壇領袖菊池五山及幕末明治著名漢詩人大沼枕山等人大力提倡詠物詩創作，菊池五

* 本文爲國家社科基金重大項目"日韓所藏中國古逸文獻整理與研究"（20&ZD273）的階段性成果。

①這裏所説的王朝時代，主要指漢文學史意義上的"王朝時代"。據肖瑞峰《日本漢詩發展史》第1卷，"王朝時代，通常指的是平安朝時期，而並不包括近江、奈良朝在内"，但"日本漢詩發軔於近江朝"，因此漢文學史意義上的王朝時代，"不宜作過於偏狹的界定"（以上參見肖瑞峰《日本漢詩發展史》第一卷，吉林大學出版社，1992年，頁59）。此外張伯偉在《日本漢詩總説》一文中亦將"王朝時期"的範圍界定爲："包括了近江、奈良和平安時代的約五百多年的時間。"（見於張伯偉《域外漢籍研究論集》，北京大學出版社，2011年，頁266）。

②參見肖瑞峰《日本漢詩發展史》第1卷，吉林大學出版社，1992年，頁66。

③參見王樂《日本江户、明治漢詩壇的清詩受容——以和刻本清詩總集爲中心》，上海大學2020年博士論文，頁156。

山在大沼枕山所撰《詠物詩》序言中説,"余教人學詩,率以詠物爲課題"①,他自己還參與編纂了《清人詠物詩鈔》這樣的詠物詩選,在此背景下,一時之間日人編撰的詠物詩别集、選集大量出現。在此之前,中國的詠物詩集很早就通過商船舶載、文人往來攜帶等方式傳入日本,正可以爲日本的詠物詩創作提供可借鑒的材料,這也使得江户時期編選、翻刻的中國詠物詩集亦甚多。在中國詠物詩集不斷融入江户時期詠物詩風尚建設的過程中,不少書籍如明末清初鄧會的《蘭花百詠》等在中國國内業已佚失,而正是由於日人的重新刊刻,使得這些中土久佚的詩集得以以和刻本的形式流傳至今,並直接或間接影響了日人的漢詩創作。本文所討論的《晚香園梅詩》亦屬此類。此書在日本至少經歷了三次刊刻,並隨著小野湖山重刻,在幕末、明治漢詩文界産生回響,是考察古逸漢籍、詠物詩集在日本刊刻與受容情況的一個極佳個例。

一　清人林潭及其《晚香園梅詩》述要

有關林潭,史籍記載極少。《(道光)重纂福建通志》卷六七著録《二恥齋詩集》一部,其條目云:

> 《二恥齋詩集》,林潭撰,字二恥。崇禎末諸生,明亡,棄舉子業,攜家隱大象山中。山寇大疤掌作亂,盡室被虜。妻陳氏有殊姿,不受辱,罵賊,寸磔死。潭終身不再娶,寄居文殊寺僧房,以終其身。自號二恥,恥不忠不孝也。②

《二恥齋詩集》今已不存,則林潭之詩作,現僅存《晚香園梅詩》。根據此書最早的和刻本即享保十年(1725)刻本,書前有林潭友人陳元輔所作序,書後有作者另一位友人王登瀛所作跋;書的正文部分有林潭所作詠梅詩六首,故該書又名《梅花六詠》;每首詠梅詩後有陳元輔所作評注。據王

①菊池五山《詠物詩》序,見於大沼枕山《詠物詩》,天保十一年(1840)序刊本。

②孫爾準修,陳壽祺纂,程祖洛續修,魏敬中續纂《(道光)重纂福建通志》卷六七《經籍一》,同治十年(1871)刻本。

登瀛跋文："晚香林二恥，吾閩奇士也，韻士也，胸次高潔，磊落不群，每有抑鬱於懷，必寄托於吟詠以自放。與世不合，獨與予與昌其二人交善，花晨月夕，杯酒唱和者幾五十年。"①可知林潭爲閩人，品行高潔，是當時有名的奇士、韻士，與陳元輔(字昌其)及王登瀛爲至交。今所能見到的林潭之創作，除《晚香園梅詩》中六首詠梅詩外，一爲其爲陳元輔《枕山樓詩集》所作序，一爲其爲友人王登瀛詩集《柔遠驛草》所作序，足見三人交契之深厚②。

陳元輔對林潭的詠梅六首評價極高："披閱之餘，覺紙上孤山、筆下庾嶺，寓言高遠，寄托遥深。"③爲便於論述，先將林潭六首詠梅詩整理如下：

其一

生長全無粉黛痕，隴頭疏影自寒温。一枝瘦減猿啼徑，十里香浮鵲繞村。遲暮已甘霜徹骨，孤高未許月留魂。多情更入春江邃，不與梨花共閉門。

其二

雖在江村野店邊，此生未肯受人憐。神能清不因名累，魂欲孤猶恨影研。冒雪争開微月下，迎風自笑夕陽前。一從知遇羅浮後，幾度凄其鶴唳天。

其三

名兼郊島兩詩才，孰繼西湖處士栽。白眼看人何處著，空山知己幾時來。出牆逸韻因風動，臨水芳魂踏月回。不識英州三十本，遠存

①王登瀛《晚香園梅詩》跋，見於林潭撰，陳元輔評注《晚香園梅詩》，享保十年(1725)刻本。

②陳元輔《枕山樓詩集》可見於方寶川、謝必震主編，賴正維、胡新、吴永寧副主編《琉球文獻史料匯編(清代卷)》(海洋出版社，2014年)影印康熙三十年(1691)序刊本；王登瀛《柔遠驛草》現見存於日本公文書館内閣文庫，筆者未見，兹資訊來源於池田温《從〈梅花百詠〉看日中文學交流》，《浙江大學學報(人文社會科學版)》2003年第5期，該文謂《柔遠驛草》首冠康熙甲戌(1694)林潭序。

③陳元輔《晚香園梅詩》序，見於林潭撰，陳元輔評注《晚香園梅詩》，享保十年(1725)刻本。

多少至今開。

其四

冰心自愛玉壺知，最早江南向日枝。但許疲驢尋獨往，莫教短笛譜相思。溪橋流水雲深處，村舍輕煙月上時。更有横塘芳草路，看看一一好題詩。

其五

枝北枝南不改芳，吾將爲賦續江郎。行經樹下風皆白，看到更深月亦香。消瘦自嫌三楚媚，興亡不管五湖荒。歲寒足見生平操，未許黄花獨傲霜。

其六

潛來香氣四邊空，錯認瑶臺有路通。濃淡却宜微過雨，横斜不礙晚來風。一時雋逸推林下，絶代風流想額中。爲報故山三百樹，遲予攜酒訪橋東。①

細讀六詩，不難看出，林潭之詠梅詩不太注重吟詠梅花的色、香之美，而更偏重其清澈之魂、神逸之韻、傲寒之骨、孤高之性，確實將詠梅與抒發自身之寄托緊密結合起來。

陳元輔對林潭詠梅詩的評注主要有五個特點：第一，"字字摘出"（序中自謂），逐句點評。"字字摘出"顯然是略帶誇張的説法，但陳元輔確實做到了句句點評，體現了他對每一首詩仔細的研讀與揣摩。對其中個别字詞他的確會"摘出"並詳加解説。如對其一第二句"自寒温"三字，陳元輔注曰："'自寒温'三字有不可一世意。"第二，由梅及人，由詩及人。陳氏不惟盛贊梅花，亦且盛贊林潭，盛贊與林潭一般有品韻之人。如評其一五六兩句，陳元輔曰："'已甘''未許'四字，爲梅花大增聲價，然不獨爲梅花增聲價，實二耻自增身價也；亦不獨二耻自增身價，實爲千百年上下有品有韻之人共增

① 兹六首詠梅詩原文乃據林潭撰，陳元輔評注《晚香園梅詩》，享保十年（1725）刻本。其他版本與此文本略有出入處將在下文論述。

聲價也。”第三，典故釋詩，借典發論。最典型的要數其二“此生未肯受人憐”一句，陳元輔評注云：“漂母曰：‘吾哀王孫而進食。’讀史至此，爲之愕然。不意漂母千秋巨眼，猶説一‘哀’字，蓋‘哀’字即‘憐’字，在漂母出此言，未免近於兒女，淮陰受之，則英雄氣短矣。予憶幼年作感懷詩，有‘欲存吾道惟從古，未許人憐只問天’之句，後寄曾子浴詩有‘傲睨此身寧可殺，窮愁如我莫相憐’之句。今讀二恥詠梅詩，誠得我心者。”借《史記·淮陰侯列傳》“漂母飯信”之典故，既對詩中“憐”字有所解讀，又借典故抒發感慨。第四，回憶交遊，自抒感懷。如評其二七八句云：“予當夜深時，半盞孤燈，一杯苦茗，回思此生，遭逢不偶，幾爲痛哭。知遇之難如此，今讀此愈增太息矣。”不涉對詩句的解讀，只借二句抒發自己徒增太息的感傷。再如評其三“白眼看人何處著”一句，陳元輔則回憶起與林潭、曾子浴二位友人的交遊經過，讀來感人。第五，拈出詩法，評析詩藝。比較有趣的是陳元輔對於其五第六句的評注：“唐人有‘梅花不管興亡恨’之句，則此句當用‘不管’字才見穩帖。二恥以首句‘不改芳’‘不’字與此‘不’字相犯，欲改‘不管’爲‘無計’。予以‘無計’兩字未免索然，仍用‘不管’爲妙。與其易一字而敗一句，何如重一字而使全首皆靈也。”這説明，林潭在創作《晚香園梅詩》的過程中曾與陳元輔商討過犯重字應當怎麽處理的問題。陳元輔論詩極尚下字“穩帖”，其《枕山樓課兒詩話》有“穩帖”條云：“余謂一字之妙者，妙在於穩。猶憶吾友二恥先生嘗謂余曰：‘詩中有下字不穩處，不妨作十日思，自由天然一字落吾筆底。如推門入臼，臼是現成物。唯推之使入耳。’此誠千古至言。”①這説明，林潭也堅持作詩要下字“穩帖”。陳元輔對使用“不管”二字的評價也是“穩帖”，並認爲此爲“重一字而使全首皆靈也”的大家手筆。再如評《其四》七八句云：“上聯是虚描，此是實寫。作詩固有虚實之妙，特爲拈出。”對於林潭詠梅詩技巧的點評是陳元輔評注的最重要内容②。

總之，這是一部評注字數遠遠超過詩作本身的特殊詠物詩集，是閩人林潭存世的唯一詩集。儘管將集中的詠梅詩置於中國古典詠梅詩史上也

①陳元輔《枕山樓課兒詩話》，載於蔣寅、張伯偉主編《中國詩學》第6輯，南京大學出版社，1999年，頁227。

②本段所引用的陳元輔評注原文，均出自林潭撰，陳元輔評注《晚香園梅詩》，享保十年(1725)刻本。

許不值一提，儘管將林潭、陳元輔置於中國古代文學史上亦難有隻言片語相涉及，儘管這部詠梅詩集在中國早已佚失，但隨著這薄薄的册子東傳日本，它的影響便不僅限於中國了。

二 《晚香園梅詩》在日本的三次刊刻

就現有的公開資料來看，這部薄薄的《晚香園梅詩》在日本至少經歷了三次刊刻。

（一）第一次刊刻：享保十年（1725）

陳元輔的序作於康熙戊午年（1678）仲冬，遠遠早於現存最早和刻本的刊刻時間享保十年。説明此書成書較早，但清刻本今已難見。享保刻本書題爲《晚香園梅詩》，扉頁刻有"翻刻千里必究""洛陽積翠堂壽梓"字樣。卷首爲陳元輔序，落款爲"康熙戊午仲冬年家同學弟陳元輔拜題於烏石枕山樓"，文末有"陳元輔印""昌其"兩枚印章。卷尾爲王登瀛跋文，文末落款爲"閩洲王登瀛識"，並鈐有"王登瀛印""邦菴"兩枚印章。王登瀛落款後還附有牌記，刻"享保乙巳孟正""京城書肆岡本半七板行"字樣。這一版本十分珍貴，現收録於長澤規矩也所編《和刻本漢詩集成》第 18 輯及金師程宇主編《和刻本中国古逸書叢刊》中。

王登瀛跋云："辛丑春，中山紫金大夫程君寵文從都門回，好此六詠，捐資重梓。"①辛丑即康熙六十年（1721），"中山紫金大夫程君寵文"即琉球國著名文人、官員程順則，字寵文，曾作爲使臣多次入清，從琉球出海在福建登岸，然後北上燕京，滯留福建時得以師從爲《晚香園梅詩》做評注的陳元輔。他與林潭亦有直接的交遊，其《雪堂贈言》中有贈林潭《阮郎歸》詞一闋，詞中"昔年曾製送君篇，依依南浦煙"②等句反映了二人深厚的友誼。按王登瀛跋中所説，則此書於 1721 年春由程順則出資重梓過。享保刻本的底本不是原清刻本，而是程順則重刻本。長澤規矩也在《和刻本漢詩集成》中爲享保十年刻本《晚香園梅詩》撰寫提要時説："王氏の原跋による

①王登瀛《晚香園梅詩》跋，見於林潭撰，陳元輔評注《晚香園梅詩》，享保十年（1725）刻本。

②程順則《雪堂贈言》，高津孝、陳捷主編《琉球王國漢文文獻集成 30》，復旦大學出版社，2013 年，頁 165。

と、底本は康熙六十年(1721)、中山の程氏(字は寵文)が都から歸鄉して重刊した本で。"①長澤氏認爲享保刻本的底本應爲程順則康熙六十年(1721)的重刊本,他的依據是此本保留了王登瀛的跋,所説甚確。此書不見載於《舶載書目》,而和刻本出現又僅比程順則重刊本晚四年,則其很有可能是通過程順則與日人的交流傳入日本的。程順則作爲琉球士大夫,常年往來於清、日之間,爲清、日文化交流做出了突出貢獻。據池田温先生考述,程順則早在元禄元年(1688)琉球唐物問屋在京都開張時,就自願主其事,他還曾在正德四年(1714)作爲使節初到江户,並會見了新井白石、荻生徂徠等名流②。鑒於這樣的背景,《晚香園梅詩》一書經他之手傳入日本,似乎顯得更爲合理。總之,享保十年刻本的底本,就是程順則康熙六十年(1721)的重刊本無疑。這部書能東傳日本,程氏之功亦莫大焉。

(二)第二次刊刻:天保四年(1833)

享保刻本《晚香園梅詩》問世後並没有掀起大的波瀾。這主要是因爲天明(1781—1788)之前的日本詩壇是由以荻生徂徠爲中心的蘐園學派所主導的,詩壇流行的是盛唐詩和明詩③。《晚香園梅詩》的作者林潭雖是由明入清的遺民,但由於此書成書於康熙年間,故一般認爲這是一部清詩集,這在當時的詩壇是不受重視的。天明以後,日本詩壇又生新變,著名漢詩人廣瀨淡窗曾在《論詩贈小關長卿、中島子玉》一詩中説:"天明又一變,趙宋奉爲師。風塵拂陳語,花草抽新思。"④充滿理趣、多詠花草的宋詩地位逐漸升高。另外,隨著更多清詩集的東傳,日人對清詩的接受度也在不斷提高。在此背景下,在沉寂了百餘年後,日本金澤藩的儒者林瑜於天保四年重新刊刻了《晚香園梅詩》,並在陳元輔評注的基礎上增加了自己的評注,因此這一版本的《晚香園梅詩》也被稱爲《晚香園詩增評》⑤。

---

①長澤規矩也《和刻本漢詩集成》第18輯,汲古書院,1987年,頁11。

②池田温《從〈梅花百詠〉看日中文學交流》,《浙江大學學報(人文社會科學版)》2003年第5期。

③王樂《日本江户、明治漢詩壇的清詩受容——以和刻本清詩總集爲中心》,上海大學2020年博士論文,頁81。

④廣瀨淡窗著,張宇超編譯《廣瀨淡窗漢詩集》,上海大學出版社,2018年,頁38。

⑤關儀一郎、關義直編《近世漢學者著述目録大成》,東洋圖書刊行會,1941年,頁229。

天保四年刻本的書題爲《晚香園詩》,省略了"梅"字。扉頁刻有"天保癸巳晚晴閣梓"字樣。"晚晴閣"即林瑜齋名,他的詩文稿名爲《晚晴閣詩文集》。卷首有林瑜序,落款爲"天保癸巳重陽前一日蓀坡林瑜撰",末附"林瑜""孚尹"兩枚印章。林瑜序言中説:"梅花感林子,而林子之應,又爲陳子之感。於是,陳子亦能發揮林子之微言,而使讀者不能無復相感焉。夫應復爲感,感復爲應,固然之理也。余自忘醜態,而仿其顰,亦有不可已矣。非余獨有是,世間豈無復以類相應者乎!"①看來他爲此書做增評並刊刻的原因,是因爲讀過原書後心中有所感應不能不發。此序爲半頁六行,因用行書書寫,每行字數不等,但總體在十三字到十六字之間。林瑜序之後爲陳元輔序,題爲《晚香園梅詩序》,再之後就是林潭六首詠梅詩正文、陳元輔的評注和林瑜的增評了,書後仍附王登瀛跋,這内容爲半頁八行,行十八字。書的版心上有"晚香園詩"字樣,下有"晚晴閣藏"字樣,看來將原書名中的"梅"字省略,或許是爲了遷就版心文字的對稱。

此書或許由於書名的改動,很少有人注意到它實際上是《晚香園梅詩》的又一刻本,長澤規矩也在編纂《和刻本漢詩集成》時雖然影印了享保十年(1725)刻本,但它注意到了安政二年(1855)刻本,却未能注意到這部天保四年林瑜的增評本。金師程宇在編纂《和刻本中国古逸書叢刊》時也影印了享保十年刻本,但金師在提要中首次提到了"天保四年晚晴閣刊本《晚香園詩》",並謂"存世頗稀"②。林瑜增評本的出現,標志了《晚香園梅詩》這部薄册子在日本開始真正被漢詩人所接受。

(三)第三次刊刻:安政二年(1855)

就在林瑜增評本《晚香園詩》問世二十二年後,日本又對這本薄册進行了第三次刊刻,此次刊刻活動的主持者是幕末、明治時期的漢詩大家小野湖山(1814—1910)。小野湖山名長願,字侗翁,原名卷,字舒公,號湖山、玉池仙史,著有《湖山樓十種》等。此前已有學者注意到小野湖山刊刻清詩的活動,並注意到這部《晚香園梅詩》在小野湖山所刊刻清詩集中的特殊地位,對這部安政二年的刻本從形態到内容都做出了揭示與分析,在此不一

①林瑜《晚香園詩》序,見於林潭撰,陳元輔評注,林瑜增評《晚香園詩》,天保四年(1833)刊本。

②參見金程宇編《和刻本中国古逸書叢刊 60》,鳳凰出版社,2012 年,頁 302。

一贅述①。李傑玲認爲，小野湖山重刻此詩集，一方面是爲了“表達對林潭詠梅詩的欣賞和對陳元輔注解的認同”，另一方面則是“在於這部詩集符合他的詩歌理論，小野湖山也是想通過這部詩集抒發自己的觀點”②。不過，關於爲什麽刊刻這部詩集，小野湖山的序言中説得很清楚：

> 林處士梅詩“疏影、暗香”“雪後、水邊”二聯，今古膾炙於人口，其妙固不待論矣。冷之者曰：“二聯妙矣，惜全首不稱焉。”又曰：“詠梅八律中，除二聯外無佳者。”余謂處士之於詩，深矣。其愛梅，篤矣。苟不賦之則止，既賦之，非有極妙趣佳致則必不止也。豈有偏枯不具如庸流所爲者耶？而論者所以云云者，是坐於不善讀詩耳。頃者得清人林二恥梅詩而讀之，有其友陳昌其評注。支分節解，如庖丁之於牛；靈動活潑，如公孫大娘之舞劍器。使人擊節稱嘆，不覺欲笑欲泣，可謂奇矣。蓋雖其詩之妙固如此，而其評注之功亦大矣。不然則於處士之詩，尤不免於論者之云云，二恥豈能獨免之乎？余乃嘗欲仿其體注處士之詩，而未果也。故先刻此詩以傳同志，使人知讀詩之法云。③

從這則序言中可以看出，小野湖山深感時人不解讀詩之法，對林逋詠梅詩尚且指指點點；而陳元輔爲林潭所作評注，實在是幫助讀者理解林潭詠梅詩妙處的利器。他本想仿效陳元輔的評注方式爲林逋的詠梅詩八首做注，但因未果，所以先刊刻此集以使人知讀詩之法。也就是説，小野湖山刊刻此集的最初原因就是想借陳元輔之評注爲當時詩論界注入新鮮血液。至於林潭詩究竟如何，當然他也承認其詩“妙”，只是他的關注重點並不在此。

細細對照享保本、天保本和安政本的文字可以發現，儘管天保本、安政

---

①參見李傑玲《小野湖山刊刻清詩的活動與閩人林潭的〈晚香園梅詩〉》，《西華大學學報(哲學社會科學版)》2015 年第 6 期。

②李傑玲《小野湖山刊刻清詩的活動與閩人林潭的〈晚香園梅詩〉》，《西華大學學報(哲學社會科學版)》2015 年第 6 期。

③小野湖山《晚香園梅詩》序，見於林潭撰，陳元輔評注《晚香園梅詩》，安政二年(1855)刻本。

本的刊刻時間相差不多，但安政本的底本却並非天保本。安政本極有可能是以享保本作爲底本，或者至少二者的底本應相同，因爲二書在文字上的區別極小。現將七處不同列表如下：

表一　安政本《晚香園梅詩》與享保本文字差異

出處	享保本	安政本	備注
陳元輔序落款	康熙戊午仲冬年家同學弟陳元輔拜題於烏石枕山樓	康熙戊午仲冬年家同學弟陳元輔拜題	脱"於烏石枕山樓"
原詩其二	魂欲孤猶恨影研	魂欲孤猶恨影妍	改"研"爲"妍"
其二第一句注	武鄉之草廬	武侯之草廬	改"鄉"爲"侯"
其二第六句注	當牢騷不平之際	當牢騷極不平之際	衍"極"字
其三第二句注	有時呼朋對酒	有時呼友朋	衍"友"，脱"對酒"
其四第三、四句注	衣帶間猶聞十日香	衣帶猶聞十日香	脱"間"字
其五第七、八句注	俯視籬東	俯視東籬	倒"籬東"爲"東籬"

上表所列脱、倒、衍文，對原句理解影響不大，不排除是人爲改動。兩處訛文，則應是小野湖山刊刻時校改無疑。"恨影研"之"研"字，在享保本陳元輔的注中即作"妍"，可見是享保本原本刊刻失誤。至於改"武鄉"爲"武侯"，則有可能是認爲"武鄉"雖爲諸葛亮生前封地，但人們一般不用"武鄉"二字代指諸葛亮，而往往用"武侯"，蓋因"武鄉"爲地名，而"武侯"之"武"則爲諸葛亮謚號"忠武"之省稱。相比之下，天保本的文字與這兩個版本差異較大，兹將在下一小節論述。總之，小野湖山這次刊刻的底本絕不可能是天保本。

三　林瑜增評本的内容、缺陷及其詩學觀

林瑜(1781—1836)，字孚尹，號蓀坡，又號藤坡、蘭坡，通稱周輔，江户後期著名的儒者，加賀人，在昌平黌曾遊學三年，後擔任金澤藩校明倫堂助教兼藩主侍講。他的生父澀谷子亮，字潛藏，號松堂，又號濁淥子，世家爲農夫，至子亮而好讀書，官終横山國卿教授。他的養父林翼字巢生，號柏

堂,才氣秀雋,多奇詩俊什,後亦擔任明倫堂助教①。林瑜的生父、養父都是當時有名的儒者,這對林瑜漢學功底的養成起到了至關重要的作用。林瑜一生著作亦頗豐,除增評本《晚香園梅詩》外,他還著有《梧窗詩話》《螢窗漫筆》《篋中集》《晚香園詩文集》《蒸坡百絶》《立山温泉記》《尚書通讀》《正學旨歸》《詩小攝》《正學指南》《讀朱要語》等②。不難看出,林瑜作爲金澤藩主侍講,他對儒家經典是很有研究的,同時又擅長詩文創作,並撰寫詩話一部。此外,林瑜對中國典籍《菜根譚》在日本的流傳也做出了不可磨滅的貢獻,他於文政五年(1822)在日本首次印行了此書③。他與當時著名的詩人大窪詩佛、横山致堂、村静齋、山本梅逸交遊,大窪詩佛《北遊詩草》中保留了許多他與這些著名文人相唱和的詩歌。天保四年(1833),距離林瑜去世還有三年,他在讀過陳元輔評注的《晚香園梅詩》後愛之不已,遂爲其做增評,一爲抒發自身之感慨,二爲闡明自己的詩學觀念,這是《晚香園梅詩》出現在日本後首次獲得如此重視。

(一)林瑜本增評的内容

儘管林瑜在序言中説自己是"自忘醜態,而仿其顰",但他對這部薄册在内容上的增加是極其用心的。他的工作主要有二:一是對陳元輔的評注做注釋和補充,二是仿照陳元輔在每首詩的陳元輔評注後附上自己的增評。陳元輔的評注中有時涉及中國典故,林瑜的注釋主要用力於此,當然,他也並非對每一處典故都進行補充説明,他應當是選取了他認爲比較生僻或不容易聯想到的典故進行補充。如對其二"雖在江村野店邊"一句,陳元輔注曰:

> 江村野店即阿衡之莘野,尚父之磻溪,伯玉之君子村,不齊之琴臺,武鄉之草廬,子陵之桐江,子厚之愚溪,羲之之澤筆池,少陵之浣花村,子真之谷口,李愿之盤谷,和靖之孤山,司空圖之王官谷,石守道之

①關於澀谷子亮、林翼的具體情況,參見富田景周編《燕臺風雅》卷六,所引版本出版時間不詳,見藏於國立國會圖書館,文件網址在 https://dl.ndl.go.jp/pid/1082706。

②趙季、葉言材、劉暢輯校《日本漢詩話集成》,中華書局,2019 年,頁 2612。

③詳見中村璋八、石川力山撰,張鶴泉譯,陳連慶校《〈菜根譚〉考述》,見洪應明著,王同策注釋《菜根譚注釋》,浙江古籍出版社,1989 年,頁 196。

> 徂徠也。此中多少英雄,願有心者物色之。①

陳元輔在注釋這一句時,連續運用了十四位古人及其隱居之地的典故來説明此處"江村野店"暗喻英雄之出處,這其中大多數人物及典故都耳熟能詳。但林瑜却選擇了三句進行增補。對"不齊之琴臺",林瑜注曰:"琴臺,一名單父臺,子賤爲單父宰,彈琴不下堂而治,後即其地建臺。"對於"司空圖之王官谷",林瑜注曰:"圖居中條山王官谷,名亭曰'休休',自號爲耐辱居士。"對於"石守道之徂徠",林瑜注曰:"石介耕徂徠山下,以《易》教授生徒。"②這幾條均爲直接注釋,不標出自何書。但林瑜也有標注出處者,有時引古人詩作,有時則引古書,如陳元輔對其二"神能清不因名累"一句注道:"名何嘗累人,人自累耳,黄鶴高搥碎之聲……"林瑜對"黄鶴高搥碎之聲"注釋道:"李白《贈韋南陵冰》詩云:'我且爲君搥碎黄鶴樓,君亦爲吾倒却鸚鵡洲。'"再如對其五評注中"甘谷一飲而壽"一句,林瑜增注曰:"《抱樸子》云,南陽酈縣有甘谷水,左右生甘菊花,飲此水者無不壽。"有時陳元輔的注存在故作神秘、語焉不詳的情況,比如其三"名兼郊島兩詩才"一句,陳元輔注云:

> 或有問於予曰:"唐有'六郎似蓮花''蓮花似六郎'之辨,今讀此句,不知'郊島似梅花''梅花似郊島'。"予曰:"唯去一似字,則郊島與梅花俱不朽矣。六郎蓮花之説未可比擬也。"③

相信如果不是對中國文學典故特别熟悉的讀者,讀到陳元輔的評注一定會感到一頭霧水。梅花之名與"郊島詩才"究竟是何關係,陳元輔説得並不明確。而林瑜增注則顯得更加清楚:

> 張文潛云:"孟郊詩'種稻耕白水,負薪斫青山',賈島詩'客舍寒無

①林潭撰,陳元輔評注《晚香園梅詩》,享保十年(1725)刻本。

②林潭撰,陳元輔評注,林瑜增評《晚香園詩》,天保四年(1833)刊本。

③林潭撰,陳元輔評注《晚香園梅詩》,享保十年(1725)刻本。

煙，釜中常苦幹'，孟薪米自足，島則俱無也。"故云"郊寒島瘦"。①

"郊寒島瘦"一詞，實出自蘇軾《祭柳子玉文》。前面"張文潛云"之一段文字，《苕溪漁隱叢話》《詩人玉屑》等詩話中均有記録，文字上與林瑜所引大同小異。林瑜的增注明確了梅花之名與"郊島詩才"的關係，梅花有"寒香""瘦影"之名，正與"郊島詩才"之"寒"與"瘦"同。

林瑜在陳元輔評注之後的增評，對林潭及其詩的直接評價不多，倒是非常推崇陳元輔的評注，尤其贊賞陳元輔的爲人，如贊"陳子亦梅花之一知己""陳子襟懷卓犖""古人稱梅爲世外佳人，余亦却以此言推陳子"等。不過，他還在增評中較爲明顯地展露出自己知己難覓、懷才不遇的幽憤情緒。如其對其二的增評："庸士利官，志士利道，世有知音者乃豈惜一曲彈邪？苟不得意，則不以短蓑博長裾矣。唯恨知音難遇耳，其於世偃蹇不合，非所自好也，特不甘受他哀憐。"②不但抒幽憤之情，更兼表露自己孤高之品性。

(二)林瑜增評本的缺陷

增評本最大的缺陷是對林潭原詩及陳元輔評注原文的校審不嚴。林瑜本相較享保本，文字訛誤、脱漏之處極多，這也是判斷安政本底本非此的重要依據。限於篇幅，兹將林瑜本與享保本對校後發現的較爲重要的異文羅列如下：

表二　林瑜增評本《晚香園詩》與享保本主要文字差異

序號	出處	享保本	林瑜增評本	備注
1	陳元輔序	輒朗吟此二語	輒朗吟此二句語	衍"句"字
2		草三調而多風，何者非古人之品，即何者非古人之韻也哉！	草三調而多風，何者非古人之韻也哉！	脱"何者非古人之品即"八字

①林潭撰，陳元輔評注，林瑜增評《晚香園詩》，天保四年(1833)刊本。

②林潭撰，陳元輔評注，林瑜增評《晚香園詩》，天保四年(1833)刊本。

續表

序號	出處	享保本	林瑜增評本	備注
3	陳元輔序落款	陳元輔拜題於烏石枕山樓	陳元輔題於拜烏石枕山樓	"拜題於"倒爲"題於拜"
4	原詩其一詩句	隴頭疏影自寒温	壠頭疏影自寒温	訛"隴"爲"壠"
5	其一第五、六句注	"霜徹骨"是其品,"月留魂"是其韻	"霜徹骨""月留魂"是其韻	脱"是其品"三字
6	其一第五、六句注	實二恥自增聲價也。亦不獨二恥自增聲價,實爲千百年上下有品有韻之人共增聲價也	實二恥自增聲價,實爲千百年上下有品有韻之人共增聲價也	脱"也亦不獨二恥自增聲價"十字
7	其三第四句注	然二恥胸羅二酉	愁二恥胸羅二酉	訛"然"爲"愁"
8	其四第五、六句注	或疑爲天仙	或疑爲天女	訛"仙"爲"女"
9	其五第三、四句注	仰天浩嘆	仰天浩歌	訛"嘆"爲"歌"
10	其六第一句注	梅之香,幽深如武夷九曲	梅之幽深如武夷九曲	脱"香"字

不難看出,林瑜的增評本文字脱漏、錯訛處較多。前文已述,安政本與享保本一共僅七處文字差異,相比之下,增評本在錯訛的數量上驚人①,同時,有些脱漏、錯訛是很影響原意的。比如上表中第5、第10處的脱文,就很影響讀者對原注的理解。至於第7處錯"然"爲"愁"則更顯得文意不通,原文爲:"然二恥胸羅二酉,筆驚鬼神;子浴經世宏才,博學多識,行將乘風破萬裏浪。以予方之,奚啻天壤。"②陳元輔是在自謙,自己雖與林潭、曾子浴交遊,但才能、學識遠不能與他們相比,若改"然"爲"愁",則殊不可解。

總之,或許是由於林瑜刊刻此本時間倉促未及精校,這個版本文字錯漏較多,遠遠難稱善本,這是該本最大的缺陷。

①據筆者統計,天保本與享保本相校後有二十九處文字存在差異。其中極個别是校正享保本之誤,比如"恨影研"之"研"改爲"姸"。絶大多數是訛文及脱文。

②林潭撰,陳元輔評注《晚香園梅詩》,享保十年(1725)刻本。

(三)增評本與林瑜之詩學觀

據日本學者松下忠説,林瑜對宋詩是旗幟鮮明地反對;對唐詩、明詩持有理解者的態度,即既不大力推崇,亦不明確排斥①。他的根據是林瑜在《梧窗詩話》中對宋詩有些許微詞,如"此二者皆所謂'下劣詩魔'也,然皆自謂宋詩正派在此……"②"近人好用奇字,蓋六如老衲爲之張本,是學宋者之弊病也"③。且不論《梧窗詩話》成書於文化九年(1812),此時的林瑜才三十二歲,隨著時間的推移,他的詩學觀念一定會相應地發生變化。就單看松下忠所列《梧窗詩話》中這兩條,林瑜也並不是反對宋詩。比如前者,松下忠所引文字後面的句子爲:"豈惟令楊陸輩攢眉?"這是説那些"下劣詩魔"自以爲是宋詩正派,恐怕連楊萬里、陸游等人都不能贊同。這何嘗不是在説宋詩正派在楊、陸?又何嘗可以視作林瑜反對宋詩的理由?何况《梧窗詩話》中對於宋詩的贊美亦不爲少,如曰:"本邦古昔詩人間有佳句,江朝綱《暮春》詩'落花狼藉風狂後,啼鳥龍鐘雨打時',藤公任詩'荒村日落煙猶細,遠岫雲幽鳥獨歸',與宋人句可並誦。"④這些都説明林瑜絶不是旗幟鮮明地反對宋詩。

林瑜的弟子高澤達爲其《晚晴閣百絶》作序時説:

> 我金澤之於詩,向者襲明七子之僞習,模擬飣餖,加之粗笨鄙俚,而不慊人意。寬政之際,吾先子培菴先生始唱范、陸真詩,後進稍知取方……幸而先子之執林蓀坡先生,臭味不異,繼而和之,於是金澤之詩一變清真流麗,殆致斐然之章焉。⑤

---

①松下忠著,范建明譯《江户時代的詩風詩論:兼論明清三大詩論及其影響》,學苑出版社,2008年,頁84。

②林瑜《梧窗詩話》卷一,趙季、葉言材、劉暢輯校《日本漢詩話集成》,中華書局,2019年,頁2615。

③林瑜《梧窗詩話》卷一,趙季、葉言材、劉暢輯校《日本漢詩話集成》,中華書局,2019年,頁2619。

④林瑜《梧窗詩話》卷二,趙季、葉言材、劉暢輯校《日本漢詩話集成》,中華書局,2019年,頁2636。

⑤高澤達《蓀坡先生百絶序》,見於林瑜《晚晴閣百絶》,嘉永二年(1849)序刊本。

在林瑜弟子看來,林瑜對於金澤藩詩風的轉變有突出貢獻,而其人推崇的也是范成大、陸游那些"清真流麗"、自然天成的詩篇。恰如林瑜增評第一首時云:"三、四句能知梅花之性情,而後始知此句之爲妙。語言妙處自在於深微之中,而不可以與庸人語。"①在增評過程中,林瑜兩次引用自己的詩作,讀來不難感受到他對南宋范、楊、陸等諸大家清麗詩風的模擬與對渾然天成的追求。其《冬日病中作》云:"鬢畔愁痕霜色深,崚嶒瘦骨病侵尋。床琴塵滿弦將絶,只向梅花話此心。"又《閑坐》句云:"眼定看空色,心清聞暗香。"林瑜對此二句非常滿意,自謂其"實際偶然天機之動發露成句,自以爲得意"。林瑜不僅作詩尚"清真",其評梅品人,亦好用"清真"字樣,如其增評其六曰:"非陳子之高,奚知林子之清;非林子之清,奚知梅花之真。"

此外,由於其儒者的身份,其論詩還受到了程朱理學中感應論的影響。其序言中説:"然其友陳子交誼相中,而愛好同歸,則林子之所言,亦陳子之心也。梅花感林子,而林子之應,又爲陳子之感。於是,陳子亦能發揮林子之微言,而使讀者不能無復相感焉。夫應復爲感,感復爲應,固然之理也。"②所謂感應循環,程頤説得較簡練:"有感必有應。凡有動皆爲感,感則必有應,所應復爲感,所感復爲應,所以不已也。"③林瑜吸收了這一觀點,並將之用於自己的詩論中。他認爲自己增評此書也是因爲"陳子之感"能令像他這樣的讀者有所應,而所應成之於書即爲感,斯又可待後來讀者之應。他認爲作詩也應該有感而發,一旦有感,則不能不發。所以他在增評其二時也説:"陳子襟懷卓犖,許多之感慨自詠梅句中發露來。"這一詩論實際上也不是到晚年才形成,早在文化十二年(1815)爲横山致堂《海棠園合集》作序時他就説自己作此序是"發於有感而然"④。可見,有感而發、感應相通,也是林瑜主要詩學觀念之一。

林瑜重刻《晚香園梅詩》,固然因爲受到當時詩壇重視宋詩、接受清詩的影響,同時也因爲這部書中的詩與評注符合他的詩學觀,引發了他的共鳴。林瑜增評此書時已是晚年,但這是《晚香園梅詩》受容於日本的開端。

---

①林潭撰,陳元輔評注,林瑜增評《晚香園詩》,天保四年(1833)刊本。

②林瑜《晚香園詩》序,見於林潭撰,陳元輔評注,林瑜增評《晚香園詩》,天保四年(1833)刊本。

③程頤《易經程傳》卷四,光緒九年(1883)江南書局刻本。

④林瑜《海棠園合集》序,見於横山致堂《海棠園合集》,文化十二年(1815)序刊本。

四 《晚香園梅詩》在幕末、明治漢詩文界的回響

作爲詠物詩集的《晚香園梅詩》，儘管其中只有六首詠梅詩，但依然可以爲日本漢詩文界提供可以借鑒的材料。不過，在小野湖山安政二年(1855)重刊此書前，尚未有明顯證據表明《晚香園梅詩》中的六首七律對日本漢詩文界産生過怎樣直接的影響。小野湖山重刊此書後，由於其較高的詩壇地位與聲望，這部薄册迅速在其朋友圈中傳開，並産生了擬效、唱和之作，甚至有人將其中某句的句意衍化成一篇散文。可以説，小野湖山的重刊使這部小小的詠物詩集重新焕發生機，它直接在幕末、明治時的漢詩文界掀起一波回響。

(一)"效顰"還是"壓倒"？——大槻清崇與菊池純的擬效與次韻

大槻清崇(1801—1878)，字士廣，號盤溪，著有《寧静閣集》《盤溪詩鈔》《國史百詠》等。大槻清崇與小野湖山交往甚多，今大槻氏之《寧静閣集》還可見"横山舒公"即小野湖山的評語，《寧静閣四集》還有《和小野湖山不忍池新居十二絶》這樣的唱和詩。根據安政二年重刊本《晚香園梅詩》盤谷井暉所作跋可知，此書刊刻於安政二年春天。就在第二年開春，即安政三年(1856)的春天，大槻清崇就寫下了《讀清人林二恥詠梅花六首效顰賦此》：

其一

枝北枝南美驟暄，早將春色賁邱園。香穿書幌天方曙，寒透吟窗日欲昏。臘雪來清高士骨，東風吹返美人魂。嘈嘈翠羽驚殘夢，恍在羅浮山下村。

其二

後凋松柏是良媒，好向歲寒相笑開。品格高居三代上，風姿不讓百花魁。水邊疏影有時動，月下暗香何處來。清氣滿身人未起，悠揚引夢到瑶臺。

其三

瓊姿杳在水雲深，不受紅塵半點侵。千古孤高首陽節，一家清白

楚臣心。溪窗月出客欹枕,湖閣鶴歸人倚琴。殘雪孤山已陳跡,東風回首感知音。

其四

玉立亭亭無所争,天然風骨倩誰評。月懸高樹十分白,雪壓横枝半面明。有目皆知子都美,莫人不艷伯夷清。鐵心還爲嬌容屈,笑殺當年宋廣平。

其五

榮衰萬古一同嘆,自有高姿不可群。屈子愛香誰作伴,國風好色不知君。疏花吹落江村雨,孤影遮餘嶺寺雲。無限新愁春冷寂,數聲玉笛隔簾聞。

其六

雨態晴姿趣不同,賞心只合屬詩翁。寒依淺水潺潺處,春在輕煙漠漠中。疏影暗香林處士,淡妝素服趙師雄。殷勤更向花神問,今古品評誰最公。①

詩題明確表明這是在讀過林潭《梅花六詠》後的擬效之作。除了風格上近似林潭原詩外,大槻清崇還明顯受到林逋、高啓等人詠梅詩的影響。小野湖山對這一組詩的第五首評價道:"'國風'一句妙,而妙在'好色'二字。"②的確,在這一組詩中,第五首的藝術水准確實較高。程千帆、孫望先生《日本漢詩選評》也選入這首,程千帆先生非常欣賞這一首的頸聯,他評價説:"頸聯蓋虚摹梅花風神,非别有典實也。"③大槻清崇的友人西島秋航(1810—1884,名輓,字大車)則對整組詩的評價都很高:"梅花六律,篇篇巧緻精妙,不讓林晚香。但恨僕未能仿陳元輔下之評注耳。"④俞樾編《東瀛

①大槻清崇《盤溪詩鈔二編》,見於大槻清崇《寧静閣二集》,安政五年(1858)刊本。

②大槻清崇《盤溪詩鈔二編》,見於大槻清崇《寧静閣二集》,安政五年(1858)刊本。

③程千帆、孫望選評《日本漢詩選評》,東方出版中心,2020年,頁294。

④大槻清崇《盤溪詩鈔二編》,見於大槻清崇《寧静閣二集》,安政五年(1858)刊本。

詩選》,盛贊大槻清崇詩"清麗可誦"①,並將此六首全部選入《東瀛詩選》,説明俞樾對此六首也是非常認可的。

不過,大槻清崇在詩題中自謙其爲"效顰",其内心真實想法究竟是什麽? 菊池純(1819—1891,字子顯,號三溪,通稱純太郎)在這一組詩後評價道:"丙辰春,余家小集。先生袖此詩見示,且使余再和云:'壓倒辮髮奴。'余壯其言,乃依林韻賦六首。有'二月東風吹水郭,一簑春雨宿溪村','漢宫夢覺明妃泣,商嶺雲深四皓來'之句,然竟不及先生渾成自然。"②丙辰即安政三年(1856),可知大槻清崇在寫完"效顰"六首後,不多久就攜詩參與菊池純家的小集會,並囑咐菊池純和之。有趣的是,在菊池純的描述裏,大槻清崇當時還説過一句"壓倒辮髮奴",菊池純正是被這句話打動,才允諾和作。"辮髮奴"一詞,是日人對留辮髮之滿清人的蔑稱,隨著滿清淪爲半殖民地半封建社會,日本對清朝的蔑視日漸加重,於是"辮髮奴"一詞常見於幕末、明治時期的日本文獻中。大槻清崇同時用一"壓倒",争勝之心顯見,這也非常符合日人争强好勝的文化心態。菊池純還談到,他是"依林韻賦六首",而大槻清崇本人都不是依照林潭原韻創作的,可見菊池氏之與林潭一較高下之心更甚於大槻清崇。菊池純的詩作,今見於其《晴雪樓詩鈔》中者有兩首,兹録如下:

林深無地著塵痕,中有清香萬斛温。二月東風吹水郭,一簑春雨宿溪村。斯鄉當建花神廟,配食需招高士魂。已掃人間名利跡,肯容剥啄到柴門。

閑愁索漠野溪邊,淡泊却遭名士憐。世上無花比清白,枝頭有月斗嬋妍。高風縱出二王後,眼界都空兩漢前。獨與負松同此意,山中共戴葛皇天。③

菊池純詩後有友人鹽田松園(1805—1871,名泰,通稱順庵)評曰:"林

①俞樾編,曹昇之、歸青點校《東瀛詩選》,中華書局,2016年,頁1017。

②大槻清崇《盤溪詩鈔二編》,見於大槻清崇《寧静閣二集》,安政五年(1858)刊本。

③菊池純《晴雪樓詩鈔》乙卷,慶應三年(1867)刊本。

潭《梅花六詠》,陳元輔評之,爾來詩人以爲泰山北斗,可望而不可即。今菊君一次其韻,使人歡賞不休者,不止其嗜好之同,以其身份之相似也。通讀此詩,亦足以知菊君。"①平心而論,菊池純次韻之作的確不如大槻清崇之和作渾然天成,如"斯鄉當建花神廟,配食需招高士魂"之類的句子,讀來不免使人有味同嚼蠟之感。他對自己詩作不如大槻清崇"渾成自然"的評價倒不是謙遜。不過,鹽田松園的評語實際上進一步説明,在小野湖山重刊《晚香園梅詩》後,該書流傳甚廣,並備受當時詩文界好評,所謂"泰山北斗,可望不可即",使得該書一定程度上成爲當時漢詩界分量極重的清代詠物詩集。大槻清崇、菊池純之和作、次韻,作爲讀者來説,固不能冒然稱之爲"效顰",但彼等要想做到"壓倒",亦何其難!

(二)"行經樹下風皆白"——鷲津宣光的《遊小村井梅園記》

林潭詩其五有云:"行經樹下風皆白,看到更深月亦香。"陳元輔深愛此聯,爲評注曰:"以風爲白月爲香者固非,即以風爲因梅而白、月爲因梅而香者亦非,何也?總以見梅之白與香也。風月特美人圖中之畫簾綉户、柳樹鶯兒而已……今讀此聯,雖曰幻想,實人之意中真想也。"陳元輔認爲,這聯讀起來看似像是詩人的幻想,但實際是詩人意中之想,現實中固難一見,詩人之腦海中却自有一番畫面。不過,明治時期的漢文學家鷲津宣光(1825—1888,字重光,號毅堂)曾撰《遊小村井梅園記》一文,其中將"行經樹下風皆白"的場面"真實"地描繪了出來。鷲津宣光與小野湖山亦有交情,曾爲小野湖山的《湖山近稿》撰序,序言中説:"吾友小野侗翁之於詩獨異,其撰皮剥毛脱,出以坦易真摯,咀嚼而味之,有侗翁其人在焉。"②則鷲津宣光可謂小野湖山之知交。《遊小村井梅園記》原文過長,兹不全録,僅將原文與林潭詩句關聯最密切處摘出:

> 既而風衝激亭側高邱,如虎豹咆嗥,萬花爲之紛駭。立談之間,亭白、邱白、籬落白、池面白,顧見二星及客,則頭髮、鬚眉、衣裳、帽、屐盡白,凡目力所及無不白。清林二恥有句云"行經林③下風皆白",嘗疑

①菊池純《晴雪樓詩鈔》乙卷,慶應三年(1867)刊本。

②鷲津宣光《毅堂集》文稿一,明治十年(1877)刊本。

③此"林"字林潭原句爲"樹"字,諸刻本均同,應是鷲津宣光誤記。

風有聲無色,是詩人之妄誕,今果有色,二恥不吾欺也。①

鷲津宣光的友人三島中洲(1831—1919,名毅,字遠叔)評價這一部分説:"句法錯落,故連用一字,讀者不覺。"②另一位友人横山德溪(1833—1875,名正邵,字叔遠)則評價該文曰:"把二恥一句來陶成一篇奇文,輕輕點筆,無勞苦之態,是小文之妙品。"③横山德溪認爲,鷲津宣光這篇散文純由林潭詩句化出,筆法精到,誠可謂妙品。鷲津宣光對"風皆白"的理解與陳元輔同,即非風之白也,實乃梅花之白。將"行經樹下風皆白"一句衍成一篇奇文,説明林潭的原詩句是很爲鷲津宣光所認可的。

綜上,不難看出,小野湖山重刊《晚香園梅詩》,首先影響了其友人的漢詩文創作,進而使這部薄薄的詠物詩集在幕末、明治時期的漢詩文界得到了前所未有的關注。

結　語

清人林潭所撰、陳元輔評注的詠物詩集《晚香園梅詩》在中國本土久已佚失,幸運的是,它很早就傳入日本,這個過程中琉球士大夫程順則功不可没。這樣一部薄薄的、僅有六首詠梅詩的集子,到日本之後却先後經歷了三次刊刻,逐步爲日本文人所接受。一方面,有儒者林瑜對其進行的增評、增注,另一方面,它對幕末、明治時期的漢詩文界形成了一定的衝擊,直接影響了大槻清崇、菊池純、鷲津宣光等人的漢詩文創作。加强對古逸漢籍的整理與研究,一方面是爲了追尋中土佚失的文獻,另一方面也是爲了更好地探索東亞漢字文化圈的歷史交流,探尋中國漢籍在東亞歷史文化形成過程中的重要意義。考察《晚香園梅詩》在日本的刊刻與受容,不單證明了中日歷史上書籍文化交流關係之密切,同時也是日本漢文學吸收中國文學養分、受到中國古典文學影響的一個生動案例。

(作者單位:南京大學文學院)

①鷲津宣光《毅堂集》文稿二,明治十年(1877)刊本。

②鷲津宣光《毅堂集》文稿二,明治十年(1877)刊本。

③鷲津宣光《毅堂集》文稿二,明治十年(1877)刊本。

從《大陣尺牘》看晚清中朝文人交流*

千金梅

光緒八年(1882)六月朝鮮發生“壬午軍亂”,清廷出於抗衡日本、鎮壓亂黨的需要,七月派遣廣東水師提督吴長慶和統領水師提督丁汝昌率軍赴朝鮮平亂。軍亂平定之後,吴長慶奉命駐軍朝鮮將近兩年,直至光緒十年(1884)四月調往金州(今旅順)。當時隨吴長慶一起東渡朝鮮並駐軍朝鮮的幕僚官員裏就有張謇、袁世凱、朱銘盤、周家禄、邱心坦、李延祜、張光前、吴兆有、劉紹棠、吴朝彦、張詧、王錫鬯、林葵、方正祥等衆多人物,他們在駐朝期間與朝鮮士大夫在公私兩方面有著大量交往,在朝鮮國土上展開了一場廣泛且持久的中朝人文交流盛況。朝鮮方面的代表人物有金昌熙、金允植、趙冕鎬等人,而關於他們交流的資料主要有文集、日記和尺牘。其中《大陣尺牘》是了解駐朝清軍與金昌熙交往的第一手重要資料,史料詳實、文獻性强,但對此文獻的研究還需全面深入展開。

一　金昌熙與《大陣尺牘》

金昌熙(1844—1890)是朝鮮後期文臣,字壽敬,號石菱、鈍齋,本貫慶州。歷官吏部參判、國子監祭酒、工部判書、漢城府判尹、司憲府大司憲、弘文館提學、藝文館提學等要職。1865 年曾以冬至使書狀官身份出使清朝,

* 本文係 2019 年教育部人文社科青年基金項目“韓國漢文坊刻本的搜集、整理與研究”(19YJC870004)、國家社科基金重大項目“日韓所藏中國古逸文獻整理與研究”(20&ZD273)的階段性成果。

與董文焕、張炳炎等交遊。1882年朝鮮壬午軍亂發生之後,作爲護軍,被任命爲清軍迎接官,與吴長慶帶領的入朝清軍交涉,協助平亂,因此便與駐朝清軍官員在公私兩方面密切交往。關於這段歷史,金昌熙著有日記《東廟迎接録》,記録自1882年7月23日被任命爲迎接官至8月29日,與吴長慶、袁世凱、張謇、李延祜的筆談。又有吴長慶、張謇、袁世凱、張詧、朱銘盤、周家禄、張光前等衆多駐朝清軍官員致金昌熙的大量信札《大陣尺牘》,是裝幀成册的原札帖,這是見證駐朝清軍與金昌熙交往的珍貴資料。金昌熙當時在朝鮮政府任吏部參判,因此信札中常被稱爲"石菱少宰""石菱參判"等。駐朝清軍官員對金昌熙的才識非常賞識,張謇稱其爲"金匱之華裔,而鷄林之故家""多聞識要,贍智庸愚"①,在日記中贊爲"論事甚有識"的"知外務者"②,袁世凱則以"能文能詩能書,尤能嫺熟中原故事、東方利弊"的"智囊"許之③。朝鮮文人韓章錫爲金昌熙撰寫的墓誌銘中説"吴提督之東來也,時事蒼黄,應對難其人,公首膺是選,動中機宜,提督甚重之,亟有稱詡,其幕府多知名士,公昕夕戎旃,樽俎唱酬"④。金昌熙一生著述頗豐,主要有《會欣潁》《六八補》《譚屑》《月城家史》等,有文集《石菱集》傳世。

《大陣尺牘》是朝鮮壬午軍亂之後駐朝清軍官員致朝鮮大臣金昌熙的大量信札資料,分别藏於中韓兩國三地。韓國奎章閣藏《大陣尺牘》,原札帖2册,編者未詳。封面標題均爲《大陣尺牘》,第二册有題簽,但損毁嚴重,依稀可辨爲"甲申(某)月粧"。第二册中有王錫鬯贈金昌熙的《譚屑》序手稿,落款爲"光緒十年四月盱眙王錫鬯撰於朝鮮桂心洞天"。光緒十年即甲申年,1884年。由此推測,奎章閣藏本大概在1884年4月以後編成。奎

①丁小明、千金梅《大陣尺牘:晚清駐朝使臣致朝鮮大臣金昌熙叢札》(上),復旦大學出版社,2021年,頁80。以下引用此書皆簡稱爲《大陣尺牘》。

②張謇《張謇全集》卷六《日記》,江蘇古籍出版社,1994年,頁200。光緒八年(1882)七月二十三日:"金石菱昌熙來,吏部參判,此邦之知外務者。"頁200,二十六日:"有與石菱談,石菱論事甚有識。"

③《大陣尺牘》(上),頁38。

④韓章錫《眉山先生文集》卷一一,《工曹判書文獻金公昌熙墓碣銘并序》,韓國國立中央圖書館藏本。

章閣藏本第一册有朱銘盤、張謇、邱心坦、王錫鬯、沈鼎元、周家禄、劉紹棠、李延祜、吴雅懷等 9 人的書信、詩稿、名刺等約 26 件；第二册有李延祜、張謇、吴朝彦、劉紹棠、周家禄、張謇、朱銘盤、王錫鬯、吴長慶、邱心坦、郭春華等 11 人的書信、詩文稿、名刺等約 35 件。

韓國首爾大學中央圖書館藏《大陣尺牘》，原札帖 1 册，編者未詳，封面有題簽，書名"大陣尺牘"，下方有小字"癸未仲春席珍題簽"。此癸未即爲 1883 年，"席珍"未詳何人。此册《大陣尺牘》中有李延祜、林葵、吴長慶、張謇、袁世凱、沈朝宗、茅延年、紀堪沛、吴朝彦、劉紹棠、吴兆有、王錫鬯、邱心坦、鶴(全名未詳)等 14 人致金昌熙書信、詩稿、名刺等約 54 件。這是筆者發現的新資料，曾撰文詳細介紹，并以此文獻研究壬午軍亂時期中朝兩國文人的交流情况①。筆者推測，韓國這兩處所藏《大陣尺牘》原是一套，後來收藏過程中分散於兩處。

中國私人藏家的這批信札，曾在 2015 年北京保利拍賣行以"《譚屑》稿及袁世凱張謇等致石菱大人相關信札册"主題公佈，後由華東師範大學丁小明教授整理出版影印點校本②。按此書介紹，有袁世凱、張謇、朱銘盤、林葵、吴朝彦、周家禄、李延祜、沈朝宗、邱心坦、郭春華、方正祥、張光前等人致金昌熙信札、詩稿、文稿、筆談實録、名刺等各類資料約 135 件。

筆者與丁小明教授共同合作，獲得韓國館藏機構的版權許可，將散落在中韓兩國三地的信札資料加以整理、影印，冠以《大陣尺牘》書名出版③。此書共收録吴長慶、袁世凱、張謇、朱銘盤、周家禄、李延祜、張光前、王錫鬯、張謇、劉紹棠、邱心坦、吴朝彦、吴兆有、林葵、潘鍾傑、沈朝中、吴雅懷、紀堪沛、郭春華、方正祥、吴鳴鑾、沈鼎元、李毓林、劉長英、王湛恩、葉覲儀、譚賡堯、茅延年、鶴(全名未詳)等 29 人致朝鮮大臣金昌熙的書信、詩稿、文稿、名刺等各類資料約 245 件。這批資料可謂數量不菲，而且是駐朝清軍官員與朝鮮士大夫之間交往的第一手資料，具有重要的文獻價值。

---

①千金梅《壬午軍亂時期　韓中　文士들의　文化交流》，《韓國學論集》第 50 輯，2013 年，頁 37—68。

②丁小明《譚屑拾餘：晚清駐朝鮮使臣叢劄及詩文稿》，國家圖書館出版社，2014 年。

③丁小明、千金梅《大陣尺牘：晚清駐朝使臣致朝鮮大臣金昌熙叢札》(上、下)，復旦大學出版社，2021 年。

從《大陣尺牘》的内容來看,大致可分爲二個方面:一是有關朝鮮軍政、外交等方面的信息。如袁世凱練兵的一些細節,潘鍾傑説明朝鮮當五錢抬高物價的弊端,吴長慶駐軍的撤留問題和行期,清軍《東援題名録》的撰刻問題等等。這方面體現了壬午軍亂之後中朝兩國關係及兩國文人交流的時代特徵。二是大量的私人交往文墨。如詩歌唱和、題詩作序、書籍交流、談論時事、互贈禮品、代買物品等等。尤其是駐朝清軍官員爲金昌熙《談屑》一書作序或題詩,成爲主要内容之一。這方面體現了中朝兩國文人文學交流的傳統。《大陣尺牘》可以説包括了晚清駐朝官員政治、軍事、外交、文化等多層次的公私生活,史料詳實,文獻性强。更值得注意的是,這些信札是最直接見證駐朝官員與朝鮮士大夫交流的第一手史料,從中可以了解晚清駐朝清軍的諸多細節和背景,爲清代中朝文化交流史、中朝外交關係史研究提供了大宗鮮活的新資料。但目前對《大陣尺牘》的研究還未全面深入地展開,本文從中朝文人文學交流的視角出發,以《大陣尺牘》爲中心,初步探討壬午軍亂之後駐朝清軍官員與朝鮮大臣金昌熙的文學交流情況及其特徵,爲今後的深入研究提供基礎和綫索。

二 詩歌唱酬的文人風雅

朝鮮壬午軍亂之後的駐朝清軍官員雖然有軍政、外交上的公務職責和身份,但是作爲文官幕僚,他們更樂意與朝鮮士大夫進行文學的交流。從《大陣尺牘》來看,他們與金昌熙有大量的私人文墨交往,而詩歌唱酬是交流的主要内容之一。詩歌唱酬本就是東亞漢文化圈文人之間交流的主要形式之一,也是文人風雅的一種表現形式。駐朝清軍官員和金昌熙作爲文人,亦有很多詩文交流。正如金昌熙自述:"壬午秋,朝廷以退士充吴筱軒軍門迎接官,軍門儒雅喜讀《易》,時與退士談《易》不倦。其幕賓多知名士,退士與之過從,昕夕戎旃,文酒相酬,莫不得其歡心。"①

金昌熙有一新築草亭,取名"三思亭",意爲"不才思引退,老病思養身,多憂思聞道",打算十年之後歸隱於此。金昌熙在三思亭設宴邀請張謇、朱

①金昌熙《石菱集》卷四,《溪園退士自傳》,韓國國立中央圖書館藏本。

銘盤、邱心坦、周家禄等人，並請他們爲此亭題詩①。張謇等人紛紛賦詩相贈。張謇作《招隱三首贈金石菱》，對金昌熙的歸隱之意表示贊同。

> 魯公營菟裘，亦云吾將老。表聖識三休，知幾殊自好。百歲俟河清，禍已集炎槁。云何期十霜，人事誰能保。浮湛恃周才，爵服慮緇皂。苾苾西山薇，菁菁南澗藻。洵飴逍遥遊，卜居亮及早。②

周家禄在題詩中却表示並不贊同隱退。他認爲值此内憂外患之際，如金昌熙此等高才，應該身先士卒，先憂天下而後樂，應致力於療“家國病”。

> 不才思引退，引退非此時，内憂雖翦滅，外患方日滋，故園有高才，君退欲何之。老病思養身，身病何足憂，君看家國病，瞑眩未獲療，亟思三年艾，及此尚可求。多憂思聞道，道豈爲一身，先憂而後樂，所貴功在民，范公憂天下，豈非聞道人。③

周家禄這首詩題爲:“金少宰三思亭曰，不才思引退，老病思養身，多憂思聞道。輒用其語爲詩，隨事獻箴，托於友朋忠告之義。”他勸勉金昌熙要爲家國分憂盡責，是作爲“友朋忠告之義”，由此可見兩人真摯友情，亦表現周家禄爲朝鮮政局和未來擔憂之情。

邱心坦亦有《金石菱參判新構草亭》和《飲金石菱參判草堂》④。此外，他與金昌熙的詩歌唱和頗多，《大陣尺牘》中就有詩稿 3 篇，其中一篇題爲《石菱少宰索詩，述懷二首，即希粲正。海州履平弟邱心坦再呈藁》，全詩如下:

---

①《大陣尺牘》(上)，頁 190，朱銘盤信札:“三思亭之約，近日可踐也。履平附問安。”

②張謇《張謇全集》卷五，《招隱三首贈金石菱(石菱築三思亭，期十載後歸隱，索詩爲券，感而賦之》，江蘇古籍出版社，1994 年，頁 65。

③《大陣尺牘》(上)，頁 256—259。

④邱心坦《歸來軒遺稿》卷三，民國二十九年(1940)鉛印本。

朝鮮天險國，貔虎戟如林，屬有兵戎會，終聞弦誦音。東來旌旆整，北望海波深，幕府同清宴，知君萬里心。

一作平原客，孤身萬馬中，求名心半死，説劍膽猶雄。地迥連山脉，霜寒減菊叢，不須嗟異域，清興故園同。①

這是一組五言律詩，邱心坦和金昌熙等人飲酒歡談，金昌熙向其索詩，邱心坦就寫這首詩相贈。詩中他吐露因朝鮮壬午兵亂隨軍來朝，原以爲朝鮮是"貔虎戟如林"的"天險國"，後來發現是可以聽到琴聲、讀書聲的"文明國"。他身在異國，雖然感覺有點孤獨，但與金昌熙同飲清宴，互訴情懷，異國也如同故鄉。

《大陣尺牘》中還有兩篇張謇的游戲詩作。其一如下：

小以筆墨爲戲，何如？凡例列後。譬如隨手懸寫兩字，限作七言一聯。如"國生"，限第七字。玉帛會朝周萬國，弦歌比户魯諸生。又如，季子陰符尊六國，叔孫綿蕞召諸生。如"子祥"，限第三字。二代子姬承夏鼎，一家祥覽佩虔刀。"槎使"，限第一字。槎客初探星宿海，使臣行拜蓼蕭詩。②

這是一種限字限韻作詩的游戲，很能展現一個人的才華。張謇詩句中用典很多，對仗整齊，可見他是一個非常有才華的文人。

紀堪沛有一篇洋洋一百十二字的七言長詩，詩後附言："壬午秋從征朝鮮，得識石菱侍郎。班荆既久，遂出素册，遍徵諸同人吟詠，以爲鴻雪因緣。"③由此可知金昌熙和清人之間經常索詩贈詩，以此作爲相互交往的因緣。

1884年4月，吴長慶奉命調往金州，即今旅順港，其麾下駐朝清軍撤走

①《大陣尺牘》(下)，頁508。此詩亦收録於邱心坦《歸來軒遺稿》中，題爲《贈朝鮮金石菱少宰》。

②《大陣尺牘》(上)，頁74。

③《大陣尺牘》(下)，頁624。

三營，而留駐三營由袁世凱統領。此時張謇、朱銘盤等很多幕僚都跟隨吴長慶離開朝鮮。歸國之際，他們紛紛作贈别詩，表達惜别之情。《大陣尺牘》中有一首邱心坦送别詩，題爲："將之金州留别朝鮮士交肅請石菱先生法家鳴政，履平弟邱心坦初稿。"詩中表達了留戀與祝福之情。

> 逶迤龍節去窮邊，臨發躊躇意黯然。但使徐人得良守，何勞申戍滯戎旃。炎方熊虎今屯甲，西旅獒狐竟吠天（時法人方寇越南）。禮樂此邦存杞宋，濟時猶望管生賢。①

周家禄將離開朝鮮時，也非常感慨，因此作詩四首，分别贈送給鄭基世、閔臺鎬、金弘集、金昌熙等在朝鮮交往親密的友人。並且請金昌熙代乞能詩的朝鮮賢人君子爲自己贈詩②。中韓兩國文人的詩歌交流既是文人風雅，亦是增進友誼的橋樑。

此外，駐朝官員與金昌熙交往之外，與其他朝鮮士大夫也多有交往，《大陣尺牘》中經常提到玉垂趙冕鎬、惠人趙寧夏、周溪鄭基世、道園金弘集、浣西李祖淵等人，如張謇信札中有："趙翁詩卷草草以二絶題其卷端，足下視之，足當雅謔否？"張詧信札亦有："玉丈之詩雖少涉頹唐，而老重自不易到。東坡晚年之作，頗有似此者。所獎勵不能任者勉和之。自古多情之人，其人必壽。觀玉丈之詩可見也。"朱銘盤信札有"玉丈詩十本卷，一握讀過""惠人《金石目》已讀過"等語。可見，《大陣尺牘》不僅載有大量金昌熙與清人文學交流的内容，還可以提供很多中朝兩國文人交往的綫索和細節。

---

①《大陣尺牘》（下），頁 510。

②《大陣尺牘》（上），頁 366—369，周家禄信札："家禄將從督師吴公歸於天津。辱東士大夫見知，不能無惓惓，述事感懷，作詩四首，謹奉致鄭君周溪、閔君蕙庭、金君道園、金君石菱，求所以爲臨别之贈者，石菱有所善朝士及賢人君子之在下位而能詩者，伏乞一一徵題，以光行李，詩中頗涉時事，托於'言者無罪'之義，想亦大雅所亮也。正月十九日，周家禄頓首上。"

三　爲金昌熙《譚屑》作序題詩的文字盛緣

金昌熙著有《譚屑》一書，將平時所思所想以簡短筆記形式記録，包括修身、治國、學問等方面的見解，金昌熙自述："《譚屑》者，集平昔酒後之言，無非立志增識、求福醫病、取友從政、尚辯治文、涉世理財之事也。"①最初金昌熙爲報答張謇和李延祜爲他撰寫《六策》和《八議》之情義，將《譚屑》拿出贈給他們②。後來《譚屑》在駐朝清軍中廣泛傳播，金昌熙將此書贈送衆人並請他們作序③。張謇、朱銘盤、袁世凱、周家禄、王錫鬯、張詧、劉紹棠、邱心坦、吴朝彦、林葵、紀堪沛、吴鳴鑾、李毓林、譚賡堯等衆多清人紛紛爲他寫序或題詩，《大陣尺牘》中有大量的有關《譚屑》的信札和詩文稿，其中有序文九篇，題詩四首。

駐朝清軍官員在《譚屑》序文中，對金昌熙其人其書極爲贊譽。張謇在《譚屑》序文中稱金昌熙："故都廿代，能説其替興；道轄八區，從咨夫險易。多聞識要，贍智庸愚。"評《譚屑》爲："《譚屑》二卷，則參判有得之微言，而冥通於釋老者。夫五濁世界，在在貪癡；三乘便門，誰誰覺悟。參判以維摩之善病，工蒙莊之寓言。"④金昌熙在《譚屑》中多處運用了與《維摩經》和莊子寓言相似的寫作方法和語言風格。張謇認爲《譚屑》"冥通於釋老"，可謂精確地指出了《譚屑》的内容和寫作技巧。張謇這篇序文用韻體賦的形式，用典很多，展現了張謇的文采。

袁世凱當時在吴長慶門下做營務處司馬，與金昌熙頗多公務交往，他

---

①金昌熙《石菱集》卷四，《溪園退士自傳》，韓國國立中央圖書館藏本。

②同上："壬午秋，朝廷以退士，充吴筱軒軍門迎接官……通州張謇代籌我邦事，著治安六策，皖江李延祜亦著富强八議，以遺退士曰：'吾輩誠知空言無補，而念子獨抱惓惓憂時之懷，不忍自秘所見也。'退士感其意，乃出所著《譚屑》一部，以寓贈言爲報之義。"

③《大陣尺牘》(下)，頁476，劉紹棠信札："昨叨盛宴，並賜《譚屑》一卷。"頁530，吴朝彦信札："承賜《譚屑》尊稿，拜領謝謝。"頁394，王錫鬯信札："委作《譚屑》序，特草成送覽。"頁558，林葵信札："《譚屑》屬序，殊未敢落筆，聊識數語，以爲因緣，不足厠大集上也。"等等。

④《大陣尺牘》(上)，頁80。《張謇全集》亦載此序文，題爲"朝鮮金石菱參判譚屑序"。

也爲《譚屑》作序，他以金昌熙爲"能文能詩能書，尤能嫺熟中原故事、東方利弊"的"智囊"許之。此序簡短樸實，展現了這時期袁世凱的風貌，録其全文以示。

> 壬午秋，于役朝鮮，識石菱少宰，能文能詩能書，尤能嫺熟中原故事、東方利弊，余每以智囊許之。及甲申春，讀其所著《譚屑》，見其性理精純，牖世有方，輒掩卷而嘆曰："甚矣！石菱之多才也，豈能以智囊蔽石菱耶！"然其設詞每高一著，見理必透一層，又非智者，其孰能之？則智囊雖未足以蔽石菱，而石菱却不愧乎爲智囊！余仍以智囊方石菱也可，余即以智囊方此書也亦無不可。光緒十年孟春之月項城袁世凱誌。①

吴朝彦在《譚屑》序中更是對此書極爲贊譽，稱其"闡發義理，識解深透，不倚不偏，足與吕新吾先生《呻吟語》相頡頏"，讀此書後感覺通體爽然②。《呻吟語》是明代晚期著名學者吕坤（1536—1618，字新吾）所著的語録體、箴言體的小品文集。該書立足儒學，積極用世，關乎治國修身、處事應物，言簡意賅，洞徹精微，影響很大，被現代學者譽爲"古今罕見的修身持家治國平天下的指南性書籍"。吴朝彦將金昌熙的《譚屑》與吕坤的名著《呻吟語》相比較，認爲不相上下，可謂是高度評價。《譚屑》也是一種隨想録，且基於儒家思想，關於修身治國、治學方法的個人見解，從内容和形式上也有相似之處。而且不僅吴朝彦一人如此認爲，李延祜回國後寄來的信

①《大陣尺牘》(上)，頁 38—41。

②《大陣尺牘》(下)，頁 524—529。吴朝彦序："朝鮮金石菱少宰深得身心性命之學，而又博覽群書，洞達世務，故著爲文辭成一家言。《譚屑》二卷非若近代《筠廊偶筆》《池北偶談》《鈍翁説鈴》《歸田録》諸作，僅摭拾時事也。又非若昔人《夷堅》《虞初》《諾皋》諸書，幻誕詠奇也。其闡發義理，識解深透，不倚不偏，足與吕新吾先生《呻吟語》相頡頏。而短章片言，瀟灑雋永，則如蘇、黄小品，豈尋常操觚者能津逮及之哉！余方患寒疾，神倦心煩，兀坐齋頭，無復聊賴，適石菱貽此卷，讀之而通體爽然，將藏篋衍。他日返旆南中，一編相對，殆彷佛與石菱會面劇談時也。光緒十年二月四日皖南涇川吴朝彦實君識。"

札中也寫到:"此間人士讀大著《譚屑》,每謂《呻吟語》後僅見此卷,索者甚繁。"①可見很多中國文人也有同感,吴朝彦評語並非只是虚言應酬之語。

《大陣尺牘》中還有邱心坦、劉紹棠、李毓林、譚賡堯等爲《譚屑》撰寫的題詩。邱心坦題詩"奉題石菱祭酒譚屑即正",對《譚屑》大加贊許。詩中寫他從軍來到朝鮮,本没什麽開心事,但讀到金昌熙的著作之後,大開眼界,"驚新語""挹古芬",如酒醉一般讓人心滿意足。

> 八月韓城雪,三春漢水雲。從軍何樂事,開眼讀君文。往復驚新語,低徊挹古芬。茆亭有佳構,滿意共微醺。②

譚賡堯更是對金昌熙和《譚屑》極爲贊賞。他的序文是在1885年2月寫的。序中他説1884年來到朝鮮,聽聞金昌熙名氣之後非常仰慕,偶然機會見到其風貌,嘆爲仙人。後來又有機會交流,當看到《譚屑》,謂其:"詳説者,足以砭庸發矇,約言者,足以禦衆酬物,鑿鑿乎大有補於名教,誠斯民之準繩硎範也。自警警人,淑身淑世。至於學識之高超、見解之透徹,猶其次焉。"最後題詩一首"以誌良緣"③。

金昌熙的《譚屑》可謂在駐朝清軍中風靡一時,衆多清人爲他作序題詩,對他極度贊譽。正如金昌熙後來在其自傳中説:"於是諸幕賓争題卷首,極加獎詡。"而更爲驚奇的是,吴長慶還專門出錢資助《譚屑》的刊印④。

但從現存版本來看,《譚屑》只有1883年刊印本,且卷首只有張謇和朱銘盤的序文。《譚屑》單行本藏於韓國各圖書館,亦載於金昌熙《石菱集》。按奎章閣藏本,此書卷首有"光緒九載七月九日江蘇通州張謇撰"和"光緒九年十月泰興朱銘盤讀記"的兩篇序文,都是1883年撰寫的。文末有作者刊記:"光緒癸未十月一日賤齒四十生朝登梓。"光緒癸未即1883年。封面

---

①《大陣尺牘》(上),頁294。

②《大陣尺牘》(下),頁516。此詩亦載於邱心坦《歸來軒遺稿》,題爲"題金石菱參判譚屑集"。

③《大陣尺牘》(下),頁660—667,譚賡堯《題金石菱少宰譚屑有序》。

④金昌熙《石菱集》卷四,《溪園退士自傳》:"於是諸幕賓争題卷首,極加獎詡。軍門聞之,遺退士銀,爲刊書費。事近自衒,雖可愧,而亦文字盛緣也。"

貼有朱銘盤1884年一月書寫的《譚屑》題簽，上書“譚屑”兩大字，下有小字“甲申元月泰興朱銘盤爲石菱祭酒書”，並黑色“曼君”鈐印。此題簽真迹收録於《大陣尺牘》中，《大陣尺牘》中是紅色鈐印，是原件，《譚屑》封面是複本。法國東洋語言文化學校亦有一册《譚屑》，從韓國中央圖書館的影印本來看，是相同的封面題簽。但藏書閣所藏《譚屑》，其封面模仿了朱銘盤的題簽，但字跡明顯不同。由此可知，《譚屑》爲紀念金昌熙四十歲生日而於1883年10月刊印，刊行之後朱銘盤又爲此書題簽。

從《大陣尺牘》中的《譚屑》序文和題詩落款來看，張謇和朱銘盤是在1883年撰寫的，其他人都集中在1884年正月至四月間，而譚賡堯的題詩最晚，是在1885年2月。又林葵在“光緒甲申(1884)正月”撰寫的序文中説：“朝鮮金石菱少宰有《譚屑》之刻，吾友周君彦升、張君季直、朱君曼君則皆爲之弁言矣。”①又袁世凱《譚屑》序是在“光緒十年孟春之月”即1884年正月撰寫的，而王錫鬯在袁世凱處看到袁氏《譚屑》序後驚嘆：“何我獨未見此奇書耶？刊印想已告成，希即惠賜一部，以博俗目。”②當王錫鬯在“光緒十年四月”寫完序文之後，希望“刊成時尚祈多賜數部，將以廣送中原友人，俾知東國尚有大賢耳”③。這是希望他的序文刊入《譚屑》中，以便帶回中國傳播。但此時《譚屑》已有1883年刊印本。金昌熙刊行刻有張謇和朱銘盤序文的《譚屑》之後，又獲得了袁世凱、林葵、周家禄、張督、王錫鬯、劉紹棠、邱心坦、吴朝彦、吴鳴鑾、李毓林、譚賡堯等衆多清人的序文和題詩。而爲《譚屑》作序的清人也很想得到刻有自己序言的《譚屑》刊本。或許金昌熙此時也有打算再次刊印，將清人序詩編入。爲此周家禄還爲《譚屑》序言的編輯提出建議，他在信中寫道：“《譚屑》弁言，文在前，詩在後。文義以齒爲序，林最長，周亞之，張、朱又亞之，袁最少。”④他認爲應該序文在前，題詩在後，並按年齡大小編排次序，可謂積極用心謀劃。由此推測，金昌熙贈給

①《大陣尺牘》(下)，頁564。

②《大陣尺牘》(下)，頁416。

③《大陣尺牘》(下)，頁394，王錫鬯信札：“委作《譚屑》序，特草成送覽。能代乞曼君爲之點定，則幸甚矣。”頁404，王錫鬯信札：“拙作《譚屑》序聞已質於曼君，頗有損益耶。刊成時尚祈多賜數部，將以廣送中原友人，俾知東國尚有大賢耳。”

④《大陣尺牘》(上)，頁284。

駐朝清軍官員的《譚屑》，應是 1883 年 10 月刊印本。而吴長慶出資，應該是爲再次刊印。可是至今還未發現《譚屑》其他刊本。但無論如何，爲《譚屑》寫序和資助刊行，是中朝兩國文人交流的一大盛事，真可謂“文字盛緣”。而且《譚屑》也深受中國人士喜愛，駐朝清軍官員臨行回國前或回國後都紛紛來信向金昌熙索要多本，欲在中國爲金昌熙廣而傳播。林葵是在臨行前，請金昌熙多贈幾本《譚屑》，周家禄和李延祜歸國後也曾給金昌熙寫信希望多贈幾本《譚屑》，要送給中國友人，使其廣泛傳播，結交文字緣①。現在浙江圖書館就藏有一本《譚屑》，可見《譚屑》確曾帶入中國得以流傳。

四 深厚的友誼與歸國後的持續交流

駐朝清軍在朝鮮期間與金昌熙交往密切，建立了深厚的友誼。金昌熙不僅與清人文酒相酬，還在生活上多加照顧，經常贈送生活用品，使他們在朝鮮的生活更加方便舒適。如《大陣尺牘》張謇的信札中就寫到：

> 石菱少宰仁兄閣下，曩者承賜，已非一次，且非一物，受之而不報，已承人情。今以求購於市，反蒙加贈，豈非絶人太甚，益彰弟過耶。殊不敢領。吾輩相知，貴相知心，請勿乃爾。②

可見，金昌熙不止一次贈送張謇物品，而張謇認爲承人情太多，婉言謝絶。張謇直言“吾輩相知，貴相知心”。這句話反映出兩國文人所追求的交友之道，歷來兩國文人交友以“天涯知己”爲貴，他們希望建立超越國境、超越物質的知心知己的純粹友情。

當吴長慶將要撤離朝鮮的消息傳出，朝鮮政府就有各種猜測和擔憂，

---

①《大陣尺牘》(下)，頁 562，林葵信札：“竊有請者，中華求貴國名公卿著述甚夥，此行擬多乞《譚屑》數本，爲吾鄉知名之士日捧讀之。”《大陣尺牘》(上)，頁 254，周家禄信札：“《譚屑》尚祈損賜數本，欲爲閣下廣播之。”頁 294，李延祜信札：“此間人士讀大著《譚屑》，每謂《呻吟語》後僅見此卷，索者甚繁。君既累我，宜頒十册，替結天涯文字交，何如？”

②《大陣尺牘》(下)，頁 456。

何時撤軍、調往何處、是否留駐一些軍隊等等問題都需要及時了解。爲了得到準確的信息，朝鮮方面通過各種渠道打探消息。金昌熙也向朱銘盤、張謇等慶軍幕僚中的要員詢問。對此張謇非常謹慎地回復説十天後會有準確的消息，届時再告知①。而朱銘盤回信詳細告知詳情：

> 金州之説誠有之，尚未奉府主之書，一切姑未定也。承問敬復。至撤留之處，聞去半存半，其留者爲副後左三營云云，容面時再陳。石兄執事，盤頓首。②

朱銘盤與金昌熙關係比較親密，且比較信任金昌熙，便毫無保留地告知詳情。後來事實也證明確如此説，吴長慶帶領三營清軍離開朝鮮，移駐金州，留三營繼續駐守朝鮮，由袁世凱統領。朱銘盤隨吴長慶一同調走，他在金州給金昌熙寫信，告知途中遇難情况，舟至成山觸礁，差點沉船，好不容易獲救，但吴長慶却因此病體加重。最後不忘囑咐金昌熙今後多加謹慎，清軍陣中不宜多去。

> 石菱侍郎仁兄足下，别後初一日自馬山啓輪，至成山舟觸，瀕沉而獲濟，亦天幸也。筱帥病體甚重，醫者尚無把握，如何？金州瘠土甚於東邦，非可樂處，惟等安過耳。屬買之書，他日必呈，勿慮。黄州邇日必有書至，想太夫人平安無事也。此後足下行步，務宜加謹，至要至要，陣中不宜多去也。奉去照相一枚，足下即如見我。舟去甚亟，匆勒請安，惟詧之。弟銘盤頓首。十四日。③

吴長慶帶領三營移駐金州，留三營讓袁世凱駐守朝鮮，可是没過多久，袁世凱便投奔李鴻章麾下，這令吴長慶非常難堪，張謇和朱銘盤等人也非

①《大陣尺牘》(下)，頁 466，張謇信札："石菱少宰仁兄閣下，昨辱惠書，適弟他出，致遲作答，甚歉歉耳。老帥移節之傳，容或有之，未奉確音，終慮不實，故不敢吠影隨聲也。十日之間或則有信，邇時再當奉聞。去留何營，亦未有成見，晴霽即當奉訪。"

②《大陣尺牘》(上)，頁 182。

③《大陣尺牘》(上)，頁 158—161。

常氣憤,聯名給袁世凱寫信指責其咎,最後以至絶交①。而朱銘盤上述信札中讓金昌熙少去清軍陣中,可見此時袁世凱已有變化。朱銘盤直言不諱地勸告金昌熙,亦可見兩人友誼敦厚,信任篤實。朱銘盤還寄去自己的照片一枚,看照片如同見面一般,希望以此解思念之情。

慶軍調到金州不久,吴長慶病逝,朱銘盤和張謇等料理完後事便都歸鄉。回鄉後朱銘盤又給金昌熙寫信,談他將來的打算以及求得朝鮮書籍之事。在信中他感嘆與金昌熙不知何時還能再見,祝願他成爲國家棟樑。他又覺得軍中生活"非人所居",想要另尋他路②。實際上,光緒十一年(1885)朱銘盤應江蘇督學黄體芳之聘,襄助定稿《江左校士録》,並作《南昔書院記》。光緒十四年(1888),復至金州任張光前軍幕。但公務餘暇,專心著作,撰寫《四裔朝獻長編》56卷、《兩晉會要》80卷、《宋會要》50卷、《齊會要》40卷、《梁會要》40卷、《陳會要》30卷等,潛心著書③。

在信中他又提到寄給金昌熙《東藩紀要》一部,又求朝鮮的《東國通鑒》一書④。《東藩紀要》又名《朝鮮志》,薛培榕著。薛培榕也曾隨吴長慶駐朝,與朱銘盤同爲慶軍幕僚。此書内容涵蓋朝鮮王朝政治、經濟、地理、軍事、官制、民俗等,正文12卷,補録1卷,附地圖十幅,篇幅龐大,堪稱晚清時期朝鮮紀行文和輿地書中的精品,1882年刊行。卷一二中記録了當時的

①朱銘盤《桂之華軒遺集》,《曼君先生紀年録》,《近代中國史料叢刊》第1册,文海出版社,1966年,頁36—37。"四月,公隨吴公調防奉天金州,有别留朝鮮士大夫詩。時吴公已病甚,吴公自朝鮮分其軍三營,畀尉廷留防,自統三營至奉。不兩月,尉廷自結李相,一切更革,露才揚己,頗有令吴公難堪者。公因與張季直昆季移書切讓之。閏五月二十一日,吴公卒於軍。"參見金成南《吳長慶軍營과 그 막료들——조선 견문록 3종을 중심으로》,載《大東文化研究》第74輯,2011年,頁334。

②《大陣尺牘》(上),頁166—168,朱銘盤信札:"……弟在上海住一二日即回里,此後地角天涯,吾與足下不知何時相見。伏惟足下植讜導忠,爲國楨幹,遠人聞之,亦爲欣喜。令弟霞山,近有升調否,均念念。弟此局已終,當復更圖他所。兵間生活,非人所居,此後不復有意於兹事矣。"

③胡舜慶《晚清史家兼詩人朱銘盤其人其書》,載《江蘇地方志》2002年第3期,頁54。

④《大陣尺牘》(上),頁168,朱銘盤信札:"坿呈《東藩紀要》一部,乞督收。一切伏望珍重自衛,不宣。弟銘盤頓首。十八日。季直先生坿問安。如有《東國通鑒》賜我一部,最感,万万。"

中朝關係，附録《中國朝鮮商民水陸貿易章程》①。《東國通鑒》是朝鮮徐居正奉王命編撰的朝鮮史書。實際上，《大陣尺牘》中還可以看到不少書籍交流的痕跡，比如朱銘盤幾次三番地求讀朝鮮士大夫趙寧夏的《金石録本目》②，張謇回國後千方百計地爲金昌熙從南方尋購《曾文正公奏議》寄贈，並向金昌熙索求朝鮮的《經國六典》和朝鮮輿地之書等③。正值朝鮮内憂外患之際，兩國文人非常關注時局，關心兩國關係，需要更多地了解雙方的地理、歷史、人文等，書籍的交流是獲取這些信息的最好的渠道之一，而他們所交流的書籍也正是反映了當時的時代特徵。

五　張謇的《朝鮮善後六策》與金昌熙《六八補》

張謇與金昌熙交往密切，經常相談朝鮮問題，如何革除時弊、富國自强等。張謇在朝鮮時就想撰寫《朝鮮善後六策》（以下簡稱爲《六策》），贈給金昌熙。但因軍中繁忙没能脱稿④。1882年8月張謇隨吴長慶暫時回國，因病留在登州。在登州期間，張謇撰寫完成《六策》，並寄給金昌熙審定。

石菱參判足下：别後傾念無已。十七日抵津門，百事草草，鮮有好懷。途中冒觸風寒，小病積日，遂請於節帥，暫留登州休養。瞻言滄

①薛培榕《東藩紀要》，韓國國立中央圖書館藏本。

②《大陣尺牘》（上），頁150—152，朱銘盤信札："惠人邇日相見否？見時爲我致聲祈問，允惠之《金石録本目》幾時可成，付下爲感。"頁154："並望轉告惠人兄，道不及面别之忱爲叩耳。《金石録本》能速惠，至妙至妙。"頁184："惠人《金石目》已讀過。"

③《大陣尺牘》（上），頁68—70，張謇信札："《曾文正公集》津門無從購得，已托人去上海購寄，大約十月初必能奉致也。見許兩書，覓得即交慰廷舍人寄我爲幸。"頁72："《曾文正奏議》已屬人購之南中，若此月不來，謇十月歸省，必設法寄示也……《六典》及輿地之書，便中寄示一二。"頁64："匆匆南還，不暇奉牋。將敬《曾文正公集》屬袁恕堂司馬寄上督存爲感。"《大陣尺牘》（下），頁572，沈朝宗信札："季直送上《曾文正公奏議》兩匣，乞督收。"

④金昌熙《東廟迎接録》，奎章閣藏本。八月十日："此行來否不可定，以此爲貴邦代籌善後六策，本欲臨别相贈，而陣中擾冗尚未脱稿，若不來則尋便奉閣下，交涉人只知挾夷，安知朝鮮爲中朝第一大門，大門既失，房門不已危乎。"

海，不復能晤，傷如之何。《六策》已寫出，聞與一切主持善後者不同，故絶不示人，但與道園、浣西談，似有隱合於所見者，略爲宣説大意。病中不能多寫字，有稿存節帥處，屬示足下及雲養留守。不佞與雲養函，亦屬其告足下審定其謬。計人家國雖空言，必求至是，非故謙也……風便時惠近事，使知東土新政。仍用筆談例，零星證之即可，毋過文也。倍萬爲時自愛。喆弟均念。制張謇頓首八月二十七日登州幕府勒。①

以上引文是張謇在1882年8月27日登州幕府中寫給金昌熙的書信。從信中可知，張謇在8月17日與吴長慶一起回到天津，但因途中染上風寒比較嚴重，暫時留在登州休養。但他18日便開始撰寫《六策》②，在27日時已撰寫完成，短短十日就寫出了《六策》。《六策》寫完之後，張謇因聽聞與主持朝鮮善後者想法不同，不願示於别人。但是却抄一份存吴長慶處，捎給金昌熙看，並懇請金昌熙“審定其謬”。在後來的一封信中，張謇又提到《六策》，更説讓金昌熙“就中可裁正之”③。張謇雖然身在中國，又在病中，但心繫朝鮮，還不忘請金昌熙經常寫信告知朝鮮近事。

張謇《六策》一出，首先得到了朝鮮君臣的肯定。當張謇剛完稿時，正好出使中國的朝鮮大臣金弘集（號道園）和李祖淵（號浣西）看過之後，都覺得“純正切近，必可行”，欲言於朝鮮國王以賓師相待④。金昌熙看到後，非常佩服張謇的高職，又感激張謇的厚意⑤，並且寫信，極力邀請張謇去朝

①《大陣尺牘》（上），頁66—70。

②張謇《張謇全集》卷六《日記》，頁206，1882年8月18日：“十八日……寫朝鮮善後六策稿。”

③《大陣尺牘》（上），頁72。

④張謇《張謇全集》卷六《日記》，頁208，1882年8月28日：“與道園、浣西談，欲言於王，以賓師相待，笑謝之。”頁208，8月30日：“大風，以六策示道園，浣西，謂純止切近，必可行。余竊料鬼蜮太多，二君之言未可恃也。”

⑤金昌熙《三籌合存》，序文：“八月，季直西渡，以病留登州，始克脱稿，竟踐前約。寄書余曰：‘六策已寫出，病中不能多寫字，稿存節帥處，屬示足下，審定其謬。計人家國，雖空言，必求至是，非故謙也。’余讀稿而既服其識高，得書而且感其意厚。”參見최우길《임오군란 직후 清종군인사들의 조선 내정 개혁안——새자료〈三籌合存〉독해를 중심으로》，載《洌上古典研究》第39集，2014年，頁65。

鮮,説朝鮮國王對《六策》也"甚服膺",或許可以在朝鮮實行①。但張謇却不輕易相信,認爲"如此去尤不可輕","六策如行,雖爲朝鮮賓師可也,不然去何益"②。張謇的《六策》在清朝也受到翁同龢、潘祖蔭等人的贊許,閲後"咸以爲善",但是被李鴻章斥爲"多事",擱置不用③。後來 1884 年 10 月朝鮮發生甲申政變時,得知消息的張謇感嘆當年他撰寫《朝鮮善後六策》時指出過朝鮮問題和解決策略,但朝中或是或非,北洋悍然斥之,如今不幸言中,朝鮮禍事再起④。可見張謇非常關心朝鮮問題,可惜他的《六策》没有得以實行。

但是當年,金昌熙得到張謇的《六策》之後,非常肯定張謇的見識,並在此基礎上撰寫《善後六策補》,更進一步地闡釋張謇的建議和自己的觀點。他又得到李延祜的《富强八議》,撰寫《八議補》。意猶未盡,在這兩種文獻基礎上,他又撰寫《六策八議再補》⑤,針對朝鮮的現實問題,提出了自己的朝鮮富國强兵改革方案。而在《東廟迎接録》和《大陣尺牘》中有很多張謇、李延祜與金昌熙討論朝鮮問題和改革措施的筆談和信札。這體現出金昌熙作爲朝鮮有識之士,意識到朝鮮面臨的内憂外患問題,並爲本國的自强和未來積極尋求對應良策,而他與張謇、李延祜等清人的交流,成爲他思考

①張謇《張謇全集》卷六《日記》,頁 210,1882 年 9 月 23 日:"石菱、浣西、惠人訊。石菱、浣西望余之去尤切,謂六策王甚服膺,或可行也。然如此去尤不可輕。"

②同上,頁 209,1882 年 9 月 1 日:"與道園、浣西極論國事,道園沉默,但與綜論而已。浣西則幾於目眥欲裂。二君以是日午後登舟,堅强余行。余曰六策如行,雖爲朝鮮賓師可也,不然去何益。"

③莊安正《翁同龢與張謇關係初探》,載《學術月刊》2002 年第 4 期,頁 65。

④張謇《爲韓亂事致駐防吴提督孝亭函》,載《大陣尺牘》(下),頁 790。張謇《爲韓亂事致韓參判金允植函》,載《大陣尺牘》(下),頁 791。

⑤金昌熙《三籌合存》,序文:"不揆僭妄,乃以愚見就補其所未及,命之曰善後六策補。既而又與皖江李瀚臣延祐定交,得其《富强八議》,復著《八議補》。猶有所未盡,則另其八條,又命之曰《六策八議再補》。"參見최우길《임오군란 직후 淸종군인사들의 조선 내정 개혁안——새 자료 三籌合存 독해를 중심으로》,載《洌上古典研究》第 39 集,2014 年,頁 65。

和撰寫《六八補》的基礎①。

張謇的《朝鮮善後六策》和李延祜的《富强八議》在其文集和中國其他文獻中未見載入，但在韓國有其抄本存世，分别載於韓國延世大學圖書館藏《雜考》一書和韓國學者發現的金昌熙編撰的《三籌合存》中。按此兩本書中記載，張謇《朝鮮善後六策》條目爲"通人心以固國脉""破資格以用人才""嚴澄叙以課吏治""改行陣以煉兵卒""謀生聚以足財用""謹防圉以固邊陲"。李延祜《朝鮮富强八議》條目爲"籌商務以收利益""開礦井以裕財用""清田畝以興屯墾""通銀鈔以便市廛""置輪船以練水師""簡營伍以資戰守""據形勢以固海防""設學院以儲人才"。張謇根據朝鮮國情，明確指出朝鮮"壬午兵變"的病源主要來自朝鮮國内問題積深良久，因而爲朝鮮"善後"提出的方案集中於内政改革。張謇的《六策》體現了改革與自强精神，尤其反映了中國有識之士19世紀末有關朝鮮安危的見解以及對日本侵略野心的警惕與憂慮之情②。

金昌熙文集《石菱集》亦載《六八補》，分爲上下篇，上篇有"總論"，其後列舉張謇《六策》中的四條和李延祜《八議》的三條，即"通人心以固國脉""破資格以用人才""嚴澄叙以課吏治""改行陣以練兵卒""籌商務以收利益也""開礦井以裕財用也""清田畝以興屯墾也"。先説張、李之言，再根據朝鮮現狀補充闡述自己的觀點。下篇列舉八條改革方案，"慎政令以昭國信""無赦宥以徵奸黨""謹辭令以善交鄰""抑僥倖以澄仕途""重藩權以興民利""弛法禁以息民苦""簡將材以維軍心""頒車制以便轉輸"，闡述金昌熙本人對朝鮮富强的建議。金昌熙並没有完全接受張謇和李延祜的建議，而是在他們的建議基礎上，根據朝鮮國情和現實問題，加以補充修正。金昌熙在緒論中批判因循守舊、不顧民國安危者，他也反對一味追逐外交、改革制度、强民所難者。這兩者是當時朝鮮所謂守舊派和開化派。金昌熙認爲

①金昌熙《石菱集》卷七，《六八補上篇》："壬午秋通州張謇季直，皖江李延祜瀚臣，隨吴筱軒軍門東來，與余過從相歡洽，時言我邦事，甚驚人。余知其爲大有心人，問以善後事宜，季直撰《六策》，瀚臣著《八議》，俱以見贈。余讀之而服其識高，感其意厚。不揆僭妄，乃以愚見就補兩君之所未及，命之曰《六八補》。"

②樹人《海外藏身百餘年 一朝回歸展真容——張謇〈朝鮮善後六策〉獨特的散佚經歷》，載《檔案與建設》2016年，頁41。

前者有病重而不服藥，後者是庸醫亟投峻劑。兩者都各有偏執，當局者應該斟酌而並行①。因此他提出了內修自强爲主的比較穩當的内政改革方案，其條目可以説是儒家體制内自强策略，但也有一定的革新性。可惜金昌熙的《六八補》好像也未能在朝鮮得以實施。

但重要的是張謇也知道金昌熙在撰寫《六八補》，而且非常關注這件事。他曾在信中詢問："《六策八議補》何日惠示耶？"②張謇希望金昌熙《六八補》完稿之後寄給他看。張謇、李延祜、金昌熙等兩國文人針對"壬午兵變"之後朝鮮面臨的内憂外患問題，積極探討救國良策，相互交流和啓發借鑒，體現出兩國文人的深厚友誼和信任，更體現了19世紀末中朝兩國知識分子爲本國安危著想、積極尋求對策的憂患意識，體現了兩國文人交流的時代特徵。

最後值得一提的是，吴長慶死後朝鮮國王爲紀念清軍平定壬午軍亂之功，在漢城建立了靖武祠和去思碑。當時朝鮮文人白樂倫曾作詩《靖武祠作吴將軍長慶歌》，歌頌吴長慶的功績，詩中有"豐功偉烈何壯哉，有廟巍然東城阿。下都監邊山峩峩，金扁焕爛靖武字""春秋受享無窮已，神若有知心當喜"之句③，可知靖武祠原建在下都監即今首爾東大門外，每年春秋祭祀。靖武祠現改稱吴武壯公祠，移建於首爾的漢城華僑中學校内。而吴長慶成爲在韓華僑的鼻祖，當年跟隨吴長慶來到朝鮮的清商成爲今天華僑的基礎，他們至今仍在每年春秋祭祀吴長慶。而據周家禄外侄鄭權伯編撰朱銘盤的《曼君先生紀年録》記載，去思碑上的題名，排名第一是張謇，然後是

---

①金昌熙《石菱集》卷七，《六八補上篇》："噫！居此邦而當艱虞溢目之時，猶不改因循之習，只以守舊爲便，自托老成，厭人激切，無一猷爲，虚送歲月，乃以民國安危付之天命者，是病重而卻藥不服也。又有以躁競之心，徒以逐外爲事，便議改衣服制度，以優俳泰西，且不擇何者可先，而思於一朝盡舉種種新務，强民之所不樂爲，而不悦持重之論，欲試無益之事，而恨不遽示大木之信者，是庸醫之亟投峻劑也。若夫季直之策，雖以逐爲戒，而亦矯本原因循之病。瀚臣之議，雖多取人爲善，而亦皆量力所能，度時不得不行者，洵爲醫國之扁倉，濟民之船筏。吾深願當局諸公斟酌而並行之也。"

②《大陣尺牘》(上)，頁136。

③白樂倫《有是堂稿》卷二，《靖武祠作吴將軍長慶歌》。

周家禄、朱銘盤,第二十一名是袁世凱①。而關於"題名碑",《大陣尺牘》中亦有很多討論其刻立問題的相關信札,暫留後續詳細考述。

六 結語

朝鮮壬午軍亂之後入駐朝鮮的清軍官員,雖然因政治、軍事、外交等公務來到朝鮮,但是對於中朝兩國文士來講,這是一次難得的文學交流的機會。尤其是朝鮮文人以往只有跟隨燕行使團出使中國才有機會與在北京的清朝文人交流,而這一次是在朝鮮境内與衆多清朝文士交流,且交往時間連續兩三年,在時間和空間上具有特殊意義。而兩國文人基於漢文化的共同意識,友好交往,詩歌唱酬,贈詩寫序,互贈書籍,探討時事,結下了深厚的友誼,展開了一場難得的"文字盛緣"。尤其是圍繞金昌熙的《譚屑》和張謇的《朝鮮善後六策》所進行的積極交流,既體現了兩國文人文學交流的傳統,又具有這一時期的時代特點。而《大陣尺牘》爲這一場生動而多彩的交流盛事提供了第一手資料,不僅從中可以了解晚清駐朝清軍在朝生活與交流的細節,爲張謇、袁世凱等晚清名人研究和中朝文化交流史研究提供了大宗鮮活的資料,而且其中諸多内容是未見於其他文獻的珍貴資料,具有不可忽視的文獻價值。

(作者單位:南通大學文學院)

①朱銘盤《桂之華軒遺集》,《曼君先生紀年録》,頁 37:"朝鮮國王李熙感吴公平亂功,爲建靖武祠於漢城,歲時致祭。祠内有去思碑,金尚鉉撰,金允植、沈履澤書。碑鎸光緒八年隨征將士賓吏題名。首列幕賓優貢江蘇通州張謇,訓導江蘇海門廳周家禄,舉人江蘇泰興縣朱銘盤,第二十一名爲營務處同知河南項城縣袁世凱。"

王國維舊藏詞曲的入藏、流轉與出售[*]

梁　帥

據《丙辰日記》記載，王國維(1877—1927)於1916年2月從京都啓程回國，臨行前他將所藏詞曲轉與羅振玉(1866—1940)："此次臨行購得《太平御覽》《戴氏遺書》殘本，復從韞公乞得複本書若干部，而以詞曲書贈韞公，蓋近日不爲此學已數年矣。"①以此爲據，趙萬里《王静安先生年譜》"1916年正月"條記："羅先生又貽以複本書若干種，先生亦以所藏詞曲諸善本書報之。"②趙氏《王静安先生手批手校書目》又補充："先生於詞曲各書，亦多有校勘，如《元曲選》則校以《雍熙樂府》，《樂章集》則校以宋槧。因原書早歸上虞羅氏，今多不知流歸何氏。"③學界雖多關注王國維的詞曲研究，但却難得一見其藏詞曲的全貌，不過半個世紀以來，學人并没有放棄訪求的脚步。上世紀70年代末，日本學者榎一雄發現東洋文庫保存有二十五種王國維舊藏詞曲④。新世紀以來黄仕忠多次赴日訪書，《日藏中國戲曲文獻綜録》著録了作者於日本寓目的王氏舊藏戲曲，其後《王國維舊藏善本詞

---

* 本文爲國家社科基金項目"清代宗室戲曲活動研究"(20CZW016)的階段性成果并得到2024年度河南省高校哲學社會科學創新人才支持計劃(2024－CXRC－26)支持。

①王國維《丙辰日記》，房鑫亮編《王國維書信日記》，浙江教育出版社，2015年，頁736。

②趙萬里《王静安先生年譜》，載《國學論叢》第1卷第3號，1928年。

③趙萬里《王静安先生手批手校書目》，載《國學論叢》第1卷第3號，1928年。

④榎一雄《王國維手鈔手校詞曲書二十五種——東洋文庫所藏特殊本》初次發表於《東洋文庫書報》1977年第8號，後經盛邦和翻譯，載於吴澤主編《王國維學術研究論集》第3輯，華東師範大學出版社，1990年，頁313—338。

曲書籍的歸屬》又對國内部分作以補充。劉宏輝還考察了王國維舊藏詞學文獻的東傳①。圍繞羅振玉、王國維於1916年的書籍交割，彭玉平、黄仕忠也分别撰有專文②。

2021年4月20日，筆者於四川省圖書館發現王國維手稿《王静安手録詞曲書目》(下文簡稱《詞曲書目》)。該手稿完整保存了王國維研治詞曲的參考書籍，且由於是王氏手稿而尤爲珍貴③。據筆者考察，《詞曲書目》編於1912年底，然而作爲王國維私藏目録，此後却被完整襲録在羅振玉的藏書目録中。對於此問題，黄仕忠先生也表現出極大興趣，他建議筆者圍繞此撰寫相關論文④。近來筆者多次往返於北京、南京、天津、上海等地圖書館，以求目驗王國維舊藏詞曲。在走訪過程中，多有新見文獻的發現。故筆者圍繞王國維詞曲書籍的入藏、流轉與出售撰寫此文，在披露新見文獻的基礎上力求復原相關細節。

一

從已有文獻看，自1905年購得劉履芬《漚夢詞》手稿始，至1912年在

①黄仕忠《日藏中國戲曲文獻綜録》，廣西師範大學出版社，2010年；黄仕忠《王國維舊藏善本詞曲書籍的歸屬》，載康保成主編《海内外中國戲劇史家自選集(黄仕忠卷)》，大象出版社，2017年，頁389—398；劉宏輝《詞學文獻東傳與日藏詞籍》，中國社會科學出版社，2020年，頁230—236。

②彭玉平《〈静庵藏書目〉與王國維早期學術》，載《復旦學報》2010年第4期；彭玉平《王國維藏書之來源與批校之書考論》，載《文學遺産》2022年第6期；黄仕忠、徐巧越《王國維所編〈羅振玉藏書目録〉原本及羅王互贈藏書考》，載《文獻》2019年第5期。

③關於此份目録，筆者另撰有《〈王静安手録詞曲書目〉箋注》(《中華戲曲》第64輯，2022年)、《新見〈王静安手録詞曲書目〉稿本考論——兼談其與羅振玉藏書目録的關係》(《中華戲曲》第66輯，2023年)。

④2021年7月，筆者曾將《新見〈王静安手録詞曲書目〉考論——兼談其與羅振玉藏書目録的關係》(初稿)於中山大學主辦的第四届"戲曲與俗文學"學術研討會宣讀，得中國戲曲學院傅謹教授、上海大學石娟教授諸多肯定與批評。黄仕忠教授進而提出可再就王國維讓於羅振玉詞曲書籍一事作考察，在本文的撰寫過程中，黄老師亦不斷給筆者以啓發，特此致謝。

文求堂書店買入十餘種明刊曲本止，王國維的詞曲收藏跨越近八年。既往學界只能通過《静庵藏書目》窺得王國維所藏部分詞曲，但該目録編於1909年3月，并不能反映觀堂此後的詞曲入藏。得益於《詞曲書目》，王氏詞曲收藏便能够較爲全面地體現。

《詞曲書目》總計16頁，其中詞部分多達10頁，目録側重於詞籍的傾向是比較明顯的。王國維的詞籍收藏大體經歷有兩個階段。自1906年任職學部至《人間詞話》撰成後不久，書籍大體著録在《静庵藏書目》（1909年3月）内。這一階段的王國維側重購置歷代詞選、清代及近人詞，書籍多能與《人間詞話》的闡論相照應。本期所藏除影鈔羅振玉藏萬曆刻本《尊前集》外，鮮有罕傳之本，其版本價值不高。

自1909年春始，王國維以《曲録》爲肇始轉治戲曲，然而《詞曲書目》却著録有詞籍87種、97部，較《静庵藏書目》多出45種。换言之，在其研治戲曲的階段（1909—1912），他仍然不斷地購入詞書。如怡邸舊藏《桂翁詞》得於庚辛之間，《紫鸞笙譜》購於1909年春，明嘉靖李謹刊《新刊古今名賢草堂詩餘》得於1909年夏，1910年10月又在廠肆檢得《花草粹編》等。尤值得關注的是，王國維在本期手抄有多部宋人詞别集，并購入多種詞選，這些書與正在從事的《宋六十一家詞》校勘有關。王國維所抄宋人詞别集的底本多源自吴昌綬，如《蜕岩詞》《于湖先生長短句》《蒲江詞稿》《竹友詞》《赤城詞》《誠齋樂府》《寧極齋樂府》《樂章集》等，《詞録序》講："海内藏書家收藏詞曲者昔不多覯，近惟錢唐丁氏、歸安陸氏藏詞最富……所幸丁氏藏詞除元三數家外，仁和吴氏皆有副本；陸氏藏詞之與丁氏别出者亦不多，吴氏亦間録之。"①除丁氏八千卷樓、陸氏皕宋樓所藏詞外，吴昌綬還從董康處輾轉抄録了李東陽輯《南詞》四十二種。此期王國維以《宋六十一家詞》爲底本，選擇其他精善本進行比勘，吴氏所藏宋人詞集及王氏所購詞選正爲這一工作提供了版本支持。早期的王國維强調詩詞涵詠，此後治詞則轉向文獻學範疇，這從王國維在兩個階段的詞籍收藏特點即可窺得。

王國維的戲曲購藏經歷了三個階段。他在《三十自序》（1907）言："吾

①王國維《詞録序例》，學苑出版社，2003年，頁1。

中國文學之最不振者，莫戲曲若……此余所以自忘其不敏，而獨有志乎是也。"①此後王國維漸漸轉治古典戲曲，戲曲書籍的購入便自此時始。彼時王國維剛剛跟隨羅振玉到京任職學部，書籍主要在琉璃廠、隆福寺等地書鋪購得。《静庵藏書目》著録戲曲 24 種，這一時期所購多爲習見之書，鮮有珍善秘笈。僅有嘉慶十九年(1540)楚愍王刊本《雍熙樂府》爲稀見之本，《傳奇彙考》《録鬼簿》《曲品》等是從陳毅、劉世珩處轉抄而來。本期的研究成果也只有《曲録》《戲曲考原》，其戲曲研究處在起步階段。

此後王國維的戲曲研究日漸臻純，藏書隨之進入第二階段，也是購書高峰期。《明劇七種》是 1909 年夏從陳毅處轉抄，文林閣傳奇十種購於 1909 年夏，《盛明雜劇》亦得於 1909 年冬，影鈔元本《梨園按試樂府新聲》《中原音韻》同樣是於 1909 年獲得；在 1910 年，王國維又相繼獲得《六幻西厢》、歸安凌氏刊朱墨本《西厢記》等；王國維預備校録《録鬼簿》所用之底本與校本，即過録明抄本、棟亭本與影尤貞起鈔本，後兩種也是在本期幸得。《詞曲書目》眉批處的圈識符號○指代善本，在 15 種被標識的曲本中，有 11 種得於 1909 年夏至赴日之前。

1911 年底王國維赴日，至 1912 年底《宋元戲曲史》完稿，這是第三個階段。自 1912 年 10 月起，王國維著手撰寫《宋元戲曲史》，趙萬里言"自是以後，遂不復談斯藝矣"②。在《詞曲書目》中，王國維以眉批形式補入了 11 種明刊本傳奇，這些書均是王國維從文求堂書店所購。在上世紀初經營漢籍的日本書店中，文求堂的名聲最大。店主田中慶太郎常年往返於日本與中國之間，結交了大批中國藏書家、商人與學者，掘得大量善本古籍販運回國，詞曲是收購的重要方面。

待轉治金石、甲骨等領域後，王國維仍陸續入藏有曲本。羅振常《蟫隱廬舊本書目》著録王國維藏有一部誦芬室翻刻《燕子箋》："《燕子箋記》二卷，明阮大鋮撰，董氏重刻永懷堂本，宣紙初印，極精，王觀堂藏書。"③董康誦芬室翻刻《燕子箋》的時間是 1919 年，王國維得此書當在這之後，彼時其

①王國維《三十自序》，謝維揚、房鑫亮主編《王國維全集》第 14 卷，浙江教育出版社、廣東教育出版社，2010 年，頁 122。

②趙萬里《王静安先生年譜》，載《國學論叢》第 1 卷第 3 號，1928 年。

③羅振常《蟫隱廬舊本書目》第 16 期，1928 年鉛印本，頁 59a。

已不再措意於戲曲。

二

如開篇所引王國維"復從韞公乞得複本書若干部,而以詞曲書贈韞公"①,學界由此多認爲羅、王關於詞曲書籍的交割發生在 1916 年 2 月。羅氏《海甯王忠愨公傳》只提及"公先予三年返國,予割藏書十之一贈之"②,未言自己於王氏離開日本前又得到了詞曲書籍。且從《詞曲書目》來看,早在他們到日後不久,王氏舊藏詞曲便被記録在羅振玉的私藏書目中。那麽觀堂所藏詞曲究竟是於何時、又因何緣故"劃入"了羅氏財産,我們不妨首先看三起個例。

王國維藏《梨園按試樂府新聲》,是 1910 年請趙倬齋從鐵琴銅劍樓影鈔而得,今藏國家圖書館。它不僅著録在《詞曲書目》内,羅振玉《貞松堂秘藏舊鈔善本書目》亦記:"《樂府新聲》,一本,影元本,王觀堂手題。"③另羅氏《雪堂藏舊刻舊鈔善本書目》也著録:"《樂府新聲》,二册,影元鈔本,王觀堂跋。"④據羅繼祖回憶,《貞松堂秘藏舊鈔善本書目》所收書籍是祖父"大抵得於六年京邸遊廠肆時爲多"⑤。由此推定早在宣統年間,王國維或已將《梨園按試樂府新聲》轉予羅振玉。

《静庵藏書目》著録有一部汲古閣刻本《冷齋夜話》。該書曾現身 2007 年上海嘉泰春季拍賣會,LOT 號:1514,首頁鈐"王國維""羅振玉""大雲燼餘"等方印數枚,末有王國維、羅振玉所撰跋語數則,其中羅氏記:"壬子七月,蒿山堂以五山板《冷齋夜話》求售,乃覆宋本,索價三百元。因請静公以

---

①王國維《丙辰日記》,房鑫亮編《王國維書信日記》,頁 736。

②羅振玉《海甯王忠愨公傳》,謝維揚、房鑫亮主編《王國維全集》第 20 卷,頁 229。

③羅繼祖《貞松堂秘藏舊鈔善本書目》,羅繼祖主編《羅振玉學術論著集》第 7 集,上海古籍出版社,2020 年,頁 420。

④羅繼祖《雪堂藏舊刻舊鈔善本書目》,張本義主編《羅雪堂合集》第 38 函第 7 册,西泠印社,2005 年,頁 38。

⑤羅繼祖《貞松堂秘藏舊鈔善本書目·後記》,羅繼祖主編《羅振玉學術論著集》第 7 集,頁 422。

三夕之力校而還之,異日當另紙録入《群書點勘》中。"①蒿山堂書店向羅振玉推薦五山版《冷齋夜話》,因店家索價甚昂,羅氏便請王國維在將此書與汲古閣本《冷齋夜話》對校後返還。王國維校《冷齋夜話》發生在1912年夏,此書後見於《羅氏藏書目録》善本部分:"《冷齋夜話》十卷,四本,汲古閣本,以日本五山刊本校正補足。"②據道坂廣昭考察,《羅氏藏書目録》善本部分於1913年5月前抄録完畢并隨之入藏京都大學③。由此得之,《冷齋夜話》在這之前已歸羅氏。

民國年間羅振玉曾向容庚去信,索還王氏舊藏《明内閣書目》:"兹有舊鈔本《明内閣書目》二册,亦舍弟王静翁所借,祈攜奉,至感。"④該信寫於羅振玉在天津時,時間在1919至1924年間。1924年3月王國維曾將此書連同《文淵閣書目》,校以張氏《適園叢書》本《内閣藏書目録》:"甲子三月,用《文淵閣書目》比校一過。""甲子三月用商丘宋氏鈔本校。"⑤由此得知王國維所藏《明内閣書目》原爲商丘宋氏舊物。想來羅振玉曾將《明内閣書目》借與容庚,後因王國維有意比勘,羅氏又向容氏索回。鈔本《明内閣書目》同樣見於《羅氏藏書目録》善本部分:"《内閣書目録》八卷,舊鈔本,二本……有'雪苑宋氏蘭揮藏書記''友竹軒'諸印。"⑥故在1913年5月前,《明内閣書目》也已轉入羅氏手。

鑒於《詞曲書目》及上述三起事例,筆者推測:初到京都的王國維,不僅協助羅振玉對其藏書進行編目,還一道整理了自己的藏書;此後二人書籍更是混編在一起,借《大雲精舍藏書目録》(大連圖書館藏,王國維、羅振玉手稿)、《羅氏藏書目録》(京都大學過録本)幸運地流傳下來;待大雲樓書庫建成後,二人藏書又一同轉入。基於這一猜想,便就有必要整體考察《静庵藏書目》與《大雲精舍藏書目録》所録書册的關係。

①羅振玉《冷齋夜話·跋》,明刻本。

②羅振玉、王國維編《羅氏藏書目録》(下),北京大學出版社,2015年,頁97。

③道坂廣昭《關於京都大學附屬圖書館藏〈羅氏藏書目録〉》,羅振玉、王國維編《羅氏藏書目録》(下),頁239。

④《羅振玉致容庚》,《永豐鄉人手簡》,張本義主編《羅雪堂合集》第7函第4册,頁116。

⑤王國維《内閣藏書目録》跋,張氏《適園叢書》本,國家圖書館藏。

⑥羅振玉、王國維編《羅氏藏書目録》(下),頁164。

經比較,以下兩點值得留意:其一,《静庵藏書目》中有部分書籍注明了版本,其中《十三經注疏》(江西局)、《子書》(崇文書局)、《子書》(鉛印本,不全)3 種不見於《大雲精舍藏書目録》;未注明版本的有《楚辭王注》《又并東坡和陶詩》《王摩詰詩集》《孟襄陽詩集》《韋蘇州詩集》《劍南詩鈔》《施注蘇詩》《文選》8 種,也不見於目録。剩下 87 種書籍全部登記在《大雲精舍藏書目録》,其中有 68 種古籍的書名、册數與目録相合,似爲同一種版本。另有 19 種因册數不合,難以作進一步判斷。

其二,87 種書籍中有 27 部在《大雲精舍藏書目録》内存在副本。《二曲集》《樊川集注》《梅村詩箋注》《兩當軒集》《二林居集》《一行居集》《尊聞居士集》《龔定庵全集》《養一齋文集》《八代詩選》《國朝駢體正宗》《漢魏六朝百三名家集》《汪子遺集》①13 種,在目録中存在同一版本的副本。《龜山先生集》(光緒刊本)、《王臨川集》(光緒刊本)、《駢體文鈔》(原刻本)、《樂府詩集》(湖北書局本)、《唐詩品彙》(明刊大字本)、《説文解字》(平津館仿宋小字本)、《文心雕龍》(明刊本)、《秋士先生集》(清刊本)、《石湖詩集》(清刊本)9 種,《大雲精舍藏書目録》還補録有另一種版本:《龜山先生集》《王臨川集》《樂府詩集》《唐詩品彙》補出明刊,《駢體文鈔》《説文解字》《文心雕龍》《秋士先生集》《石湖詩集》補出清刊。此外,《高岑王孟詩集》《秋士先生集》《汪子遺集》《本事詩》《甌北詩話》5 種也有副本,不過目録并没有寫明版本。除以上 27 種外,還有 60 種在目録内無副本。

另有一處也值得關注,《大雲精舍藏書目録》普通古籍的别集類與詞曲類(即《詞曲書目》謄録本)著録有一部相同版本的姜夔詩詞集。前者記:"《白石道人詩集》二卷,《外集》一卷,《詩説》一卷,《歌曲》四卷,《别集》一卷,宋姜夔,知不足齋刊本,一本。"②隨後補充一部淮南宣氏刊本。後者同樣記:"《白石道人詩集》二卷,《集外詩》一卷,《附録》一卷,《詩説》一卷,《歌曲》四卷,《歌曲别集》一卷,宋姜夔,知不足齋仿宋本,四本。"③隨後也補充了兩部淮南宣氏刊本。依全書體例,此處當合并爲一起,這顯然是二人在

①另一部《汪子遺集》爲殘本,存 2 册。

②羅振玉、王國維編《大雲精舍藏書目録》(下),張本義主編《羅雪堂合集》第 37 函第 2 册。

③王國維《王静安手録詞曲書目》,1912 年王國維手稿本,四川省圖書館藏。

編目過程中的疏漏所致;這或可解説爲前者是羅振玉所藏,而後者屬王氏舊物。

基於以上事實,筆者認爲羅振玉、王國維初到京都編就的《大雲精舍藏書目録》,是以羅振玉藏書爲基礎,且補入了包含王國維舊藏詞曲在内的王氏藏書。王國維所藏27種書籍不僅以《大雲精舍藏書目録》中的副本書形式出現,另外60種更是羅氏藏書中所未見者。明晰了這一事實,對於理解王國維、羅振玉的學術關係具有重要價值。

三

1911年10月武昌起義爆發,内藤湖南、狩野直喜等紛紛建議羅振玉避難日本。隨後,羅振玉、王國維等一行人於次月起行,經由天津、神户抵達京都。自此時起至1913年遷居净土寺新建住宅,他們一直住在京都大學附近的田中之家。在赴日前,羅振玉請王國維整理了一份藏書目録初稿,羅氏後將目録轉交妻弟范兆昌,并囑咐其幫助裝箱托運書籍,事畢後再將書目寄予王國維:"各物裝好後,速將藏書底(帳目)寄東,交王静翁,恐兄已啓行返都也。"然而由於書籍遠渡重洋,加之工人在搬運過程中多有破損、丢失,在到日收到書籍後,羅振玉極爲惱怒:"此次運送各件,大半破損,從高處擲下,可恨至極。"①安全運抵京都的書籍究竟有多少,這是二人彼時最關心的問題。

羅振玉、王國維到日後立即著手整理、編目書籍。由於他們的住處"人多地仄"②,書籍便被堆放在京都大學圖書館内,二人每日往來其間整理藏書:"大正初年,羅振玉曾將其藏書寄存在京都大學圖書館裹,王君爲此事與圖書館工作人員多次交涉,花了不少力氣。"③編目是從1912年春正式開始,王國維有信致繆荃孫:"此次裝箱搬運錯亂太甚,大約至明春二月方能

①《羅振玉致范兆昌》,《永豐鄉人家書釋文》,張本義主編《羅雪堂合集》第7函第2册,頁46、47。

②趙萬里《王静安先生年譜》,《國學論叢》第1卷第3號,1928年,頁95。

③新村出《海甯的王静安君》,謝維揚、房鑫亮主編《王國維全集》第20卷,頁391。

就緒,目録亦可寫定矣。"①果如王國維所料,編目持續了近一年,多年後的王國維對此仍心有餘悸:"辛壬之交初抵日本,與叔言參事整理其所藏書籍,殆近一年。"②對此,羅振玉也記道:"予寓田中村一歲,書籍置大學,與忠慤往返整理甚勞。"③

其實這一期間的京都大學圖書館内不僅有羅氏藏書,王國維的藏書也裹挾其中。時任圖書館館長的新村出回憶:"那時在圖書館三樓的一個角落裏,羅氏寄存的圖書堆邊上整齊地擺放著數十本外文書,其中有康德、叔本華等西洋哲學家的名著,我不禁好奇地打聽書的主人,當被告知這些是王君的藏書時,我纔知道王君的學問汲取了西哲的思想。"④這些原本分屬於羅振玉、王國維的書籍由於同時寄存在京都大學,王氏藏書差點被新村出誤認爲是羅氏所藏。這些藏書成爲二人編寫目録的基礎,1913 年春,書籍又一同轉入新近建成的大雲樓書庫。

對於此後編目的細節,羅振常女羅莊有回憶:"辛亥後,公及伯父(梁按,即羅振玉)、家大人避地東瀛,嘗爲伯父編大雲書庫藏書目,見經部經説、小學之書重本甚多,而集部中詞曲竟無一種,以爲偏枯。時,公欲研究經學、小學,乃悉取其重本去,而以所藏之詞曲補其缺。"⑤羅莊注意到大雲書庫的藏書目録襲用了王國維舊藏詞曲的細目,以此彌補羅氏藏書中類型的缺失,殊不知目録中的經史子集各部也摻入了觀堂舊藏,這對於二人無疑都有著特殊的意義。

首先在羅振玉的提引與其藏書的惠澤下,王國維開始抽離詞曲,轉治經史小學。趙萬里言:"先生東渡後,始棄前所治諸學,而專習經史小學。"⑥羅振玉於王國維此番學術轉向有著重要影響。早在清末寓居上海時,羅振玉便頻頻將唐風樓内藏書贈予王國維,他在《海甯王忠慤公傳》中

①《王國維致繆荃孫》,房鑫亮編《王國維書信日記》,頁 37。

②《王國維致柯劭忞》,房鑫亮編《王國維書信日記》,頁 491。

③羅振玉《集蓼編》,羅繼祖主編《羅振玉學術論著集》第 11 集,頁 60。

④新村出《海甯的王静安君》,謝維揚、房鑫亮主編《王國維全集》第 20 卷,頁 391。

⑤羅莊《人間校詞劄記十三種》附"録鬼簿·按語",上海蟫隱廬刊本,轉引自陳泓祥《王國維傳》,團結出版社,2019 年,頁 205。

⑥趙萬里《王静安先生年譜》,《國學論叢》第 1 卷第 3 號,1928 年。

講:"戴氏震、程氏易時、錢氏大昕、汪氏中、段氏玉裁及高郵二王,因以諸家書贈之。"但彼時的王國維"雖加流覽,然方治東西洋學術,未遑專力於此"。到京之後,羅振玉也多建議王國維調整學術領域:"予乃勸公專研國學,而先於小學訓詁植其基。"不過王國維於這一時期正沉潛於詞曲,也無瑕顧及。直至旅居京都後,在羅振玉幫助下,王國維纔注重利用大雲樓内所藏經史、文物、彝器等進行研究。觀堂不僅"盡棄所學,而寢饋於往歲予所贈諸家之書",雪堂更是"復盡出大雲書庫藏書五十萬卷、古器物銘識拓本數千通、古彝器及他古器物千餘品,恣公搜討"①。正是這些文獻,助力了王國維學術研究的轉向。

與之對應,王國維舊藏詞曲也爲羅振玉所用。1914 年 2 月羅振玉編《續彙刻書目》,他對書中所涉材料來源描述道:

> 就予大雲書庫所蓄,補録光宣兩朝諸家叢刻,及刊於光宣以前,而朱目失載者。凡得三百餘種,未敢云備舉無遺,然亦略具矣。間有所缺,則假之繆氏藝風堂。其顧書所載,朱氏遺之者,亦就予儲書所有者補之。其不可見者,甯闕之不補也……此書既寫定,讀吾友藤田劍峰學士豐八藏書目,見有此編失載者數種,爰移書求寫寄。又内藤湖南博士虎次郎、富岡君撝教授謙藏亦寫示日本高麗諸叢刻,復據以補入。②

《續彙刻書目》的順利編成主要是得益於大雲樓所蓄,所缺之本借用藝風堂藏書,内藤湖南、富岡謙藏等友人亦有襄助。羅振玉還特意講到:"其顧書所載,朱氏遺之者,亦就予儲書所有者補之。不可見者,甯闕之不補也。"非目驗而不録。《續彙刻書目》癸集專録詞曲,其中明文林閣刊《傳奇十種》、明吴興閔氏刊《六幻西厢》、明宣德本《誠齋樂府》、康熙錢唐李氏刊《範氏三種曲》、道光振綺堂刊《瓶笙館修簫譜》,起初便是王國維所藏。羅振玉之語證明王國維舊藏詞曲至此時已盡收在大雲樓内。

大雲樓號稱藏書五萬卷,善本珍槧琳琅滿目,另有甲骨、銘文拓片等亦

①羅振玉《海甯王忠慤公傳》,謝維揚、房鑫亮主編《王國維全集》第 20 卷,頁 228、229。
②羅振玉《續彙刻書目》序,民國四年(1915)連平范氏雙魚堂刊本。

世所罕見,它們影響到王國維此後文獻學理路的形成。王國維的學術研究經歷了三次轉向:首先是在三十歲前後,王國維從早先濡染於西方哲學轉向了古典詞曲。其次是在光宣之際,以《詞録》《曲録》等爲代表,王國維從追求詩詞涵詠藴藉轉向對詩詞文獻的搜羅校勘,初步確定文獻學方法;待旅居東瀛後,王國維折向經史,并全面實踐文獻學的治學路數。陳寅恪總結王國維的學術方法時有精當概括:"一曰取地下之實物與紙上之遺文互相釋證……二曰取異族之故書與吾國之舊籍互相補證……三曰取外來之觀念與固有之材料互相參證。"①而早在王國維沉浸於詞山曲海時,羅振玉便已致力於經史文獻的搜羅考據,大雲樓所藏不僅是羅氏積數年而得,亦爲王國維此後研究提供了獨一無二的參考。

時間倒回至清末,羅振玉率先關注到甲骨文、西陲漢簡等地下文物的發掘:"由庚子至辛亥十餘年間,海内古書器日出,若洹濱之甲骨、西陲之簡牘書卷、中州之明器,皆前人所未及見者。"此後内閣大庫所藏檔案、書籍又陸續散出,羅振玉便聯絡張之洞、寶熙等人將其裝爲八千麻袋轉入學部,"大庫史料竟得保存"。再之後斯坦因、伯希和等從敦煌劫掠經文無以計數,羅振玉便聯合劉廷琛、董康等將部分經卷購入學部。清末的羅振玉忙於繁忙政務,其雖多有搜羅文獻,但無過多心力研究;直至遷居京都後,他纔"得以著書遣日"②。大雲樓藏有大量學界聞所未聞的文獻,在羅振玉幫助下,王國維很自然地將學術興趣聚焦在經史上。如蔣復璁所言:"静安先生跟了羅振玉一輩子,一面爲生活,一面爲的可以看羅振玉的書及實物史料,使他的學問一天天進步。"③誠如此也。

面對新見文獻和未知領域,羅振玉、王國維一直以來都表現出敏鋭的學術眼光,更肩負起振興學術的使命擔當。如王國維在剛介入戲曲研究時便認爲:"吾中國文學之最不振者,莫戲曲若……此余所以自忘其不敏,而獨有志乎是也。"④秉持這一理念,王國維在研究中始終保持著旺盛的學術精力。對於羅振玉引領學術風尚的地位,柯昌泗也給予了相近評價:"數十

---

①陳寅恪《海甯王静安先生遺書》序,謝維揚、房鑫亮主編《王國維全集》第20卷,頁212。

②羅振玉《集蓼編》,羅繼祖主編《羅振玉學術論著集》第11集,頁61、55、60。

③蔣復璁《追念逝世五十年的王静安先生》,《幼師文藝》第47卷第7期。

④王國維《三十自序》,謝維揚、房鑫亮主編《王國維全集》第14卷,頁122。

年來，學術界所致力探討者，多半由先生引其端緒；所認爲重要材料者，亦多半爲先生所刊傳……自經先生開風氣而導先路，學者資以致力，精益求精，蔚爲大觀，至今尤盛。"①始終秉立在學術研究最前沿，王國維、羅振玉是毫無疑問的砥礪者。

承命風騷絶學、開學術風氣之先的學術使命，也使二人以開放包容的心態面對學術材料。羅振玉尤爲學界稱道的是其致力於刊佈群籍："近世學術之盛，不得不歸諸刊書者之功……以學術之存亡爲己責，蒐集之、考訂之、流通之。舉天下之物不足以易其尚，極天下之至艱而卒有以達其志。此於古之刊書者，未之前聞，始於吾雪堂先生見之。"②在清末居京期間，由於學術聚焦點的不同，加之各有公幹，羅振玉、王國維難以深入地交流。待到旅居日本，朝夕相伴的二人便互爲對方最密切的學術夥伴，他們在志趣、理念、方法、資料上多有互通。

羅振玉、王國維藏書的合二爲一，我們尤能感到基於羅振玉對王國維的深醇情誼，王國維也盡力回報之。羅振玉是王國維的老師與長輩，尤其在王氏初次涉足經史時，羅氏承擔起引導學術道路的責任，審視二人彼時的學術地位，實是有著較大差距。在財力、物力與人脉資源上，王國維更無法與之相比。不過即便是在 1916 年王國維回國後不久，羅振玉仍極力爲其在國内覓得差事而四處舉薦。羅氏曾致函劉承幹，建議其聘請王國維負責嘉業堂輯校書籍的事務："鄙友王静安徵君者，今之亭林、梨洲也，其文章學行，并世無儔。"劉承幹與王國維素不相識，羅振玉遂建議其可以"質之藝丈(梁按，即繆荃孫)，當詳其行誼"③。另一邊，由於羅振玉與劉承幹不甚相熟，他便聯絡繆荃孫："静公文章行誼，并世無雙，夙在長者洞鑒之中……玉與翰怡僅一面，遽作此函，未免唐突，幸長者再爲一言，必可安賢者。"并特意叮囑藝風老人："此事出自鄙意，尚未告静公，若翰怡許諾，祈示知，玉再告静公也。"④初回滬上的王國維謀差事頗不順利，羅振玉因此希望在事情未成行之前，繆荃孫暫不要對他人告知，這自是出於對王國維敏感心性

①柯昌泗《吊上虞羅先生》，羅繼祖主編《羅振玉學術論著集》第 12 集，頁 318、322。

②王國維《雪堂校勘群書叙録》序，羅繼祖主編《羅振玉學術論著集》第 9 集，頁 153。

③《羅振玉致劉承幹》，《永豐鄉人手簡》，張本義主編《羅雪堂合集》第 7 函第 4 册，頁 98。

④《羅振玉致繆荃孫》，《永豐鄉人手簡》，張本義主編《羅雪堂合集》第 7 函第 3 册，頁 17。

的考慮。後來王國維在哈同學社負責編纂《學術叢編》,但日子過得并不愉快。兩年後,羅振玉再次爲其尋覓新職。他得知商務印書館正籌劃《道藏》編印,遂致函張元濟:“静安徵君在滬,盍就近約渠主之?此君淡泊遠世,然以此等事請相助,當無不諧也……貴局曷從事於此事?尚有二三耆學如静安諸君者,足成此書。以後恐即有有力者出,亦無人能成此書矣。”①羅振玉在與寶熙的去信中也有提及:“静安相伴來此,所蓄二千元約可蹝日,日後再圖生計。此君品學并世所無,弟敬之如先輩。前月菊生招往滬亦謝之,歲寒之松柏也。”②理解了羅振玉對於王國維近乎“呵護式”的關愛,《大雲精舍藏書目録》摻入王國維舊藏書籍似乎就不顯得突兀了。

至此,王國維舊藏詞曲轉入大雲樓當在 1912 年底,一并入藏的還有王國維於清末所得各書。推動此事的最終成型,一方面是因爲羅振玉、王國維都有著傳承學術的使命擔當,另一方面也是二人真摯情誼的外化體現。藏書的互通對於王國維有著更爲長遠且直接的影響,其在治經史的起步階段,主要利用的便是大雲樓所藏。直至其離開日本,王國維仍然“復從韞公乞得複本書若干部”③。正如黄仕忠考察,這些複本書“與王國維回國後所展開的研究,正相對應”④。

回看王國維在 1916 年 2 月離開京都前的日記:

> 自辛亥十月寓居京都,至是已五度歲,實計在京都已四歲餘。此四年中生活,在一生中最爲簡單,惟學問則變化滋甚。客中書籍無多,而大雲書庫之書殆與取諸宫中無異,若至滬後,則借書綦難。海上藏書推王雪澄方伯爲巨擘,然方伯篤老,凡取攜書籍,皆躬爲之,是詎可以屢煩耶!此次臨行購得《太平御覽》《戴氏遺書》殘本,復從韞公乞得

①《羅振玉致張元濟》,《永豐鄉人手簡》,張本義主編《羅雪堂合集》第 7 函第 4 册,頁 61。

②《羅振玉致寶熙》,《雪堂雅集:羅振玉、王國維的學術世界》,華東師範大學古籍研究所、西泠印社,2018 年,編號:38。

③王國維《丙辰日記》,房鑫亮編《王國維書信日記》,頁 736。

④黄仕忠、徐巧越《王國維所編〈羅振玉藏書目録〉原本及羅王互贈藏書考》,載《文獻》2019 年第 5 期。

> 複本書若干部，而以詞曲書贈韞公，蓋近日不爲此學已數年矣。①

回憶五年來旅居京都的生活，王國維雖有感於時光流失，但亦爲自我的學術變化感到欣慰。這期間幸有羅振玉幫助與接濟，他纔可以了無雜念地專注學術，尤其是可以隨意取用大雲樓内藏書。然而展望回國後的學術生涯，滬上雖有王秉恩等藏書家，但“取攜書籍，皆躬爲之”。基於此，王國維在臨行前不僅購買了《太平御覽》《戴氏遺書》等書，還從大雲樓内檢得若干複本書。旅日後，羅振玉、王國維的學術志趣與領域實已漸漸融爲一體，王氏早年詞曲藏書及其他書籍更被收藏在大雲樓内。由於王國維在臨行之前從書庫取出多種書籍，以其性格斷不會無緣接受，他便借機明確了早先詞曲書籍的産權交割。

四

自 1912 年底起，王國維舊藏詞曲一直跟隨著羅振玉，之後多經輾轉。首先是在 1919 年春羅振玉回國之前，這些書籍存放在大雲樓内。如王國維到滬不久有意將周德清《中原音韻》收録在《學術叢編》内，他便向羅氏去信：“元刊《中原音韻》雖有明以後刻本，此書終有價值，如他未刊之書不多，則此書亦請檢寄。”②王國維所藏《中原音韻》爲影鈔鐵琴銅劍樓藏元本，今藏四川省圖書館，首頁鈐“大雲精社”朱文方印。王國維希望羅氏將《中原音韻》檢出，然後者并未將此書寄出。直至 1918 年 4 月，羅振玉預備回國祭掃：“春，力疾攜福成返國，與滬上紅十字會員散放保定清苑、淶水兩縣春賑，遂重入都門。”③王國維再次催促其將《中原音韻》一并帶回國内：“又瞿氏元本《中原音韻》，《四庫》僅存目而未著録，此書難字無多，可以排印。祈將尊藏景寫本一并攜滬，一切感荷。”④但不知因爲何故，《學術叢刊》終未能將《中原音韻》收入。周一平曾認爲王國維在回國時并未將詞曲書籍贈

①王國維《丙辰日記》，房鑫亮編《王國維書信日記》，頁 735—736。

②《王國維致羅振玉》，房鑫亮編《王國維書信日記》，頁 96。

③羅繼祖《永豐鄉人行年録》，羅繼祖主編《羅振玉學術論著集》第 12 集，頁 414。

④《王國維致羅振玉》，房鑫亮編《王國維書信日記》，頁 323。

予羅振玉而是帶至上海交給羅振常,此言不確①。

另據《永豐鄉人行年録》記載,羅振玉於 1919 年春回國,經停上海後轉至天津。至 1929 年遷居旅順新居,這十年間羅氏主要在天津居住,藏書也就跟隨其到達津門。

1927 年 6 月王國維去世,羅振玉、趙萬里等人旋即組織觀堂遺書刊行會,著手整理静安遺稿。協會四處籌措刊資,并且希望用版税、售書所得維繫王氏家人的生活必需,羅振玉致信陳乃乾:"觀堂之變,凡在士林,莫不痛惜……邇來與其門徒商量善後,爲其嗣續謀生計,則著作刊行,亦可補助。故已議定,其遺著,不論已刊未刊,或他人代刊者,一律將版權收歸其家人。"儘管羅振玉特别説明"現已由小兒首先捐助印資"②,但終非長久之計,他在寫給金頌清的信中多流露出焦慮之感:"目下爲忠慤印遺書(現印《觀堂集林》,後世之作,照忠慤手訂加入數十篇,冬末當印成),前有刊行《會章》,想入覽。現各處捐款未集,權墊款開印。聞舍弟言'公認一股',具徵雅意,此款望早日匯下。"③羅振玉希望金頌清將早先允諾的捐款先行兑現。爲了進一步籌措刊資,羅振玉在經過慎重考慮後,不得以採取了出售王國維舊藏詞曲的方法,具體負責此事的是其弟羅振常。

羅振常(1875—1942),字子經、子敬,號蟫隱、邈園。辛亥之後,羅振常與羅振玉、王國維等一同東渡,後於 1914 年回國定居滬上,不久開設蟫隱廬書店。羅振常精於古籍版本,與繆荃孫、劉承幹、王國維等寓居滬上的學者多有往來。受意於兄長安排,羅振常負責王國維舊藏詞曲書籍的出售事宜,他爲此採取了分批、分途徑的方式。

羅振常首先是向海内外有意於收藏詞曲的名家去信,主動介紹王國維舊藏詞曲的細目、來源與售價等。筆者曾獲見一封羅振常寫於吉川幸次郎的書信,兹首先轉録如下:

---

①周一平《〈王國維手鈔手校詞曲書二十五種〉讀後》,吴澤主編《王國維學術研究論集》第 3 輯,頁 369。

②《羅振玉致陳乃乾》,《永豐鄉人手簡》,張本義主編《羅雪堂合集》第 7 函第 4 册,頁 123。

③《羅振玉致金頌清》,丁小明整理《羅振玉手劄》,《歷史文獻》(十七),上海古籍出版社,2013 年,頁 144。

> 吉川先生執事：前寄之書，諒久經收入矣。入夏以來，維撰祺增吉，爲頌無量。昔有陳者，記得三四年前閣下托敝處訪覓明板有圖傳奇，曾代訪得《紅拂記》三種。尊處出價百元，後因其人竟不欲售，遂未奉復。現在有人有大宗詞曲出托敝處代售，此宗書乃敝邦學者王國維氏所藏，當其生前與其友人易經學、小學書者。今王氏物故，身後蕭條，其友人因出售此書，爲王氏遺族養贍之費。其中頗多佳本，約百餘種。今將其中云曲子佳本少見者，擇出一部分，録目開價呈覽。各種有圖者故須明，每種皆有王氏印記，所開價乃會王氏知友公估酌定。尊處如需何種，望速示知。其價因爲其遺族之用，以多爲佳，故不能廉，但亦非不可商。敝國購曲者每甚多，須以其價付之競争。尊處必要者，照價數好。如須減讓，可畀一最多之額，免爲他人所得。此函到時，待尊處復函到，其書恐已有售者，故宜速復爲佳。敬請吟安。蟫隱廬上，五月廿四日。①

吉川幸次郎(1904—1980)，字善之，號宛亭，早年留學北京大學，後任京都大學教授。今京都大學藏《折桂記》經王國維、吉川氏遞藏，當是此次羅振常所售。由羅振常"有人有大宗詞曲出托，敝處代售此宗"判斷，王氏舊藏詞曲一直在羅振玉處，只是在出售時纔由蟫隱廬書肆代售。羅振常指出這批書爲"生前與其友人易經學、小學書者"，這與王國維在日記中所記相合。羅振常著重强調所售之書"其價因爲其遺族之用，以多爲佳""敝國購曲者每甚多，須以其價付之競争"，可見其曾向多位日本學者聯繫購買事宜。據黄仕忠調查，此後得到王氏舊藏詞曲的日本學者還有内藤湖南、青木正兒等。其中王國維舊藏歸安凌氏刊朱墨本《西厢記》歸内藤湖南，該書第四册内封有一段内藤氏識語："丁卯六月，王忠慤公自沉殉節，滬上蟫隱主人售其舊藏以充恤孤之資。予因購獲此書，永爲紀念。九月由滬上到。"②可知羅振常在分别向内藤湖南、吉川幸次郎出售王氏舊藏時，均提及所得書款將用於資助王氏後人。不得不説他的這一説辭讓對王國維多懷崇敬的日

①《羅振常致吉川幸次郎》，《雪堂雅集：羅振玉、王國維的學術世界》，華東師範大學出版社、西泠印社，2018年，編號：133。

②内藤湖南《西厢記・識語》，明歸安凌氏刊本，大谷大學圖書館藏。

本學人有所觸動,後者因而在價格上多有慷慨。

另據黄仕忠《日藏中國戲曲文獻綜録》著録,京都大學藏明宣德刊本《周憲王樂府三種》、明金陵文林堂《傳奇十種》、明刊本《折桂記》、鈔本《西堂曲腋》,大谷大學藏明歸安凌氏刊朱墨本《西厢記》、明刊本《南柯記》《紫釵記》《竊符記》《曇花記》,皆爲王國維舊物。其中内藤湖南後將朱墨本《西厢記》贈予神田喜一郎,《南柯記》《紫釵記》《竊符記》經久保天隨、神田氏遞藏,《曇花記》則直接爲神田氏購入,大谷大學藏王氏舊藏詞曲皆源自神田氏的捐贈。

除直接向日本學人出售王國維舊藏詞曲,羅振常還經由田中慶太郎的文求堂書店向日本學界出售了一批静安舊物。青木正兒藏《曲録》内有《海甯王静安(國維)手抄手校詞曲書目》,此爲文求堂替蟫隱廬書店代售静安舊藏詞曲時所編目録。1928 年 7 月,東洋文庫經由文求堂書店將其買下,目録中僅有《王周士詞》未購。據榎一雄記載,這批書的購入價格是 3532 元①。關於這部分,榎一雄《王國維手鈔手校詞曲書二十五種》已有詳論,兹不贅述。

此外,羅振常還將出售王國維舊藏詞曲的消息刊登在《蟫隱廬舊本書目》中。自 1915 年蟫隱廬設立以後,羅振常不定期地出版售書目録。1928 年 5 月,《蟫隱廬舊本書目》第 16 期出現多部王國維舊藏詞曲,售價遠高於其他同類古籍,細目如下:

《放翁詞》一卷,宋陸游撰,汲古閣刊本,初印,王觀堂藏書。一册,二元。

《山中白雲詞》八卷,宋張炎撰,雍正中上海曹氏刻本,王觀堂藏書。四册,六元。

《桂翁詞》六卷,《鷗園新曲》一卷,明夏言撰,嘉靖中童氏刊本,有牌字“怡府藏書”,王觀堂藏書。四册,三十六元。

《二薌亭詞》四卷,《拾遺》一卷,宋琬撰,康熙中原刊本,有王韜手跋,王觀堂藏。二册,六元。

①榎一雄《王國維手鈔手校詞曲書二十五種》,吴澤主編《王國維學術研究論集》第 3 輯,頁 317。

《花間集》十卷，蜀趙崇祚輯，汲古閣刊本，王觀堂藏書。二册，六元。

《類編草堂詩餘評林》六卷，唐順之撰，萬曆中精刻本，王觀堂藏書。四册，十六元。

《詞綜》三十六卷，朱彝尊輯。《明詞綜》《國朝詞綜》四十八卷，《二集》八卷，王昶輯。原刊本，王觀堂藏書。二十册，十六元。

《天籟軒詞選》六卷，《本事詞》二卷，《閨詞鈔》《小庚詞存》各四卷，葉申薌輯，道光中刊本，白紙印，王氏藏。十二册，十四元。

《嘯餘譜》十一卷，明程明善撰，明刻本，王觀堂藏書。十册，三十元。

《小山樂府》六卷，元張可久撰，舊鈔本，吴枚庵、王觀堂遞藏。四册，三十二元。

《燕子箋記》二卷，明阮大鋮撰，董氏重刻永懷堂本，宣紙初印，極精，王觀堂藏書。二册，八元。

《上林春》不分卷，明鈔本，王觀堂藏書。四册，三十六元。

《秣陵春》二卷，吴偉業撰，振古齋刊本，王觀堂藏書。四册，十四元。

《南北宫詞紀》十二卷，明陳所聞、陳邦泰輯，萬曆精刻本，王觀堂藏書。六册，十六元。

《録鬼簿》二卷，元鍾嗣成撰，舊鈔本，王觀堂藏書。二册，三十元。①

這批書總計十五種，八十一册，售價二百五十八元。它們主要被國内藏家分購，如鄭振鐸購入《桂翁詞》、周越然買入《上林春》等，今分藏於國家圖書館、上海圖書館、臺灣故宫博物院等處。

在上述三批書出售過程中，以第二批數量最多、版本價值最高，因而也只有像東洋文庫這樣的機構纔有資力一并購入。羅振常分售給學人的次之，其多爲明刊本、鈔本。《蟫隱廬舊本書目》刊登的書册殿之，這其中甚至還混入了1920年董康誦芬室覆刊永懷堂本《燕子箋》一類的本子。在書目

① 羅振常《蟫隱廬舊本書目》第16期，1928年鉛印本，頁57b—59b。

類型上，東洋文庫以詞類爲主，曲籍僅有《元曲選》等五種。吉川幸次郎、青木正兒等人所得皆爲戲曲，這顯然是羅振常有意將王國維舊藏戲曲售予有心於曲學者。《蟫隱廬舊本書目》雜而有之，以詞籍爲主。筆者推想羅振常當先將善本戲曲挑出分售學人，再擇精善秘本一次性賣給東洋文庫，最後再由蟫隱廬陸續銷售剩餘部分。

不過此時大雲樓内的王國維舊藏詞曲也并未全部售出，在此之後，它們仍然時斷時續地從羅家散出。如周越然是現今已知的購得王國維舊藏戲曲最多的私人藏家。上海圖書館藏《吴興周氏言言齋藏曲目》鈔本，除著録有明鈔本《上林春》外，還有寫樣未刻本《財星照》、精寫本《金鎖記》、精寫本《翡翠園》、舊鈔本《金貂記》、閔寓五《六幻西厢》、明新都蒲水齋刊本《牡丹亭》，以及明金陵富春堂刊《雙忠記》《白兔記》《躍鯉記》《十義記》皆有"王國維"朱文方印，總計十一種①。再如後歸李一氓的《中原音韻》，據李氏回憶："影寫元鎸周德清《中原音韻》，予數年前得於大連冷攤，似王原藏後歸羅氏者。"②顯然此書被羅振玉從京都、天津帶到了旅順，至新中國成立前纔從羅家散出。新世紀以來，王國維舊藏詞曲如手抄《湘真閣詞》、《詞録》手稿、《曲録》手稿等陸續復現於古籍拍賣市場，它們均鈐有"大雲燼餘"朱文方印，可知直至此時，王氏舊藏詞曲仍然陸陸續續地從羅氏後人手中流出。

羅振玉之所以將王國維舊藏詞曲售出，而非其他類型古籍，這有一定的歷史考量與現實原因。王國維的書籍收藏大體可以劃分爲三個階段：首先是在赴日之前，其藏書以集部、詞曲爲主，它們後來一起入藏大雲樓。這些書的數量雖不多，但詞曲却極富特色與價值。其次是在回國之前，王國維從羅振玉處覓得的複本書，主要是經史一類；最後是定居上海、北京後，又陸續新購的古籍。後兩階段所得書籍，正是王國維在遺書中交代的"書籍可托陳、吴二先生處理"③的主體，而第一階段藏書彼時正在羅振玉處。趙萬里《王静安先生手批手校書目》云："先生於詞曲各書，亦多有校勘……

①周越然《吴興周氏言言齋藏曲目》，陸蕁庭1950年鈔本，上海圖書館藏。

②李一氓《一氓題跋》，生活·讀書·新知三聯書店，1981年，頁288。

③《王國維致王貞明》，房鑫亮編《王國維書信日記》，頁733。

因原書早歸上虞羅氏。"①也説明王國維早先所藏與後來陸續購入,共同組成了其舊藏手批手校書籍的全貌。據《陳寅恪年譜長編》記載,陳寅恪、吴宓與時任北平圖書館副館長的袁同禮商議,將王國維後兩階段的藏書作價一萬元讓與北圖。然而袁同禮認爲其中部分書籍爲通行本,且館中已有副本,便提議出價五千元。陳寅恪於是決定先由北平圖書館選擇,再由王氏親友、學界同道選購以留作紀念。不管學友同道出價多少,由北平圖書館補足一萬元②。與此同時,羅振玉、羅振常則是重點將王國維舊藏詞曲售與海内外學人。

(作者單位:鄭州大學文學院、
河南省非物質文化遺産研究中心)

①趙萬里《王静安先生手批手校書目》,《國學論叢》第1卷第3號,1928年。

②參卞僧慧《陳寅恪先生年譜長編》,中華書局,2010年,頁102。

翟理斯《中國文學史》中的陶詩版本及學術淵源

吕辛福

一　引言

1901年,劍橋大學漢學教授翟理斯(Herbert A. Giles)出版《中國文學史》(*A History of Chinese Literature*),這是西方學界公認的英語世界第一本中國文學史著作,國内學者對此也頗爲認同,鄭振鐸指出這"是中國文學史中的一部最初的著作"①,該書首次向西方讀者展示了中國文學自先秦到清代的基本面貌,奠定了此後中國文學史按朝代順序評述作家作品的撰寫體例,影響深遠。然書末所附參考書目(Bibliographical Note)比較簡略和籠統,雖有人名、書名索引,但版本信息未詳,給厘清翟理斯與國内學者的學術聯繫帶來較大困難。

在《中國文學史》中,翟理斯引用了不少來自他先前出版的《古文選珍》(*Gems of Chinese Literature*, 1884)和《古今詩選》(*Chinese Poetry in*

①鄭振鐸《評Giles的中國文學史》最早刊發在1922年9月21日《文學旬報》第50期頭版,署名"西諦",後收於鄭振鐸《中國文學論集》(下),開明書店,1934年,頁389—395。在該文末尾鄭振鐸又提到:"中文的中國文學史到現在也還没有一部完備的。"另,復旦大學戴燕在《書城》2018年第3期上撰文指出,鄭振鐸的這篇文章"大概算是中文世界關於翟理斯《中國文學史》的第一篇真正的學術書評"(詳見《在世界背景下書寫中國文學史——從翟理斯到王國維、胡適》一文頁10)。

English Verse, 1898)中的漢詩英譯作品,但兩書只附人名索引,没有翻譯底本信息,同樣無法界定這些作品的出處。作爲英語世界翻譯介紹陶淵明作品的第一人,雖然翟理斯的陶淵明接受成就早爲國内學者所關注,但據筆者所見,並未有人注意到翟理斯的陶詩底本及其陶學淵源問題①。翟理斯《中國文學史》除了引用到上述兩書中的《歸去來兮辭》(*Home Again*)、《桃花源記》(*The Peach-Blossom Fountain*)、《擬古九首(其五)》(*A Recluse*)等作品以外,他還新譯了一首未見於《古文選珍》和《古今詩選》的陶詩,選譯了史書"陶潛傳"中的部分内容,譯介了兩位中國學者的論陶觀點,在此基礎上,他進一步闡發了對陶詩美學特徵的基本看法。筆者結合對這些材料的考辨分析,試着厘清翟理斯翻譯陶詩的底本及其學術淵源,這對於瞭解中國古典詩歌的早期海外傳播和海外影響,都有重要的文獻價值和研究意義。

二　翟理斯翻譯陶詩所用底本的考定

翟理斯在《古文選珍》和《古今詩選》中選譯的陶潛詩文是《歸去來兮辭》《桃花源記》《擬古九首(其四)》《擬古九首(其五)》《讀〈山海經〉十三首(其五)》,這五篇作品皆未指明所用陶集版本,在《中國文學史》中新譯的一首陶詩是《擬古九首(其一)》,同樣没有説明出處,那麽針對翟理斯的譯文,如何判斷翟理斯翻譯陶集的底本呢?筆者的策略是細讀英語譯本,然後與幾部常見陶集版本的原文進行比對,根據中英文内容的相符程度,來確定其所用底本,實踐證明這一策略是可行的,因爲翟理斯的翻譯原則是"直譯"(word-for-word translation)②,而不同版本的陶集中又存在明顯異文。

目前所見陶集比較重要的善本主要有:南宋刻遞修本《陶淵明集》十卷

①可參看田晉芳《中外現代陶淵明接受之研究》(2010年,復旦大學)、靳成誠《陶淵明作品英譯研究》(2011年,北京大學)、吴伏生《英語世界的陶淵明研究》(學苑出版社,2013年)。

②在1923年版的《古今詩選》前言中,翟理斯對自己的翻譯原則以及如何在直譯後的英文中呈現出一定的詩歌韻律特徵,有較爲詳細的説明,可以參看(Giles, Herbert A. *Gems of Chinese Literature*, Shanghai: Kelly & Walsh, 1923. Preface)。

本，這是現存最早的《陶淵明集》版本，今藏國家圖書館（善本書號：08368）①；南宋紹熙三年（1192）曾集刻本《陶淵明詩》一卷、《陶淵明雜文》一卷；宋湯漢注《陶靖節先生詩》四卷本②；元李公焕注《箋注陶淵明集》十卷本；清陶澍注《靖節先生集》③。筆者辨析的主要依據就是上述遞修本、曾集本、湯漢本、李公焕本、陶澍本這五個版本，另外參考蘇寫本《陶淵明集》和凌濛初輯評本《陶靖節集》（八卷本，哈佛燕京圖書館藏），並校以《陶詩集評》《陶詩彙注》《陶詩彙評》，同時借鑒今人逯欽立校注《陶淵明集》、龔斌《陶淵明集校箋》和袁行霈《陶淵明集箋注》等的相關研究成果。

鑒於翟理斯對《擬古九首》的偏愛，筆者主要對比漢語《擬古九首》中的第一、第四、第五首分别在遞修本、曾集本、湯漢本、李公焕本、陶澍本中的異文情況。《擬古》其一在遞修本、曾集本中有五處位置相同的異文，在湯漢本、李公焕本中未標異文，在陶澍本中標記兩處異文。《擬古九首》其四和其五這兩首詩出現的異文數量較少，第四首在各本中只提到有一處異文，即"平原獨茫茫"一句中的"獨"字，在曾集本中小字校曰"一作轉"，但各本正文中皆書作"平原獨茫茫"，翟理斯英譯爲"Or boundless prairie mocks the eyes"④，從中也看不出"獨"與"轉"有何差異，所以這條異文的區分意義不大。第五首只在湯漢本和陶澍本標注"辛勤無此比"一句中有異文"辛苦"，但二者差異微小，英譯後的文本區分意義不明顯。另外幾處異文在漢語中屬於義同形異，轉譯爲英語後語意無差，没有區分度。

相比第四首和第五首而言，《擬古九首》第一首中異文數量最多，且有一處區分極爲明顯的異文只出現在了陶澍本中，即"未言心先醉，不在接杯酒"，這裏的"未言心先醉"在其他各本中都作"未言心相醉"，包括蘇寫本和凌濛初輯評本。此處異文中的"先"字與"相"字語意截然不同，這處異文確實是"關係到正誤"⑤，譯爲英語後的語意差别更大，如果翻譯"先"字，那麽

①筆者所用版本爲《宋本陶淵明集二種》，國家圖書館出版社，2019年典藏版。

②見《宋本陶淵明集二種》，國家圖書館出版社，2019年典藏版。

③見陶澍《陶靖節集》，商務印書館，1933年。

④Giles, Herbert A. *Chinese Poetry in English Verse*, Shanghai: Kelly & Walsh, 1898. p. 34.

⑤袁行霈《陶淵明研究》，北京大學出版社，1997年，頁207。

英語中的主語對應爲單數,如果採用的是"相",那麽主語對應是複數。在翟理斯的譯文中,他把這句詩譯爲"Ere words be spoke, the heart is drunk"①,其中的 the heart 是單數詞,他翻譯的原文顯然是"心先醉"。由此我們可以判定翟理斯翻譯陶詩所用陶集底本應爲陶澍本,袁行霈先生認爲"陶澍注本搜集資料最完備,注釋最詳盡,是一部集大成的著作"②,選擇一部權威的陶詩整理本作爲底本,是學術翻譯能够成功的關鍵,翟理斯當然很清楚這一點。

針對上述文本考辨分析,或許有人會問,此處異文只出現在陶澍的陶集整理本中,有没有可能是陶澍誤寫?筆者認爲這並不可能,因爲"未言心先醉"的用法並非孤例。這處異文雖不見於其他諸本陶集,但散見於部分陶詩選本中,早在南宋洪邁的《容齋三筆》卷三"東坡和陶詩"中,他引用陶潛的這首詩中就書作"未言心先醉,不在接杯酒"(《四部叢刊》本);清代王士禎在《古詩選》卷六所選録的陶潛《擬古》詩也採用此異文(《四部備要》本),這説明洪邁、陶澍、王士禎所見陶集版本應有不同於宋代的遞修本和湯注本者,異文"先"字應該另有所本③,並非陶澍誤寫。再從校注整理的角度看,作爲嚴謹的學者,陶澍整理陶集時必定能注意到歷史上不同版本中的異文,清代以前的陶集本中,皆書作"未言心相醉",但吴瞻泰在《陶詩彙評》中,書作"未言心先醉"並校曰"一作相",陶澍整理本又大量徵引借鑒吴瞻泰的箋釋成果,所以不排除陶澍繼承此異文的可能,筆者下文另有分析。

此外,筆者發現王瑶先生注解的《陶淵明集》亦採用的是"未言心先醉"。王瑶没有説明依據,但他在"前言"中提到,對於陶詩有衆多異文的情况,他的做法是"參照各本異文,擇其文義妥善者從之,概不多注異文和再解釋理由"④,這説明王瑶認爲採用"先"字,這樣於文義較爲"妥善",他在

---

①Giles, Herbert A. *A History of Chinese Literature*, London: William Heinemann, 1901. p. 131.

②袁行霈《陶淵明研究》,頁 204。

③按,據袁行霈考證,最早的遞修本保存異文最多,有七百四十處,而遞修本"它除了底本之外至少還參校了四種本子",見袁行霈《陶淵明研究》,頁 205。

④王瑶《陶淵明集》,人民文學出版社,1956 年,頁 13。

文中進一步釋曰"'心先醉',心醉,傾倒之至"①。王瑶的這一判斷與臺灣學者王叔岷不謀而合,王叔岷認爲此處用作"先"字,"於義較勝"②。不過在逯欽立、龔斌、袁行霈各自整理的陶集中③,此處皆書作"未言心相醉",逯欽立、袁行霈不言此處存在異文"先",而是都沿用曾集本指出"醉,一作解"④;龔斌雖在校注中指出此處存在異文"先",但在正文和箋釋中却捨"先"而用"相",其依據是衆本皆作"相",唯獨陶澍本作"先",於是"據各本改"⑤,筆者認爲這一理由似難成立。綜合上述衆家意見尤其是借鑒王瑶和王叔岷的觀點,筆者認爲此處應該書作"未言心先醉,不在接杯酒",方重、汪榕培的翻譯都是採用這一版本⑥,"未言心先醉"的説法於理較通,翟理斯的選擇無疑是精當的,有利於在英語目的語中準確傳達陶詩旨意。

當然,針對翟理斯的英文翻譯還有另一種疑問,即翟理斯筆下的英文"the heart is drunk"爲何一定要理解爲是"心先醉"而不是"心相醉"? 要釋此疑問,需要借助《擬古九首》其一的另外三個英譯本進行研判。在翟理斯之後,1947 年白英(Robert Payne)《白駒集》、1953 年張葆瑚與辛克萊(Lily Pao-hu Chang and Marjorie Sinclair)的《陶潛詩集》和 1970 年海陶瑋(Hightower)的《陶潛詩集》中都翻譯了陶潛的這首詩,這三處英譯中没有一處採用單數主語,都是複數主語,這就能爲理解到底是"心先醉"還是"心相醉"提供進一步的佐證。

《白駒集》中是"our hearts were overcome"⑦,張辛本中爲"our hearts

①王瑶《陶淵明集》,頁 72。

②王叔岷《陶淵明詩鑒證稿》,中華書局,2007 年,頁 374。

③按,這是當前學界使用最多的三本陶集校注整理本。

④分别見於逯欽立校注《陶淵明集》,中華書局,1979 年,頁 109;袁行霈《陶淵明集箋注》,中華書局,2003 年,頁 315。

⑤龔斌《陶淵明集校箋》,上海古籍出版社,1996 年,頁 272。

⑥參看方重《陶淵明詩文選譯》,上海外語教育出版社,1984 年,頁 146;汪榕培英譯《陶淵明集》,湖南人民出版社,2003 年,頁 152。

⑦Payne, Robert. *The White Pony: an Anthology of Chinese Poetry from the Earliest Times to the Present Day*, the John Day Company, 1947. p. 139.

were drunk"①,海陶瑋譯爲"their two hearts are drunk"②,這裏的複數主語直譯是"兩顆心",體現的正是"心相醉",因爲只有"相"字能體現出"相互、彼此"的意思,符合這裏英文複數詞的内涵界定。1953 年張葆瑚在"前言"中提到她們使用的陶集版本是李公焕箋注的四部叢刊本,這是陶詩英譯過程中首次明確提到的陶集底本,該底本正文中的内容是"未言心相醉";1970 年海陶瑋出版《陶潛詩集》,書中單列"版本與參考"(Editions and References)一節③,詳細介紹了自己的翻譯底本和參考資料,並比較了幾個版本的優劣,可看出西方漢學家在陶詩學術翻譯方面已達到新的高度,他大力推崇丁福保的《陶淵明詩箋注》,認爲這是陶詩翻譯中"最方便的底本"(This is the most convenient text of the poems)④,而《陶淵明詩箋注》中也是使用"未言心相醉"⑤。所以從英譯後的文本句法角度看,上述三家對"未言心相醉"的翻譯與翟理斯所譯文本具有明顯不同,所據底本也是不一樣的。

陶澍本定稿於道光十一年(1831)十月,初次刊刻是在陶澍去世後的第二年即道光二十年(1840),後於光緒九年(1883)又刊刻附圖本,陶澍本"其體例、校勘、釋義、考論和對陶詩内容、藝術特色的揭示等皆篤實精到,成爲後來陶集整理和陶淵明研究方面的基礎性學術讀本"⑥。結合刊刻時間以及該書的成就和影響而言,翟理斯依據陶澍整理的《靖節先生集》作爲翻譯的底本,無疑是具備各方面的便利條件的。此外,我們還可以從翟理斯 1898 年完成的《中國人名字典》(*A Chinese biographical dictionary*)中發現另一旁證,翟理斯在書中解釋了"陶淵明"詞條之後,緊接著解釋的另外

①Lily Pao-hu Chang and Marjorie Sinclair, *The Poems of T'ao Ch'ien*, Honolulu: University of Hawaii Press, 1953. p. 77.

②Hightower, James R. *The Poetry of T'ao Ch'ien*, Oxford: Clarendon Press, 1970. pp. 169.

③Hightower, James R. *The Poetry of T'ao Ch'ien*, Oxford: Clarendon Press, 1970. pp. 7—10.

④Hightower, James R. *The Poetry of T'ao Ch'ien*, Oxford: Clarendon Press, 1970. pp. 8.

⑤丁福保《陶淵明詩箋注》,郭瀟、施心源整理,華東師範大學出版社,2017 年,頁 121。

⑥李劍鋒《陶淵明接受通史》,齊魯書社,2020 年,頁 964—965。

一個人名就是“陶澍”①,他對陶澍的生平經歷以及著述情況介之甚詳,由此看出他對陶澍的陶學研究成果並不陌生,以陶澍注本作爲陶詩的翻譯底本也是順理成章之事。

在基本確定了翟理斯所用陶集翻譯底本後,依據同樣的分析策略,我們也對翟理斯《中國文學史》中引用的陶潛史傳内容進行了考辨分析,我們的結論是,翟理斯引用的陶潛傳記材料來自李延壽的《南史》。

今日所見陶潛的生平傳記資料散見於《宋書》《晉書》《南史》以及《蓮社高賢傳》、顔延之《陶徵士誄》和蕭統《陶淵明傳》,這些資料一般被視爲真實的歷史文獻,是後代文人構建陶淵明接受印象的基礎,筆者翻譯的美國漢學家田菱(Wendy Swartz)的論文《重寫隱士:早期史傳中的陶淵明形象建構》對此有詳細的文本梳理與對比分析②,可以參看。

在這些傳記材料中,《南史》中記載的一則陶淵明軼事令人印象頗爲深刻,這就是在蕭統《陶淵明傳》中提到淵明與其妻志同道合的基礎上,進一步增加了一處頗富畫面感的情節——“其妻翟氏,志趣亦同,能安苦節,夫耕於前,妻鋤於後”③,成語“耕前鋤後”即源於此,這個情節只出現在李延壽的《南史》中,其實有點類似小説家言④,與《南史》成書時間相近的《晉書》没有關於陶淵明與其妻子志趣相同方面的任何描述。至於其他有關南朝的史書是否有所提及,史料所限,今日已無從查考,但至少在清湯球輯《九家舊晉書輯本》以及清代仍能見到的《建康實録》中並没有發現淵明這方面的内容。

巧合的是,我們在翟理斯書中所引用的陶潛傳記中也發現了這個内容,他説:“In the latter pursuit he was seconded by his wife, who worked

---

①Giles, Herbert A. *A Chinese biographical dictionary*, New York: Paragon Book Gallery, 1898. p.718.

②參見筆者譯《重寫隱士:早期史傳中的陶淵明形象建構》,載《學衡》第2輯,2021年,頁186—207。

③李延壽《南史》,中華書局,1975年,頁1859。

④參考李少雍《〈南史〉〈北史〉與小説》,載《文學遺産》2021年第4期。

in the back garden while he worked in the front."①直譯過來的意思是："在後來的追求中，他得到了妻子的支持，妻子在後院耕種，而他在前院勞作。"可見翟理斯對陶淵明夫妻二人關係的描述與李延壽筆下的情節幾無二致，由此可以判定，翟理斯依據李延壽《南史》中的陶淵明傳記構建了陶淵明在英語世界的初步形象，翟理斯所處時代能够見到的唐前晉朝史書也不外乎上述幾種。

三 翟理斯所引論陶觀點的學術淵源

翟理斯在《中國文學史》中評價陶詩特點時引用了兩位中國學者的觀點，遺憾的是他都没有指出中國學者的具體姓名和相應出處，筆者考證後發現其中一位學者是元代陳繹曾，翟理斯文中引用的正是陳繹曾《詩譜》中對陶淵明的評價，學界目前還没有注意到這一點。

陳繹曾對陶淵明的評價曾被方東樹在《昭昧詹言》中間接引用過，即"讀陶公詩，專取其真：事真景真，情真理真，不煩繩削而自合"②，但翟理斯引用的却是陳繹曾《詩譜》中的完整内容，而不是方東樹的節選。我們下面結合源語、目的語中的有關文本，分析其中的接受淵源。陳繹曾《詩譜》中評價陶潛的原文如下：

> 陶淵明，心存忠義，心處閑逸，情真景真，事真意真，幾於《十九首》矣，但氣差緩耳③。至其工夫精密，天然無斧鑿痕跡，又有出於《十九首》之表者。盛唐諸家風韻皆出此。④

①Giles, Herbert A. *A History of Chinese Literature*, London: William Heinemann, 1901. p.129.

②方東樹著，汪紹楹校點《昭昧詹言》卷四，人民文學出版社，1961 年，頁 98。按，《陶淵明研究資料彙編》中所收方東樹《昭昧詹言》此條論陶文字，存在句讀失誤之處，即"讀陶公詩，專取其真事、真景、真理，真不煩繩削而自合"，見書中頁 224。

③在《騷壇秘語》卷中，"耳"作"可"。見周履靖編次《騷壇秘語》，商務印書館，1936 年，頁 46。

④參見《陶淵明研究資料彙編》，中華書局，1962 年，頁 131；又見於丁福保輯《歷代詩話續編》，中華書局，1983 年，頁 630。

翟理斯的譯文爲：

His heart was fixed upon loyalty and duty, while his body was content with leisure and repose. His emotions were real, his scenery was real, his facts were real, and his thoughts were real. His workmanship was so exceedingly fine as to appear natural; his adze and chisel (labor limae) left no traces behind. ①

經過對比分析就會發現，上述兩段文字的中英文内容幾無二致，只是原文中有關《十九首》的部分文字没有譯出，翟理斯在譯文中對原文"心存忠義，心處閑逸，情真景真，事真意真"與"工夫精密，天然無斧鑿痕跡"的翻譯都是相當準確的，幾乎能一字不差地對應起來，四處"真"的翻譯尤爲傳神，譯自《詩譜》確定無疑。上文我們通過分析基本確定了翟理斯翻譯陶詩所用底本爲陶澍本，可陳繹曾的這段評論並不在陶澍本中，那麼翟理斯是從哪里得來的呢？陳繹曾的這段話出自《詩譜》，近代以來《詩譜》因爲丁福保《歷代詩話續編》的收録而廣爲人知，但從時間上講，翟理斯不可能從丁福保輯《歷代詩話續編》中使用《詩譜》這個材料，《歷代詩話續編》初版於1916 年，《中國文學史》1901 年出版時《歷代詩話續編》還未面世，那他有没有不通過間接渠道、直接接觸到陳繹曾《詩譜》的可能呢？

我們來看《詩譜》本身的流傳。從筆者文獻梳理情况看，陳繹曾《詩譜》較早以《詩譜》名義刻本流行②，是出現在《文章歐冶》中。據杜澤遜先生考證，《文章歐冶》爲明初刻本，刻者爲明寧獻王朱權，"是書爲元陳繹曾撰，專論科舉時文作法，原名《文筌》，此則改名《文章歐冶》重刻"③。後來明代人周履靖又把陳繹曾《詩譜》雜入了自己所編的《騷壇秘語》(收於《夷門廣

①Giles, Herbert A. *A History of Chinese Literature*, London: William Heinemann, 1901. p. 131.

②最早名爲《詩小譜》，陳繹曾、石栢二人合撰，見張健《元代詩法校考》一書中對《詩譜》著者及版本的分析(北京大學出版社，2001 年，頁 341—343)。另參考趙樹功、陳元鋒《〈詩譜〉本名、作者及其與〈騷壇秘語〉關係考辨》一文分析，載《文獻》2011 年第 2 期。

③杜澤遜《明寧獻王朱權刻本〈文章歐冶〉及其他》，載《文獻》2006 年第 3 期，頁 184。

牘》），見於該書"卷中・體第十五"，但書中没有提《詩譜》之名。《騷壇秘語》所收《詩譜》内容要比丁福保輯本多出唐代以後的詩人點評，杜澤遜先生提到山東省圖書館藏《文章歐冶》中有"詩譜"二十則，在數量上與《騷壇秘語》版本較爲接近①。但《文章歐冶》與《騷壇秘語》在明清時期流傳不廣，影響不大，且其中都没有專門收録陶詩的歷代評注。理論上講，翟理斯通過這兩種文獻接觸到《詩譜》的可能性很小，在當時也不見有陳繹曾《詩譜》單行本刊刻於世，筆者仔細檢索《中國文學史》所附書名索引，並没有發現有這兩本書。

所以我們需要考慮間接渠道接觸《詩譜》的可能性，這個渠道就是陶詩的彙注集評體系。清中後期是陶淵明接受史上的又一高峰，出現了大量陶集刊本以及陶詩評注本，"僅是坊間印行的《陶淵明集》就有三四十種"，"有關陶淵明的著作多達百種以上"②。從翟理斯所處的19世紀末20世紀初的時間點來看，他能接觸到的陶集評注本至少應該有《陶詩集注》③《陶詩彙注》④《陶詩彙評》⑤這三種，這三種陶詩集評著作各有特色，頗受好評，刊刻之後對後來的陶集整理和陶詩箋注産生了重要影響，而就在吴瞻泰的《陶詩彙注》和温汝能的《陶詩彙評》中，我們發現了陳繹曾的論陶文字。

吴瞻泰《陶詩彙注》開陶詩集注之先，郭紹虞稱爲是"較可觀之本"⑥，在《陶集考辨》中對其優劣評價較爲全面客觀，筆者不再贅述。筆者這裏需要强調的是，在《陶詩彙注》中，吴瞻泰附録了南朝以來的歷代論陶"詩話"，一些並非出自詩話的隻言片語也予以收録。他按時間順序從蕭統、鍾嶸一

①邱美瓊在論文中提到丁福保所輯録《詩譜》出自《説郛》，内容没有"二十目"（參見邱美瓊《〈詩譜〉的版本源流及〈歷代詩話續編〉本的文本問題》，載《船山學刊》2011年第3期）。

②高建新《温汝能及其〈陶詩彙評〉》，載《九江學院學報》2011年第3期，頁5。

③本文用康熙三十三年（1694）刻本，前有康熙甲戌詹夔錫自序，哈佛大學哈佛燕京圖書館藏。

④本文用吴瞻泰輯，康熙四十四年（1705）刻本，北京大學圖書館藏。

⑤筆者所用温汝能《陶詩彙評》爲1925年掃葉山房石印本，另可參新文豐出版公司1980年版《陶詩彙評》（收入温謙山纂訂《零玉碎金集刊》）。對此三種陶詩彙注集評本優劣的評價亦可參看郭紹虞《陶集考辨》一文（載《燕京學報》1936年第20期）。

⑥郭紹虞《陶集考辨》，載《燕京學報》1936年第20期，頁78。

直梳理到明代的黄文焕，搜羅全備，出處清楚，筆者統計有 61 家近百條評論（去掉重複部分），吴氏只引不評，力在呈現接受全貌，這是陶淵明接受史上的一個創舉。在這些詩話材料中，元代陳繹曾的這段論陶文字有完整呈現，如圖 1 所示：

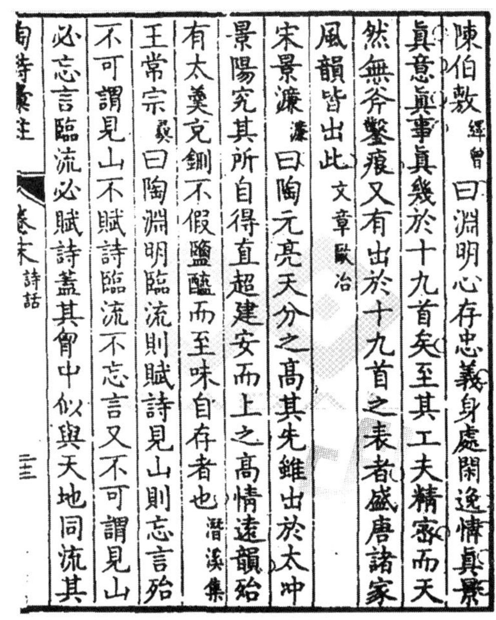

陳伯敷（繹曾）曰淵明心存忠義身處閑逸情真景真意真事真幾於十九首矣至其工夫精密而天然無斧鑿痕又有出於十九首之表者盛唐諸家風韻皆出此（文章歐冶）

宋景濂（濂）曰陶元亮天分之高其先雖出於太冲景陽究其所自得直超建安而上之高情遠韻殆有太羹充鉶不假鹽醯而至味自存者也（潛溪集）

王常宗（彝）曰陶淵明臨流則賦詩見山則忘言殆不可謂見山不賦詩臨流不忘言又不可謂見山必忘言臨流必賦詩蓋其胷中似與天地同流其

陶詩彙注　卷末　詩話　三三

圖 1　吴瞻泰《陶詩彙注》（CADAL）卷末“詩話”所引陳繹曾語

相比吴瞻泰的《陶詩彙注》，温汝能《陶詩彙評》只在序言中明確提到了陳繹曾的《詩譜》①，未提其人名，所引内容爲“《詩譜》謂其情意幾於‘十九首’，惟氣差緩”（見温汝能《陶詩彙評序》），且只此一句，並非全引，此外在正文中便未再出現任何與《詩譜》有關的内容，由此看來，翟理斯通過《陶詩彙評》接觸到陳繹曾論陶觀點的可能性不大。

細心讀者會發現，吴瞻泰《陶詩彙注》所引陳繹曾的這段文字，注明出

①許莉軍碩士論文《温汝能〈陶詩彙評〉研究》中（華東師範大學 2015 年），附有温汝能引用人名作品統計表（頁 16），但漏失陳繹曾《詩譜》。另，在黄世錦《試論温汝能〈陶詩彙評〉》中，統計出温汝能引用諸家評論有 50 家 461 條，同樣漏失《詩譜》中的這條内容，見《東華漢學》2012 年第 15 期（頁 158）。

自《文章歐冶》,這就與筆者上文梳理的直接流傳綫索相一致。另外,這段文字與《騷壇秘語》本和《歷代詩話續編》本相比有一字之差,即《陶詩彙注》中的"心存忠義,身處閑逸"在《騷壇秘語》和《歷代詩話續編》中是"心存忠義,心處閑逸"(圖 2)。結合句法與文義分析,筆者認爲此處用"身"字較佳,"心存忠義,身處閑逸"也更符合淵明實際,那麽在翟理斯筆下是如何翻譯的呢?我們看到翟理斯的譯文是"His heart was fixed upon loyalty and duty, while his body was content with leisure and repose",很顯然,譯文中的"his heart"與"his body"對應的正是"心"與"身",由此可見,翟理斯的翻譯依據正是吴瞻泰《陶詩彙注》,通過《陶詩彙注》,翟理斯間接接觸到了歷代學者對陶詩和陶潛的評論,並最終接受了陳繹曾的論陶觀點。

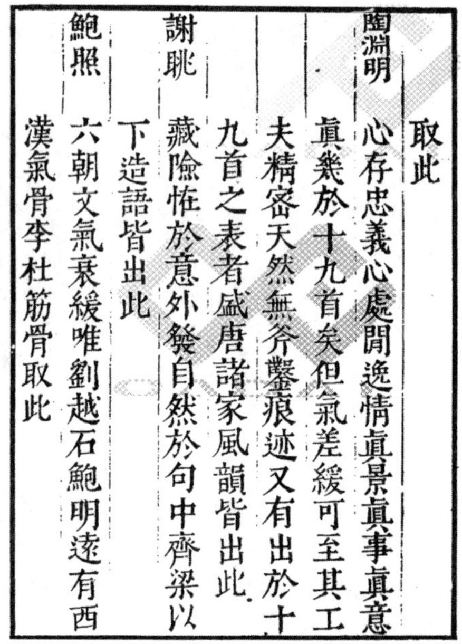
取此
陶淵明　心存忠義心處閒逸情眞景眞事眞意眞幾於十九首矣但氣差緩可至其工夫精密天然無斧鑿痕迹又有出於十九首之表者盛唐諸家風韻皆出此
謝朓　藏險恠於意外發自然於句中齊梁以下造語皆出此
鮑照　六朝文氣衰緩唯劉越石鮑明遠有西漢氣骨李杜筋骨取此

圖 2 《騷壇秘語》(《叢書集成初編》本)中所收《詩譜》論陶文本

值得注意的是,本文第二部分提到的異文"未言心先醉",也出現在了吴瞻泰和温汝能的著作中(按,詹夔錫的《陶詩集注》仍用"未言心相醉"),而陶澍整理的陶集晚出,其中就有不少内容借鑒了吴著。仍以《擬古九首》其一舉例來講,陶澍在"擬古"題目下的小字注中首先引用的就是吴瞻泰的注解,並標出是"吴注",此外對正文"初與君别時"中的"君"字的分析,又採用了吴瞻泰的箋釋意見，也注明“吴注”，這顯示出了較爲清晰的師承接受關係，所以不排除陶澍對“未言心先醉”的校注就是來自吴瞻泰。如此看來，翟理斯與陳繹曾、吴瞻泰、陶澍之間的學術聯繫就更爲緊密了，揭示這一學術脉絡，我們可以對清末學術與海外漢學之間的淵源關係有更進一步的清晰認知。

四 餘論

通過上述分析，首先需要明確的是，翟理斯對陶淵明的接受，不只是體現在翻譯陶淵明的詩文作品，也有對中國學者陶淵明研究成果的接受。中國學者對陶淵明詩文的看法在某種程度上會左右漢學家對陶淵明的認識，要對翻譯史上的現象有準確理解，同時也需要有對學術史的全面認識。從翟理斯的翻譯實踐來看，他既看重翻譯底本，同時又看重學術評價，這是一種較爲典型的學術翻譯實踐，中國學者的理論觀點通過《中國文學史》的間接方式進入了西方漢學家的視野，在目的語中獲得了二次傳播，影響了一代又一代的西方讀者。這種做法不僅體現在陶淵明的英譯傳播中，也在其他作品的傳播中同樣存在，這是漢詩英譯整體上進入新階段的重要特徵。清晰的源語底本梳理界定和目的語接受淵源分析，有利於深化對英語目的語中的文本内涵和翻譯特色的認識。

其次，翟理斯對陶詩的解讀采取了不同於中國學者的新視角，這在客觀上能够豐富我們對陶詩的理解，成爲我們解讀陶詩和理解陶淵明的重要補充。古典文學接受史的研究不能忽略域外漢學家和翻譯家的研究成果，尤其是在近代以來中西學術交流逐漸加强的背景下，古典文學研究的海外視角更應得到重視。從翟理斯的陶詩翻譯以及他在《中國文學史》中對陶淵明的評價來看，翟理斯幾乎都是以“實録”的眼光來看待陶淵明的詩文作品，他認爲陶詩是陶淵明現實生活的忠實紀録，陶詩具有典型的叙事性，這一解讀思路迥異於同時期國内學者的主流看法，在西方英語世界也基本奠定了陶詩重叙事的接受傳統，他之所以引用了中國學者陳繹曾的觀點，其實也是爲他本人的陶詩看法提供進一步佐證。

照此思路，翟理斯把《桃花源記》看作是一篇反映陶潛真實生活的個人傳記，而絶不僅僅只是一篇寓言故事，他不惜違背直譯原則對譯文進行了創新性改寫,增加了淵明在"神"的幫助下重回詩人青年時代的離奇情節①。類似做法影響了法國漢學家謝閣蘭(Victor Segalen,1878—1919),他1915年出版了散文集《出征》②,其中第二十章就屬於依據寫實原則對陶淵明《桃花源記》故事的重寫③。此外,翟理斯的觀點在20世紀七八十年代余寶琳(Pauline Yu)的著作中也有回響,余寶琳就認爲《桃花源記》的附詩提供了這位隱逸農民詩人日常生活的更多細節④。本世紀初,在梅維恒(Victor H. Mair)主編的《哥倫比亞中國文學史》中,高德耀(Robert Joe Cutter)仍把陶潛視爲"自傳詩人",認爲"他的許多詩都與自己生活中發生的事件密切相關"⑤,後來孫康宜與宇文所安主編的《劍橋中國文學史》中也表達了類似觀點⑥。可見英語世界的西方學者對陶詩和陶淵明的看法具有歷史繼承性,翟理斯在陶詩翻譯及觀點傳承方面的奠基性價值亦由此彰顯。

(作者單位:青島科技大學中文系)

①Giles, Herbert A. *A History of Chinese Literature*, London: William Heinemann, 1901. p.131.

②在《中國比較文學》2018年第4期所載文章《漁人、桃源與記——比較研究視閾下的〈桃花源記〉》中,作者認爲謝閣蘭《出征》於1929年出版,該時間有誤。

③秦海鷹《重寫神話——謝閣蘭與〈桃花源記〉》,載《法國研究》1996年第2期。

④Pauline Yu, *The Poetry of Wang Wei*, Bloomington: Indiana University Press, 1980. p.61.

⑤梅維恒《哥倫比亞中國文學史》,新星出版社,2016年(按,英文版2001年出版),頁289。

⑥孫康宜、宇文所安主編,劉倩等譯《劍橋中國文學史》(上卷),三聯書店,2013年,頁254。

稿　約

一、本集刊爲半年刊，上半年出版時間爲 5 月中旬，截稿日期爲上年 9 月底。下半年出版時間爲 11 月中旬，截稿日期爲當年 3 月底。

二、本集刊實行匿名評審制度。

三、本集刊以學術研究爲主，凡域外漢籍中有關語言、文學、歷史、宗教、思想研究之學術論文及書評，均所歡迎。有關域外漢籍研究之信息與動態，亦酌量刊登。

四、本集刊以刊登中文原稿爲主，并適當刊登譯文。

五、本集刊采擇論文唯質量是取，不拘長短，且同一輯可刊發同一作者的多篇論文。

六、來稿請使用規範繁體字，横排書寫。

七、來稿請遵從本刊的規範格式：

（一）來稿由標題名、作者名、正文、作者工作單位組成。

（二）章節層次清楚，序號一致，其規格舉例如下：

第一檔：一、二、三

第二檔：（一）、（二）、（三）

第三檔：1、2、3

第四檔：(1)、(2)、(3)

（三）注釋碼用阿拉伯數字①②③④⑤表示，采取當頁脚注。注釋碼在文中的位置（字或標點的右上角）：××××[①]，××××[①]。××説，"××××"[①]，××説："××××。"[①]

（四）關於引用文獻：引用古籍，一般標明著者、版本、卷數、頁碼；引用專書，應標明著者、書名、章卷、出版者、出版年月、頁碼；引用期刊論文，應標明刊名、年份、卷次、頁碼；引用西文論著，依西文慣例。兹舉例如下：

①王琦注《李太白全集》卷二《古風五十九首》，中華書局，××年，頁××。

①周勛初《論黄侃〈文心雕龍札記〉的學術淵源》，載《文學遺産》1987 年

第1期。

①Hans. H. Frankel, The Floering Plum and the Palace Lady, New Haven and London, Yale University Press, 1976. p. ××.（請注意外文書名斜體的運用）

（五）第一次提及帝王年號，須加公元紀年，如：開元三年(715)；第一次提及的外國人名，若用漢譯，須附原名；年號、古籍的卷數及頁碼用中文數字，如開元三年、《舊唐書》卷三五等；其他公曆、雜誌的卷、期、號、頁等均用阿拉伯數字。

（六）插圖：文中如需插圖，請提供清晰的照片，或繪製精確的圖、表等，并在稿中相應位置留出空白（或用文字注明）。圖、表編號以全文爲序。

八、來稿請注明真實姓名、工作單位、職稱、詳細通訊地址和郵政編碼（若有變更請及時通知）、電子信箱、電話或傳真號碼，以便聯絡。

九、作者賜稿之時，即被視爲自動確認未曾一稿兩投或多投。凡投寄本刊的稿件，即被視爲作者同意由本刊主編與出版社簽署合同集結出版。本刊擁有録用稿件的紙質、網絡等各種方式的獨家發表權。作者若有特殊要求，請在投稿時説明。來稿一經刊出，即付樣書和抽印本。

十、來稿請電郵至 ndywhj@163.com。